ERP

Méthode pratique de mise en œuvre pour PME et PMI

PHILIPPE **JOUFFROY**

Préface de **Jacques Wauquier**

ERP

Méthode pratique de mise en œuvre pour PME et PMI

EYROLLES

ÉDITIONS EYROLLES
61, bld Saint-Germain
75240 Paris Cedex 05
www.editions-eyrolles.com

*La plupart des images figurant dans cet ouvrage sont issues de missions menées
par la société KMPG Peat Marwick (rachetée par CSC).*

Préface

Nombreuses sont les entreprises de petite et de moyenne tailles qui se tournent aujourd'hui vers la mise en place d'un système ERP (*Entreprise Resource Planning*). En effet, les enjeux liés à une telle démarche sont souvent substantiels : meilleure circulation des informations, maîtrise des coûts et des prix de revient, optimisation des stocks et des en-cours, amélioration de la productivité, diminution des délais et augmentation du service clients.

Encore faut-il choisir le bon ERP et l'intégrateur approprié. Il convient ensuite de définir les réels besoins de gestion, réaliser le paramétrage du progiciel retenu, former les utilisateurs, vaincre les inévitables résistances au changement tout en respectant les spécificités de l'entreprise, et enfin mettre en œuvre les moyens informatiques nécessaires à l'exploitation du nouveau système d'information.

De tels projets peuvent durer plusieurs mois, voire plus d'une année. Concernant de nombreux salariés de l'entreprise, ils sont coûteux et risqués. L'échec est à proscrire.

La réussite d'un tel projet, Philippe Jouffroy en donne toutes les clés grâce à cet ouvrage très documenté, dans lequel il détaille les différentes étapes d'intégration d'un ERP, en délivrant au passage de précieux conseils. Pour illustrer les aspects méthodologiques d'une telle démarche (de la réunion de lancement au pot traditionnel de fin de projet), il étaye son propos de nombreux exemples rassemblés au cours de ses multiples missions en vingt ans de métier.

Je ne peux donc que recommander la lecture de ce livre à tout acteur d'un projet ERP, qu'il appartienne à la maîtrise d'ouvrage ou à la maîtrise d'œuvre.

Jacques Wauquier

CFPIM (*Certified Fellow in Production & Inventory Management*)

Remerciements

Je tiens à remercier tout particulièrement Jacques Wauquier qui fut mon manager pendant une douzaine d'années. Grâce à lui, j'ai acquis une vision du conseil en management tournée vers le métier des entreprises, par l'emploi d'un langage accessible aux utilisateurs non professionnels de l'informatique, et par la pratique d'une certaine *culture de l'écrit* qui consiste à rédiger recommandations et prises de décision.

Je lui dois aussi d'avoir imaginé puis mis en œuvre une formalisation des tâches, prestations et livrables sous forme de lots contractuels, dans le but de rationaliser les responsabilités des différents partenaires intervenant sur les projets d'intégration des ERP.

Par sa personnalité visionnaire et la pertinence de ses interventions, il a œuvré près de vingt ans au service des entreprises, et a largement contribué au développement des méthodes et outils décrits dans ce livre.

Je remercie aussi mes clients qui, grâce aux projets qu'ils m'ont confiés, m'ont fourni aussi bien des défis à relever que des exemples concrets contribuant à la substance de cet ouvrage.

Par ailleurs, je tiens à remercier vivement l'équipe éditoriale d'Eyrolles (Anne-Lise Banéath, Pascale Sztajnbok, Sophie Hincelin et Antoine Derouin) qui a consacré beaucoup d'énergie à mettre en forme ce manuscrit souvent technique afin de le rendre accessible au plus grand nombre.

Enfin, un grand merci à mes anciens collaborateurs qui ont enrichi de leur expérience, et fait évoluer avec moi, la méthodologie tout au long des missions que nous avons menées, au sein d'une équipe qui a su partager ses méthodes en adoptant les mêmes plannings et les mêmes livrables.

Table des matières

Partie 3 – Guide de définition du périmètre

Partie 4 – Études de cas

Partie 5 – Annexes

Avant-propos

Ce qu'ont changé les ERP

L'arrivée des ERP (*Enterprise Resource Planning*) sur le marché des logiciels de gestion, il y a une vingtaine d'années, a bouleversé les métiers de l'intégration de progiciels, en donnant naissance à de nouvelles missions en entreprise et de nouveaux métiers de conseil, centrés sur les choix d'utilisation.

Ces progiciels se distinguaient tellement de leurs prédécesseurs qu'ils ont été rangés dans une nouvelle catégorie, représentative de leur richesse fonctionnelle et de leur flexibilité. On peut citer en particulier SAP R/2, qui a été le premier ERP à s'imposer comme un produit complet dans le domaine de la gestion d'entreprise.

Au départ, la désignation d'ERP a été perçue comme un nouveau concept marketing, faisant suite aux labels MRP (*Material Requirement Planning*), système capable de gérer toutes les ressources matière, et MRP II (traduit en français par Management des ressources de production), système prenant en compte les ressources machine et main-d'œuvre. Mais au fil des années, on s'est rendu compte que ces progiciels étaient de plus en plus riches en fonctionnalités, fruit de la recherche incessante des éditeurs pour couvrir les besoins du marché, et qu'ils exigeaient de plus en plus de compétences pour les paramétrer.

Alors qu'auparavant les entreprises devaient procéder avec méthode pour choisir le progiciel adapté à leurs besoins, les ERP proposent des solutions universelles capables de supporter l'ensemble des modes de gestion issus de bonnes pratiques. Qui plus est, ils garantissent même de pouvoir s'adapter aux futurs besoins de l'entreprise. Le choix de l'ERP retenu devient alors, à la limite, plus politique que fonctionnel : il ne s'agit plus en effet de détailler les fonctionnalités recherchées dans un cahier des charges, mais de sélectionner les plus grands éditeurs en fonction de critères comme la notoriété et la pérennité.

Les PME/PMI peuvent maintenant bénéficier de toute la puissance des ERP et des investissements réalisés par les éditeurs pour amener ces progiciels à leur portée, notamment au niveau de la flexibilité. Elles sont également assurées de la pérennité de leurs choix, tant par l'étendue du marché des éditeurs que par les bonnes pratiques intégrées dans les ERP, et donc de l'évolutivité de leur système face aux besoins futurs de leur organisation.

Quant aux SSII, qui jusqu'ici avaient développé des compétences essentiellement informatiques, l'arrivée des ERP se traduit par le défi de se positionner sur un nouveau marché : celui de l'intégration fonctionnelle. Il ne s'agit plus de décrire des logiciels par des spécifications afin de les faire réaliser par des informaticiens, puisque le système est déjà réalisé. Il s'agit en revanche d'aider le client à s'y retrouver dans la masse de choix fonctionnels et techniques que représente l'intégration d'un ERP. On ne parle plus « d'informatique » mais « de système d'information », reléguant l'informatique au rang d'outil, place pour laquelle elle a toujours été faite.

Pourquoi cet ouvrage ?

Il y a encore une dizaine d'années, les grosses PME qui avaient changé de système pour un ERP accueillaient les intégrateurs avec la plus grande attention, ne sachant pas comment le rendre opérationnel, puisque ce type de projet nécessitait une nouvelle technologie de mise en œuvre.

En effet, outre leur richesse fonctionnelle, les ERP se caractérisent par un grand nombre de « couches » technologiques empilées les unes sur les autres, qui nécessitent des compétences techniques pointues. Aussi doit-on planifier la mise en œuvre de ces couches avec méthode, sous peine de devoir supporter des dérives de planning importantes.

On constate ainsi bien souvent que des projets de mise en œuvre d'ERP sont abordés sous un angle trop technique, soit parce qu'ils sont initiés par les équipes informatiques comme auparavant, soit parce qu'ils font appel à des méthodes héritées des projets informatiques. De tels projets sont alors souvent voués à l'échec, car même si les aspects techniques sont maîtrisés, les aspects humains demeurent négligés.

L'utilisation d'un ERP révolutionne en effet les relations entre les services d'une entreprise qui doivent partager l'information au service de tous. Cette caractéristique donne aux projets ERP une dimension humaine critique qui n'existait pas forcément dans les projets informatiques. C'est pour cette raison qu'ils doivent être traités comme des projets d'entreprise, impliquant notamment fortement la direction générale.

C'est pourquoi il nous a semblé utile d'expliquer, par le biais de cet ouvrage, que ce type de projet, que l'on dit tiré par les métiers et non par la technique, consiste à concevoir en premier lieu des choix d'utilisation, parmi les nombreux choix possibles, avant de définir et de réaliser les aspects techniques informatiques.

Il nous est également apparu nécessaire de fournir les méthodes appropriées à cette typologie de projets. En effet, alors qu'une bibliographie abondante a été produite sur les méthodes de projets informatiques, et bien qu'une littérature restreinte ait été publiée sur les projets ERP, il n'existait pas de méthodologie pratique adaptée, pouvant être déployée de manière opérationnelle.

Ces techniques et ces méthodes ont été conçues par des professionnels, issus du secteur du conseil, qui ont acquis une expérience solide des métiers de leurs clients, grâce aux nombreuses missions d'audit et de réorganisation, les rendant ainsi aptes à prodiguer des recommandations opérationnelles dans un langage métier compréhensible par les utilisateurs. Ces professionnels ont été tout naturellement amenés à proposer des prestations de paramétrage des ERP pour les rendre conformes aux processus et aux règles de gestion qu'ils maîtrisaient déjà, puis à concevoir des méthodes prenant en compte le caractère spécifique de tels projets.

En résumé, cet ouvrage décrit donc les caractéristiques, enjeux, risques et méthodes des projets de mise en œuvre d'un ERP, permettant au lecteur de définir et de synchroniser la multitude de tâches relatives à de tels projets, livrables à l'appui.

À qui s'adresse ce livre ?

Ce livre est destiné avant tout aux PME, PMI et SSII qui souhaitent lancer un projet de mise en œuvre d'un ERP qualifié de « moyen ». Par extension, les principes abordés peuvent naturellement être mis à profit pour un projet de mise en œuvre d'un PGI (Progiciel de gestion intégré) qualifié de « petit », sans que l'ensemble des tâches soit nécessairement à appliquer. L'intégration d'ERP de plus grande envergure, destinés aux grands comptes, ne sera pas abordée ici.

Cet ouvrage concerne notamment :

- les dirigeants et les cadres souhaitant connaître les caractéristiques, enjeux et risques des projets ERP afin de choisir l'éditeur et l'intégrateur adéquats ;

- les membres d'équipes projets désireux de comprendre leur implication dans l'intégration d'un ERP : utilisateurs opérationnels et informaticiens fonctionnels, développeurs et exploitants ;

- les professionnels de l'intégration de progiciels qui souhaitent enrichir leur expérience avec des bonnes pratiques issues de projets d'intégration réussis selon une approche « métier ». En leur fournissant notamment des outils concrets pour la mise en œuvre, tant en termes de planification des tâches que de livrables standardisés, ce livre leur permettra de mettre en place un formalisme partagé par l'ensemble des collaborateurs et des projets.

Structure de l'ouvrage

Ce livre est organisé en cinq parties :

- La partie I rappelle la définition d'un projet ERP (*Enterprise Resource Planning*) et détaille les principaux éléments justifiant l'application d'une méthodologie particulière pour ce type de projet. Elle prodigue également de nombreux conseils pour choisir l'ERP le mieux adapté à l'entreprise.

- La partie II décrit tout d'abord la méthode de mise en œuvre d'un ERP de manière synthétique, afin de mieux appréhender ses principes directeurs. Puis elle la détaille par étapes d'un point de vue très pratique, permettant ainsi de fournir des consignes opérationnelles à une équipe projet et de jeter les bases de construction d'un planning de projet. Cette présentation est accompagnée de livrables types et des instructions détaillées de réalisation.

- La partie III présente la formalisation d'un périmètre fonctionnel[1] et d'une répartition des responsabilités, tâches et livrables entre les partenaires, qui peut être utilisée à des fins contractuelles.

- La partie IV se compose de trois études de cas réels, correspondant à trois types de PME, sensiblement différentes par leur taille et leur métier :

  - PME de production de circuits imprimés à la commande (moins de 100 collaborateurs) ;

  - filiale d'un grand groupe de production de systèmes de contrôle de procédés électromécaniques (250 personnes) ;

  - PME sous-traitante dans le secteur aéronautique de production d'équipements mécaniques (420 salariés).

- Enfin, la partie V regroupe deux annexes : la description des fichiers disponibles en ligne et la bibliographie.

1. Étendue souvent contractuelle des activités et fonctions à couvrir par la solution informatique.

Il est à noter que les outils méthodologiques utilisés de manière répétitive pour de nombreux projets d'intégration d'ERP en PME/PMI constituent la base de cet ouvrage, notamment les propositions techniques, les plans qualité, les livrables et les plannings de projets d'intégration.

En complément du livre, une extension web, consultable sur la fiche de l'ouvrage sur le site *www.editions-eyrolles.com*, contient différents modèles de livrables et de documents de support vierges, un plan d'assurance qualité type, ainsi que trois plannings détaillés aux formats MS Project 2010 et MS Excel, applicables à des projets de tailles et de périmètres différents.

Introduction

Des PGI aux ERP

Pour gérer leurs activités, les entreprises ont compris depuis longtemps l'intérêt des PGI (Progiciels de gestion intégrés), qui représentent des économies substantielles par la saisie des informations à la source et leur propagation dans toutes les fonctions impactées du système de gestion. Ces PGI étaient alors généralement mis en œuvre par leur concepteur.

L'arrivée des ERP (*Enterprise Resource Planning*) sur le marché dans les années 1990 a marqué une avancée considérable des offres progicielles en matière de possibilités d'adaptation aux besoins des entreprises, grâce à un paramétrage beaucoup plus développé, permettant une intégration complète de l'ensemble des flux logistiques jusqu'au système d'information financier.

L'apparition de ces ERP a nécessité l'élaboration de nouvelles méthodes de mise en œuvre qui soient adaptées à la grande flexibilité de ces applications informatiques. Là où la mise en œuvre des PGI avait du mal à se positionner par rapport aux méthodes informatiques traditionnelles, il était nécessaire de concevoir une méthodologie prenant en compte les aspects humains et le nombre grandissant des choix de paramétrage et d'utilisation, si caractéristiques des ERP.

Véritable bibliothèque de fonctions (*repository*, en anglais), un ERP pourrait être ainsi comparé au jeu du Meccano, puisque en assemblant ces fonctions selon les besoins de l'entreprise, il faut toujours vérifier la stabilité de l'édifice avant de « resserrer les boulons ». En effet, une fonction ou un choix de paramétrage n'est considéré comme définitif dans un ERP que lorsqu'une simulation globale a été réalisée sur l'ensemble des processus, certains choix de paramétrage étant en effet incompatibles.

Origine de la méthode

Cet ouvrage est le fruit de la recherche et de la mise en œuvre d'une méthodologie destinée à apporter un rapport qualité/coût optimisé, autrement dit une satisfaction maximale de l'utilisateur pour un minimum de charge de travail.

Cette satisfaction maximale se concrétise par la production d'une documentation écrite en langage métier destinée à l'utilisateur, car il est important qu'il sache pourquoi et comment renseigner telle ou telle information d'un écran de saisie comportant de multiples choix. En ce sens, on peut parler d'une certaine *culture de l'écrit*, dont l'objectif est de rédiger tous les choix et les recommandations d'utilisation élaborés au cours d'un projet.

L'objectif d'optimisation des charges de travail se traduit quant à lui par la production de livrables en cours de projet, qui pourront être réutilisés pour établir les documentations destinées à l'utilisateur final, évitant ainsi toutes recopies improductives de documents.

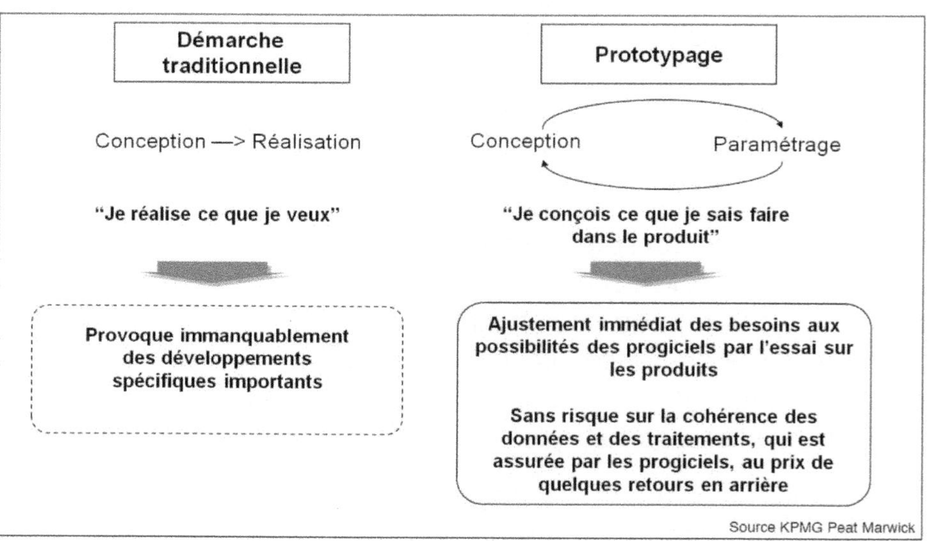

Figure I.1 : Démarche traditionnelle et prototypage

Il existe de nombreuses méthodes qui ont fait leurs preuves dans le passé pour piloter les développements spécifiques (Merise, Minos), mais celles utilisées aujourd'hui pour mettre en œuvre des ERP se caractérisent par une démarche globale radicalement différente. En effet, là où les démarches traditionnelles visaient à développer des solutions sur mesure, il est préférable de s'adapter à un progiciel pour garantir le succès du projet et bénéficier de toutes les opportunités offertes par l'ERP.

Dans un projet ERP, on voit apparaître de nouveaux principes de pilotage organisés autour de la notion centrale de « prototypage », qui consiste à simuler dans le progiciel les besoins exprimés par des opérationnels de l'entreprise, en termes purement métier.

C'est la raison pour laquelle ce type de projet doit impliquer en premier lieu les opérationnels des métiers, autrement dit les utilisateurs clés, ou experts métier comme on les appelle souvent.

Par voie de conséquence et de façon corollaire, il est important de comprendre que la plupart des travaux sont effectués en équipe mixte maîtrise d'ouvrage/maîtrise d'œuvre, générant ainsi un équilibrage des charges utilisateur/consultant/informaticien qui modifie assez profondément les principes de pilotage.

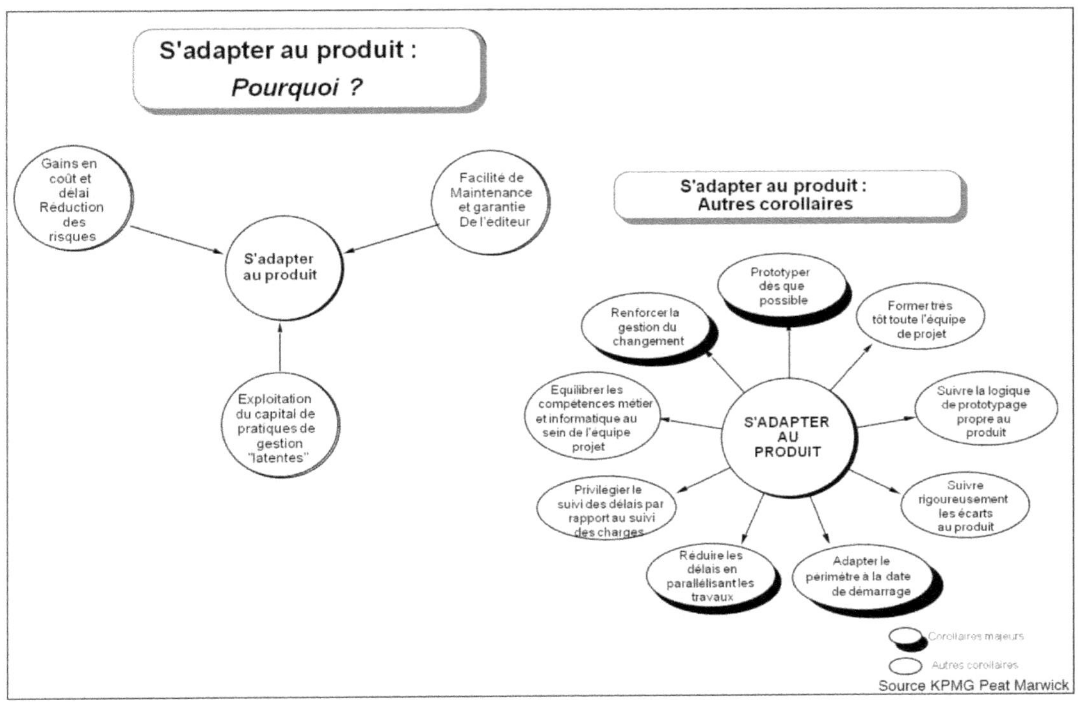

Figure I-2 : S'adapter au progiciel

Objectifs de la méthode

Un grand nombre d'entreprises se demandent pourquoi s'adapter à un progiciel, en prétextant que l'informatique doit être au service des métiers des entreprises et non l'inverse. Certes, il s'agit bien là de l'objectif de l'informatique, mais il faut aussi prendre en considération deux facteurs essentiels pour la réussite de tels projets : la réduction des coûts globaux d'une part, incluant les maintenances annuelles et autres changements de versions, et d'autre part, les opportunités de se rapprocher des bonnes pratiques métier. Cela permet ainsi de minimiser les adaptations spécifiques, qui sont toujours pénalisantes, et de progresser sur le plan de la performance grâce au système d'information.

Voici trois grandes raisons qui justifient le principe de s'adapter au produit.

- Gains en coûts et délais, réduction des risques : à périmètre fonctionnel équivalent, il est plus économique de partir d'une solution progicielle que de redévelopper en spécifique, à condition de ne pas tomber dans les travers des projets ERP qui s'écartent des principes directeurs.

- Facilité de maintenance et garantie : toutes adaptations ou développements spécifiques complémentaires doivent être reconduits, testés et qualifiés de nouveau lors de l'installation de versions futures du progiciel ERP.

- Exploitation du capital de bonnes pratiques : c'est bien là le côté positif de ce principe qui permet d'apporter les gains de performance attendus par la mise en œuvre de l'ERP.

Ces objectifs ont des répercussions importantes sur la configuration des méthodologies de projets ERP.

- Prototyper dès que possible pour ne pas s'essouffler à redéfinir ce qui l'est déjà dans le progiciel, ni à définir des modes de gestion qui s'écartent de ceux qu'il propose. Ce principe est valable dès la constitution des cahiers des charges de consultation.

- Former très tôt toute l'équipe projet afin de favoriser l'appropriation des solutions qui seront conçues dans le projet.

- Instruire tous les écarts constatés entre les modes de fonctionnement existants et ceux proposés par le produit, avec à l'appui une justification économique chiffrée.

- Ajuster le périmètre fonctionnel en fonction du planning : à l'intérieur d'un périmètre global, défini notamment par le cahier des charges, la richesse fonctionnelle des ERP incite souvent les utilisateurs à vouloir en tirer le meilleur profit en paramétrant le maximum de fonctions ou de procédures. Mais ces décisions ne sont pas sans effet sur les plannings et les budgets du projet, risquant au final de démotiver les équipes par des retards successifs.

- Réduire les délais en parallélisant les travaux : cela se vérifie particulièrement pour le développement des interfaces, qui peut être souvent réalisé en parallèle des travaux de prototypage, ce qui évite d'allonger les délais.

- Renforcer la conduite du changement en faisant appel à un consultant : l'équipe progressant très vite dans l'appropriation de solutions standards, déjà opérationnelles, les changements d'organisation doivent être présentés et expliqués à une large population, qui n'est pas encore au courant des dernières avancées du projet.

Choix de l'ERP

Cette première partie aidera le lecteur dans le choix de la solution ERP recherchée.

Dans le chapitre 1, les offres les plus populaires d'ERP sont classées en trois catégories, afin que le lecteur puisse clairement situer ses besoins par rapport aux contraintes et opportunités du projet de mise en œuvre et de l'exploitation ultérieure d'un tel système.

Ce chapitre présente ensuite succinctement une méthode pour choisir l'ERP adapté à ses besoins, en résumant les grands principes de cette phase adaptés à une PME. Le lecteur y découvrira des notions telles que le schéma cible, le cahier des charges et les critères de choix, ainsi que des clefs pour consulter les différents acteurs du marché.

Le chapitre 2 dresse un aperçu des gains qu'une entreprise peut retirer de la mise en œuvre d'un ERP, afin de conforter, voire de susciter, le lancement d'un projet « métier » par opposition à un projet « technique ». Il détaille également les risques fréquents des projets ERP, afin d'y sensibiliser le personnel et la direction de l'entreprise avant le début du projet.

Caractéristiques des projets ERP

Qu'est-ce qu'un ERP ?

Définition

Le concept d'ERP (*Enterprise Resource Planning*) a été introduit il y a une vingtaine d'années environ, succédant à celui de PGI (Progiciel de gestion intégrée). Ce dernier apportait déjà aux entreprises un système de gestion intégré, particulièrement entre les fonctions de planification et les systèmes d'approvisionnement et de tenue des stocks, et partiellement entre la logistique et la finance.

Les PGI étaient des progiciels gérant au minimum trois grandes fonctions de l'entreprise (comptabilité, commercial, production, achats, etc.) avec une seule base de données et en temps réel.

Apparus au début des années 1990, les ERP répondaient notamment aux attentes des responsables financiers et logistiques des grandes entreprises qui se trouvaient confrontés d'une part à des besoins de réactivité exprimés par leurs directions et/ou leurs clients et d'autre part, à des systèmes d'information composés de nombreuses applications ne communiquant pas toujours entre elles et parfois installées sur des plates-formes hétérogènes.

Présenté aux informaticiens et futurs utilisateurs comme le système unique qu'ils attendaient, l'ERP fut accueilli par tous comme une bonne nouvelle, car il allait enfin leur permettre de disposer et de partager des informations fiables, mises à jour en temps réel et ainsi d'être plus efficaces dans leur travail. Mais les premiers projets d'implémentation, poussés par la peur du bogue de l'an 2000, leur fit découvrir que si l'ERP était un progiciel intégré, sa mise en œuvre sous-entendait que toutes les fonctions impliquées dans un processus devaient travailler ensemble,

Ce chapitre reprend une partie du contenu de différents articles publiés par l'auteur, en tant qu'expert ERP, sur le site Internet http://www.actors-solutions.com.

communiquer franchement et faire tomber les cloisons bâties entre les services.

La difficulté à travailler ensemble, à avoir une vision globale commune ainsi qu'à remettre en cause ces processus pour appliquer les bonnes pratiques proposées par les ERP fut à l'origine de bien des retards et même des échecs de projets de mise en œuvre, largement colportés par les médias spécialisés, d'autant que les premiers ERP étaient des ERP généralistes au paramétrage compliqué et fastidieux.

L'intégration financière des PGI se limitait auparavant au transfert automatisé des écritures comptables du journal des ventes. Quelques progiciels plus sophistiqués, mais en nombre limité, proposaient néanmoins une intégration forte du journal d'achats entre les fonctions nécessaires au contrôle de factures (enregistrement préalable à l'arrivée de la facture, rapprochement des réceptions, bons à payer, traitement des écarts, etc.).

L'apparition des ERP a apporté dans ce domaine une richesse de fonctionnalités nouvelles qui correspondaient mieux aux attentes des entreprises. Outre l'automatisation du journal d'achats qui éliminait la traditionnelle opération de traitement des bons de réception valorisés (consistant à imputer manuellement le détail des réceptions pour saisie ultérieure par la comptabilité), les grandes entreprises, rompues à la tenue d'une comptabilité analytique des stocks, demandaient plus et notamment l'intégration automatique de tous les flux.

Longtemps les PME[1] n'ont pas exprimé un tel besoin, n'étant pas du tout familiarisées avec une telle comptabilité ou ayant peur de retrouver des fantômes de « comptabilité réfléchie ». Aujourd'hui encore, si les services comptables n'ont pas déjà eu l'occasion de la pratiquer, ils sont souvent hésitants à mettre en œuvre cette intégration automatique (les schémas comptables analytiques étant nouveaux pour eux) ou, tout au moins, délèguent volontiers et ne maîtrisent alors pas ce paramétrage – alors que d'autres pays européens sont rompus à ces techniques depuis longtemps (par exemple, valoriser automatiquement les stocks et les en-cours dans la comptabilité générale).

Les trois catégories d'ERP

Aujourd'hui, tous les éditeurs de progiciels intégrés disent proposer un ERP sous prétexte qu'ils intègrent la gestion de production et la finance. Mais à y regarder de plus près, ils ne proposent pas tous les mêmes fonctionnalités et c'est pourquoi il est souhaitable de clarifier un peu les choses.

L'offre des progiciels s'étale de façon plus ou moins continue dans l'échelle des fonctionnalités et il n'y a pas, bien évidemment, de classification absolue. Nous allons tout de même essayer de fixer des tendances, en

1. Traditionnellement, on considère les PME comme des entreprises de moins de 500 personnes. C'est cette définition qui sera utilisée dans cet ouvrage, même si depuis le 18 décembre 2008, le décret n° 2008-1354 lié à la loi de modernisation de l'économie définit la PME comme une entreprise de moins de 250 employés.

commençant notamment par se poser la question du critère majeur permettant de les classifier. Est-ce en termes de fonctionnalités, de lignes de codes, de nombre de licences installées, de chiffre d'affaires, etc. ?

Indépendamment des critères de choix fonctionnels propres à chaque secteur d'activité, s'il y a un classement à faire, il doit être le reflet de ce que demandent les clients, et le critère majeur, représentatif du marché, doit tenir compte de la taille et de la structure de l'entreprise. Ainsi, un grand groupe composé de multiples établissements partageant en permanence leurs informations (mêmes articles, clients, fournisseurs, etc.) et regroupés stratégiquement en entités juridiques, n'aura pas les mêmes besoins qu'une PME/PMI ou même qu'un groupe constitué de petites structures indépendantes d'un point de vue logistique et souvent financier.

Par ailleurs, l'informatisation des grands groupes a profité de budgets d'investissement importants que seules ces entreprises pouvaient engager. Ils ont investi ces dernières années dans des solutions pérennes, capables de supporter l'évolution de leur système d'information[2] (SI), tant dans les domaines du e-business, du CRM[3] (*Costumer Relationship Management*), du SRM[4] (*Supplier Relationship Management*), que du PLM[5] (*Product Lifecycle Management*).

En revanche, les PME/PMI sont bien souvent contraintes de laisser de côté la mise en œuvre des fonctions et processus périphériques qui ne rentre pas dans leur budget.

En conclusion, et pour être précis, il faudrait distinguer trois types de solutions éditeurs.

- PGI : progiciel de gestion intégré doté d'une gestion de production et d'une comptabilité intégrées disposant au moins du journal des ventes automatique, pouvant être mis en œuvre par l'éditeur et ne nécessitant pas de ressources spécialisées au niveau des changements d'organisation. Des éditeurs ont parfois tendance à qualifier d'ERP un produit qui en réalité n'offre pas la même richesse de fonctionnalités et qui par conséquent ne demande pas les mêmes ressources de mise en œuvre.

- ERP : progiciel de gestion intégré disposant d'une intégration financière automatique de tous les flux, mais pas forcément de tous les modules périphériques du marché. Dans ce cas, l'offre de l'éditeur est étoffée de progiciels spécialisés, interfacés avec l'ERP à défaut d'être intégrés.

Pour une telle offre, le paramétrage fonctionnel est beaucoup plus riche que dans les PGI et justifie donc une mise en œuvre plus complexe. En revanche, les processus et les règles de gestion sont le plus souvent issus des bonnes pratiques et disponibles en standard pour une mise en œuvre allégée. C'est aussi le cas des grands ERP préparamétrés (ou prépackagés[6]) pour un secteur d'activité, lesquels sont assimilés à cette catégorie d'ERP.

2. Ensemble constitué d'un ou plusieurs logiciels ainsi que de l'utilisation qui en est faite en matière de processus, d'activités, de procédures et de règles de gestion.

3. Gestion de la relation client : marketing, force de vente.

4. Gestion des relations fournisseurs.

5. Logiciel de gestion du cycle de vie des produits.

6. Se dit des offres des éditeurs ou intégrateurs qui ont conçu un modèle standard d'utilisation de l'ERP.

- Grand ERP : ERP doté en plus de modules périphériques intégrés (voir tableau 1-2 page 21) offrant, par ses possibilités de paramétrage des processus et des règles de gestion, l'opportunité pour l'entreprise d'une réorganisation importante, mais nécessitant des ressources d'assistance à maîtrise d'ouvrage et de conduite du changement en conséquence.

Niveau de flexibilité des ERP

Notons par expérience des différences significatives en termes de flexibilité, selon la catégorie du progiciel, qui vont induire des organisations de projets d'intégration adaptées.

Concernant les grands ERP (SAP, par exemple), la grande flexibilité apparente, apportée par la richesse d'un paramétrage qui couvre les règles de gestion et par conséquent les bonnes pratiques métier, exige des équipes de consultants maîtrisant les métiers de l'entreprise (processus et modes de gestion) pour spécifier les besoins à des consultants purement « produits ».

Alors que dans les ERP, l'intégrateur peut cumuler une double compétence produit/métier, car il est en quelque sorte « guidé » par les bonnes pratiques du progiciel, et en particulier par les règles de gestion qui sont déjà intégrées dans la plupart d'entre eux.

Enfin, les PGI proposent un paramétrage souvent moins sophistiqué, plus ou moins fidèle aux bonnes pratiques, qui réduit d'autant la flexibilité et les possibilités d'adaptation intrinsèques aux métiers de l'entreprise. Ces solutions peuvent se diversifier par secteur d'activité, jusqu'à se spécialiser complètement, devenant alors des solutions verticales. On retrouve cette caractéristique dans les progiciels classés GPAO (Gestion de la production assistée par ordinateur).

Modularité des ERP

Sur le plan de la modularité, envisageons d'abord les applications financières qui peuvent facilement être mises en œuvre indépendamment d'un noyau comme la GPAO, voire une solution d'un autre éditeur. Il est en effet facile d'interfacer les modules logistiques d'un progiciel avec une comptabilité, dans la mesure où la plupart des progiciels génèrent déjà en standard des écritures comptables qu'il suffit de reformater pour les intégrer dans une autre comptabilité.

Concernant la GPAO, la plupart des progiciels intègrent une modularité que nous qualifierons de « technique » (découpage en modules : achats, stocks, commercial, planification, fabrication, etc.) car elle n'a pas de réalité opérationnelle dans une entreprise industrielle manufacturière ; cette modularité est tout au plus utilisée dans des entreprises de distribution qui n'ont donc pas d'utilité des modules de fabrication. En effet, la complexité d'une mise en œuvre modulaire, par les interfaces jetables qu'elle génère, suggère toujours un déploiement de la GPAO de type Big Bang[7].

7. Se dit d'une stratégie de migration consistant à basculer en production l'ensemble des applications en une seule fois afin d'éviter de construire des interfaces jetables car provisoires.

En revanche, au-delà de ces deux noyaux que constituent la GPAO et la finance, que l'on retrouve dans tous les progiciels, il faut signaler des différences dans la conception et l'utilisation de la modularité des modules périphériques.

Les grands ERP font preuve d'une grande modularité concernant leurs modules périphériques. En effet, la richesse de leurs fonctionnalités, en rapport avec la taille des projets envisagés par leurs clients, leur permet bien souvent d'être installés dans des entreprises qui ne sont pas équipées du noyau de GPAO ou des modules financiers du même éditeur. C'est le cas notamment des modules PLM, CRM et SRM.

Pour les ERP ainsi que pour les PGI, la modularité, si elle est bien présente dans leur offre, favorise un étalement de la mise en œuvre. En revanche, leurs modules périphériques sont rarement installés sur un noyau de base d'un autre éditeur, car les coûts d'interfaçage sont généralement en dehors des budgets de ce type d'entreprise.

Les entreprises sont d'ailleurs souvent confrontées, par exemple, au choix entre un supermodule externe, comme le CRM, qu'il faut interfacer avec le PGI, et une offre moins riche fonctionnellement mais qui est déjà intégrée avec le noyau de l'ERP.

Tendances des ERP

Le choix d'un progiciel est avant tout le choix d'un éditeur, et dans ce domaine il faut rappeler les mouvements actuels de concentration que l'on observe chez les éditeurs, comme on a pu l'observer pour Oracle qui a absorbé PeopleSoft, qui lui-même avait absorbé JD Edwards (JDE), lequel avait absorbé l'éditeur de Numétrix. Ces mouvements ne sont pas terminés et une réflexion stratégique doit être menée par les entreprises. En effet, à partir du moment où la fusion est annoncée, il est important de connaître la stratégie d'un nouvel éditeur qui aura tendance à faire converger ses produits vers une seule offre stratégique, délaissant ainsi les investissements sur les produits non stratégiques.

Classement des ERP

Avant de parler du choix du progiciel lui-même, il est bon de rappeler que tous les progiciels de la classe ERP et supérieure sont dotés des fonctionnalités standards du marché. Ainsi, le choix d'un ERP ne s'effectue plus exclusivement sur des critères fonctionnels, comme c'était le cas il y a vingt ans. On privilégiera plutôt les qualités de l'éditeur, par sa stabilité, sa surface financière et son parc installé ; et de l'intégrateur, par sa méthodologie, sa compréhension du métier et sa capacité à mener à bien le projet d'intégration dans le respect des délais et des budgets.

Mais d'abord, quelle catégorie d'ERP l'entreprise doit-elle consulter pour « faire son marché » ? Si celle-ci s'intéresse uniquement à la richesse fonctionnelle des produits sans se soucier de la catégorie visée, elle risque de s'aventurer dans un labyrinthe d'où il lui sera difficile de sortir gagnante, épuisée par l'ampleur des coûts induits et des choix d'organisation.

Cas de Boeing

Boeing a lancé vers 1994 un projet SAP qui, au bout d'un an, n'avait pas encore produit de résultats tangibles. Les décideurs ont donc interrompu le projet et relancé un projet INFOR (Baan à l'époque) plus structuré et facile à mettre en œuvre. Au bout de trois mois, l'intégrateur produisait une vision globale (*Blue Print*) donnant de manière synthétique l'ensemble des paramétrages structurants à déployer et une approche de l'organisation cible.

À l'inverse, un progiciel sous-dimensionné tel un PGI ne permettra peut-être pas à l'entreprise de réaliser les changements d'organisation nécessaires pour se rapprocher des bonnes pratiques et assurer ainsi la pérennité de ses investissements.

Les tableaux des pages suivantes vont permettre au lecteur de mieux situer la catégorie des ERP décrits dans cet ouvrage, par rapport aux deux autres catégories.

Enfin, n'oubliez pas qu'en matière de choix du progiciel, car il faut bien qu'il y en ait un, il faut tout de même s'assurer de l'adéquation de l'ERP avec les besoins de l'entreprise en respectant deux principes majeurs.

1. Se concentrer sur dix critères fonctionnels discriminants.
2. Faire participer au choix les représentants des futurs utilisateurs.

Étendue des fonctions supportées

Le tableau suivant décrit l'étendue des fonctions supportées par chaque catégorie d'ERP.

Tableau 1-1 : Étendue des fonctions supportées par type d'ERP

Fonctionnalité	Grand ERP	ERP	PGI
Intégration financière	Automatique : stocks, en-cours, écarts industriels, marge, etc.	Automatique : stocks, en-cours, écarts industriels, marge, etc.	Souvent limitée aux journaux d'achats et de ventes
Multisites	Fonctionnalités étendues : groupe, société, établissement, Business unit, partage des données de base	Fonctionnalités limitées : groupe, société juridique, partage des données	Pas de fonctionnalités multisites, et duplication de bases de données
Multilangues	Interface utilisateurs disponible en plusieurs langues	Interface utilisateurs disponible en plusieurs langues	Interface utilisateurs en une seule langue

Fonctionnalité	Grand ERP	ERP	PGI
Processus procédures	Paramétrage étendu (*workflow*)	Paramétrage limité	Procédures figées
Activités	Découpage fin capable de répondre à une répartition extrême dans un grand groupe	Découpage fin avec regroupement/activités par paramétrage de l'enchaînement transactionnel	Activités globalisées pour répondre à une structure de petite PME/PMI
Règles de gestion	Paramétrées pour une meilleure flexibilité	Figées d'après les meilleures pratiques	Règles de gestion figées
Assistance MOA	Nécessaire par équipe dédiée pour retrouver les bonnes pratiques	Proposée par un intégrateur ou un conseil externe selon l'importance des changements	Pas nécessaire
Administration plates-formes	Nécessité d'une équipe dédiée	Nécessite une ressource dédiée ou une prestation de type ASP.	Pas besoin de ressource pour l'administration
SGBD	Multi-SGBD	Multi-SGBD	SGBD propriétaire
Plates-formes	Multi-plates-formes : Unix et autres	Multi-plates-formes : Unix et autres	Mono-plate-forme

Périmètre fonctionnel minimal

La richesse fonctionnelle d'un ERP consiste en sa capacité à intégrer l'ensemble des fonctions de l'entreprise et à garantir l'unicité de l'information saisie et sa propagation à l'ensemble des fonctions.

Le périmètre fonctionnel est souvent défini en première approche (notamment avant le lancement du projet d'intégration) par une liste de modules fonctionnels à mettre en place. Il correspond à la couverture maximale des fonctions de l'entreprise que l'on peut attendre de l'ERP.

Tableau 1-2 : Périmètre fonctionnel par type d'ERP

Modules fonctionnels des ERP	Grand ERP	ERP	PGI
MRP (*Material Requirement Planning*[8])	X	X	X
CRP (*Capacity Requirement Planning*[9])	X	X	X
SFC (*Shop Floor Control*[10])	X	X	X
Gestion des approvisionnements	X	X	X

8. Calcul des besoins d'approvisionnements ou planification des besoins d'approvisionnement.

9. Processus de planification des charges à moyen terme dans une organisation MRP II, encore appelée « boucle de programmation ».

10. Contrôle des activités de fabrication.

Modules fonctionnels des ERP	Grand ERP	ERP	PGI
Gestion des achats	X	X	X
Gestion des ventes	X	X	X
Gestion des stocks	X	X	X
Prix de revient industriel	X	X	X
Comptabilité générale tiers analytique	X	X	X
Gestion des immobilisations	X	X	X
EDI (Échange de données informatisé)	X	X	
WMS (*Warehouse Management System*[11])	X	X	
Gestion de projets	X	X	
SAV (Service après-vente)	X	X	
Intégration financière de tous les flux logistiques	X	X	
PDP (Plan directeur de production)	X	X	
Gestion de la trésorerie	X	X	
SCM (*Supply Chain Management*[12]) – *Demand Planning*	X	X	
SCM (*Supply Chain Management*) – *Planning*	X	X	
SCM (*Supply Chain Management*) – *Scheduling*	X	X	
SCM (*Supply Chain Management*) – *Strategic Planning*	X		
TMS (*Transport Management System*[13])	X		
PDM (*Product Data Management*)	X		
PIC (Plan industriel et commercial)	X		
CRM (*Customer Relationship Management*)	X		
e-sales (ventes sur le Web)	X		
SRM (*Supplier Relationship Management*)	X		
e-procurement (achats via le Web)	X		
BI (*Business Intelligence*)[14] – Décisionnel	X		
workflow[15]	X		
ABC Costing	X		

11. Gestion de l'entreposage.

12. Gestion de la chaîne d'approvisionnement.

13. Gestion du transport.

14. Terme souvent utilisé pour désigner les fonctions d'extraction des données pour effectuer des reportings ou des statistiques.

15. Système permettant de paramétrer les processus dans l'ERP afin d'automatiser les enchaînements des tâches en fonction de règles de gestion paramétrées. Ce système se traduit par des messages sur l'ordinateur des utilisateurs pour les prévenir des tâches qu'ils ont à accomplir, leur évitant ainsi d'avoir à connaître leurs processus et de s'enquérir eux-mêmes de ces tâches.

Classification des ERP du marché

La classification des ERP du marché est certainement sujette à discussion, notamment au sein des éditeurs eux-mêmes qui veulent rivaliser avec leurs concurrents.

Par ailleurs, le marché des clients potentiels d'un ERP est naturellement fonction de sa couverture fonctionnelle mais aussi de sa capacité de mise en œuvre. Certains ERP, bien que faisant preuve d'une excellente vision de l'entreprise et de son système d'information, n'ont pas ou n'ont pas su conserver une bonne capacité de mise en œuvre pour différentes raisons (par exemple, difficultés financières ou manque de ressources partenaires d'intégration), ce qui se traduit forcément par une baisse des références.

Gartner Group

Il s'agit du principal organisme international spécialisé dans la cotation des progiciels selon deux axes de notation : *Completeness of Vision* et *Ability to Execute*. Il fournit périodiquement dans chaque domaine un *Magic Quadrant* (graphique sous forme de nuages de points montrant le positionnement des progiciels) sur ces deux axes.

Si la couverture fonctionnelle a peu de chance de se dégrader au cours du temps, il n'en est pas de même pour la capacité de mise en œuvre qui doit être surveillée continuellement. Tel éditeur saura plus ou moins dans le temps se maintenir dans le *Magic Quadrant* du Gartner Group.

L'approche de classification suivante, qui entend refléter le marché des ERP en 2009, est donc à prendre avec précaution.

Tableau 1-3 : Classification des ERP existants

Grand ERP	ERP	PGI
SAP R/3	Lawson (Movex)	Microsoft (Navision)
Oracle Applications	ERP LN (Baan)	Sage 1 000
PeopleSoft	IFS	Cegid
	JD Edwards (JDE)	Axapta
	SAP All-in-One	SAP Business-One
	Sage X3 (Adonix)	

Ce livre est dédié aux ERP qui constituent la cible privilégiée des PME. Néanmoins, les principes abordés ici peuvent être appliqués aux projets de mise en œuvre des PGI, par les principes directeurs, les livrables et les responsabilités des intervenants.

Pourquoi une méthode ERP ?

Il est important pour les acteurs d'un projet ERP de connaître les raisons qui ont conduit les professionnels à imaginer des méthodes spécifiques de mise en œuvre, afin de mieux comprendre leur niveau d'implication, les décisionnaires, et en fin de compte les choix d'utilisation qui sont laissés à l'entreprise elle-même, acteur incontournable d'un tel projet.

De même, il est utile pour ces professionnels d'asseoir leurs travaux sur une méthode adaptée, comme nous le verrons dans ce chapitre, qui se fonde sur ce que sait faire l'ERP, en vue de construire ensuite les solutions en termes de processus, ainsi que d'éventuels développements spécifiques – ce qui s'avère radicalement différent des méthodes informatiques traditionnelles.

Notions de paramétrage

On appelle paramétrage toute action portant sur des données dans des tables, en général manipulées par des consultants et dans une certaine mesure par les équipes internes après formation, par opposition à des logiciels qui doivent être manipulés par des informaticiens et doivent subir un processus complexe et normé de réalisation, test et recette.

Le premier intérêt du paramétrage est qu'il est plus facile et rapide à mettre en œuvre, contrairement au processus de développement informatique. Le second intérêt est qu'il permet de conserver toute la potentialité de mise à niveau du progiciel dans ses versions ultérieures alors que les développements informatiques doivent en général être réintégrés dans les versions ultérieures par un processus de test d'intégration et de recette décrit dans cet ouvrage, notamment les tests de non-régression.

Selon les ERP, la notion de paramétrage peut avoir différentes significations, répondant plus ou moins à des principes tirant plus du marketing que des méthodes d'intégration. Il n'est pas rare de rencontrer un éditeur qui parle de paramétrage là où l'intervention d'informaticiens est nécessaire, dans le seul but de montrer une image de flexibilité et de ne pas effrayer l'entreprise. Il faut donc bien comprendre la différence entre paramétrage et développement informatique, qui varie selon les ERP, afin de fixer les limites générales aux demandes d'adaptation qui seront émises par les équipes internes, car de cette limite dépendent les ressources à affecter au projet.

Différents types de paramètres

Un ERP se caractérise par un grand nombre de paramètres, conçus pour s'adapter à un grand nombre de situations, de métiers, de secteurs d'activité, et par conséquent de besoins fonctionnels. On peut classer ces paramètres selon leur impact sur le projet, sur l'organisation ou sur les fonctionnalités. Selon les ERP, les choix de paramétrage peuvent être sensiblement différents :

- paramètres fonctionnels structurants pour la mise en œuvre ;
- tables de valeurs logistiques ou financières ;
- paramétrage de processus ou de procédures (Baan) ;
- paramétrage des processus (workflow) ;
- paramétrage des règles de gestion (SAP) ;
- choix de fonctionnalités ou modules à mettre en œuvre ;
- choix de fonctions ou de règles de gestion proposées en standard;
- paramétrage technique des enchaînements de procédures (JD Edwards).

Paramètres structurants

Un paramètre est qualifié de structurant lorsqu'il a des conséquences importantes à différents niveaux dans la suite du projet, tant dans le domaine des fonctions à déployer que dans le domaine des incidences sur les métiers et les charges de mise en œuvre. Ainsi, la décision de gérer les stocks par emplacements ou par lots modifiera les procédures afin de s'adapter aux tâches à réaliser dans le magasin.

Un autre exemple concerne ce qu'on appelle souvent les critères logistiques servant à paramétrer l'intégration financière des flux en comptabilité analytique (*costing*). Ces critères, par ailleurs définis dans des tables de valeurs personnalisées, comme les familles d'articles, les vecteurs de coûts et les magasins, vont être le plus souvent utilisés pour structurer l'imputation automatique des flux sur les comptes généraux et analytiques (dans les ERP, par opposition aux PGI).

Tables de valeurs personnalisées

Tous les ERP ou PGI proposent des tables logistiques et financières permettant de définir des valeurs propres à l'entreprise. Citons notamment les tables logistiques suivantes :

- magasins ;
- vecteurs de coûts ;
- familles d'articles ;
- types de clients et de fournisseurs ;
- pays ;
- etc.

Citons aussi les tables financières suivantes :

- TVA ;

- devises ;

- natures de comptabilité analytique ;

- etc.

Paramétrage des processus

Une des caractéristiques essentielles de certains progiciels ERP est de pouvoir s'adapter à des organisations différentes en termes de taille d'entreprise ou de responsabilités des différents postes. Toutes les entreprises industrielles, par exemple, exécutent les mêmes tâches pour s'approvisionner, fabriquer et livrer leurs clients. Mais selon la taille de l'entreprise, ces tâches sont exécutées par un nombre différent de personnes, créant autant d'étapes dans le processus, appelées activités.

La flexibilité d'un ERP se mesure par son aptitude à exécuter les mêmes programmes ou sessions soit de façon regroupée en un nombre réduit de transactions pour les petites entreprises, soit à la limite sans regroupement des mêmes sessions, pour être exploitées par différentes personnes en différents postes de travail et activités, dans les structures plus importantes.

Cette souplesse est généralement obtenue sur les systèmes modernes par une modularité fine des fonctions ou programmes du progiciel, permettant ainsi de les « assembler » selon différentes configurations pour paramétrer des processus et des procédures en fonction de l'organisation des entreprises.

Notions de workflow

Le concept de workflow va plus loin encore en termes de paramétrage des processus. Il introduit les notions de message individualisé à l'utilisateur et d'aiguillage automatisé dans les processus, pour traiter par des procédures différentes des objets de gestion identiques (commandes, ordres, etc.) en fonction d'informations clés capables d'être lues par le moteur de workflow.

Exemple de workflow

Une demande d'achat suit un processus différent par type de besoin, selon qu'elle couvre un besoin d'approvisionnement MRP, de fournitures, de frais généraux, de sous-traitance ou encore un besoin indéfini pour un nouvel article non répertorié dans la base de données.

Le workflow se caractérise en premier lieu par la mise à disposition d'un message dans la file d'attente du poste de travail de l'utilisateur qui doit réaliser une tâche (de validation ou de saisie). Ce message comporte tous les éléments pour accéder à la transaction sans avoir à ressaisir les identifiants caractérisant l'objet de gestion à traiter. C'est le mode de travail rêvé depuis longtemps par tous les informaticiens mais qui, en dehors d'applications dédiées comme la gestion des demandes d'achat précisément ou la gestion des modifications techniques, nécessitait des développements informatiques tellement complexes qu'il n'a été que très rarement réalisé.

En second lieu, le workflow doit être capable d'aiguiller le processus sur la bonne transaction en fonction du type d'objet de gestion à traiter. Ceci est maintenant réalisé dans les ERP, au-delà des données de la base de données, par le paramétrage de règles de gestion dans la structure même du processus. Par exemple, une commande d'achat d'un montant supérieur à un palier paramétré déclenchera une étape supplémentaire de validation de la commande par un responsable. Dans cet exemple, c'est le seuil de déclenchement qui est paramétré dans la règle de gestion, elle-même paramétrée pour le processus dans le système de workflow.

Contrainte ou opportunité ?

On touche ici au cœur de la problématique de mise en œuvre des ERP, car les utilisateurs peuvent être amenés à percevoir les caractéristiques fonctionnelles des ERP comme des contraintes, au regard de leurs anciennes applications, alors qu'il est nécessaire de les considérer comme des opportunités afin de se rapprocher des bonnes pratiques et de limiter les adaptations spécifiques.

Écarts avec les pratiques existantes

Dans de très nombreux cas, les concepteurs de progiciels ERP n'ont pas forcément conçu leurs applications de la même manière que les informaticiens l'avaient fait pour leurs logiciels spécifiques, ce qui ne manque pas d'occasionner des écarts importants, à première vue, entre le nouveau progiciel et les anciens logiciels spécifiques existants. On dit souvent que si vous soumettez le même problème à deux informaticiens, vous aurez forcément deux solutions différentes.

C'est un des aspects les plus critiques des projets ERP car il peut entraîner des conséquences graves sur la réussite des projets, notamment sur la tenue des délais, des budgets et au final sur la satisfaction des utilisateurs, s'il n'est pas pris en main par une méthode adaptée.

Règles de gestion intégrées

Par ailleurs, les meilleurs ERP du marché ont été conçus pour s'adapter à des secteurs d'activité forts différents, en fonction des bonnes pratiques métier relayées par les organismes spécialisés comme l'Apics.

> **Apics**
>
> L'Apics (*Advancing Productivity, Innovation and Competitive Success* ou Association pour le management des opérations) est le principal organisme international de diffusion des bonnes pratiques en matière de SCM (*Supply Chain Management*). Il dispense notamment la certification CPIM (*Certified in Production and Inventory Management*) à environ 2 000 certifiés en France, tous logisticiens ou consultants spécialisés.

Ces bonnes pratiques relèvent notamment des processus et règles de gestion et de pilotage des flux logistiques intégrées dans les progiciels ERP de telle manière qu'il n'y a plus qu'à paramétrer des choix fonctionnels pour les mettre en œuvre.

> **Exemple de règle de gestion intégrée**
>
> Le simple choix du mode de planification d'un l'article, entre PDP (article géré au Plan directeur de production) et MRP (article approvisionné par le calcul de besoins), entraîne un certain nombre de règles de gestion et de processus dédiés.
>
> PDP : un processus intégré de planification, fondé sur une vision des flux par périodes et incluant des simulations de faisabilité sur les besoins en capacité critiques, permet de valider un plan directeur de production faisable du point de vue des capacités de l'entreprise.
>
> MRP : le processus de calcul de besoins d'approvisionnement en sous-ensembles, pièces détachées et matières premières peut ensuite être lancé de manière quasiment automatique en procédant à un équilibrage (lissage) des charges compatible avec les capacités de l'entreprise.

Retour aux bonnes pratiques métier

La mise en œuvre d'un ERP est donc l'occasion pour l'entreprise de bénéficier de ces bonnes pratiques métier et d'optimiser son organisation, trop souvent le fruit d'évolutions historiques plus ou moins maîtrisées de ses systèmes d'information spécifiques.

C'est non seulement une bonne occasion d'améliorer la performance de l'entreprise, mais aussi de répondre au principal challenge des projets ERP, à savoir la gestion des écarts constatés entre le système existant et le progiciel.

En effet, par un retour aux bonnes pratiques métier, l'entreprise réalise le double objectif de s'améliorer en termes d'organisation et de performance et de réduire, voire d'éviter, les développements informatiques spécifiques, causes de charges supplémentaires futures. Il s'agit en particulier de la difficulté de bénéficier des nouvelles versions du progiciel dans des conditions économiques acceptables, voire de se retrouver finalement avec un tel volume de spécifiques qu'elle subira alors les mêmes conséquences qu'avec les anciens systèmes spécifiques.

Nous citerons notamment le cas, bien que ce ne soit pas l'objet de ce livre, de projets SAP qui se sont révélés être des échecs et ont fortement dérivé de leur objectif initial par non-respect de ces bonnes pratiques. La faute n'incombe pas d'ailleurs à l'entreprise, qui est souvent la cible d'un marketing effréné de la part des vendeurs de progiciels se vantant de pouvoir tout gérer. En réaction, au lieu d'évoluer vers de bonnes pratiques, elle préfère adapter le progiciel à ses anciennes pratiques, ce qui alourdit la charge de paramétrage du progiciel et allonge les délais du projet.

Convergence entre besoins et possibilités

On voit donc qu'un projet ERP va être l'occasion d'une convergence entre les besoins des métiers et les possibilités du progiciel ERP. La méthodologie de mise en œuvre, spécialement conçue pour piloter cette convergence, permet par un processus itératif de simuler la faisabilité des besoins dans le progiciel.

La conséquence essentielle de ce type de projet est de ne pas savoir à l'avance ce que sera exactement le système cible qui est donc « configuré » tout au long du projet. Ce processus itératif de recherche de compromis entre besoins et possibilités est en quelque sorte « tiré par les métiers », lesquels réalisent en premier leurs choix de paramétrage ou de configuration du progiciel avant d'envisager telle ou telle adaptation spécifique.

Développements informatiques

Dans ces conditions, les fonctions standards du progiciel utilisées ne sont pas connues définitivement avant d'avoir vérifié la faisabilité, ni défini précisément les paramètres de configuration du progiciel. En conséquence, les choix des métiers sont réalisés en premier pour définir le mode d'utilisation du progiciel. Les développements informatiques, répondant à des spécifications très précises et dépendant des choix de configuration du progiciel, viennent donc après les choix de paramétrage.

On ne peut pas en effet envisager des développements informatiques de personnalisation sans définir précisément la procédure et l'utilisation des données issues de l'ERP.

Les spécificités d'un projet ERP

Comme le résument les schémas présentés en introduction, les projets ERP sont fondés sur des principes de base totalement nouveaux par rapport aux projets de développement de logiciels spécifiques. La démarche de prototypage itérative (figure I-1) permet de pouvoir s'adapter au progiciel (figure I-2).

Pour mieux apprécier ce qui est spécifique à un projet ERP, il nous a donc semblé préférable de commencer par rappeler les caractéristiques des projets de développement informatiques avant de présenter ce qui différencie les projets ERP.

Projets informatiques

Ce type de projet se caractérise par le développement de logiciels spécifiques, pratiquement sur mesure, par opposition à la mise en œuvre d'un progiciel standard. Il était largement majoritaire il y a une trentaine d'années, alors que les progiciels n'étaient pas suffisamment performants pour se déployer dans des grands comptes et où les mentalités n'avaient pas encore suffisamment évolué pour faire confiance à un progiciel et renoncer aux anciennes pratiques.

Ce type de projet n'étant pas l'objet de ce livre, seuls certains principes sont rappelés ici pour bien différencier les projets ERP de ces projets spécifiques, dont le principe est de réaliser au moyen de l'informatique ce que l'on a au préalable spécifié en fonction des besoins exprimés.

Dans ce type de projets, les équipes métier ont une unique responsabilité de maîtrise d'ouvrage (MOA). Ils attendent en effet une livraison « clés en main » de la part des équipes informatiques, qui ont la responsabilité entière de la maîtrise d'œuvre (MOE) – cela est différent pour les projets ERP, comme on le verra dans les paragraphes suivants.

Projets ERP

Dans ce type de projet, les responsabilités globales sont réparties différemment : même si les équipes métier ont toujours un rôle classique de maîtrise d'ouvrage (MOA), une équipe d'experts de l'entreprise va cependant participer aux travaux du projet. Sous le contrôle d'un maître d'œuvre (MOE), elle procédera à des choix fonctionnels qui vont façonner la solution, définie alors comme un ensemble de processus, règles de gestion et paramètres représentatifs des choix d'utilisation de l'ERP pour les besoins de l'entreprise.

L'équipe de maîtrise d'œuvre (MOE) est alors composée de professionnels de l'intégration des ERP qui pilotent à la fois ces experts de l'entreprise (associés en quelque sorte de la maîtrise d'œuvre puisqu'ils participent à l'élaboration de la solution) et les équipes informatiques de réalisation des interfaces, personnalisations et reprises de données, qui œuvrent dans un second temps après validation des choix fonctionnels.

Richesse fonctionnelle

L'une des principales caractéristiques des ERP est la richesse des fonctionnalités, destinée à répondre à tous les besoins fonctionnels du marché pour lequel ils ont été conçus. Cette richesse peut vite devenir une source de risques pour l'entreprise, comme on a pu le constater avec les grands ERP où celle-ci est poussée à l'extrême.

> **Exemple de richesse fonctionnelle des grands ERP**
>
> L'éditeur SAP a été notamment jusqu'à paramétrer des règles de gestion classiques, par exemple le calcul de la disponibilité prévisionnelle des stocks (prise en compte ou non de chacun des mouvements de stock prévisionnels dans le calcul du stock disponible prévisionnel à date), alors que d'autres ERP ont pour ainsi dire intégré totalement ces règles dans le progiciel en fonction des bonnes pratiques.

Cette richesse fonctionnelle peut ainsi être la source de risques importants pour le projet de mise en œuvre. En effet, l'entreprise ayant acquis les droits d'utilisation de l'ensemble des fonctionnalités du progiciel ou des modules commandés, elle pourrait avoir tendance à vouloir profiter de toutes les fonctionnalités à sa disposition et explorer l'ensemble des choix de paramétrage, qu'elle en ait besoin ou non.

Bien qu'il soit minimisé dans les projets ERP par rapport aux grands ERP, le risque généré par la richesse fonctionnelle n'est pas de développer du logiciel spécifique à outrance, encadré notamment par des offres packagées comme SAP All-in-One. Il se situe plutôt dans la volonté d'une entreprise de tirer du progiciel un « profit » maximal illusoire en termes de fonctionnalités mises en œuvre pour, en quelque sorte, amortir au maximum son investissement.

Là comme en toutes choses, il faut raison garder et se fixer des objectifs de périmètre et de retour sur investissement qui évitent de déborder, de déraper pourrait-on dire, sur des fonctions secondaires qui peuvent d'ailleurs très bien être déployées après le premier démarrage, sous forme de projets d'optimisation. D'ailleurs, les plannings et les budgets des projets ERP sont directement proportionnels au nombre de modules et de fonctions à mettre en œuvre. L'essentiel des travaux a trait à la formation et au prototypage afin de décider de leur meilleure utilisation possible.

En conséquence, lorsqu'on aborde un projet en PME/PMI, quasiment toujours dans un mode forfaitaire, il est indispensable de fixer le périmètre sous peine de dérive forte par rapport aux objectifs.

Flexibilité

Comme nous l'avons évoqué précédemment, la flexibilité est une caractéristique inhérente aux ERP qui permet d'adapter plus ou moins bien le progiciel aux besoins métier et fonctionnels, ainsi qu'à l'organisation de l'entreprise. Elle se caractérise elle-même par une flexibilité du paramétrage et des procédures, par conséquent au service des processus.

Dans tous les cas, celle-ci ne doit pas être considérée comme le prétexte à perpétuer d'anciennes pratiques empiriques, ne correspondant plus aux bonnes pratiques actuelles qui n'étaient pas forcément connues lors de la réalisation des logiciels spécifiques à remplacer. Elle doit au contraire être mise à profit pour recentrer l'entreprise sur ces bonnes pratiques.

Limite de la flexibilité

Dans ce domaine, les projets de mise en œuvre des grands ERP ne sont pas un modèle à imiter en PME. Ces dernières années, on a malheureusement assez souvent constaté dans ces grands projets que la richesse fonctionnelle est présentée par les éditeurs comme un gage de flexibilité permettant au progiciel de s'adapter à n'importe quelle situation ou besoin des entreprises.

Cette présentation de la flexibilité risque d'engendrer paradoxalement des risques de dérives vers les développements spécifiques lorsque l'entreprise, influencée par un marketing de l'éditeur qui assure que « tout est possible, tout est réalisable », a paradoxalement la volonté d'adopter les standards de l'ERP mais tout en conservant ses anciennes pratiques.

En PME, il est préférable de se focaliser en premier sur les bonnes pratiques supportées par l'ERP avant de considérer la flexibilité de l'ERP comme un moyen de prendre en compte les données, les procédures et ainsi l'organisation de l'entreprise.

Exemple de flexibilité des données

Les tables de données logistiques permettent de définir les données de structure de l'entreprise telles que : entités juridiques, établissements, magasins, familles d'articles, structure du prix de revient ou encore schémas comptables d'intégration financière.

La flexibilité des procédures est la caractéristique des ERP capables de s'adapter à des entreprises de tailles sensiblement différentes.

Exemple de flexibilité des procédures

Les ERP sont découpés en sessions, assurant chacune une ou plusieurs fonctions, capables soit d'être appelées directement depuis un menu, soit d'être associées entre elles pour former des transactions plus complexes. La flexibilité est alors obtenue soit par un menu déroulant proposant le choix de la session suivante sans recomposition des identifiants (Infor ERP LN), soit par un paramétrage plus technique de variantes d'enchaînement des sessions (JDE).

Cette flexibilité a permis à Infor ERP LN d'être installé aussi bien dans des PME de quelques dizaines de personnes que dans des grands groupes comme Boeing ou Snecma.

Enfin, ces critères de flexibilité permettent d'adapter les procédures à l'organisation de l'entreprise dans la mesure où les groupes de sessions sont conçus pour couvrir les activités de l'entreprise. Il suffit ensuite de les affecter aux différents profils d'utilisateurs en fonction de l'organisation de l'entreprise.

Exemple de flexibilité de l'organisation

Certains ERP intègrent complètement la définition de l'organisation sous forme de rôles auxquels sont affectées les activités du système d'information de l'entreprise pour automatiser la production des menus ou « bureaux » utilisateurs en fonction de leur profil.

Transversalité

La transversalité est une caractéristique des processus de l'entreprise en ceci qu'ils traversent plusieurs métiers de l'entreprise intégrée. Les progiciels ERP supportent, par leur flexibilité, des procédures capables de bâtir des processus transverses. Cette caractéristique influence les projets ERP en ceci que les solutions apportées par le progiciel doivent être cohérentes, notamment par la compatibilité des choix de paramétrage, sur l'ensemble d'un processus, qui concernent donc plusieurs métiers.

Exemple de processus transverse

Un processus est habituellement défini par l'enchaînement des activités ou tâches pour traiter un document entrant dans l'entreprise. Donc, par définition, ces activités peuvent concerner des secteurs de métiers différents comme : commercial, planification, achat, fabrication, facturation et comptabilisation.

En conséquence, on imagine très bien que les applications finales sont le produit d'une réflexion commune à ces différents métiers et que chacun ne peut concevoir ses solutions sans la vérification de faisabilité avec les autres métiers. Les projets ERP sont donc des projets « transverses » organisés autour d'une équipe pluridisciplinaire qui a, entre autres responsabilités, celle d'harmoniser les choix dans une logique globale.

Changement

Nous avons évoqué précédemment les notions présidant à la conduite des projets ERP comme la convergence entre besoins et possibilités du progiciel ; et même si l'entreprise a choisi, comme il se doit, de se recentrer sur les bonnes pratiques, ce recentrage n'est pas sans générer des changements importants en termes d'organisation, de communication, de préparation et de formation des hommes à ces bonnes pratiques. Même si la meilleure équipe projet, tant sur le plan de l'équipe métier que sur celui des consultants chargés de la mise en œuvre, conçoit la meilleure solution pour le projet, cela ne suffit pas dans certains cas pour que le nouveau système soit parfaitement accepté et opérationnel.

Tout d'abord, les bonnes pratiques en question ne pourront être mises en œuvre que si l'équipe projet se les approprie. Des besoins de formation métier sont d'ailleurs souvent identifiés lors de la mise en œuvre de tels projets.

Ensuite, ces nouvelles pratiques vont probablement surprendre les utilisateurs, voire les choquer ou les rebuter, créant ainsi un contexte peu favorable à l'appropriation du nouveau système par l'ensemble de l'entreprise. C'est pour éviter ce type de réaction qu'il est parfois nécessaire de mettre sous contrôle le changement très rapidement, en parallèle du projet lui-même, pour gérer les conditions optimales d'appropriation, par l'ensemble des collaborateurs de l'entreprise, dans lesquelles les solutions pourront être déployées. Elle portera notamment sur des actions de communication, de formation aux nouveaux métiers et de modification de l'organisation, en termes de redéfinition de postes en fonction des futures activités de l'entreprise.

Technologies

Enfin, l'un des aspects typiques des projets ERP réside dans le fait que les ERP ont été conçus à l'aide de technologies nouvelles, ce qui constitue bien souvent une rupture forte avec les compétences existantes.

Dans le passé, le développement des applications spécifiques permettait à une entreprise de se doter d'une compétence informatique spécialisée dans la technologie choisie par la direction informatique de l'entreprise. Bien souvent, cette compétence évoluait dans un contexte mono technologique.

Au contraire de ces technologies dites propriétaires, conçues à l'origine par les constructeurs de matériel informatique, les ERP sont maintenant architecturés en couches technologiques pour leur assurer le plus large marché potentiel.

> **Exemples de « couches » technologiques**
> - Systèmes d'exploitation : Unix, Linux, Windows.
> - Systèmes de gestion de base de données : Oracle, SQL, etc.
> - Outils d'exploitation : Tivoli, Patrol, etc.
> - Système de partage de bases de données : Citrix.
> - Architecture trois-tiers : serveur application, serveur de données, poste de travail.

Pilotage

Ces nouvelles technologies ont bien souvent été la cause d'une certaine appréhension des entreprises à se lancer comme maîtres d'œuvre jusqu'à la fin des années 1990. Et il est vrai que, sans être obligé de maîtriser personnellement toutes ces technologies et l'enchaînement des tâches concourant à leur mise en place, le chef de projet doit être capable de bien les ordonnancer sur son planning, faute de quoi il risque de générer des dérives dans les délais.

Exemple de contrainte d'ordonnancement

On déroule habituellement la recette de préproduction, précédant le basculement en production, sur la machine de production, ce qui suppose que celle-ci a été préparée de façon complète, car aucun risque ne doit être pris sur l'aspect technique pour le démarrage.

Cet aspect du pilotage est particulièrement critique en considération du nombre impressionnant de tâches techniques à réaliser, bien souvent par des compétences et donc des ressources distinctes, lors de la mise en production du nouveau système.

On parle alors d'intégrateur, pour désigner le partenaire capable de prendre des engagements et d'« intégrer » l'ensemble de ces compétences : fonctionnelles, informatiques et technologiques.

C'est en effet une caractéristique générale des plannings de l'ensemble des projets ERP que d'être bâtis sur un nombre de tâches et de relations largement supérieur à celui des projets informatiques spécifiques. Il n'est pas rare d'avoir à gérer des plannings détaillés de plusieurs centaines de tâches avec toutes les conséquences que cela entraîne sur les contraintes d'ordonnancement.

Les caractéristiques des projets ERP changent sensiblement la nature des relations entre les différentes directions de l'entreprise impliquées dans le projet dans la mesure où pour les projets logiciels spécifiques, c'est en général la direction informatique qui pilote le projet global, depuis le choix du partenaire externe jusqu'à la recette. Pour les projets ERP, en revanche, ce sont les métiers qui pilotent le projet, lequel est alors placé sous la responsabilité d'un *sponsor* : direction opérationnelle comme la direction financière, la direction commerciale ou la direction industrielle, selon la nature et le périmètre du projet.

La direction informatique supervise naturellement toujours les tâches techniques comme les développements informatiques des adaptations ou compléments spécifiques, la mise en production du logiciel et elle assure la responsabilité de la maintenance après le démarrage opérationnel.

On voit donc apparaître des organisations de projets structurées en deux grandes équipes internes : l'équipe métier constituée d'experts des métiers (souvent appelés *key users*) et l'équipe technique constituée d'informaticiens fonctionnels, développeurs ou d'exploitation.

Intérêt d'une méthode

Tout d'abord, une méthode de conduite de projet est un ensemble d'acquis, d'expériences et d'outils pour mener à bien un projet. Elle comporte en général un découpage des travaux en différentes phases et étapes, enchaînées logiquement et correspondant à des produits finis ou livrables. Dans une méthode sont ainsi définis la répartition des rôles et des responsabilités dans les équipes impliquées dans le projet, les procédures de pilotage, de communication, de reporting, etc., ainsi que les formalismes partagés pour la documentation produite par le projet afin de capitaliser de projets en projets.

Ce qui est important ce n'est pas forcément de choisir telle ou telle méthode mais surtout d'en choisir une et une seule, qui soit partagée par l'ensemble des acteurs du projet afin de concourir à la cohérence globale des décisions, des plannings et des livrables du projet.

Principes directeurs

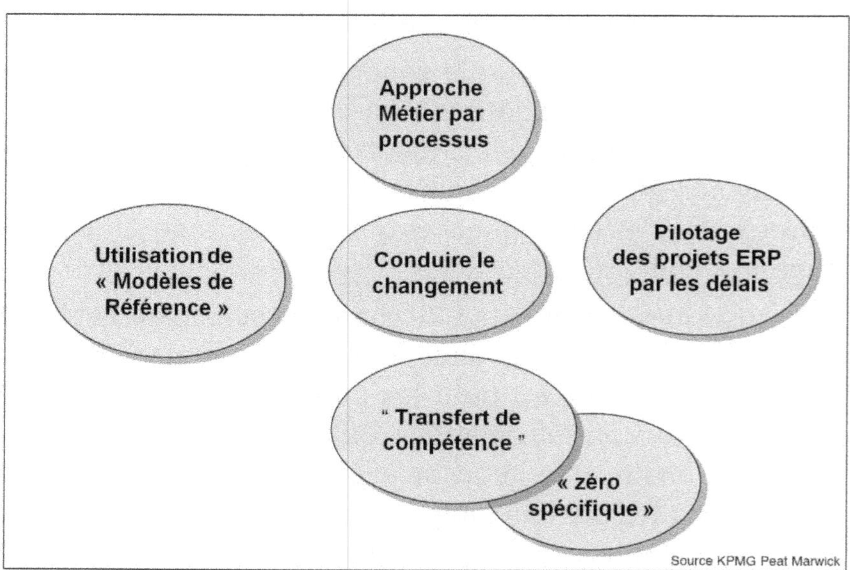

Figure 1-1 : La démarche – Principes directeurs

Ce chapitre a pour but d'illustrer les principes qui ont permis de bâtir une méthode appropriée à la mise en œuvre des ERP. Les nombreux projets ERP menés en PME dans l'industrie ont conduit à identifier des facteurs clés du succès comme :

- travailler sur le métier des entreprises par une approche par processus avec le progiciel, afin de reconstruire les processus métier à travers le puzzle des fonctions proposées ;
- piloter le projet par les délais et les budgets, au moyen d'une organisation de projet adéquate pour éviter tout risque de dérive ;

- faire participer activement les équipes internes au paramétrage de l'outil pour concrétiser ainsi une politique de transfert de compétences ;
- mettre en œuvre des solutions simples permettant de viser l'objectif « zéro spécifique » pour tirer pleinement parti des évolutions du progiciel à moindre coût ;
- mettre sous contrôle au plus tôt la conduite du changement pour éviter les risques d'un projet trop technique ;
- utiliser éventuellement des modèles de référence préparamétrés pour réduire les charges de projet et de documentation.

Travailler sur les métiers

L'approche métier consiste à parler le langage du métier des utilisateurs tout au long du projet jusqu'à la formalisation de la documentation.

Il est donc important de bien définir les activités dans un langage métier connu de tous dans l'entreprise : ensemble de tâches élémentaires (procédures) exécutées en cible par un même profil utilisateur et à la suite d'un même déclencheur (temps réel ou différé). L'activité est le plus petit élément de processus non sécable parmi les objets gérés par le projet, capable d'être dispatchée sur différents critères pour constituer la documentation, les processus et les menus par profils utilisateurs. Elle est donc centrale pour la documentation et la recette d'un projet ERP, autrement dit pour la gestion du projet, et la plus grande attention doit être consacrée à la définition des activités du futur système d'information.

Si cela n'a pas été fait dans le cahier des charges, l'idéal est de fixer la liste des activités métier très tôt, dans les premiers travaux de cadrage, et de réaliser ensuite une cartographie des sous-domaines fonctionnels (on parlera alors de modèle de gestion) déclinés jusqu'au détail des activités dans une vision hiérarchique pour constituer l'architecture fonctionnelle.

Cependant, pour des projets moyens, le périmètre fonctionnel est décrit par une cartographie des processus métier (on parlera de schéma général de fonctionnement), en préalable à l'architecture fonctionnelle, décomposés en ces mêmes activités dans une vision transversale pour constituer l'architecture métier.

Ces travaux interviennent dans la première phase de conception générale pour fédérer les tâches et acteurs du projet sur tous les plans : métier, fonctionnel et plus tard dans le projet sur le plan technique.

La cartographie des activités est réalisée le plus tôt possible dans le projet, soit par décomposition de l'architecture fonctionnelle pour les petits projets, soit par décomposition de l'architecture métier pour les projets moyens, bien avant d'avoir vu et arrêté les solutions de procédure qui feront l'objet de séances de prototypage et tests.

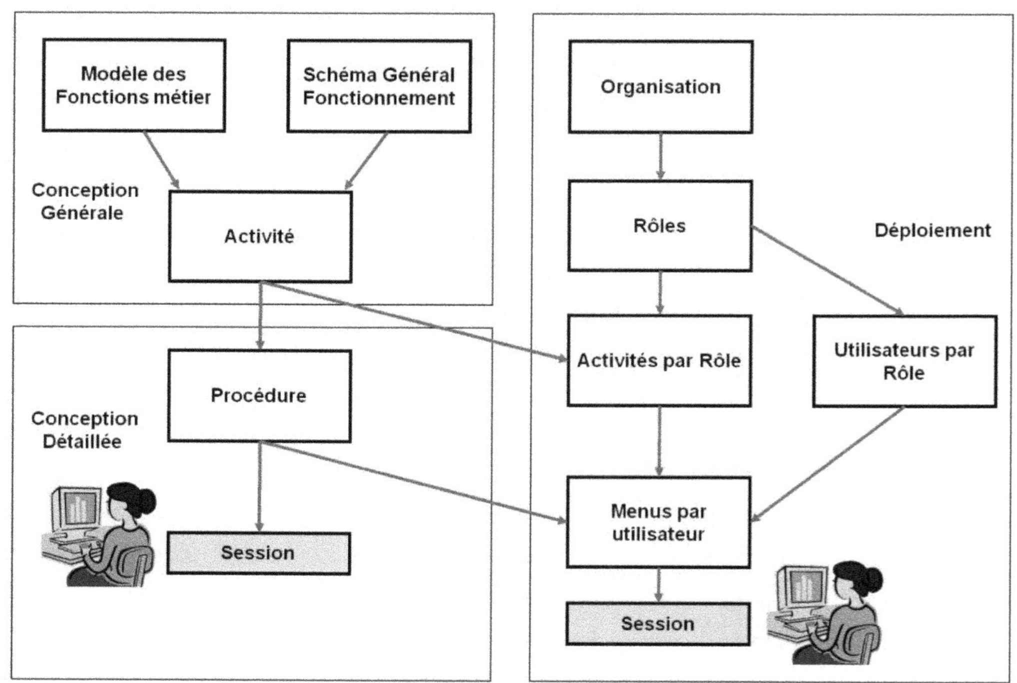

Figure 1-2 : Principes directeurs – Approche par processus

Celle-ci permet d'avoir une vision de l'organisation des processus, de la faire valider par les métiers et de pouvoir communiquer sur la nouvelle organisation. Dans la suite du projet, il s'agira de détailler chaque activité en termes de procédure, décrivant au minimum l'enchaînement des programmes ou sessions de l'ERP à exécuter pour supporter l'activité.

Après la conception détaillée du futur système d'information, et une fois définies les solutions pour supporter les activités, il sera nécessaire de travailler sur l'organisation : quel organigramme, quelles responsabilités, quels profils d'utilisateurs (rôles) faut-il créer ou revisiter pour exploiter ces futures activités ?

Les rôles étant définis, il reste à leur rattacher les activités pour indiquer au système sur quelles sessions un utilisateur pourra se connecter pour accomplir son travail, et à déclarer les utilisateurs par rôle.

Une fois les activités définies, elles peuvent être « assemblées » dans un ordre dynamique (non hiérarchique) pour constituer les processus qui, par définition, sont transverses. Un processus se définit donc comme une collection non exclusive d'activités, ces dernières pouvant être partagées par différents processus. En pratique, il est souvent trop lourd pour des PME de constituer des processus de cette manière et on assiste souvent à une seule décomposition de l'architecture fonctionnelle qui est un mixte entre une vision fonctionnelle hiérarchique et une vision processus dynamique (voir chapitre 5).

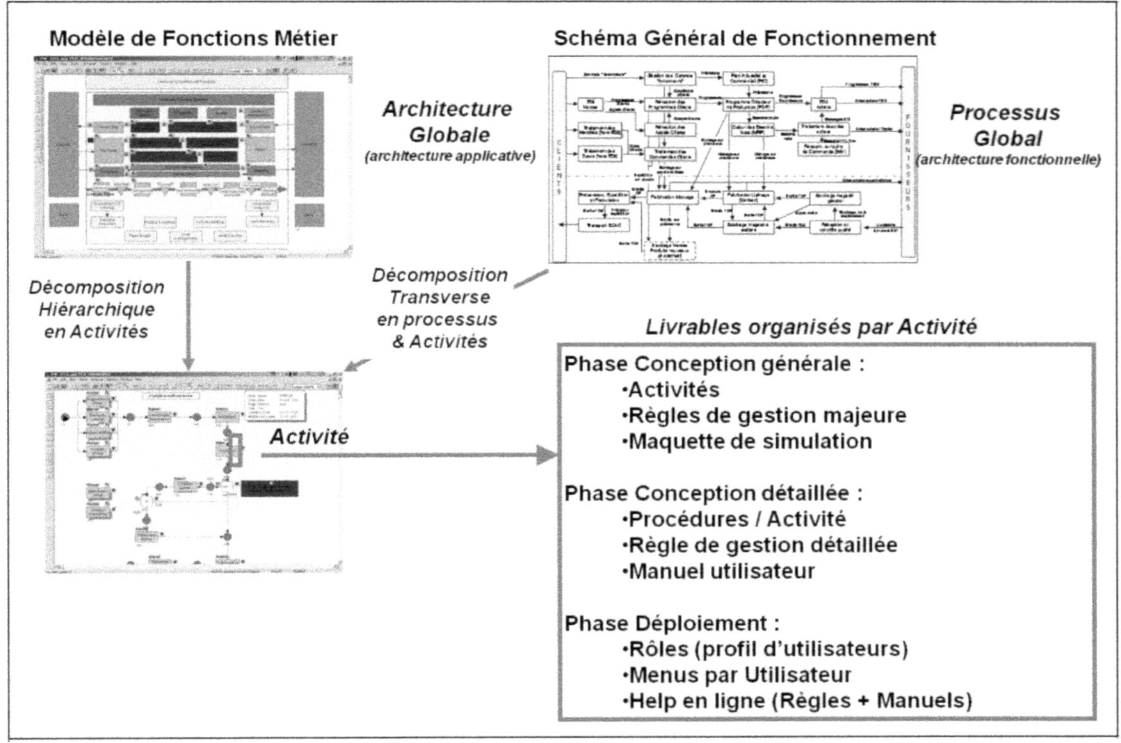

Figure 1-3 : Approche par processus – Conception

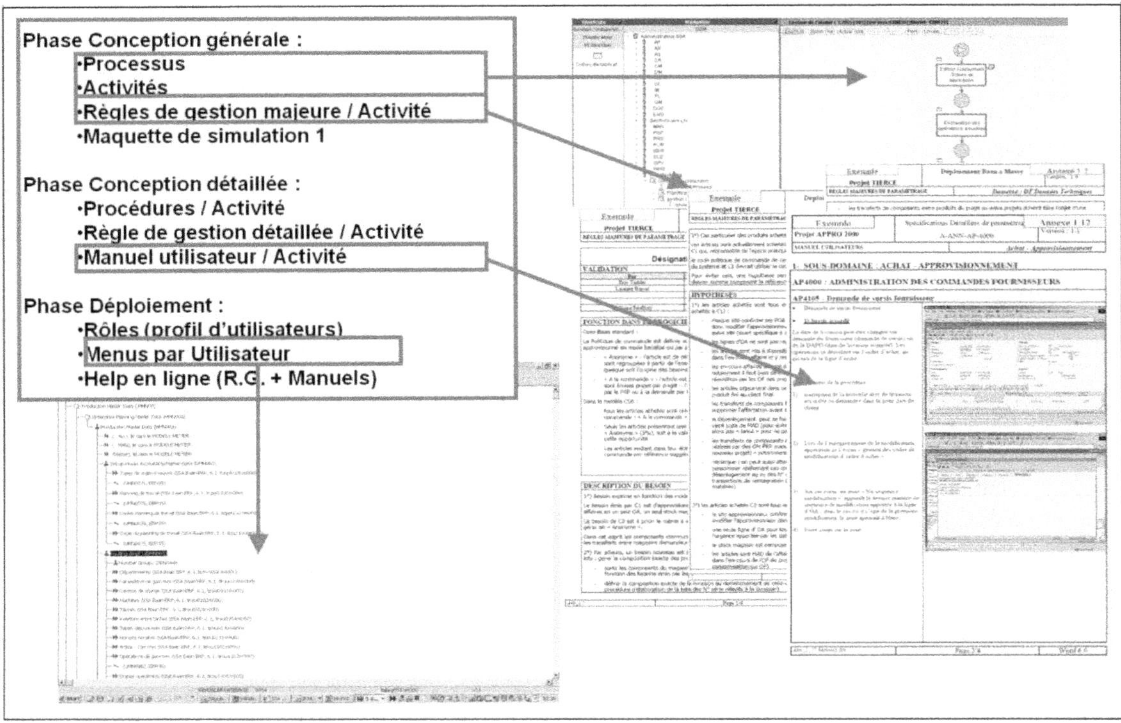

Figure 1-4 : Approche par processus – Documentation

Les ERP modernes proposent maintenant de gérer cette organisation de projet (*orgware*[16]) dans la base de données de l'ERP. Si l'organigramme n'a pas une grande importance pour le système informatique, la définition des activités et des rôles pour chacun des profils utilisateurs permet quant à elle de préparer la mise en production du système en phase d'exploitation, lorsque le projet sera terminé, et de gérer facilement ensuite les mutations de personnels d'un profil à un autre.

La conjonction de ces deux types d'informations permet en effet à l'ERP de générer automatiquement des menus appropriés par utilisateurs. Cette fonction est donc étroitement liée à la gestion des autorisations, droits accordés à un profil utilisateur d'utiliser telle ou telle session du progiciel, dont elle constitue le minimum à mettre en œuvre en matière de gestion des autorisations. Parallèlement à la mise en place de l'organisation, la production des documentations (procédures, règles de gestion et manuels utilisateurs) est découpée par activité, ce qui permet de reclasser cette documentation par rôle pour supporter la formation des utilisateurs lors du déploiement.

Pilotage par les délais

Le pilotage du projet par les délais consiste à considérer le délai comme prioritaire dans les choix de périmètre et de paramétrage. Les délais et les budgets de projets ERP sont déterminés principalement en fonction du périmètre des fonctions standards à déployer. Les charges d'accompagnement concernent la formation, le prototypage, les différentes recettes, etc. Le projet ayant été cadré au préalable en termes de périmètre fonctionnel, toute variation de celui-ci a des conséquences potentielles sur le délai et sur le budget. De plus, les charges d'accompagnement ayant été traduites par le maître d'œuvre en disponibilité de ses équipes, tout décalage dans les délais a des conséquences potentielles sur ces charges externes et par conséquent sur le budget d'accompagnement. En maintenant la priorité au délai, on évite par voie de conséquence la dérive sur le plan budgétaire. Toute modification de périmètre est alors envisageable dans la seule mesure où le délai n'est pas remis en cause.

Si les projets ERP peuvent être déployés dans un cadre budgétaire forfaitaire, il n'est est pas de même pour les développements informatiques spécifiques. En effet, ceux-ci ne peuvent bien souvent pas être déterminés avec précision avant le lancement du projet et ne peuvent donc pas faire l'objet de proposition forfaitaire globale de la part du maître d'œuvre. Par ailleurs, l'objectif zéro spécifique, s'il est toujours accepté par une direction d'entreprise, se trouve très souvent malmené par les utilisateurs qui doivent trouver des solutions pour remplacer les anciennes pratiques. Il est donc normal et salutaire que les développements spécifiques ne fassent pas l'objet de proposition forfaitaire globale de la part du maître d'œuvre car l'entreprise détient ainsi un levier d'action important pour le respect de l'objectif zéro spécifique en étant responsable des développements spécifiques qu'elle commande au maître d'œuvre. A contrario, si l'entreprise avait négocié un budget global forfaitaire de développements spécifiques, elle n'aurait plus aucun moyen d'action pour enrayer les demandes des utilisateurs, émises sans contrepartie financière.

Les projets ERP sont donc idéalement pilotés par les délais et les budgets pour limiter le risque de dérive, notamment si l'on cherche, rappelons-le, à exploiter toutes les potentialités de l'outil. Adapter le périmètre fonctionnel du projet aux délais et budgets objectifs, en particulier en ce qui concerne les développements spécifiques, est l'une des missions majeures du comité de pilotage et des processus de reporting projet. En particulier, le rôle de celui-ci sera d'instruire, avec l'aide du maître d'œuvre, toute demande spécifique pouvant remettre en cause les objectifs afin de la valider selon un processus rigoureux de justification économique (voir chapitre 4, Phase 2 : Conception détaillée).

Par ailleurs, le recours à un maître d'œuvre qui n'est pas intéressé financièrement par la réalisation des logiciels spécifiques est la garantie pour l'entreprise d'une recherche optimale de solutions standards.

Transfert de compétences

La politique de transfert de compétences a pour double objectif de rendre l'entreprise autonome après le départ des consultants et de minimiser les développements informatiques spécifiques. Elle nécessite, de la part de l'entreprise :

- d'accepter un engagement fort d'une équipe d'opérationnels ;
- d'éviter de reproduire ses anciens modes de fonctionnement ;
- d'éviter de générer des demandes d'adaptation du progiciel ;
- de tirer parti de l'opportunité de challenger les pratiques.

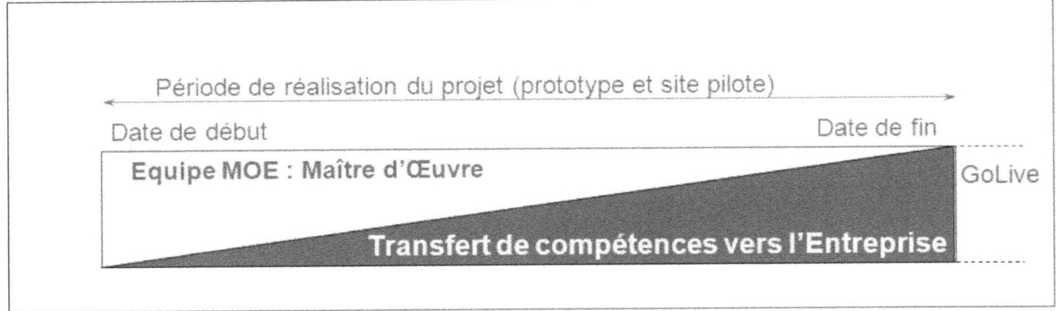

Figure 1-5 : Transfert de compétences – Principe

Un engagement fort d'une équipe d'opérationnels, experts des métiers de l'entreprise, lui permettra de s'approprier les meilleures pratiques proposées par l'ERP. Ces experts métier (ou key users) redéfinissent leur système d'information à partir de la source même de leur métier et des propositions du nouvel outil.

En premier lieu, la richesse des fonctionnalités de l'ERP nécessite un investissement important de cette équipe pour maîtriser ces fonctionnalités, qui aille bien au-delà d'une simple formation utilisateur final.

Par ailleurs, il est demandé à ces experts métier d'être suffisamment ouverts sur les bonnes pratiques révélées par l'ERP pour éviter de reproduire systématiquement à l'identique les anciens modes de fonctionnement. Ils doivent au contraire tirer pleinement parti de l'opportunité que leur offre le progiciel de challenger les pratiques actuelles pour se rapprocher des bonnes pratiques.

C'est en s'investissant dans le fonctionnement du progiciel qu'ils peuvent entrevoir une autre manière de travailler et éviter ainsi de générer des demandes d'adaptation toujours pénalisantes. Un expert métier par sous-domaine, formé à l'outil, contribue activement à tous les travaux de spécification de paramétrage, de maquettage et de formation et coaching en interne des futurs utilisateurs. Cette disposition n'est pas sans conséquence sur les charges internes à dédier au projet et les qualités personnelles que doivent posséder ces experts métier.

Ce « transfert de compétences » est progressif et fondé sur le principe des trois simulations, réparties en trois phases. En phase de conception générale, une 1re simulation est effectuée par les consultants dans une vision métier. Les experts métier suivent dans ce cadre une formation générale au progiciel.

En phase de conception détaillée, une 2e simulation de l'ensemble des activités est réalisée par les experts métier eux-mêmes sur la base du prototype constitué à cet effet. À ce stade, ils sont capables de reproduire les procédures constituant la solution définie par le maître d'œuvre, après avoir suivi une formation détaillée sur les fonctionnalités du progiciel et participé activement au prototypage itératif des solutions, assistés des consultants.

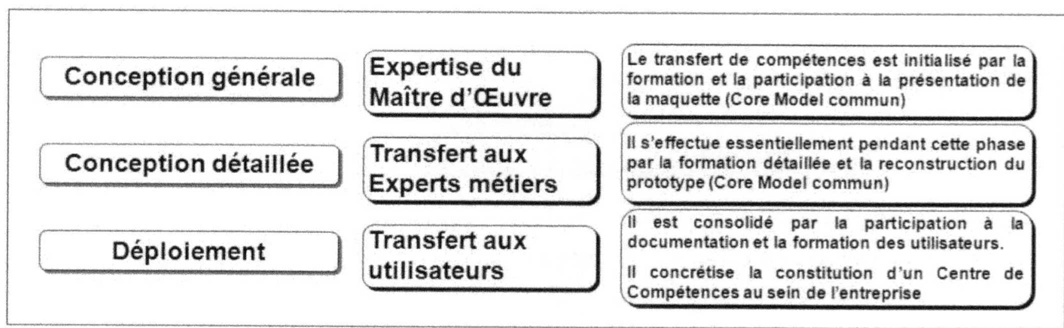

Figure 1-6 : Transfert de compétences – Traduction dans la méthode

En phase de déploiement, une 3e simulation, souvent appelée « préproduction », est réalisée par les équipes internes constituées des experts métier et des utilisateurs. Celle-ci fait suite à leur participation active à la définition des règles de gestion, à la rédaction des manuels utilisateurs et à la formation des utilisateurs dans leur rôle.

Les experts métier constituent ensuite, après le démarrage en exploitation, le centre de compétences fonctionnel en charge des modifications simples de paramétrage et des formations des nouveaux utilisateurs.

Modèles de référence

Devant la richesse des fonctionnalités des ERP, les éditeurs ont réfléchi depuis longtemps à la réalisation de modèles référencés par secteur d'activité, consistant en un paramétrage prédéfini pour chacun de ces secteurs.

Si l'idée a été au départ lancée par certains éditeurs comme Jan Baan, elle s'est avérée par la suite plus difficile à mettre en œuvre et l'on voit apparaître seulement maintenant les fruits de ces recherches sur le marché, avec notamment des offres préparamétrées (prépackagées) comme SAP Business All-in-One.

Indépendamment de ces prépackagés, chaque intégrateur était déjà à même de proposer des paramétrages déjà mis en place chez d'autres clients afin de minimiser les charges de mise en œuvre. Mais cela restait des initiatives individuelles.

Maintenant, avec les prépackagés, il faut rester vigilant sur les économies potentielles apportées par ces solutions. D'une part, ces paramétrages prévoient des processus standards qui peuvent fort bien ne pas s'adapter facilement à l'organisation et à la taille de l'entreprise, obligeant alors de revoir toute la documentation.

> **Relativité de la flexibilité des modèles prépackagés**
>
> C'était notamment le cas des premiers modèles proposés par l'éditeur Baan avant qu'il ne soit repris par SSA, puis Infor. Toute la flexibilité de l'ERP au niveau de la définition des processus était annihilée par une documentation riche destinée aux plus grands comptes adressés à l'époque par cet éditeur.

D'autre part, il ne faut pas chercher avec ce type de projet à être trop exigeant sur l'alignement avec l'existant, particulièrement lorsque l'on vise un délai et un budget réduit par rapport à un projet qui partirait de zéro. Il est souhaitable au contraire de considérer un projet ERP utilisant de tels modèles comme un projet destiné à se limiter aux fonctionnalités paramétrées et documentées. C'est le cas notamment de l'offre SAP All-in-One qui propose le même progiciel SAP que pour les grands comptes mais dans un paramétrage particulier au secteur d'activité.

> **Offres SAP Small Businesses and Midsize Companies**
>
> L'éditeur SAP propose actuellement des offres préparamétrées pour des secteurs d'activité tels que : *Aerospace & Defense, Automotive, Banking, Chemicals, Consumer Products, Defense & Security, Engineering, Construction & Operations, Healthcare, Higher Education & Research, High Tech, Industrial Machinery & Components, Insurance, Life Sciences, Media, Mill Products, Mining, Oil & Gas, Professional Services, Public Sector, Retail, Telecommunications, Transportation & Logistics, Utilities, Wholesale Distribution.*

Conduire le changement

L'atteinte des objectifs dans ce type de projet ne peut se résumer à la résolution de problèmes purement techniques. La gestion des composantes politiques et émotionnelles est tout aussi fondamentale que la gestion des aspects purement techniques et rationnels. Dans ce cadre, il est indispensable de fonder la démarche de gestion du changement pour ce type de projet sur cinq principes clés.

- **Piloter par les résultats.** L'ensemble des acteurs du projet doivent avoir très tôt une vision claire de la cible, en termes de résultats attendus du projet, déclinée sur un nombre restreint d'indicateurs simples et connus de tous. Dans cette perspective, l'ensemble des outils de pilotage et processus de décision du projet doivent être conçus pour les intégrer comme des paramètres prépondérants.

- **Créer la dynamique par le mouvement.** L'entreprise ne se mobilise que lorsqu'elle entre dans l'action, aussi il est bon de privilégier le maquettage sur des unités ou processus pilotes des nouveaux principes de fonctionnement à de profondes réflexions théoriques sur des cibles de fonctionnement détaillées avant le projet de mise en œuvre. Cette approche permet d'obtenir des résultats plus rapidement et de confronter concept et réalité.

- **Privilégier la simplicité.** La transformation est d'autant plus facile à vivre par ses acteurs qu'elle est bien comprise de tous. Dans ce cadre, l'action, la communication, la mesure, la gestion des hommes, les principes de gestion, etc., doivent être conçus dans un souci de lisibilité et de simplicité.

- **Fonder le projet sur une logique d'engagement.** Cette logique d'engagement ne concerne pas seulement un engagement du maître d'œuvre ou du maître d'ouvrage vis-à-vis de la direction générale mais également un engagement de l'ensemble des acteurs du projet qui auront tous des droits mais aussi des devoirs vis-à-vis du projet à partir du moment où ils y sont intégrés.

- **Créer les conditions d'un soutien efficace.** Ce soutien implique l'acceptation du droit à l'erreur, l'acceptation de la prise de risque mais aussi l'obligation d'alerte pour tous les acteurs du projet lorsque des difficultés sont rencontrées afin de pouvoir mettre en œuvre au plus tôt les mécanismes d'accompagnement nécessaires.

Méthode en phase de sélection

Lors de la phase de sélection de progiciel, qui se conclut habituellement par un appel d'offres, il faut prendre soin de distinguer le choix du progiciel ERP, qui consiste à évaluer les potentialités de l'outil en vue des évolutions futures du système d'information, de l'évaluation des charges de mise en œuvre qui sont proportionnelles au nombre et à la complexité des processus à mettre en œuvre. Dans la pratique et dans les grands projets, les grandes entreprises distinguent souvent deux appels d'offres différents.

Au départ, elles établissent un cahier des charges « éditeur » afin de choisir le progiciel. Celui-ci comprend un éventail de questions sur le produit pour vérifier son aptitude à prendre en charge les besoins fonctionnels du moment, mais aussi des évolutions futures à plus long terme.

Puis, elles élaborent un second cahier des charges « intégrateur » décrivant les processus à mettre en œuvre à horizon du projet. Celui-ci doit permettre aux intégrateurs consultés de chiffrer leurs prestations pour la mise en œuvre de l'ERP choisi par l'entreprise, dans le contexte particulier décrit dans ce cahier des charges, défini par exemple par les modèles de gestion cible dans lesquels l'entreprise a intégré les processus ou modes de gestion nouveaux à prendre en considération.

Pour les projets petits ou moyens, la consultation est souvent menée sur les deux plans pour réduire son délai, soit que l'éditeur soit lui-même intégrateur de sa solution, soit que l'entreprise soit en relation avec un distributeur de cette solution, soit enfin que la réponse soit conjointe entre l'éditeur et un intégrateur. Il n'est pas rare dans ce cas de consulter des couples « éditeur/intégrateur », hypothèse fréquemment utilisée par les petites entreprises qui souhaitent ne connaître qu'un seul contractant. Le risque d'une telle approche, dans le cas où l'éditeur passe par un partenaire, est de se voir lié à un intégrateur qui n'est pas celui que l'entreprise aurait « rêvé », lorsque celle-ci aura choisi son éditeur. L'idéal serait naturellement qu'elle ait à sa disposition deux offres d'intégration mais, cela reviendrait finalement à faire deux appels d'offres, comme dans les projets les plus importants, et donc à rallonger le délai de la consultation. L'entreprise devra donc être vigilante lors de l'établissement de la liste des prestataires consultés pour qualifier par avance l'intégrateur ou distributeur, indépendamment de l'éditeur.

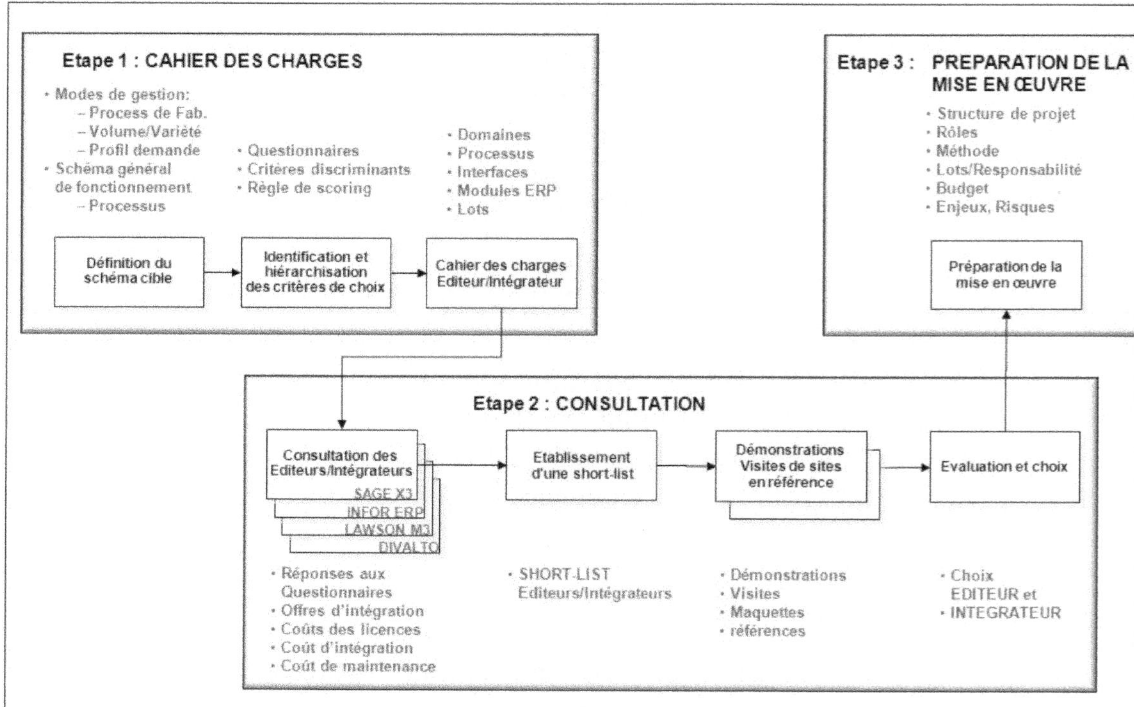

Figure 1-7 : Étapes de la phase de sélection

L'approche proposée, relative à des projets en PME, est issue de méthodes éprouvées de choix de progiciels et adaptée au contexte d'un petit ou moyen projet, en particulier en rapport avec le délai dans lequel est conduit ce type de consultation, qu'il est important de garder le plus court possible. En particulier, cette démarche prévoit une seule consultation pour une solution intégrée, regroupant ainsi le choix du progiciel et de l'intégrateur si celui-ci est différent. Dans ce cas, cette consultation unique est envoyée à l'éditeur, à charge pour lui de proposer l'intégration par lui-même ou d'associer un intégrateur à la réponse. La phase de sélection se décompose en trois étapes.

Cahier des charges

Objectif

Il s'agit de réaliser un cahier des charges approprié pour obtenir des propositions forfaitaires et complètes concernant : la licence d'utilisation du progiciel, l'intégration, le matériel et la maintenance. Ce cahier des charges comporte au moins trois parties :

- les caractéristiques fonctionnelles de l'ERP recherché : questionnaires fonctionnels destinés à couvrir l'ensemble des besoins prévisibles à long terme sur la durée d'utilisation espérée du progiciel ;

- les caractéristiques fonctionnelles de l'utilisation de l'ERP : processus et modes de gestion cibles à couvrir à court terme afin de dimensionner le projet d'intégration pour le premier démarrage ;
- les caractéristiques techniques de dimensionnement du matériel – volumes de données, de transactions et nombre d'utilisateurs.

Modalités

Cette première phase de sélection débute par le lancement de la démarche d'évaluation et de sélection qui consiste à confirmer le champ d'application de la méthode, constituer l'équipe de sélection en charge du choix (tout ou partie de la future équipe projet) et lui présenter la méthode.

Il s'agit ensuite d'étudier l'entreprise pour connaître son métier (ses produits, ses clients et fournisseurs et leur mode de communication, les processus existants), ses flux physiques (la demande, les flux matières, les procédés de fabrication, les cycles, les normes de qualité) et dresser, à l'issue de cette analyse, le bilan des améliorations attendues par rapport au système d'information existant.

On s'attachera alors à définir les principes directeurs du futur système d'information en identifiant, par exemple pour un projet de gestion industrielle, les modes de gestion des flux de production (MTS : *Make To Stock*[17], ATO : *Asemble To Order*[18] et MTO : *Make To Order*[19]) ; et d'en déduire les processus en fonction des objectifs (notamment de délais proposés aux clients), fixés par la stratégie de l'entreprise.

Cette étape permet de définir le schéma cible et ainsi le périmètre fonctionnel du futur système d'information, par l'identification des processus métier à mettre en œuvre et la formalisation des modes de gestion cibles, par exemple sous la forme d'un modèle de gestion « fonctionnel » ou d'un schéma général de fonctionnement « métier ».

Il convient ensuite d'identifier et de hiérarchiser les critères de choix, ainsi que de préparer les questionnaires de critères fonctionnels, techniques et commerciaux qui seront utilisées pour évaluer les ERP. Parmi ces critères, il est souhaitable de préparer et de pondérer une liste restreinte d'une dizaine de critères de choix discriminants, qui conduit à établir les règles rigoureuses d'évaluation et de décisions relatives à la sélection des fournisseurs.

Le cahier des charges est rédigé à partir de tous ces éléments, puis complété afin de formaliser le règlement de la consultation et les prestations attendues sous forme de lots par type de prestation (voir chapitre 9). Il est ensuite validé par l'ensemble de l'équipe de sélection.

Il est souhaitable alors de formaliser les enjeux du projet en fixant des objectifs de gains justifiant le besoin de changer le système d'information.

17. Fabrication et vente sur stock.

18. Assemblage à la commande de sous-ensembles standards produits à partir de prévisions.

19. Fabrication à la commande.

Livrables

Un cahier des charges qui comprend :

- description de l'entreprise ;
- schéma cible des processus ;
- modes de gestion ;
- critères discriminants ;
- lots de prestation.

Une grille d'évaluation des offres qui inclut :

- questionnaires de critères fonctionnels ;
- pondération des critères et règles d'évaluation.

Consultation des fournisseurs

Objectif

Il s'agit d'obtenir des propositions forfaitaires d'acquisition des licences d'utilisation, de fourniture du matériel et d'intégration de la part des éditeurs, distributeurs ou chefs de file dans le cas d'une association avec un intégrateur.

Modalités

La consultation des fournisseurs commence par une première sélection fondée sur la connaissance du marché, afin d'éliminer les éditeurs ne répondant pas aux critères discriminants. Il s'agit alors d'établir la liste des fournisseurs à consulter et de leur présenter le cahier des charges au cours d'une réunion de travail afin qu'ils puissent comprendre les motivations et apprécier les *gaps* (évolutions sensibles de métier ou d'organisation) entre les modes de gestion anciens et le schéma cible envisagé dans le cadre de l'appel d'offres. Cette *long list* doit être étudiée de près pour ne pas être trop importante et ne pas décourager les fournisseurs, leur motivation à réaliser le projet étant un facteur de choix important.

L'objet de cet ouvrage n'est pas de fournir des critères détaillés de comparaison des ERP en vue d'une première sélection, ce type de prestation étant couvert par des cabinets spécialisés dans la commercialisation de grilles de critères fonctionnels comme le CXP, le plus connu d'entre eux en France. Cependant, de tels organismes peuvent être utilisés lorsqu'il faut sélectionner cette long list.

Ces organismes disposent d'une base de données de critères qui s'est enrichie au fil des ans et qui a été utilisée par un grand nombre d'entreprises à l'occasion de leur présélection d'un ERP. Ils ont de plus la charge de maintenir à jour la réponse du moment de chaque ERP à l'ensemble de ces critères et proposent aux entreprises de les aider à présélectionner, puis comparer les ERP.

Ces bases de données sont en permanence en mouvement au vu de l'évolution de l'offre des éditeurs et requièrent en conséquence d'importants moyens de mise en œuvre. Par ailleurs, comme dans beaucoup de secteurs, l'offre ERP se mondialise et des organismes outre-Atlantique se sont spécialisés dans ce domaine et proposent maintenant des services gratuits de présélection à partir d'une base de données mondiale.

C'est notamment le cas du site Internet TEC (*Technology Evaluation Center*) qui propose un accès gratuit à sa base de données permettant d'effectuer une présélection en fonction des caractéristiques de l'entreprise. L'utilisateur d'un tel service est invité à renseigner les caractéristiques de l'entreprise comme : effectif, chiffre d'affaires, secteur d'activité, modes de gestion des flux, nombre d'utilisateurs, domaines fonctionnels, etc. L'ensemble des critères fonctionnels est automatiquement déduit de ces caractéristiques, ce qui évite à l'entreprise de se poser quelque question que ce soit en matière de solution informatique, ce qui n'est pas forcément son métier.

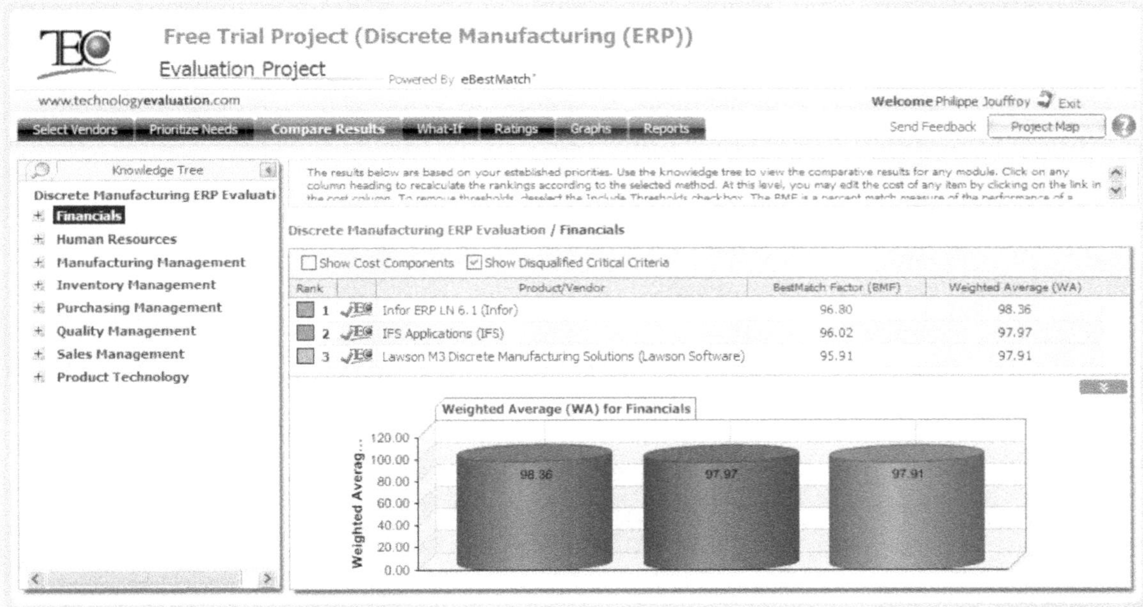

Figure 1-8 : Exemple de résultat de présélection (TEC)

Une liste d'éditeurs lui est ensuite proposée dans laquelle il peut choisir sa propre long list, par exemple en fonction de l'offre locale, et même approfondir cette présélection.

Les critères sont rappelés dans la comparaison des ERP de la liste pour permettre de les pondérer, lorsque l'entreprise dispose d'une compétence connaissant bien les fonctions disponibles sur le marché des ERP, nécessaires à ce secteur d'activité.

Il est recommandé d'utiliser un tel processus de comparaison en suivant les principes méthodologiques décrits dans cet ouvrage, comme notamment la sélection par un nombre réduit de critères discriminants. On peut alors utiliser la liste précédente et pondérer chacun des critères fonctionnels afin de modifier la présélection des progiciels ERP.

Critères fonctionnels de comparaison
1 Uses control numbers to link materials, inventory, manufacturing activities, etc. to customer orders
2 Multilevel pegging for materials, inventory, and manufacturing activities
3 Optional control number for materials, inventory, and manufacturing activities
4 Transaction tracking by project with online audit trail
5 Automatically provides full multilevel pegging
6 Calculates net requirements for projects and contracts (netting logic)
7 Netting is based on time-phasing logic that incorporates project requirements and their due dates
8 Material demand rule that allows material to be issued to a project only if that material is in supply
9 Project group codes separating non-sales orders and groups
10 Issues alterts to reassign surplus or reassign, reclaim, or recycle residual material
11 Rules include sending an alert when a receipt is overdue
12 Checks inventory availability of standard required components
13 Reports project material plan status by project components
14 What-if modeling for bottleneck resolution
15 Uses planning algorithms in project management
16 Time-phasing is used to create and compare project plans with master planning schedule
17 Material planning for process by-products and co-products
18 Material plan identifies cost collection points
19 Contract-specific requirements
20 Project-specific order planning
21 Tracks orders by project
22 Firm planned orders
23 Sends rescheduling notification to planner
24 Optimal order quantity calculations
25 Consolidates POs within specified project groupings
26 Supply-demand relationship table that defines control IDs
27 Uses a supply-demand relationship table to issue more than one ID to material
28 Associates different costs to different elements in the WBS
29 When material is moved from one project to another, the cost of the material is also transferred
30 Material is only issued if assigned to that project
31 Assigns an ID when an order for material is received
32 Reassigns material to other operations or projects
33 Tracks and dates borrowed material and charges it to the borrowing contract
34 Uses control IDs to identify transactions such as receipts, issues, adjustments (including physical count adjustments), material assignments
35 Documents residual material
36 Documents and provides an audit trail of inventory movement, by project

Figure 1-9 : Exemple de critères fonctionnels d'une gestion par projets

On représente habituellement les résultats sous forme de graphe de type « araignée », domaine par domaine.

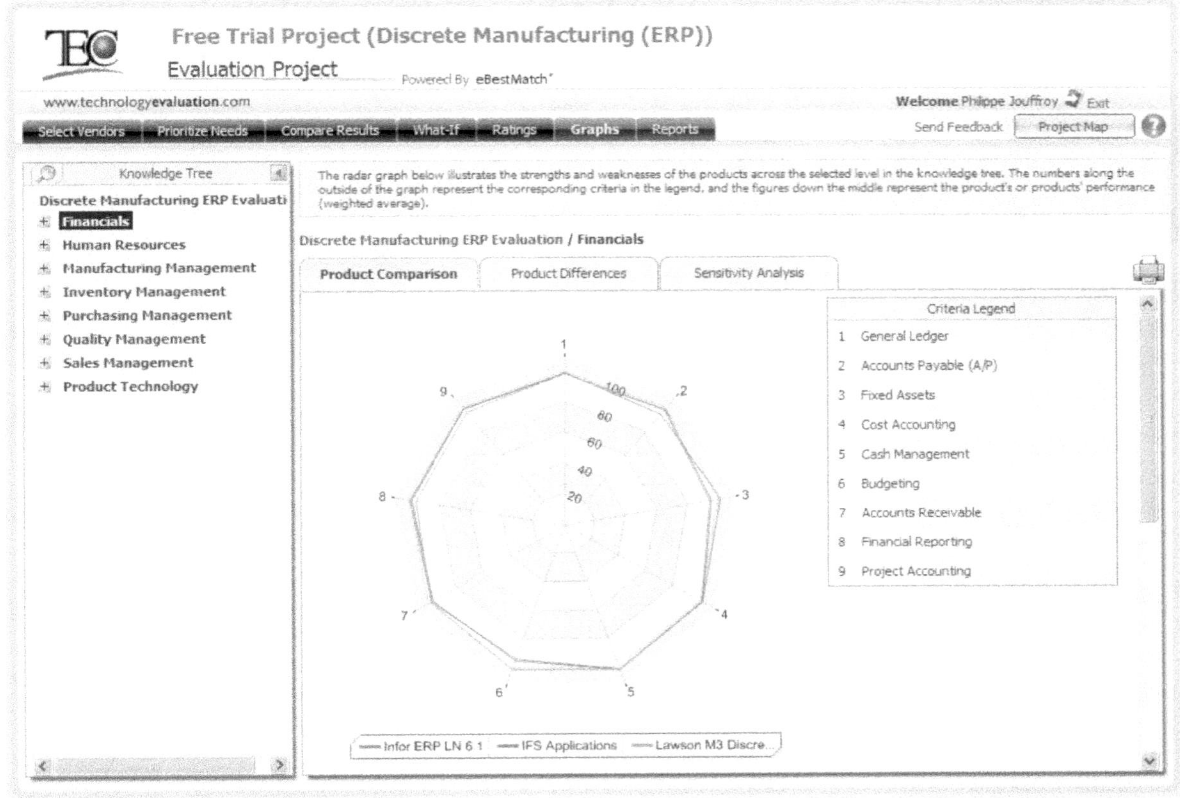

Figure 1-10 : Diagramme comparatif de trois ERP sur 36 critères fonctionnels

Des tableaux de bord sont également disponibles pour aider à la présélection.

On attendra ensuite un mois les réponses des fournisseurs. À réception des propositions des éditeurs, il s'agit d'analyser leur réponse et de déterminer une liste restreinte de fournisseurs, la *short list*, par application des grilles et formules d'évaluation. À ce stade de la sélection, on sera vigilant sur la qualité des réponses apportées car on entend parfois dire des entreprises qu'« il n'y a pas pire menteur qu'un éditeur » !

La préparation du choix final commence par la définition de scénarios de test, en identifiant les modes de gestion et les fonctions attendues qui devront faire l'objet d'une démonstration concrète de la part des éditeurs, généralement fondée sur les critères discriminants concourant à la sélection.

On effectuera alors la sélection finale après avoir réalisé pour chaque fournisseur de la short list une comparaison des solutions retenues (selon une grille d'évaluation préalablement établie) pour valider les fonctions critiques, assisté à une réunion de démonstration fonctionnelle et de revue technique et validé les charges et coûts de mise en œuvre internes et externes. Le finaliste sera sélectionné avec le groupe de projet et idéalement après avoir visité un site utilisateur.

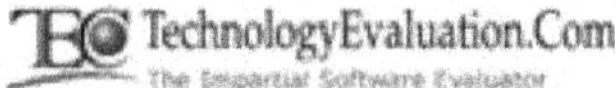

TechnologyEvaluation.Com
The Impartial Software Evaluator

www.technologyevaluation.com

Results Summary Report

Discrete Manufacturing ERP Evaluation

Decision Based on "Percent Match"

Product (Vendor)	Weighted Average	Percent Match	WACI	Total Cost	Percent Match	Value Equivalence	% Required Cost Reduction
Financials							
Infor ERP LN 6.1 (Infor)	98.36	96.80	0.98	0.00	96.80	$0.00	%0.00
IFS Applications (IFS)	97.97	96.02	0.98	0.00	96.02	$0.00	%0.00
Lawson M3 Discrete Manufacturing Solutions (Lawson Software)	97.91	95.91	0.98	0.00	95.91	$0.00	%0.00
Human Resources							
IFS Applications (IFS)	92.48	87.11	0.94	0.00	87.11	$0.00	%0.00
Infor ERP LN 6.1 (Infor)	92.25	85.51	0.93	0.00	85.51	$0.00	%0.00
Lawson M3 Discrete Manufacturing Solutions (Lawson Software)	60.42	41.86	0.69	0.00	41.86	$0.00	%0.00
Manufacturing Management							
IFS Applications (IFS)	98.22	96.53	0.98	0.00	96.53	$0.00	%0.00
Infor ERP LN 6.1 (Infor)	97.92	95.95	0.98	0.00	95.95	$0.00	%0.00
Lawson M3 Discrete Manufacturing Solutions (Lawson Software)	91.35	84.21	0.92	0.00	84.21	$0.00	%0.00
Inventory Management							
Infor ERP LN 6.1 (Infor)	100.00	100.00	1.00	0.00	100.00	$0.00	%0.00
IFS Applications (IFS)	98.97	97.98	0.99	0.00	97.98	$0.00	%0.00
Lawson M3 Discrete Manufacturing Solutions (Lawson Software)	98.39	96.86	0.98	0.00	96.86	$0.00	%0.00
Purchasing Management							
Lawson M3 Discrete Manufacturing Solutions (Lawson Software)	99.57	99.15	1.00	0.00	99.15	$0.00	%0.00
IFS Applications (IFS)	98.41	96.89	0.98	0.00	96.89	$0.00	%0.00
Infor ERP LN 6.1 (Infor)	98.39	96.83	0.98	0.00	96.83	$0.00	%0.00
Quality Management							
IFS Applications (IFS)	100.00	100.00	1.00	0.00	100.00	$0.00	%0.00
Infor ERP LN 6.1 (Infor)	98.97	97.97	0.99	0.00	97.97	$0.00	%0.00
Lawson M3 Discrete Manufacturing Solutions (Lawson Software)	98.97	97.97	0.99	0.00	97.97	$0.00	%0.00
Sales Management							
IFS Applications (IFS)	96.98	94.23	0.97	0.00	94.23	$0.00	%0.00
Lawson M3 Discrete Manufacturing Solutions (Lawson Software)	96.66	93.61	0.97	0.00	93.61	$0.00	%0.00
Infor ERP LN 6.1 (Infor)	95.29	91.01	0.96	0.00	91.01	$0.00	%0.00
Product Technology							
IFS Applications (IFS)	88.26	78.36	0.89	0.00	78.36	$0.00	%0.00
Lawson M3 Discrete Manufacturing Solutions (Lawson Software)	85.90	74.72	0.87	0.00	74.72	$0.00	%0.00
Infor ERP LN 6.1 (Infor)	83.99	70.95	0.84	0.00	70.95	$0.00	%0.00

Figure 1-11 : Exemple de tableau comparatif

La question du groupe de projet en phase de sélection mérite que l'on s'y arrête un instant. En effet, il est très important qu'un groupe d'utilisateurs des principaux métiers représentés participe au choix du progiciel, car lors du projet de mise en œuvre, leur motivation sera un facteur clé du succès du projet et celle-ci sera d'autant plus grande qu'ils auront choisi eux-mêmes le progiciel ERP. On verra dans la dernière étape de la phase que c'est ce groupe de projet qui constitue généralement l'équipe de projet interne qui devra s'impliquer fortement pour un transfert de compétences maximal.

Livrables

- Grille d'évaluation des offres complétée.
- Notation des critères - Évaluation.
- Tableau de synthèse des coûts.

Préparation de la mise en œuvre

Objectifs

Il s'agit enfin de résumer l'offre retenue, de planifier le projet et notamment les charges internes pour une présentation à la direction en vue de la décision de lancement.

Modalités

Une fois l'éditeur sélectionné, il est souhaitable de résumer l'ensemble des conditions dans lesquelles pourra se dérouler le projet et de constituer à cet effet un dossier d'organisation de projet comprenant :

- la stratégie de mise en œuvre envisagée (Big Bang, par domaine, par site) ;
- les étapes de basculement (versions/étapes de mise en production) ;
- les dépendances entre étapes de livraison ;
- l'organisation de projet envisagée : structure et rôles des équipes internes ;
- le calendrier de mise en exploitation ;
- le planning général du projet.

Il faudra également synthétiser les coûts et les enjeux du projet et vérifier la cohérence et la complétude du dossier. Enfin, il conviendra de présenter le dossier d'organisation de projet au comité de pilotage, préalablement défini par la direction, qui suivra régulièrement le projet.

Livrables

Le dossier d'organisation de projet comprend :

- la structure de l'équipe projet ;
- les rôles détaillés des différents intervenants sur le projet ;

- le rappel du périmètre fonctionnel ;
- le périmètre de responsabilités (lots contractuels) ;
- le rappel des enjeux et risques du projet ;
- les charges internes de l'équipe projet ;
- le planning général du projet ;
- le budget du projet.

Chapitre 2

Enjeux et risques des projets ERP

Lorsqu'on s'attache à définir des enjeux (c'est-à-dire les gains attendus chiffrés) pour les projets informatiques, on s'aperçoit qu'ils sont sensiblement différents selon que le projet soit d'informatique spécifique classique ou ERP. Ces différences sont principalement dues aux motivations qui ont présidé au lancement de ces projets.

Dans le cadre de projets de développement de logiciels spécifiques, on observait, il y a quelques années, une motivation essentiellement technique, tirée par les services informatiques de l'entreprise. Les enjeux n'étant pas toujours définis, les décisions portaient sur les coûts de l'informatique associés aux délais de réalisation, mais n'envisageaient pas forcément une quelconque amélioration de performance souhaitée par les métiers.

Aujourd'hui, les projets progiciels, et particulièrement les ERP, sont l'occasion pour les métiers de réaliser des améliorations de performance, adoptant dans ce but les bonnes pratiques de gestion intégrées dans les ERP. En effet, les entreprises ne réalisent plus ce qu'elles ont l'habitude de faire, mais essaient d'améliorer leur organisation par la recherche de ces bonnes pratiques. Ainsi, les projets sont désormais tirés par les métiers – et non plus par l'informatique, ni par les coûts – qui fixent eux-mêmes des enjeux d'amélioration de performance.

Ces différences de nature et de motivation se retrouvent également dans les risques associés à ces types de projets : auparavant risques techniques liés à la solution informatique (ne pas faire assez, rapport aux budgets, non-pérennité des investissements, dysfonctionnements ou bogues), ils impliquent maintenant les métiers (enjeux non atteints, vouloir faire trop tout de suite ou encore reproduire les anciens modes de fonctionnement).

Enjeux des projets ERP

La mise en œuvre d'un ERP représente un investissement couteux et relativement long à rendre totalement opérationnel et efficace. Il se situe parmi les investissements les plus lourds d'une entreprise. Lorsqu'on envisage un projet ERP, il est donc primordial de quantifier les enjeux et d'identifier précisément les gains attendus. Ne pas mener précisément cette évaluation risque à court terme une dérive de la mise en place et une remise en cause du projet et à plus ou moins long terme une démotivation du personnel.

De plus, ces enjeux seront un fil conducteur de la méthode de mise en œuvre et un garde-fou pour éviter les risques encourus par ces projets. Ils portent, par exemple, sur l'amélioration de performance du processus global d'approvisionnement, de fabrication et de livraison au client.

La performance des processus est mesurée sur les trois composantes habituelles de la qualité :

- coût – en nombre d'ETP (équivalents temps plein) ;
- délai – durée du processus ;
- qualité – couverture des besoins.

Les enjeux sont l'affaire des « patrons métier » de l'entreprise (directeurs ou chefs de service des différents départements), puisque ces derniers sont les cadres responsables des objectifs de leur société, mais aussi parce que ces enjeux sont synonymes des gains à chiffrer pour ces métiers et des coûts engendrés par le projet (notamment l'effort des équipes internes pour le prototypage, les travaux informatiques et le chargement des données). Pour illustrer le double aspect de leurs responsabilités, il est dit communément que les patrons métier vont « chercher les enjeux ».

Les différents types d'enjeux

Le système ERP qui supporte le système de gestion doit permettre à l'entreprise de répondre à trois types de défis d'ordre stratégique, économique et social.

Enjeux stratégiques

L'ERP doit permettre de fournir les outils et modes de gestion capables de supporter la stratégie de l'entreprise, et de lui procurer notamment ses avantages compétitifs sur son marché en :

- se développant malgré la pression concurrentielle ;
- améliorant le service clients, la flexibilité et la qualité ;
- gagnant des parts de marché.

Enjeux économiques

La précision et la rigueur de l'ERP doit permettre à l'entreprise d'analyser les évènements à portée économique (internes ou externes) et de faire apparaitre les gains en :

- maîtrisant les frais de fonctionnement, de fabrication et d'achat ;
- accroissant la rentabilité (c'est-à-dire le cash flow net) de l'entreprise.

Enjeux sociaux

Enfin, l'ERP doit permettre à l'entreprise de décloisonner l'information entre les services et de permettre un nouveau dialogue social en :

- anticipant les risques ;
- fournissant une vision partagée de l'avenir ;
- impliquant l'ensemble des salariés dans le fonctionnement global ;
- revalorisant les fonctions opérationnelles.

Les indicateurs de performance

Les enjeux des projets ERP se traduisent par des indicateurs d'amélioration de performance (KPI ou *Key Performance Indicators*), caractérisant les processus. Ces indicateurs doivent être avant tout mesurables afin de rationaliser in fine le calcul de la rentabilité du projet.

À titre indicatif, voici des indicateurs de performance que l'on peut suivre lors de la mise en œuvre d'un ERP :

- valeur des stocks ;
- valeur des en-cours ;
- taux de service clients ;
- valeur d'achat.

Valeur des stocks

Cet indicateur est devenu un classique des projets informatiques et en particulier des projets ERP. En effet, dans de nombreuses entreprises industrielles, le même constat peut être fait : le niveau des stocks n'est pas forcément des plus optimal.

Cette situation est le fruit d'habitudes prises au fil des années, qui deviennent maintenant autant d'opportunités d'amélioration de performance, par exemple :

- meilleure gestion de la fin de vie des composants pour prévenir les stocks dormants ;
- utilisation des règles de réapprovisionnement dans le calcul des besoins (MRP ou Material Requirement Planning), pour optimiser les quantités approvisionnées en fonction de la continuité et de la stabilité de la

demande ou encore de la période du cycle de vie. On constate malheureusement assez souvent que des systèmes de calcul des besoins (MRP) qui, une fois exécutés, devraient générer automatiquement des commandes à valider, sont néanmoins partiellement utilisés obligeant les approvisionneurs à ressaisir intégralement leurs commandes.

L'impact des stocks sur le compte de résultat de l'entreprise est trop souvent oublié : coûts de possession (prix du mètre carré, manutention, frais financiers, impôts), coûts d'opportunité représentant l'argent qu'on pourrait utiliser avec le coût du stock immobilisé. Il y a encore seulement quelques années, les frais financiers étaient plus que significatifs ; lorsque les taux d'intérêt étaient plus élevés, on avait coutume d'appliquer un taux de possession moyen de 25 % à la valeur des stocks pour évaluer le coût global des stocks. Aujourd'hui, alors que les taux d'intérêt sont revenus à un niveau bien inférieur, ce ratio tourne tout de même autour de 15 %.

Plus généralement, nombreuses sont les entreprises qui souhaitent à l'heure actuelle « tendre les flux » afin de diminuer la valeur des stocks et des en-cours de production. Cet objectif ne peut être envisagé sans une politique de pilotage de flux utilisant les principes du *Just-In-Time*[1] (Juste à temps ou JAT) ; cela passe par la réduction des cycles de production, la qualité totale des produits (TQC ou *Total Quality Control*) et la maintenance productive totale des moyens (TPM ou *Total Productive Maintenance*).

> **Enjeux liés à la réduction des stocks**
> Accroître la rentabilité de l'entreprise

La valeur des stocks est l'un des indicateurs les plus simples à mesurer : il peut être déduit d'une analyse de type *query* dans une base de données, car la valeur des stocks (quantité × prix de revient) est fournie par tous les ERP du marché sous des formes plus ou moins précises. Dans ce cas, l'enjeu d'amélioration de la rentabilité auquel contribue cet indicateur se déduit directement de la valeur même de cet indicateur.

> **Évaluation du gain : contribution aux enjeux**
> Gain sur la rentabilité = valeur des stocks × taux de possession

Valeur des en-cours

L'objectif de réduction des délais, bien souvent suggéré par le marché pour maintenir l'entreprise dans des conditions optimales de compétitivité, contribue aux enjeux de réduction des en-cours. En effet, plus les délais

1. Se dit d'un ensemble de modes de gestion des flux dont l'objectif est de produire en fonction de la demande des clients pour minimiser les stocks. On parle alors de production en flux tendu.

de production sont courts et moins les stocks d'en-cours seront immobilisés longtemps.

Généralement, la réduction des délais de production nécessite la mise en œuvre de nouvelles techniques de planification et d'ordonnancement comme, pour un process d'assemblage à la commande (ATO ou *Assemble To Order*), la combinaison du flux poussé avec le flux tiré, possible maintenant dans la plupart des progiciels ERP. Tel est le cas lorsque la planification est, selon les bonnes pratiques, fondée sur les principes MRP II[2], et associée à une gestion à court terme fondée sur les principes du Juste à temps.

Ces nouvelles techniques de planification, reposant notamment sur un processus de Plan industriel et commercial[3] (PIC ou *Production Plan*) ainsi qu'un processus de Plan directeur de production[4] (PDP ou MPS *Master Production Schedule*), nécessitent bien souvent de changer de système pour un ERP moderne construit sur les bonnes pratiques de gestion industrielle. Dans ce cas, l'objectif de réduction des délais justifie pleinement la mise en œuvre d'un nouveau système d'information et le changement pour un ERP.

Enjeux liés à la réduction des en-cours

Accroître la rentabilité de l'entreprise

Améliorer le service clients

Gagner des parts de marché

Cependant, plus difficile est la valorisation des en-cours. Celle-ci est fournie par les données logistiques, sur un état des ordres de fabrication (OF) en-cours livrant les mêmes résultats que le bilan d'OF, à savoir la valorisation de tous les composants et de toutes les heures consommés ou postconsommés diminuée des produits fabriqués déjà entrés en stock. Cette valeur est également fournie par une comptabilité analytique industrielle (*costing*[5]), dont l'en-cours comptable est l'un des six comptes typiquement gérés (stocks, en-cours, écarts sur achat, écarts industriels, heures absorbées et coût des ventes).

Évaluation du gain : contribution aux enjeux

Gain sur la rentabilité = valeur des en-cours × taux de possession

Taux de service clients

Les entreprises qui ont du mal à respecter les délais annoncés sont souvent sujettes à de gros problèmes de planification des charges de fabrication à moyen terme ou d'ordonnancement à court terme. Il faut reconnaître que les processus de planification des charges sont les plus difficiles à mettre en œuvre ; c'est pourquoi ils sont souvent délaissés par les projets informatiques.

---

2. Bonnes pratiques de modes de gestion de production fondées sur le MRP qui incluent la planification des besoins en capacités, la programmation des charges et l'ordonnancement. (Traduit généralement par « Management de ressources de production ».)

3. Processus de planification à très long terme et par famille de produits visant à prévoir les besoins en ressources.

4. Processus de planification MRP II visant à simuler et à valider le programme directeur de production (quantités et dates planifiées).

5. Terme anglo-saxon désignant la comptabilité analytique industrielle – valorisation des écarts sur achat, stocks, en-cours, écarts industriels, coût des ventes, marge.

Les progiciels ERP modernes sont maintenant dotés d'une quantité importante d'outils de consultation ou d'impression des charges, ou encore de planification directement sur l'écran sous forme graphique, permettant aux utilisateurs de consulter leur planning de différentes manières et de faire face aux nombreuses situations qu'ils rencontrent dans l'atelier. Bien évidemment, le progiciel ne fait pas tout et, même avec un bon ERP, nombreuses sont les entreprises qui n'ont pas su mettre en place de tels processus, car elles n'ont pas pris le temps de former, d'élaborer un prototype et la documentation. Là encore, l'enjeu principal concernera l'accroissement de la part de marché, qui passe par un meilleur respect des exigences des clients.

> **Enjeux liés à la réduction des en-cours**
> Améliorer le service clients
> Gagner des parts de marché

Valeur d'achat

Une meilleure visibilité des besoins en matière à long terme, notamment par la mise en place d'un plan d'approvisionnement à long terme issu du processus de plan directeur, peut permettre à l'entreprise de renégocier des conditions d'achat optimales avec les fournisseurs et de diminuer ainsi la valeur des achats au compte de résultat. Certaines entreprises qui n'ont pas encore mis en place de logiciel de calcul des besoins MRP pourront obtenir des gains encore plus importants par le regroupement et la visibilité de tous les besoins. Par exemple, cette renégociation se traduira par la mise en place de nouveaux types de contrats avec les fournisseurs (contrats en quantité globale, commandes ouvertes et appels de livraisons) ou encore par un simple accord sur les tarifs.

> **Enjeux liés à la valeur d'achat**
> Accroître la rentabilité de l'entreprise

Productivité administrative

Pour les projets ERP, le principal objectif à atteindre est la réduction des tâches administratives et, par conséquent, le personnel administratif nécessaire pour exécuter les processus de gestion. Dans ce cas, l'indicateur de mesure pourra être tout simplement le nombre de collaborateurs affectés à un service ou à un processus, etc.

> **Enjeux liés à la valeur d'achat**
> Maîtriser et réduire les frais de fonctionnement

Le chiffrage des enjeux

Afin de valoriser ces enjeux et de calculer le retour sur investissement (ROI[6] ou *Return On Investment*), il est nécessaire de calculer, par des formules d'évaluation, les gains bruts à partir des indicateurs de performance.

Une fois évalués, ces enjeux permettront de calculer la rentabilité du projet. Un ROI de trois ans au maximum est souhaitable dans ce type de projets.

6. Période au terme de laquelle l'investissement est rentabilisé par les gains cumulés réalisés par l'entreprise.

Enjeux - Cash Flow Brut (KEUR)			Ex 2010	Ex 2011	Ex 2012	Ex 2013	Ex 2014
Fin d'exercice le :		30/03/2009	30/03/2010	30/03/2011	30/03/2012	30/03/2013	30/03/2014
INDICATEURS			9 mois	12 Mois	12 Mois	12 Mois	12 Mois
1 Axe 1 - Gain productivité administrative							
2 Gain - Finance (au démarrage)	2 ETP		150	200	200	200	200
3 Gain - GPAO (6 mois après démarrage)	2,5 ETP		58	230	230	230	230
4 Axe 2 - Réduction des stocks							
5 Gain - coût des stocks	0,15			90	90	90	90
6 Gain - trésorerie				600			
7 Gain - coût des en-cours	0,2			80	80	80	80
8 Gain - trésorerie							
9 Axe 3 - Glissement de marge	0,15			390	390	390	390
Total			208	1590	990	990	990

Figure 2-1 : Exemple d'enjeux chiffrés

À partir du gain total, ou cash flow brut, il est possible de calculer le cash flow net après amortissement de l'investissement global du projet et évaluation du bénéfice net après imposition .

Le calcul du ROI

La figure ci-après illustre un exemple de calcul de rentabilité en vue de déterminer le retour sur investissement d'un projet ERP.

			Ex 2010	Ex 2011	Ex 2012	Ex 2013	Ex 2014
1 Enjeux - Cash Flow Brut			208	1590	990	990	990
2 Amortissements fiscaux/3 ans			333	350	367	50	50
3 Bénéfice imposable	(1-2)			1240	623	940	940
4 Impôt sur les bénéfices	35%			434	218	329	329
5 Bénéfice Net	(3-4)			806	405	611	611
6 Cash Flow Net	(5+2)		333	1156	772	661	661
7 Coefficient d'actualisation	3%		1,00	0,97	0,94	0,91	0,89
8 Cash Flow Actualisé	(6x7)		333	1121	726	603	585
9 Cash Flow net cumulé			333	1455	2181	2784	3369
10 Coût d'investissement (*)			1000	50	50	50	50
11 Coût d'investissement cumulé			1000	1050	1100	1150	1200
Bénéfices actualisés (KEUR)	(9-11)		-667	405	1081	1634	2169

Figure 2-2 : Exemple de calcul de ROI

Le tableau suivant fournit des explications sur les calculs de l'exemple précédent.

Tableau 2-1 : Explications sur le calcul du ROI

Calcul	Explications
Enjeux, cash flow brut	Cumul des gains bruts par indicateur de performance
Amortissement	Coût d'investissement / nombre d'années amorties
Bénéfice imposable	Enjeux – amortissements
Impôt sur les bénéfices	Taux d'imposition appliqué sur le bénéfice imposable
Bénéfice net	Bénéfice imposable – impôt sur les bénéfices
Cash flow net	Amortissements + bénéfice net
Coefficient d'actualisation	Par exemple : taux d'inflation
Cash flow actualisé	Cash flow net × coefficient d'actualisation
Cash flow net cumulé	Cumul d'année en année du cash flow actualisé
Coût d'investissement	Budget du projet et des évolutions prévisibles
Coût d'investissement cumulé	Cumul d'année en année des coûts d'investissement
Bénéfices actualisés	Cash flow net cumulé – coût d'investissement cumulé

Le ROI se calcule ensuite à partir de la date à laquelle le système est mis en production.

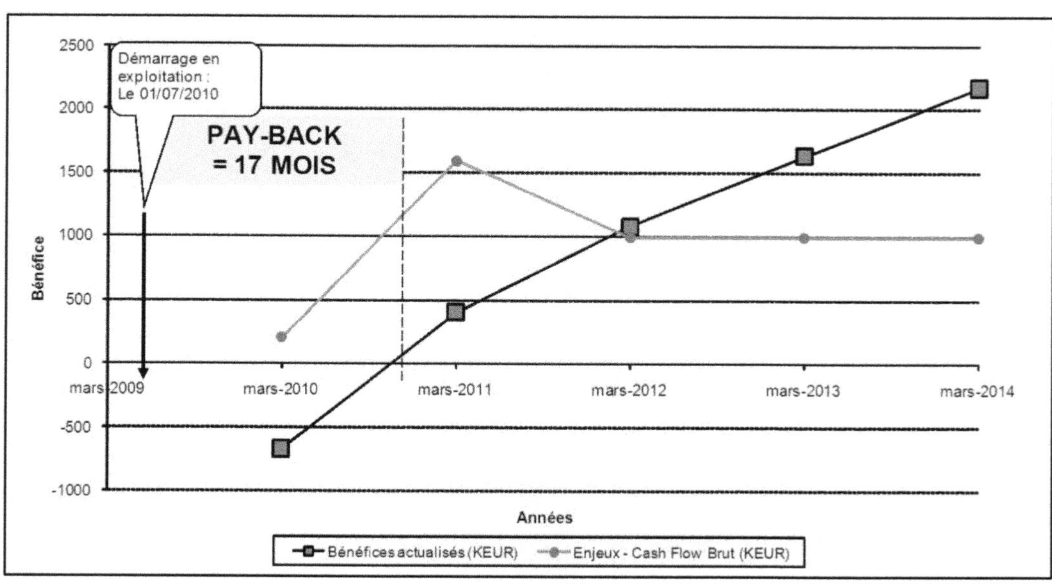

Figure 2-3 : Exemple de graphique de rentabilité

Le suivi des enjeux

Au début du projet, les indicateurs de performance sont mesurés. Ces valeurs seront ensuite comparées à celles recueillies une fois le nouveau système mis en production. Le relevé des valeurs pourra s'effectuer, après le démarrage, tous les mois par exemple, et il sera ensuite analysé au cours d'une réunion mensuelle sur le suivi des enjeux.

Les leviers d'action apportés par l'ERP

Au cours de ces réunions, les leviers d'action permettant d'améliorer chaque indicateur sont identifiés ; les actions opportunes sont alors décidées et lancées. Elles feront l'objet d'un suivi lors de chaque réunion pour constater les améliorations, recenser les problèmes rencontrés et rechercher les solutions.

Enjeux stratégiques

Des exemples sont donnés pour illustrer les leviers sur lesquels il est possible d'agir pour concourir aux enjeux stratégiques dans le cadre de la mise en place des fonctions de gestion de la production.

- La mise en place d'un module de données techniques de production (articles, nomenclatures, postes de charge ou moyens, gammes opératoires de fabrication) favorise la maîtrise des données de base, condition essentielle de l'assurance qualité. Une source unique de données fiables, facilement consultable, permet :

  - d'éviter les erreurs d'identification des pièces ;

  - de travailler avec les dernières versions en vigueur ;

  - de mémoriser et suivre l'historique des évolutions.

- Le service clients est directement lié au niveau des stocks de l'entreprise et du cycle de fabrication. L'optimisation des stocks contribue à améliorer le taux de service clients pour un volume de stock donné.

- Les capacités de simulation fournies par la planification améliorent la prise de décision concernant le chargement de l'usine afin d'accroître sa rentabilité.

- Dans un premier temps, une meilleure planification synchronisant la programmation des approvisionnements assure le respect des délais promis aux clients. À terme, une planification optimale réduit le délai de livraison.

- Les outils de planification favorisent l'analyse des différents postes de charge (machine et main d'œuvre) et permet de réagir rapidement et d'améliorer la flexibilité.

- Le suivi de fabrication permet notamment de :
  - s'assurer que les hypothèses de planification sont réalistes, et que les matières ainsi que les ressources sont disponibles pour lancer la production ;
  - suivre les rebuts (rebuts de matières ou de composés) et leurs causes (matière non conforme, mauvais réglage des machines) pour améliorer la qualité.
- La gestion des fournisseurs, et notamment de la qualité des produits et du respect des délais, contribue à l'amélioration de la qualité des produits.

Enjeux économiques

Les exemples suivants illustrent les outils et modes de gestion qui influencent la productivité globale de l'entreprise.

- Le module de gestion des données techniques facilite la standardisation des composants, afin de diminuer l'ensemble des coûts de fabrication et d'achat liés à la mise en place de nouveaux produits. En effet, chaque nouveau produit introduit dans l'entreprise demande un travail important :
  - spécification (plan, notice, etc.) ;
  - consultation de fournisseurs ou rédaction d'un dossier d'industrialisation ;
  - période de formation (qualité, fabrication, etc.).
- La base de données techniques permet de retrouver les caractéristiques des composants, déjà présents dans l'entreprise, susceptibles de remplir les fonctions requises.
- L'optimisation des stocks, suite à la mise en œuvre d'un module de gestion des stocks, entraîne la diminution des frais financiers (la position concurrentielle de l'entreprise en est ainsi améliorée) ainsi que des coûts de fonctionnement liés aux ruptures d'approvisionnement :
  - charge de travail des services fonctionnels ;
  - coûts des impondérables (redémarrage de la chaîne de production, traitement de commandes en urgence, etc.) ;
  - coûts d'approvisionnement de pièces en urgence.
- La logique de planification et de programmation entraîne une réduction des frais de l'entreprise. La diminution des aléas de fabrication causée par des surcharges et des ruptures réduit la charge administrative de gestion de l'usine.
- Suite à un meilleur lissage des charges, la baisse des heures supplémentaires a un impact sur la réduction des frais liés à la fabrication.

- L'optimisation du chargement du planning des postes de charge, grâce à l'ordonnancement, diminue les coûts de mise en fabrication.
- Les plans d'approvisionnement assurent aux acheteurs la visibilité nécessaire pour négocier les prix et les délais.
- Les processus d'achats, par les fonctionnalités d'analyse des prix d'achat et de gestion des commandes fournisseurs, ainsi que la planification, par la vision qu'elle procure sur les besoins en matière, permettent de réduire la valeur des achats de l'entreprise.

Enjeux sociaux

La mise en œuvre d'un ERP décloisonne l'information et oblige les différents métiers ou services de l'entreprise à communiquer dans une vision globale de la performance, comme l'illustrent les exemples suivants.

- L'accessibilité des données à toutes les fonctions de l'entreprise encourage le travail d'équipe. Les données techniques de base des produits réunissent :
  - les bureaux d'études et d'industrialisation qui créent et suivent les données ;
  - la production qui utilise ces données pour toutes ses activités de gestion ;
  - le contrôle de gestion qui détermine les coûts de revient et contrôle les dérives.
- Chaque métier ou service est impliqué dans le fonctionnement global du système et adopte une nouvelle attitude caractérisée par la communication et la coopération.
- La meilleure connaissance des coûts immobilisés dans les stocks donne au contrôle de gestion les moyens d'anticiper et de simuler les risques sur les résultats du département.
- L'adéquation de la charge, occasionnée par les ordres de fabrication, aux capacités de l'entreprise améliore la gestion du personnel. L'anticipation des risques de suractivité ou sous-activité permet d'identifier rapidement les actions à mener concernant les ressources humaines.
- Le suivi de fabrication fournit des indicateurs pertinents de l'activité qui revalorisent le travail des opérationnels :
  - avancement du travail ;
  - productivité ;
  - qualité.
- La mise en œuvre des processus achats favorise la communication entre les achats et les autres services. De plus, la visibilité des plans d'approvisionnement améliore la réactivité et la performance des acheteurs.

Risques des projets ERP

Pour mieux comprendre les risques associés aux projets ERP, il nous paraît important de les comparer aux risques liés aux projets de développement de logiciels spécifiques.

Les risques liés aux projets informatiques spécifiques

Défauts de fonctionnement des logiciels

Le premier risque concerne les bogues. Tout le monde sait qu'on découvre souvent des dysfonctionnements dans les logiciels spécifiques ; ils sont d'ailleurs l'une des principales causes de « dérapage » des projets informatiques spécifiques en termes de délais et de coûts.

Mauvaise performance d'exploitation

Ensuite, si le temps de traitement des activités n'a pas été évalué précisément au cours des phases d'étude, le logiciel spécifique risque d'engendrer des charges supplémentaires en exploitation, comme le niveau de personnel pour faire fonctionner le logiciel (reprises après incident, sauvegardes, etc.), le temps de réponse aux applications « temps réel », le temps de traitement des *batchs*[7], etc.

Pérennité non garantie

Sur le plan du matériel, les logiciels spécifiques sont souvent construits sur des plates-formes ayant fait leurs preuves dans l'entreprise, comme les systèmes propriétaires. Cette même remarque peut être faite pour les logiciels système : on constate, en effet, que ces logiciels sont développés sur des technologies maîtrisées par l'entreprise.

Enfin, signalons un risque d'augmentation de la complexité à long terme, raison majeure des projets de remplacement des applications existantes par un ERP. En effet, comme toutes les fonctionnalités ne sont pas développées lors de la première version du logiciel, celui-ci fait l'objet d'ajouts qui peuvent avoir tendance à complexifier l'intégration avec les applications existantes ou les interfaces, fragilisant ainsi le système dans son ensemble.

Non-respect des délais de mise en œuvre

La complexité des logiciels développés a tendance à accroître les dysfonctionnements et à allonger les phases de test et de recette[8]. Ainsi, des retards sont souvent constatés dans les projets, essentiellement causés par l'allongement de ces étapes de contrôle.

7. Dans cet ouvrage, le *batch* est un logiciel de traitement de données en masse destiné à être exploité par l'utilisateur ou en automatique par le lancement de « jobs » (voir chapitre 3 page 95) sous contrôle de l'exploitation (on dit aussi en « différé » par opposition au « temps réel »).

8. Période pendant laquelle la MOA teste l'application ; chaque erreur ou écart par rapport aux spécifications sont considérés comme des anomalies qui doivent être corrigées par les informaticiens.

Difficulté de maintenance

Plus les logiciels spécifiques augmentent en périmètre et en fonctionnalités, plus la complexité de l'intégration ou des interfaces s'accroît également, et plus les travaux d'évolution du périmètre ou des fonctionnalités ont tendance à devenir compliqués. À long terme, le coût de la maintenance et de l'évolution des logiciels spécifiques devient vraiment prohibitif.

Non-évolution de l'organisation

Un des dangers des projets informatiques spécifiques est l'adaptation du nouveau système à celui déjà existant. En dehors de tout apport nouveau dans l'entreprise (l'intervention d'un consultant externe ou l'embauche d'un collaborateur ayant déjà pratiqué une autre organisation, par exemple), la conception du nouveau système s'accompagne bien trop souvent d'une reproduction des modes de fonctionnement existants, qui n'induisent aucun changement dans l'organisation.

Non-respect des coûts

Autrefois, les projets informatiques spécifiques représentaient un poste de coût, non générateur de profit. Même si aujourd'hui on peut s'attendre à plus de sensibilité aux enjeux, beaucoup de PME avaient engagé leur dernier projet avec l'objectif de bien respecter les coûts prévus sous peine de déséquilibrer le budget global de l'entreprise.

Non-exhaustivité

Le risque est de ne pas être exhaustif dans la définition de l'ensemble des fonctionnalités nécessaires pour exploiter le nouveau système d'information.

Pour ce type de projets, tout doit généralement être développé pour le démarrage en exploitation, avec pour conséquence l'augmentation des fonctionnalités et donc des délais. Pour diminuer les délais, il suffit de limiter les fonctionnalités mais avec le risque de ne pouvoir satisfaire tous les cas de gestion pratiqués dans l'entreprise.

Les risques majeurs des projets ERP

La majorité des risques liés aux ERP est relative à ce que l'on nomme couramment les écarts au progiciel, lorsque le besoin exprimé par un utilisateur ne correspond pas apparemment à ce qui est proposé par le progiciel.

L'exemple d'écart a priori entre le besoin exprimé et la solution proposée par l'ERP fréquemment rencontré dans les PME concerne la saisie des temps passés par opération sur les ordres de fabrication.

Par la suite, cet exemple permettra d'illustrer les risques de « dérapage » liés aux projets ERP.

> **Exemple : saisie des temps passés sur ordres de fabrication**
>
> Une PME industrielle avait l'habitude d'enregistrer tous ses temps passés par la méthode des relevés individuels, alors qu'elle avait lancé un projet ERP dont une des composantes était d'évoluer vers le Juste à temps par la mise en œuvre de programmes de fabrication répétitive sans OF.
>
> Or, lorsqu'on déploie ce processus dans un ERP, on s'aperçoit que les ordres de fabrication sont en quelque sorte « masqués » dans le processus, ce qui interdit du même coup d'affecter les temps passés par les compagnons qui ne travaillent plus avec des fiches suiveuses, comme dans une organisation traditionnelle par OF, ce qui constitue ainsi un écart par rapport aux pratiques existantes.
>
> Pour cette PME, il a fallu « remonter » naturellement aux bonnes pratiques du métier pour expliquer à l'utilisateur que, dans une organisation de ce type, la priorité n'était pas de contrôler les temps passés, opération par opération, mais au contraire, de contrôler les quantités produites en sortie de chaîne. Cela permettait d'expliquer pourquoi il n'était pas prévu de saisir des temps sur des OF qu'on voulait, par définition, masquer.

S'écarter du progiciel : développer en spécifique

Il est un réflexe bien français que de vouloir adapter l'informatique à soi plutôt que l'inverse. Le vieil adage « l'informatique est au service de l'homme et non l'inverse » est toujours d'actualité mais, en matière d'organisation et de pratiques métier et donc de performance, la marge de progression est encore large et les progiciels bénéficient des améliorations de ces pratiques, réactualisées en continu pour constituer ce que l'on appelle les « bonnes pratiques ».

Dès lors, il s'agit de savoir s'il n'est pas préférable de tirer profit de ces bonnes pratiques, intégrées dans les ERP, pour s'améliorer et atteindre les enjeux fixés.

Par ailleurs, si l'entreprise a choisi de mettre en œuvre un ERP, c'est bien pour ne pas « réinventer la poudre » mais pour diminuer les coûts tout en bénéficiant d'une palette de fonctionnalités développées selon les bonnes pratiques.

En France, on constate malheureusement trop souvent une tendance à vouloir reproduire ce qu'on a l'habitude de voir ou de faire – ce qui dénote une certaine résistance au changement qu'il faut savoir gérer avant de se lancer dans des développements spécifiques. Pourtant, les directions d'entreprise (c'est-à-dire ceux qui prennent les décisions, en particulier celle de lancer un projet ERP) sont bien au fait des enjeux économiques liés à un tel projet (coûts de développement et de maintenance réduits, possibilités d'évolution) et convaincues des bienfaits des ERP et de la politique du « zéro spécifique[9] ». Celle-ci consiste à définir comme objectif du projet de mise en œuvre qu'il n'y aura pas de recours

9. Le client ne fait pas développer de fonctionnalités spécifiques à son entreprise. L'ERP est alors utilisé tel qu'il est fourni par l'éditeur.

à des adaptations spécifiques et que par conséquent il faudra trouver des solutions standard aux besoins exprimés. Mais, lorsque le projet est entre les mains des utilisateurs, qui n'ont pas forcément les mêmes objectifs, les difficultés commencent lorsqu'il faut mettre en conformité l'ancien système avec le nouveau.

> **Exemple : saisie des temps passés sur ordres de fabrication (suite)**
>
> Si le travail consistant à remonter aux sources du métier n'est pas entrepris, la réaction de l'utilisateur devant cet écart sera naturellement de demander un développement spécifique, complètement inutile dans le cadre de ce projet, pour retrouver ses anciennes pratiques.
>
> Vous envisagerez ensuite certainement les conséquences : budget complémentaire, report de délai, coût de maintenance du logiciel spécifique, etc.

Pour pallier ces difficultés, il est nécessaire de mettre en œuvre une méthode particulière aux projets ERP centrée sur le « transfert de compétences », qui permet aux utilisateurs clés du projet de s'investir dans le progiciel par une formation et de redéfinir leur vrai métier, indépendamment de leur ancien système.

Les principes méthodologiques issus de cette politique seront examinés plus loin dans ce livre au chapitre 4. Toutefois, il est important de présenter dès à présent ce risque majeur des projets ERP, car il entraîne des conséquences incontrôlables sur les coûts et les délais.

La constatation d'écarts, qu'il faut toujours nommer « a priori », au progiciel vient le plus souvent du fait que les utilisateurs confondent l'organisation existante, marquée par leur ancien système, avec leur vrai métier au regard des bonnes pratiques. Ce qui les amène forcément à exprimer en fait comme besoin des solutions qui ont certes fait leur temps mais qui ne sont pas la seule façon de réaliser les objectifs de leur métier.

Le risque de s'écarter du progiciel existe concrètement lorsque l'on ne va pas plus loin dans la recherche à la source du vrai métier et que l'on se contente de recevoir et de traiter les besoins fonctionnels tels qu'ils sont présentés par les utilisateurs.

C'est au contraire en faisant « table rase » des anciennes pratiques, qui sont en réalité le reflet d'une solution (par opposition à un vrai besoin), et en repartant des bonnes pratiques, intégrées dans le progiciel, que l'on peut gérer et éliminer ce risque.

Il appartient alors à l'intégrateur, et c'est là sa principale valeur ajoutée, de bien sensibiliser les dirigeants de l'entreprise sur ce risque majeur et de leur montrer tous les enjeux qu'ils pourraient retirer d'une politique du « zéro spécifique ». Par ailleurs, il a pour mission de faire redéfinir leur vrai métier aux utilisateurs clés, à l'aide du progiciel et en oubliant les anciennes pratiques héritées des systèmes informatiques plutôt que de l'expérience métier.

Figer trop tôt les besoins

Par voie de conséquence, il est illusoire de vouloir définir tous les besoins sans tenir compte du progiciel pour la simple raison que le progiciel lui-même est source d'idées et de solutions pour la future organisation. En particulier, lors des phases de sélection de l'éditeur ou de l'intégrateur, il n'est pas nécessaire (et il serait même dangereux) de définir le futur système dans ses moindres détails lors de la rédaction du cahier des charges.

> **Exemple : saisie des temps passés sur ordres de fabrication (suite)**
>
> Si un cahier des charges est réalisé pour la consultation et que seul le besoin exprimé par les utilisateurs est relevé et pris en compte, les réponses commerciales des éditeurs et des intégrateurs risquent alors de chiffrer un développement spécifique là où celui-ci n'est pas nécessaire. Par la suite, il sera sûrement difficile de revoir à la baisse le budget du projet avec l'intégrateur.
>
> Par ailleurs, si une mission de réorganisation préalable avait été planifiée par l'entreprise (bien que ce soit généralement hors de portée des PME d'un point de vue budgétaire), le même utilisateur aurait eu du mal à accepter cette bonne pratique sans l'avoir vérifiée concrètement par des simulations sur des données de son environnement.

10. Terme désignant la refonte d'une organisation en termes de processus, de modes de gestion et de rôles.

C'est la raison pour laquelle le rapport entre les méthodes de réorganisation (BPR ou *Business Process Reengineering*[10]) et celles d'intégration de systèmes ERP a sensiblement évolué ces dernières années : en effet, elles ne sont plus conçues comme étant consécutives mais quasiment simultanées.

Il n'est alors plus utile de se lancer dans une phase de BPR longue et coûteuse qui sera en grande partie à refaire à l'occasion du changement de système lors du projet d'intégration de l'ERP. En effet, les consultants spécialisés en organisation ne sont pas forcément au fait des solutions apportées par les ERP.

Toutefois, on relativisera cette approche lorsque les changements attendus dans les pratiques métier ou la résistance au changement sont importants. Dans ce cas, il est souvent nécessaire, compte tenu des délais toujours tendus des projets ERP, de créer les conditions d'une adaptation rapide aux bonnes pratiques durant le projet d'intégration. Une phase de préparation au changement, en léger décalage avec le lancement du projet ERP, devra alors être prévue. Elle permettra surtout de former les futures équipes de projet internes à ces bonnes pratiques véhiculées par les ERP, sans avoir à redéfinir en détail les activités cibles.

Ne pas impliquer les opérationnels

Vous l'aurez compris, les projets ERP ne sont plus tirés par la technologie, mais par les métiers. De ce fait, les équipes de projet internes doivent être composées d'opérationnels qui vont travailler à redéfinir les activités de leur propre métier.

> **Exemple : saisie des temps passés sur ordres de fabrication (suite)**
>
> Dans l'exemple présenté, les conséquences sont encore plus graves si l'utilisateur ne participe pas aux travaux de conception du projet. Dans ce cas, le risque est tout simplement de reproduire systématiquement l'existant, avec alors les mêmes conséquences sur les développements spécifiques. En effet, seul un opérationnel dont c'est le métier peut apprécier les changements de pratiques et les valider.

En s'écartant de ce principe, le risque est de retomber dans un projet technologique, avec des conséquences désastreuses sur la multiplication des adaptations spécifiques et le rejet du système par les utilisateurs.

Ne pas profiter des meilleures pratiques

Ainsi, l'absence des opérationnels dans l'équipe contraindra l'entreprise à conserver les pratiques dictées par l'ancien système, et l'empêchera de saisir l'opportunité de se rapprocher des bonnes pratiques associées aux progiciels et de simplifier bien souvent les modes de gestion.

Sans aller jusqu'à cet extrême, les utilisateurs clés devront être choisis selon certaines qualités pour constituer l'équipe interne, telles que la bonne connaissance de leur métier et un esprit d'ouverture prononcé envers ces nouvelles pratiques.

> **Exemple : saisie des temps passés sur ordre de fabrication (suite)**
>
> Dans l'exemple présenté, le refus de cette bonne pratique aurait eu pour conséquence de conserver un mode de fonctionnement inutile et surtout de ne pas donner à l'entreprise les moyens de sa stratégie.

Sous-estimer le transfert de compétences

Une fois l'équipe choisie en interne, il importe de maintenir les conditions de sa disponibilité et de sa motivation afin de garantir un bon transfert de compétences. En cas d'échec, le risque est de se retrouver avec une équipe incapable de prendre les bonnes décisions en matière de changement de pratiques, et donc de retomber dans les pratiques anciennes et l'augmentation incontrôlée du nombre d'applications spécifiques.

Par ailleurs, ce risque peut se prolonger après le démarrage en exploitation. Il faudra donc être vigilant avec une équipe qui ne serait pas capable de répondre aux questions quotidiennes des utilisateurs, car ne maîtrisant pas suffisamment les fonctionnalités.

> **Exemple : saisie des temps passés sur ordre de fabrication (suite)**
>
> Dans l'exemple présenté, si l'utilisateur clé ne s'est pas suffisamment impliqué dans le projet pour s'approprier les nouvelles pratiques, notamment par une formation métier, ou s'il change de fonction immédiatement après le démarrage en production du système, l'entreprise risque de devoir faire appel à son prestataire, par exemple au travers d'un contrat de maintenance fonctionnelle, ou tout simplement de retomber dans les anciennes pratiques qui ont toujours tendance à « revenir au galop ».

Gérer les points de résistance au changement

Même si la meilleure équipe interne ainsi que l'intégrateur le plus compétent sont mobilisés, et s'ils conçoivent tous deux le meilleur système d'information, il n'est pas forcément acquis que ce dernier s'intègre parfaitement dans l'entreprise du fait d'une grande résistance aux changements des utilisateurs. En effet, le système le plus performant peut être rejeté par les utilisateurs si ceux-ci ne sont pas préparés aux changements d'organisation (au niveau des métiers, de l'organisation, des processus et des règles de gestion). Le risque encouru est, purement et simplement, un rejet du système par les utilisateurs qui nécessitera de revenir à l'ancien système, ruinant ainsi les efforts des équipes et les renvoyant à un second projet.

> **Exemple : saisie des temps passés sur ordre de fabrication (suite)**
>
> Dans notre exemple, même si l'utilisateur clé a conçu la meilleure solution, un risque existe, dans certaines entreprises, que l'ensemble des utilisateurs n'utilise pas les nouvelles procédures et qu'ils continuent à saisir les temps par opération, ayant découvert avec le temps la manière de retrouver les OF masqués par le système.

Ne pas atteindre les gains escomptés

Les enjeux à retirer d'un projet ERP sont maintenant définis. De ce fait, les patrons des métiers attendent les premiers gains dans les six mois voire un an de fonctionnement. Ce risque doit être couvert par une démarche de suivi du projet et de prise de décision qui soit continuellement rapportée à ces enjeux, par exemple telle décision de lancer un développement spécifique sera lancé en fonction de sa contribution aux enjeux, de même pour tel ou tel choix de mode de gestion.

> **Exemple : saisie des temps passés sur ordre de fabrication (fin)**
>
> Au final, le risque est de ne pas atteindre l'amélioration de la performance visée et, par conséquent, les enjeux à retirer de la mise en ligne des fabrications ayant servi à « susciter » le projet (alignement des machines et postes de travail, inhérent au Juste à temps, qui nécessite une gestion par flux donc en quantité plutôt que par enregistrement des temps passés, d'ailleurs impossible à mettre en œuvre du fait des cadences sur la ligne).

Les autres risques des projets ERP

Mauvais management des ressources

Un projet ERP nécessite des ressources plus nombreuses et plus variées que pour un projet informatique spécifique, du fait de l'évolution de la technologie qui met désormais en œuvre des couches et outils de plus en plus nombreux nécessitant des compétences dédiées, et de l'apparition des opérationnels dans les équipes notamment pour la saisie des données en phase de déploiement.

Exemple d'une PME qui fabrique des dispositifs d'éclairage

Cette PME avait assez bien managé son projet ERP jusqu'à la phase de déploiement, durant laquelle une charge de saisie de données non prévue a été découverte, provoquée par une conception trop complexe d'un configurateur de produits. Elle nécessitait une refonte complète des pratiques pour changer la logique de traduction entre les contraintes clients et les données techniques produits. Le projet prenait alors du retard et l'entreprise mettait en cause son prestataire, sans réaliser qu'elle dirigeait elle-même le projet et que les retards étaient également de son fait.

La solution a été de reprendre en main la planification de la phase de déploiement, puis d'évaluer les charges de saisie, table par table, et de les planifier à l'aide d'un outil MS Project, pour ensuite les affecter aux ressources disponibles et de suivre enfin chaque semaine l'avancement de ces tâches. Il a fallu aussi revoir la logique de configuration des produits pour envisager tout d'abord la conservation des pratiques existantes dans le configurateur, ce qui ne nécessitait plus de lourds travaux d'alignement du métier.

Ainsi, le pilotage des projets ERP se caractérise par un besoin accru et de plus en plus critique de coordination des ressources, faute de quoi les projets peuvent dériver et engendrer les mêmes risques que les projets informatiques spécifiques.

Non-respect des délais de mise en œuvre

Comme dans tout projet, il convient de respecter scrupuleusement le planning. Le non-respect des délais a des conséquences plus qu'évidentes sur les budgets et les enjeux. Dans le cas des projets ERP, cette question fait l'objet d'une attention toute particulière. En effet, très souvent, l'entreprise souhaite mettre en œuvre l'intégralité des fonctions incluses dans le progiciel, car elle a tout acheté en termes de fonctionnalités et veut donc profiter au maximum de son investissement.

C'est pourquoi un des principes directeurs de ce type de projets est le « pilotage par les délais », c'est-à-dire que les délais interviennent en priorité dans les prises de décision, et non le périmètre des fonctionnalités à mettre en œuvre.

Défauts de fonctionnement des progiciels

Les défauts de fonctionnement ne sont plus un risque pour les projets ERP, car le progiciel est livré et testé. De plus, les simulations, configurations ou choix de paramétrage ne détruisent pas les qualités intrinsèques de bon fonctionnement et permettent au contraire de réaliser tous les tests nécessaires à l'accomplissement du projet.

En revanche, on se méfiera des nouvelles versions, distribuées par les éditeurs ou leurs distributeurs. En effet, les risques de bogues peuvent engendrer des dérapages de planning importants, en raison des procédures de test nécessaires pour les corriger, dont les délais sont malheureusement incompressibles.

L'entreprise est alors confrontée à un choix difficile : attendre la résolution du problème par l'éditeur, qui interviendra dans une prochaine version, et donc trouver une solution de remplacement, ou, si le budget le permet, faire corriger l'erreur par l'intégrateur au cours du projet lorsqu'il dispose d'équipes techniques compétentes.

Performance du matériel

Là encore, les matériels sont aujourd'hui extrêmement performants et ne constituent plus un gros risque pour l'entreprise.

En revanche, la responsabilité incombe toujours à l'éditeur de se prononcer sur les caractéristiques de performance exigées de l'ordinateur en fonction du nombre d'utilisateurs par modules fonctionnels utilisés. Cette évaluation est réalisée d'après des benchmarks qu'il a réalisés en laboratoire avec les constructeurs de matériels. Dans ce domaine, il est important de se projeter dans le temps pour anticiper l'évolution de l'entreprise, car les changements de plate-forme peuvent être lourds à supporter.

> **Les règles d'or de la réussite**
> - Éviter de s'écarter des fonctions standards du progiciel
> - Ne pas figer trop tôt les besoins avant d'avoir vu l'ERP
> - Impliquer les opérationnels dans la conception du système
> - Gérer les points de résistance aux changements
> - Saisir l'opportunité de recentrer sur les meilleures pratiques
> - Simplifier les modes de gestion des flux
> - Transférer les compétences sur une équipe d'experts des métiers
> - Rapporter les choix dans le projet à des enjeux chiffrables
> - Piloter le projet par le délai et le budget

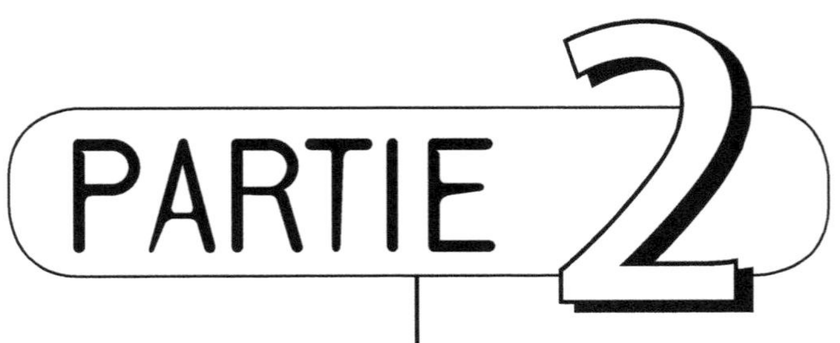

Le projet de mise en œuvre

Cette deuxième partie est consacrée à la méthodologie proprement dite et notamment au descriptif des travaux à réaliser, regroupés par phases et par étapes.

Le chapitre 3 définit tout d'abord les objectifs, les modalités et les livrables de chaque phase du cycle de vie d'un projet monosite. Il décrit les différents jalons (première et deuxième recette de conception, recette fonctionnelle, recette provisoire…) qui permettent de conforter l'avancement du projet sur des bases solides. Il présente ensuite les déclinaisons de la méthode pour des projets multisites ou comportant plusieurs versions de démarrage en exploitation.

Le chapitre 4 détaille la liste des travaux à réaliser, et par conséquent à planifier, pour la bonne réussite du projet ERP.

Le chapitre 5 fournit des éléments pratiques pour la constitution des livrables, afin d'optimiser les charges de travail.

Le chapitre 6 est consacré à la constitution de la structure de projet. Quatre types d'organisation de projet y sont présentés, mais ces hypothèses de base sont à affiner pour chaque situation.

Enfin, le chapitre 7 livre quelques ratios d'évaluation des charges, ainsi que les principes à respecter pour la constitution du planning détaillé du projet.

Chapitre 3

La démarche résumée

Lorsqu'on aborde la mise en œuvre d'un ERP, on peut découper le projet en plusieurs domaines fonctionnels qui seront mis en production à des dates différentes, principalement pour étaler la charge dans le temps. On obtient ainsi des versions[1] de logiciel mises en production à des étapes différentes. Chacun de ces domaines est couvert par un ensemble cohérent de logiciels (standards et éventuellement spécifiques) qui doit faire l'objet d'un processus rigoureux de test, recette et mise en production, appelé « cycle de vie ». Celui-ci garantit la stabilité, la fiabilité et la robustesse de l'ensemble, ce qui permet de se consacrer aux autres domaines en toute sérénité.

Par ailleurs, lorsque l'entreprise est constituée de différents sites (géographiques, *business units*, filiales, etc.), elle envisage habituellement le déploiement, souvent à l'identique, de ces versions de logiciel sur l'ensemble de ses sites. Tout projet ERP peut donc se décomposer en trois dimensions :

- le cycle de vie de base qui a pour but de mettre en production sur un site pilote une version de logiciel pour un domaine fonctionnel cohérent ;

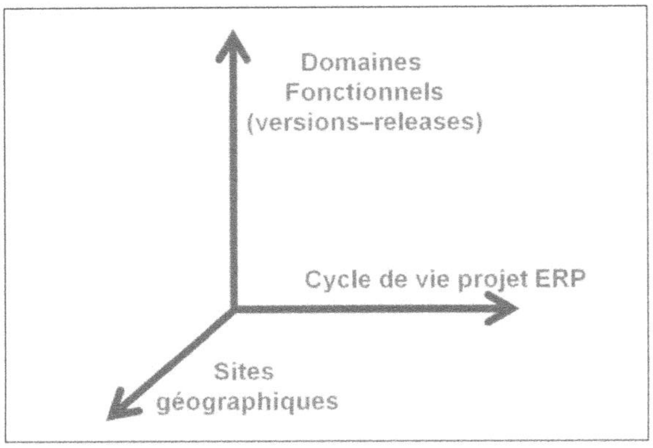

Figure 3-1 : Les trois dimensions d'un projet ERP

1. Mise à niveau de logiciel. Par extension, étape de mise en production de manière industrielle d'un ensemble de logiciels stabilisés, ayant subi notamment une recette fonctionnelle. Par conséquent, ils sont capables d'être mis en production sans risque de régression.

- le déploiement généralisé de cette version de logiciel sur d'autres sites géographiques ;
- les nouvelles versions de logiciel (releases), mises en production lors d'étapes distinctes dans le temps.

Les trois dimensions d'un projet ERP

Le cycle de vie

Comme nous le verrons plus loin dans ce livre (voir page 81), le cycle de vie de base d'un projet ERP est composé de cinq phases pour la mise en production d'une version de logiciel sur un site pilote. À la fin du cycle, le logiciel mis en production est validé et stabilisé sur le site.

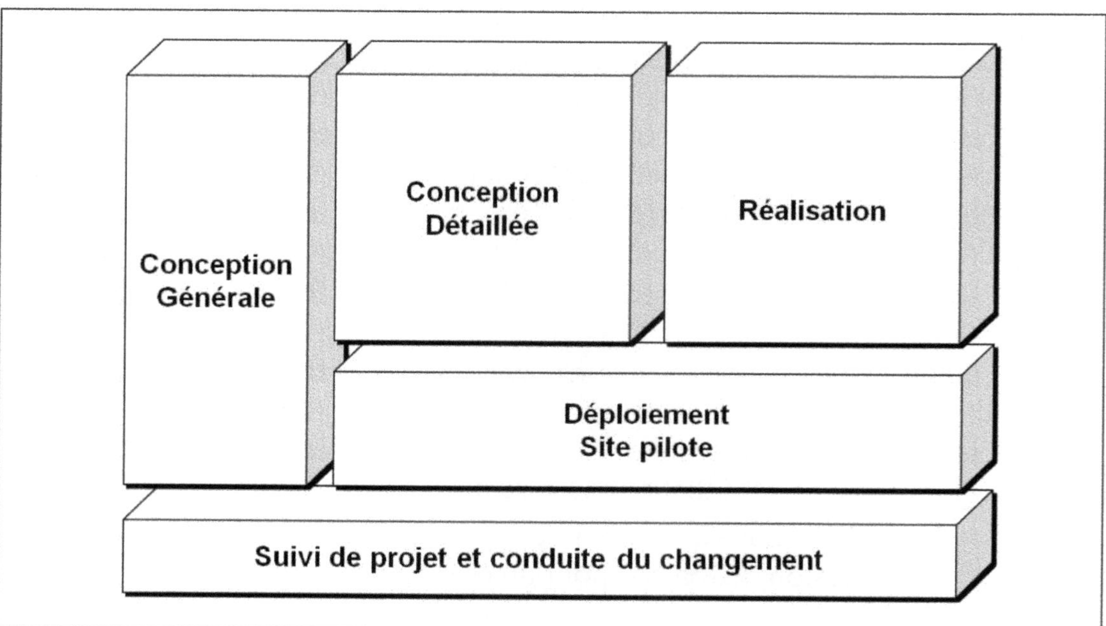

Figure 3-2 : Le cycle de vie d'un projet ERP

Approche multisite

Le déploiement d'une version de logiciel sur d'autres sites fait l'objet d'une méthodologie particulière de déploiement généralisé dont l'objectif principal est de respecter l'utilisation du logiciel telle qu'elle a été validée sur le site pilote. On parle alors de *core model* (voir page 97) pour désigner cette version de logiciel commune à différents sites.

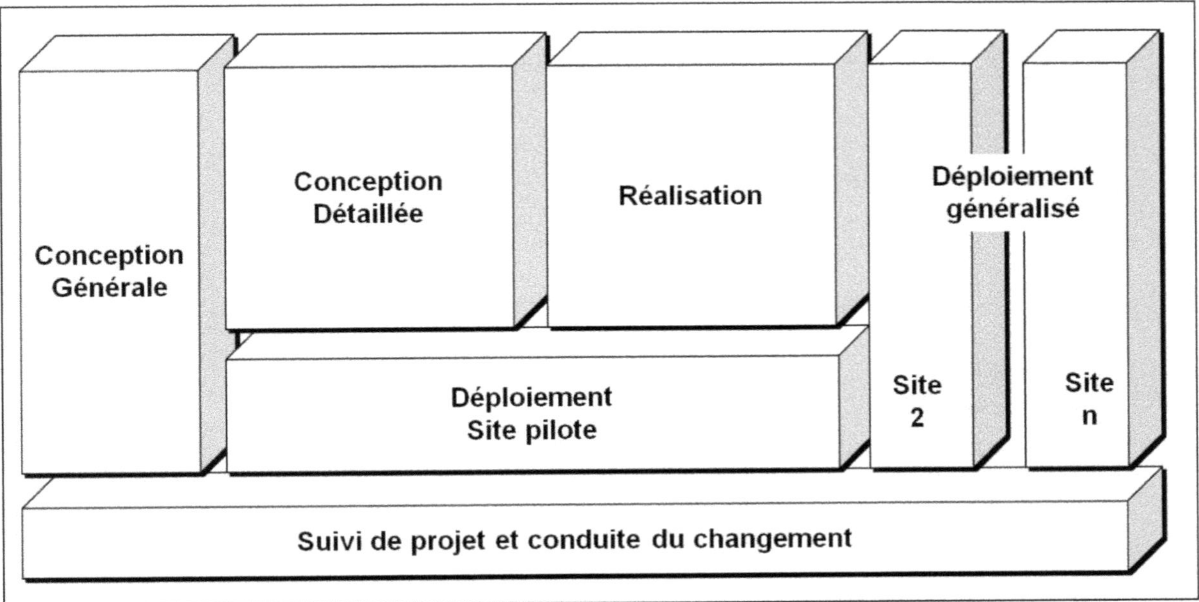

Figure 3-3 : Approche multisite

Déploiement de nouvelles versions

Généralement, lorsque la gestion de production fait partie du périmètre fonctionnel du projet, la version mise en production est constituée d'un minimum de modules très imbriqués par les nombreuses transactions échangeant des informations entre ces modules. C'est le cas notamment de tous les modules qui interagissent sur le stock. Bien qu'en général ce noyau de base incompressible constitue le périmètre fonctionnel d'un premier projet ERP, il est souhaitable, dans la mesure du possible, d'étaler dans le temps la mise en production de domaines connexes, non indispensables pour exploiter la première version.

C'est le cas aussi des domaines fonctionnels supportés par des logiciels ou modules tels que la GMAO (Gestion de la maintenance assistée par ordinateur), la GDT[2] (Gestion des données techniques) voire de la comptabilité (le noyau de l'ERP pouvant s'interfacer relativement facilement avec une comptabilité externe). Le projet est alors découpé en différentes étapes de mise en production supportées par des versions de logiciel faisant l'objet de recettes séparées.

Il en va de même des améliorations fonctionnelles apportées à une première version, après une première exploitation visant à stabiliser l'appropriation par les utilisateurs.

2. Progiciel spécialisé ou module d'ERP destiné à gérer la définition des produits par les bureaux d'études.

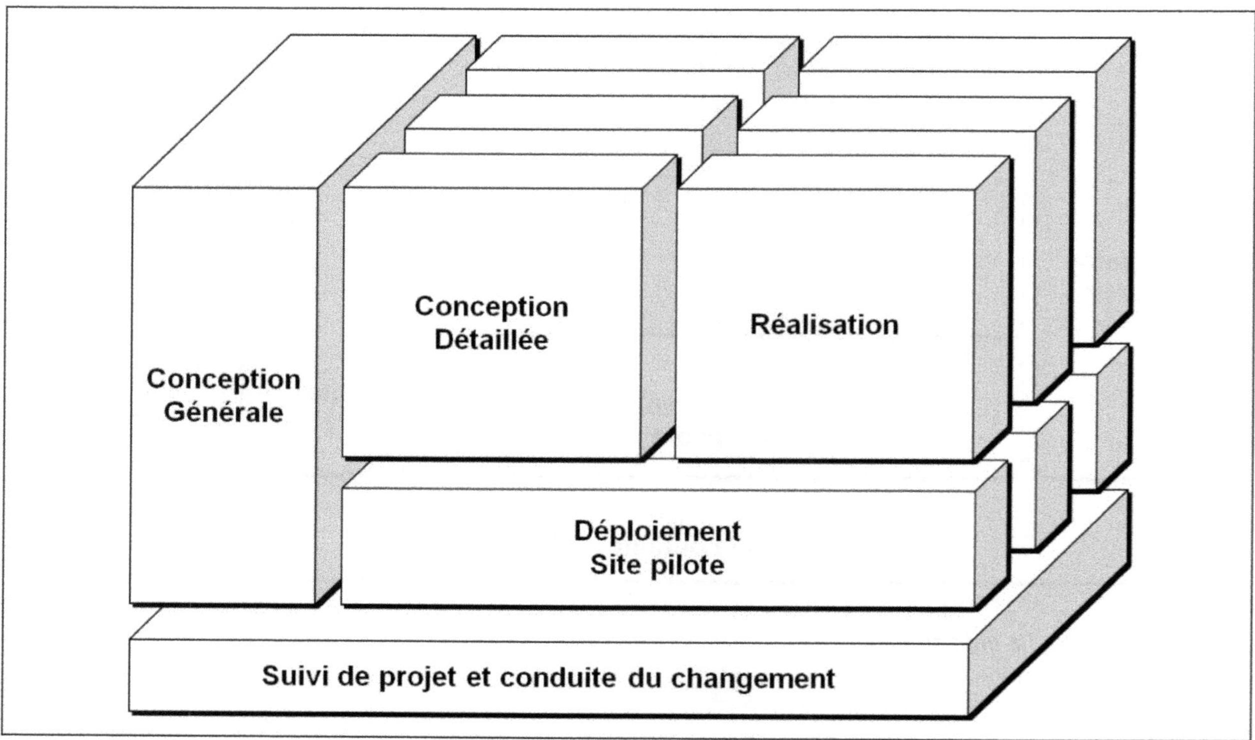

Figure 3-4 : Conception générale globale

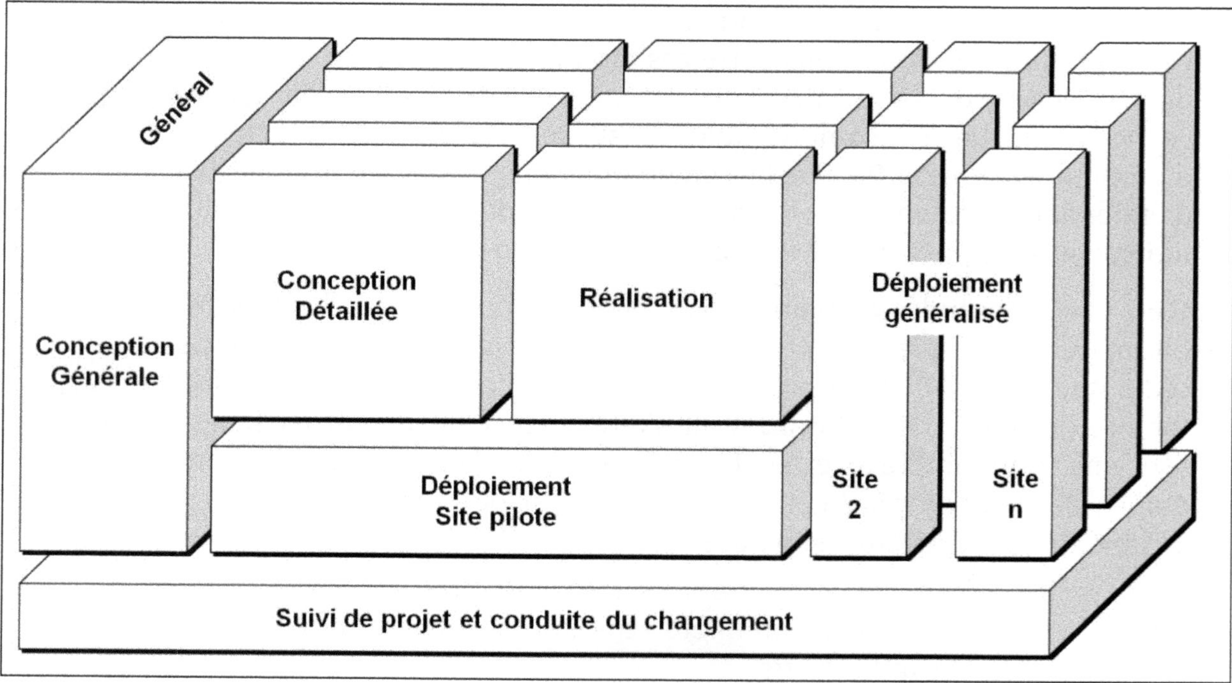

Figure 3-5 : Découpage d'un projet ERP en trois dimensions

Dans ce type de projet, il est important de prévoir l'impact de la mise en œuvre des futures fonctionnalités sur la version en cours de conception afin d'éviter des retours en arrière coûteux en termes de modification de paramétrage ou de logiciel. Pour cette raison il est nécessaire de réaliser une phase de conception générale globale pour l'ensemble des versions afin de fixer les grands choix de paramétrage induits par les futures fonctionnalités.

Conclusion

Au final, un projet ERP pourra se décomposer en différentes phases méthodologiques selon les dimensions à gérer (voir figure 3-5). Ce découpage faisant appel à des ressources souvent distinctes, il sera ainsi plus aisé de planifier les différentes étapes de mise en production sur les sites, version par version.

Le cycle de vie

La démarche méthodologique a été particulièrement étudiée pour gérer le processus de convergence itératif entre la définition des besoins fonctionnels et les possibilités des progiciels ERP. Ses grands principes d'intervention se résument ainsi :

- adapter le périmètre aux enjeux économiques en identifiant et quantifiant les gains potentiels ;
- adopter une approche par processus en privilégiant le transfert de compétences ;
- travailler parallèlement sur le fonctionnel et l'organisationnel ;
- favoriser l'appropriation du progiciel et accompagner le changement organisationnel ;
- anticiper les risques en impliquant fortement le management de l'entreprise, et favoriser le recours et l'emploi de la méthodologie.

Une des caractéristiques essentielles de la méthode est d'assurer un transfert progressif des compétences vers les équipes internes, en particulier par le principe des trois simulations.

- 1re simulation – Maquette : expertise du consultant ;
- 2e simulation – Prototype : expertise des experts des métiers ;
- 3e simulation – Système livré : transfert aux utilisateurs.

Le cycle de vie de la méthode comporte cinq phases – hormis celle de production intervenant après le démarrage opérationnel – adaptées à la mise en œuvre de progiciels et couvrant la totalité du projet de transformation.

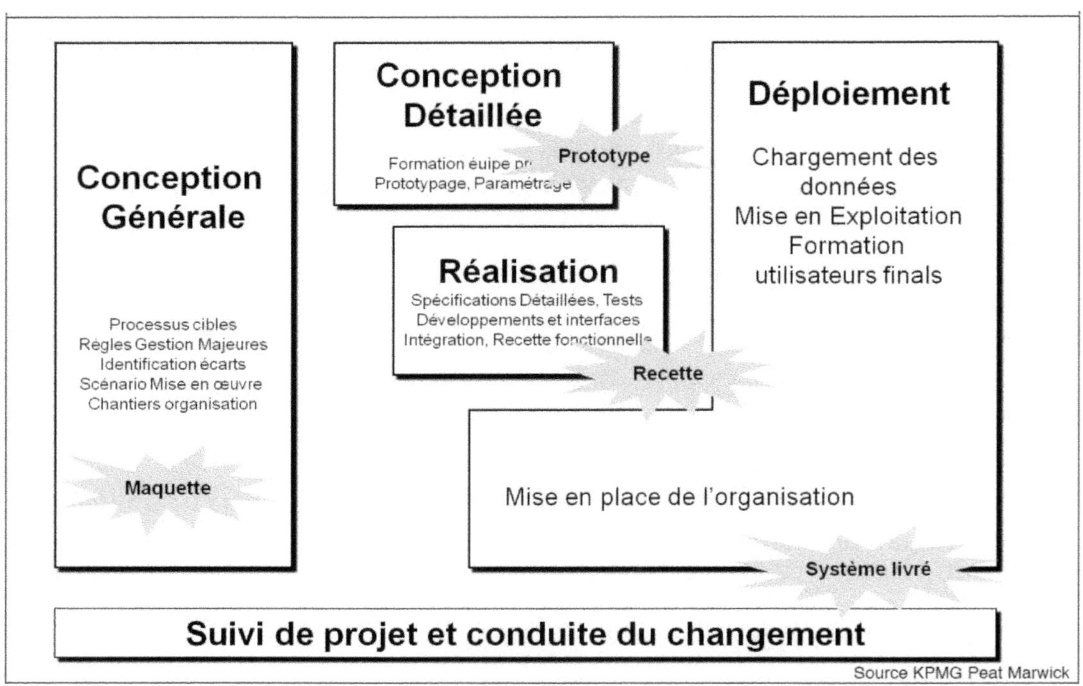

Figure 3-6 : Cycle de vie du projet ERP

La phase de conception générale couvre un domaine fonctionnel, voire plusieurs (dans ce cas, elle est dite « globale »), pour lequel elle définit globalement la solution retenue pour supporter le schéma cible. Elle permet de concevoir le futur système d'information, d'opérer les choix structurants pour ses fondations, de définir les processus cibles en termes d'activités et de règles de gestion majeures, d'identifier les interfaces et les écarts majeurs par rapport au progiciel, de mobiliser et former l'équipe de projet interne, de définir l'architecture technique et de produire enfin les plannings détaillés des phases suivantes du projet. Elle couvre aussi la définition de la stratégie de basculement en production et de migration des données.

La phase de conception détaillée, centrée sur le prototypage des procédures, a pour but de définir complètement la solution en termes de paramétrage de l'ERP, de règles de gestion de détail, de procédures et d'éventuelles adaptations spécifiques. Elle se conclut par la réalisation du prototype de la solution. Au-delà de cette phase, on ne doit plus avoir à travailler sur la mise en correspondance des besoins avec le progiciel, pour se consacrer exclusivement à sa mise en production.

La phase de réalisation a pour but de concevoir les interfaces, d'adapter éventuellement des composants logiciels spécifiques, d'intégrer ces différents composants sur le progiciel standard et de vérifier la cohésion entre les applications et l'architecture technique. Plusieurs dimensions sont couvertes dans l'intégration : dimension fonctionnelle, dimension technique (infrastructure, réseau, communications entre sites, etc.).

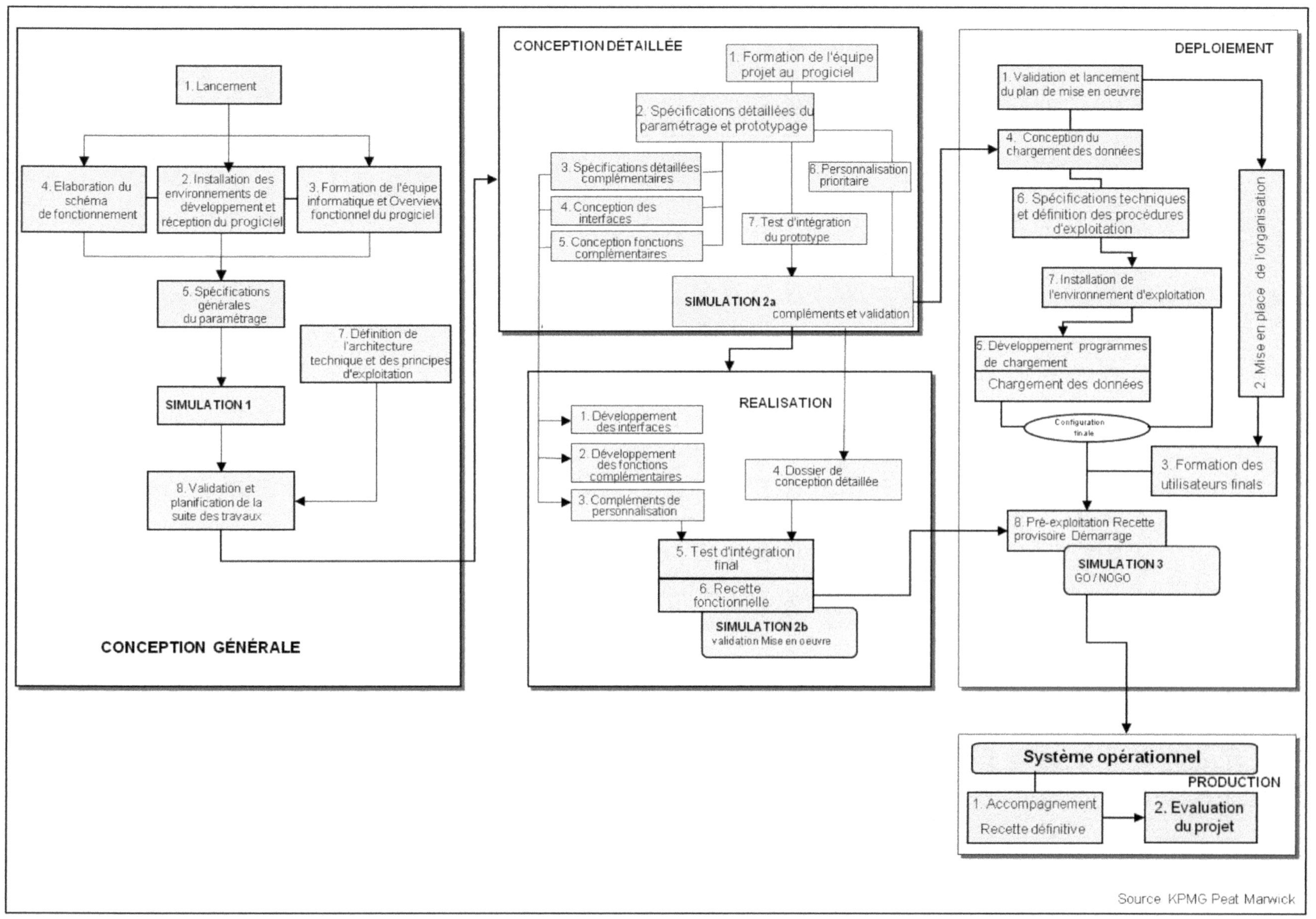

Figure 3-7 : Vue globale des étapes par phases

Cette phase comprend la finalisation des travaux informatiques de la solution.

La phase de déploiement couvre la planification des travaux de mise en production et la préparation du basculement. Elle permet également de s'assurer de l'adhésion des utilisateurs finaux. Elle peut s'accompagner au niveau opérationnel (exploitation/administration) de la conduite de tests de qualification pour valider la solution dans son contexte « métier » et « technique » avant de la généraliser sur le site pilote.

Enfin, la phase de production couvre les tâches d'accompagnement en début d'exploitation comme l'assistance au démarrage, l'optimisation technique ou encore l'optimisation des procédures.

Les phases de la méthode sont la base de la définition et de la planification des travaux du projet. Elles facilitent la synchronisation des activités et définissent les cycles de validation et de décision.

Initialisation et cadrage du projet

Le lancement du projet débute généralement par un cadrage préliminaire en termes de périmètre fonctionnel (sous-domaines), d'organisation du projet (structure de projet, rôles) et de périmètre des responsabilités (lots, livrables). Ce cadrage constitue donc le point de départ du projet et permet de préciser les sous-domaines fonctionnels à couvrir, et de formaliser la liste des nouveaux processus cibles en s'appuyant sur les bonnes pratiques métier et les solutions standards proposées par l'outil. Ces travaux sont idéalement couverts par la fin du processus de sélection (voir chapitre 1) lorsque cette phase a été réalisée. Ils sont enfin réalisés en avant-vente par un intégrateur professionnel consciencieux, car ils constituent les contraintes liées à un engagement forfaitaire.

Les tâches relevant du cadrage sont de toute façon à réaliser pour le projet, par exemple, outre le périmètre fonctionnel, la composition des équipes internes, leurs responsabilités et leurs charges de travail. Mais celles-ci devraient donc normalement déjà être réalisées dans le cahier des charges ou la proposition technique du maître d'œuvre.

Certains projets ERP sont cependant lancés avec une phase préalable de cadrage, principalement lorsque le périmètre fonctionnel n'est pas suffisamment précisé au début du projet, soit par le cahier des charges et les études en amont, soit par un maître d'œuvre qui n'est pas guidé par une maîtrise des besoins métier. Une telle phase a souvent pour but de préciser le périmètre fonctionnel afin de se laisser la possibilité de réviser le planning et le budget en conséquence.

Il faut donc être prudent dans le choix d'accepter ou non une telle phase (en général proposée par un maître d'œuvre) qui s'apparente plutôt à une étude préalable et peut cacher une mauvaise maîtrise du maître d'œuvre : du progiciel lui-même, du métier de l'entreprise, ou encore du pilotage d'un projet ERP. Ce n'est pas le plan qualité projet qui justifie une telle phase, car celui-ci devra de toute façon être constitué dans le projet, même en l'absence de cette phase de cadrage, généralement à partir d'un plan qualité standard faisant partie de la bibliothèque du référentiel méthodologique du maître d'œuvre. Ceci revient à dire que la réalisation du plan qualité n'est pas un critère de décision pour lancer une telle phase de cadrage, mais plutôt une opportunité pour optimiser le planning dans la mesure où une telle phase préalable a été lancée.

Ces travaux de cadrage correspondent purement et simplement à l'étape 1 du cycle de vie de base, c'est-à-dire à l'étape de lancement de la phase de conception générale décrite au chapitre 4. Ils correspondent aussi à la dernière étape de la phase de sélection lorsque celle-ci a été conduite avant le lancement du projet de mise en œuvre.

Conception générale

La nécessité d'une conception générale est justifiée par le besoin de conforter le plus rapidement possible la motivation des utilisateurs, l'appropriation des solutions proposées et des changements induits ainsi que le planning et le budget définitif du projet après d'éventuels ajustements de périmètre.

Objectif

L'objectif principal de cette phase est d'obtenir l'adhésion des équipes sur la faisabilité du changement de système d'information existant par le progiciel ERP. La 1re simulation, obtenue à l'aide d'une maquette[3], permet de démontrer à l'équipe interne l'adéquation du système ERP aux métiers de l'entreprise et de positionner les paramètres structurants.

> **Maquette**
> La maquette traite d'un sous-ensemble représentatif des cas les plus courants : typiquement les 20 % de cas simples qui couvrent 80 % des volumes.

3. Ensemble de données et processus, paramétrés dans l'ERP, représentatifs des cas les plus courants : typiquement les 20 % de cas simples qui couvrent 80% des volumes de traitement.

Les deux grands enjeux de cette phase sont donc d'amener les acteurs internes à s'approprier la solution et de stabiliser définitivement le périmètre, le planning et les charges du projet. En effet, quelques écarts de périmètre mineurs peuvent être constatés au cours de cette phase, lorsque les équipes internes entrevoient, au vu de la formation générale sur le progiciel, soit des processus à ajouter (lorsqu'ils se traduisent par des gains économiques), soit au contraire des processus à supprimer en raison d'une complexité insoupçonnée. C'est le cas notamment lorsqu'un sous-domaine non prévu initialement est identifié comme prioritaire, compte tenu des enjeux du projet. C'est le cas aussi d'opportunités qu'on ne pouvait pas prévoir au lancement du projet par méconnaissance de l'ERP.

En général, de telles variations de périmètre ne sont pas souhaitables, et doivent être contenues dans des proportions acceptables en fixant à cet effet un cadre contractuel, comme limiter les variations de budget à un taux maximal (par exemple, 10 %).

Les principaux livrables de cette phase sont les processus, les règles de gestion majeures, les spécifications générales de paramétrage, les spécifications fonctionnelles générales des interfaces et des écarts fonctionnels majeurs et la stratégie de migration et de chargement des données.

Méthode

Les outils nécessaires au bon déroulement du projet sont installés au début de cette phase : il s'agit de mettre en place la logistique (plateau projet, badges, etc.), d'installer les machines et les progiciels et créer les environnements en particulier celui de maquettage.

Une formation générale aux principales fonctionnalités de l'outil est organisée afin de montrer les relations existantes entre les différents modules du progiciel.

Les processus cibles sont identifiés avec les principaux responsables du projet à partir d'une liste de fonctions à mettre en œuvre constituant l'architecture fonctionnelle de la solution, véritable décomposition hiérarchique du schéma général de fonctionnement. Celle-ci est éventuellement complétée, pour les plus gros projets, d'une architecture métier définie par des processus métier. Cette activité du projet est sensiblement réduite lorsque le projet prévoit la mise en œuvre d'un prépackagé (voir chapitre 1) comme SAP Business All-in-One. Lorsque le budget du projet ne le permet pas, notamment pour de petites PME, une seule architecture est réalisée, compromis entre ces deux visions, revenant à définir des processus découpés par service (appelés « métiers » dans certaines industries).

Pour chaque processus, un ou plusieurs ateliers sont constitués avec les acteurs désignés. Les ateliers consistent à présenter les fonctions standards de l'ERP sur le sous-domaine concerné et à décrire le processus cible en termes d'activités et de règles de gestion majeures tout en s'assurant que les besoins seront couverts par les outils cibles.

Le principe de travail est d'évaluer les pratiques existantes tout en s'assurant de la faisabilité des nouvelles pratiques dans les outils cibles. À l'issue des ateliers, l'équipe projet est capable de fournir une solution cible pour chacun des processus métier, de mesurer la couverture fonctionnelle de l'ERP pour ces processus, d'identifier les chantiers de réingénierie, d'évaluer les gains pour définir les enjeux économiques du projet et d'établir un plan de mise en œuvre détaillé des phases suivantes.

En appui de ces ateliers, une maquette est élaborée par les consultants dans le double but de faciliter l'appropriation, par les équipes internes, des solutions présentées par les consultants, et de préparer la phase suivante de conception détaillée en fixant dans l'ERP les principaux paramètres structurants, comme :

- la structure organisationnelle des entités, magasins, sociétés ;
- la famille de gestion des articles ;
- la classification marketing en familles, sous-familles ;
- la structure de la comptabilité analytique ;
- la décomposition du prix de revient en vecteurs de coûts ;
- l'utilisation de la gestion par lots ou numéros de série ;
- l'organisation du plan directeur de production ;
- les modes de gestion des sorties matières (postdéduction) ;
- le mode d'enregistrement des heures de production ;
- etc.

Lors de cette phase, les activités de conception qui sont menées en parallèle par les consultants consistent à :

- préciser le périmètre du projet et documenter l'architecture fonctionnelle ;
- détailler plus finement la cible organisationnelle en termes de règles de gestion majeures ;
- définir les paramètres structurants de l'ERP ;
- identifier puis instruire les écarts majeurs et rechercher des solutions ;
- évaluer les charges correspondant aux éventuels développements spécifiques ou interfaces ;
- identifier les axes d'amélioration métier et définir les éventuels chantiers de réingénierie ;
- définir la stratégie de migration (étapes de basculement, charges de reprise manuelle/automatique et de fiabilisation des données) ;
- identifier les risques potentiels du projet et confirmer définitivement les charges de ce dernier.

Afin de prononcer une recette de cette phase, la 1re simulation est réalisée formellement à l'attention de l'équipe interne à l'aide de la maquette. Elle permet de confirmer la liste des modules et fonctions à mettre en œuvre, d'illustrer les règles de gestion majeures et les principes d'organisation proposés par l'ERP, de valider le schéma cible par une recette utilisateurs de la maquette, et enfin de valider le périmètre, les charges et le planning du projet.

Parallèlement aux travaux d'ordre fonctionnel ou organisationnel, l'étude de l'architecture technique cible, conduite par les consultants techniques, inclut en particulier la définition des environnements de projet et de l'environnement de production cible. Cette activité nécessite en principe le concours de l'éditeur et du constructeur qui ont réalisé ensemble des tests (*benchmarks*[4]) pour calibrer les performances.

L'ensemble de ces résultats permet de prendre des décisions concernant la suite des travaux et en particulier la mobilisation des ressources internes en fin de projet pour le chargement et la fiabilisation des données. À ce stade, l'objectif de valider définitivement pour le projet le périmètre, le planning, les charges, le budget et les ressources est normalement atteint.

Résultats et livrables

A la manière d'un projet d'architecture, les résultats de la conception générale sont comparables à une maquette, accompagnées des études et plans généraux, permettant de visualiser et de valider définitivement le projet dans son ensemble. Ces livrables sont les suivants.

- Le progiciel ERP est installé et les environnements de projet sont créés.
- La maquette ERP des principaux processus est réalisée.
- Le dossier de conception générale contient :
    - l'architecture fonctionnelle ;
    - l'architecture métier ;
    - le processus modélisés en activités ;
    - les règles de gestion majeures ;
    - les règles majeures de paramétrage ;
    - les fiches d'instruction des écarts majeurs et interfaces ;
    - les spécifications générales des gros développements ;
    - les extraits de la maquette ;
    - la stratégie de migration ;
    - le plan détaillé de la mise en œuvre des phases suivantes ;
    - les charges internes et externes et le planning définitifs ;
    - le plan de conduite du changement.

Conception détaillée

La conception détaillée accomplit la totalité des travaux de paramétrage détaillé restants, dans le cadre des travaux déjà effectués, donc sans risque de remise en cause des validations de la phase précédente.

Objectif

Une fois le périmètre du projet validé et l'équipe interne convaincue de l'adéquation des solutions proposées, l'objectif principal est de produire un prototype modélisant l'ensemble des activités du futur système d'information, et de spécifier les développements informatiques (interfaces, personnalisations ou adaptations spécifiques) éventuellement nécessaires pour atteindre la cible fonctionnelle.

> **Prototype**
>
> Le prototype traite, à l'aide des fonctions standard de l'ERP, de l'ensemble des activités et de la totalité des cas particuliers de gestion nécessitant des procédures adaptées, et conclue ainsi les travaux de paramétrage pour configurer l'ERP pour les besoins de l'entreprise.

Méthode

Afin de définir la solution, la démarche utilisée pour la phase de conception détaillée résulte de l'application des techniques de prototypage en laboratoire, qui associent fortement les utilisateurs à la définition et à la réalisation des solutions à travers un processus itératif de création/modification de maquettes jetables, puis au final la construction d'un prototype, son test et sa validation. L'objectif est d'amener les acteurs à s'approprier le projet et va au-delà de la simple démonstration technique de la validité des orientations car ces laboratoires serviront également à identifier les changements, dans les métiers ou l'organisation, auxquels il faudra apporter une attention toute particulière au cours des phases ultérieures. Le but est en effet de rassembler l'ensemble des acteurs du projet autour d'un même plateau projet, afin d'obtenir leur accord sur les procédures à partir desquelles la solution sera développée.

Il est souhaitable de créer une équipe solide, mixte, dotée d'une culture ouverte et capable de développer rapidement la solution. La mise en place d'un tel plateau projet permet à ceux qui participent de faire preuve d'une implication importante afin qu'ils s'approprient la solution par :

- un environnement semi-permanent sur un plateau commun pour la conception et la mise en œuvre des nouveaux processus ;
- l'utilisation d'un processus de prototypage standard pour développer et tester la conception de manière itérative ;
- un mode de travail ouvert et souple encourageant la créativité, permettant la résolution des questions et la réduction des délais.

Cette approche collaborative favorisant le transfert de compétences et l'utilisation de technologies permet de créer un environnement de démonstration réaliste dans lequel les processus et systèmes peuvent être testés « en action » de façon à vérifier leur bon fonctionnement et découvrir les améliorations potentielles.

Les travaux de conception et de prototypage des activités cibles suivent en général un processus qui prévoit, pour chaque activité du périmètre, d'opérer selon la séquence type de travaux illustrée par les figures 3-8 et 3-9.

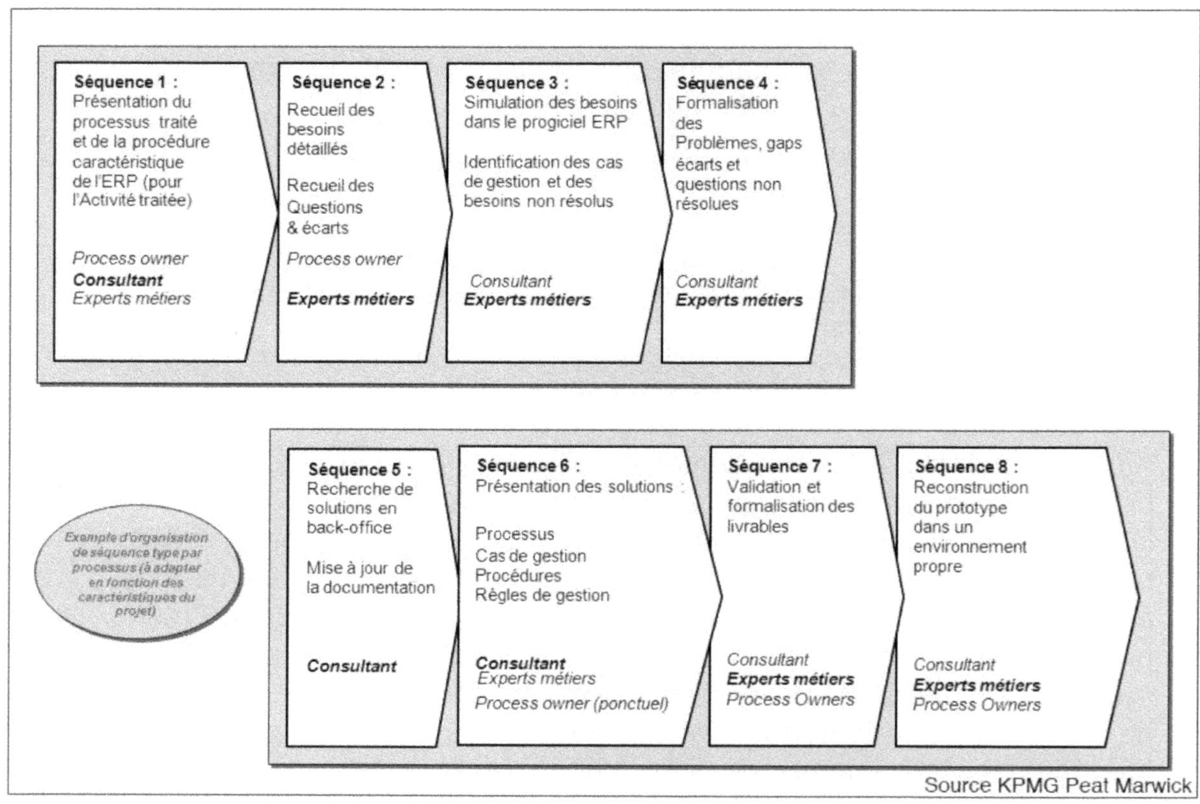

Figure 3-8 : Séquence type de prototypage (1/2)

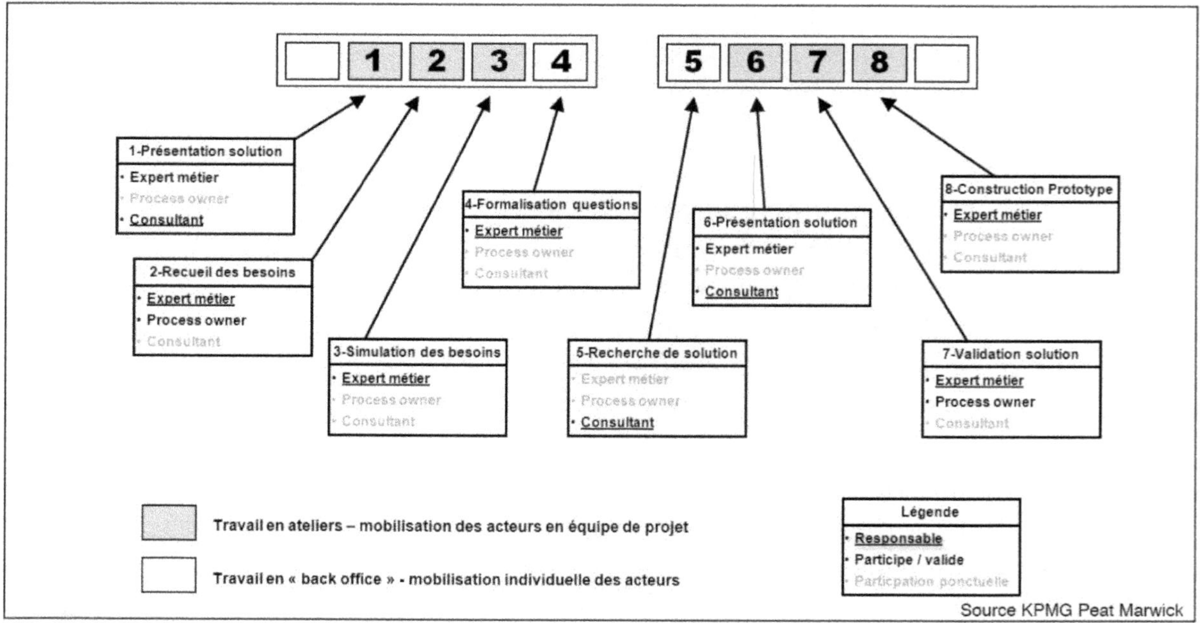

Figure 3-9 : Séquence type de prototypage (2/2)

C'est au cours de cette phase que le transfert de compétences vers l'équipe de projet interne s'accomplit. Une disponibilité de 60 % au minimum notamment des experts métier est un prérequis à l'investissement personnel de chacun pour participer avec implication aux activités du projet.

Le principe de partenariat, à savoir travailler au quotidien avec les consultants à la production du prototype, contribue à installer le transfert de compétences entre les équipes. Par exemple, en délégant des petits travaux à l'équipe interne (documentation des règles de gestion détaillées et des manuels utilisateurs), les consultants permettent que cette dernière soit de plus en plus apte à participer aux activités de paramétrage de l'ERP.

Résultats et livrables

A l'image d'un projet industriel, les résultats de cette phase sont semblables à un prototype, véritable produit fini opérationnel, obtenu avec l'ERP standard, construit par un procédé non encore industrialisé. Ce qui veut dire qu'en l'absence d'écarts ou d'interfaces, ce prototype est réellement un produit fini capable d'être mis en production. Les livrables sont les suivants.

- L'équipe projet interne à ERP est formée.
- Le prototype est paramétré.
- Le dossier de conception détaillée contient :
    - les spécifications détaillées de paramétrage (semblables aux règles majeures de paramétrage) ;
    - les procédures par activités ;
    - les fiches d'instruction des écarts fonctionnels mineurs ;
    - les spécifications fonctionnelles des développements ;
    - le plan détaillé de la mise en œuvre des phases suivantes.

Réalisation

Une fois le prototype standard réalisé, les éventuels écarts fonctionnels avec l'ERP standard sont comblés avec des adaptations ou interfaces spécifiques dont il s'agit maintenant d'assurer la réalisation, par une méthode de développement traditionnelle. Le résultat principal de cette phase est encore un prototype, intégrant cette fois-ci les adaptations spécifiques.

Objectif

Les activités prévues pour cette phase comprennent la réalisation des développements informatiques, les tests d'intégration du maître d'œuvre permettant de livrer un système en état de fonctionnement et une recette fonctionnelle par la maîtrise d'ouvrage permettant de stabiliser la version de logiciel à déployer.

Méthode

Le développement des logiciels, tels que les interfaces, adaptations, extensions et reprises automatiques de données, suit une démarche normée depuis la spécification fonctionnelle jusqu'aux tests unitaires. Cette démarche est identique à celle des projets informatiques traditionnels de logiciels spécifiques. Les logiciels créés sont documentés en termes de conception technique, de composants logiciels à installer et de procédure d'installation.

Des tests d'intégration sont ensuite réalisés par le maître d'œuvre afin de livrer un système intégré composé de la réunion du progiciel standard et des développements spécifiques, apte à supporter la recette fonctionnelle par le maître d'ouvrage. Les données de test sont représentatives des activités réelles.

Ces tests d'intégration permettent de vérifier la cohérence et l'intégration des différents composants de l'application standard ERP, des développements spécifiques, des interfaces et des éventuelles modifications du progiciel.

5. Procédure qui consiste à dérouler des scénarios de test du début à la fin avec les données représentatives.

Le maître d'œuvre définit un protocole de test et formalise les jeux d'essais[5] sous la forme de fiches préparatoires aux tests décrivant les scénarios à couvrir et les points de contrôle à effectuer. Il conduit les tests d'intégration afin de s'assurer que l'application livrée est conforme aux spécifications et qu'elle est de qualité suffisante pour permettre le lancement de la recette fonctionnelle par les utilisateurs. Ce cycle de tests est réalisé dans un environnement de recette technique dédié (voir chapitre 4).

La recette fonctionnelle permet ensuite à l'équipe interne de vérifier que le système mis en œuvre aboutit à des résultats conformes aux spécifications validées dans les dossiers de spécifications détaillées (fonctionnelles et de paramétrage). Elle est effectuée dans un environnement dédié à la recette, à l'aide de jeux d'essais définis dans le cahier de recette. Celui-ci est fourni par la maîtrise d'ouvrage ou, à défaut, par l'équipe interne, et sert de référentiel dans la conduite de cette phase de vérification d'aptitude.

Le maître d'œuvre met en place une procédure de suivi des anomalies constatées au cours de cette vérification d'aptitude, conformément aux dispositions du plan qualité projet concernant la méthode de traitement des anomalies, lui-même reflet des engagements contractuels.

Résultats et livrables

Les résultats de cette phase sont constitués essentiellement des éventuels logiciels et interfaces spécifiques ajoutés à l'ERP ainsi que des compléments de documentation fonctionnelle qu'il n'est en général pas possible de terminer dans la phase précédente. Les livrables sont donc les suivants :

- manuels utilisateurs rédigés ;
- règles de gestion détaillées.

Pour chacun des développements spécifiques (écarts fonctionnels, états et interfaces) :

- des logiciels spécifiques ont été développés et testés un par un ;
- un dossier de conception technique est monté, contenant :
    - les spécifications techniques informatiques ;
    - la documentation d'installation ;
    - les cahiers de recette d'intégration ;
    - les système intégré et recetté (PV[6] de recette)

Déploiement.

Le déploiement regroupe l'ensemble des travaux de mise en exploitation du prototype, dans une version de logiciel stabilisée, sur un site de production.

Objectif

Il s'agit de prononcer la recette du système, chargé avec les données réelles dans un environnement de préproduction, pour valider que celui-ci répond aux exigences de performance. Pour cela, il faut :

- former les utilisateurs finaux au maniement du nouvel outil ;
- mettre en œuvre le plan de conduite du changement ;
- mettre en place la nouvelle organisation ;
- former les utilisateurs aux nouvelles procédures et à leur nouvelle fonction ;
- communiquer et mobiliser l'ensemble des acteurs ;
- définir et mettre en place la structure de support au démarrage (métier et SI).

Méthode

Le plan de conduite du changement précise les éventuels changements organisationnels induits par le projet. Il couvre la communication, la formation et toute action nécessaire à résorber les changements des métiers, et particulièrement ceux qui occasionnent une potentielle résistance au changement.

À ce stade, il convient de reconnaître que la résistance au changement est souvent partie intégrante d'un projet de transformation, que ces changements

6. Procès-verbal, en général de recette d'un livrable ou d'une phase.

soient perçus comme positifs ou négatifs. Cette résistance peut être le fruit d'individus, de groupes ou de forces extérieures. Certaines actions typiques de conduite du changement permettent de pallier cette résistance : formation aux nouveaux métiers, communication (présentations du futur système), participation à la conception des changements et support à la transition.

Une fois que le plan de conduite du changement est compris et accepté, les activités sont déployées comme toute autre activité du projet. La mise en place de l'organisation est entreprise et consiste à définir des profils type d'utilisateurs capables d'exploiter les activités cibles, de traduire en rôles chacun de ces profils en termes d'activités et donc d'autorisations, et de recenser les utilisateurs du futur système en les rattachant à un ou plusieurs de ces rôles.

Pour asseoir le transfert de compétences sur les experts métier, il est préférable que les sessions de formation soient animées par eux avec, si besoin, l'assistance du maître d'œuvre pour organiser les cours. En effet, ils ont acquis une compétence suffisante dans la phase de prototypage pour assumer cette responsabilité.

Les kits de formation sont habituellement composés des livrables produits pendant les phases précédentes, soigneusement classés par sous-domaines, processus et activités. Ils peuvent ainsi être copiés et distribués aux différents utilisateurs en fonction de leurs rôles, selon les activités qui leurs sont affectées. Généralement, ils comprennent par activité : la modélisation des processus et des procédures, le déroulement de la procédure dans le manuel utilisateurs (captures d'écran commentées par les experts métier en phase de réalisation) et les règles de gestion majeures et détaillées.

Une fois la recette fonctionnelle prononcée (voir section « Réalisation » page 91) et les utilisateurs formés, le chargement des données peut être abordé. Un plan de chargement des données est constitué décrivant en détail l'enchaînement des tâches manuelles et automatisées en commençant par le chargement des données de base après fiabilisation de ces données (notamment élimination des données vétustes). Celui-ci peut être mis en œuvre soit manuellement par les utilisateurs formés, soit automatiquement en exploitant les programmes de chargement des données à partir de l'ancien système prévus à cet effet.

Ensuite, il est souvent nécessaire de réaliser des tests complémentaires dits « de préproduction » dont l'objectif est la qualification d'exploitabilité concernant essentiellement les aspects de mise en production du logiciel. À ce stade, il s'agit principalement de s'assurer de la bonne tenue des performances du système, en réponse à des volumes de données et de traitements proches de la réalité, et à un niveau suffisant de formation des utilisateurs. Ces tests ont qualité de préproduction, car ils s'effectuent en général sur des données réelles tirées des reprises de données manuelles ou automatisées.

Les tests sont conduits avec l'ensemble des utilisateurs à leur futur poste de travail et constituent ce que l'on nomme la 3e simulation.

Résultats et livrables

Les résultats de cette phase se classent en trois grands axes de travail.

Chargement des données

- Plan de chargement des données – processus de reprise.
- Spécifications des programmes de reprises de données.
- Logiciels de reprises de données.

Mise en exploitation des matériels et logiciels

- Dossier de mise en production (jobs[7]/fichiers échangés).
- Dossier d'organisation (employés/rôles).

Formation des utilisateurs

- Planning et kits de formation utilisateurs.
- Système d'information avec les données réelles répondant aux exigences de performance.
- Utilisateurs formés aux nouveaux outils et pratiques.

Production

Cette phase marque le début d'exploitation du nouveau système et regroupe les travaux d'assistance et d'optimisation éventuellement nécessaires.

Objectif

Après démarrage du nouveau système, il est souvent nécessaire de prévoir une assistance au démarrage pour les utilisateurs dont le but est de stabiliser l'utilisation du nouveau système, d'évaluer son potentiel d'optimisation fonctionnelle et technique, et de réaliser une évaluation des performances du projet.

Méthode

Elle se résume à assurer une assistance durant les premiers jours après le démarrage en production et à en profiter pour relever les anomalies de fonctionnement, par exemple les bogues, les défauts de formation et de données, etc.

Elle peut aussi consister à réaliser un audit des performances du système pour s'assurer des bons temps de réponse et de traitements.

7. Enchaînement de logiciels destiné à être mis sous le contrôle de l'exploitation afin de s'exécuter automatiquement et périodiquement à une fréquence donnée.

Il s'agit enfin de clore le projet par un comité de pilotage présentant les performances constatées sur le projet.

Résultats et livrables

Le résultat de cette phase se concrétise par des utilisateurs satisfaits et capables de pratiquer leurs activités avec le nouveau système. Les livrables sont de deux ordres :

- diagnostic d'optimisation fonctionnelle ;
- diagnostic d'optimisation technique.

Conduite du changement

Ce type de projet ne peut se résumer à la résolution de problèmes purement techniques. La gestion des composantes politiques et émotionnelles est tout aussi fondamentale que la gestion des aspects purement techniques et rationnels. Dans ce cadre, l'expérience a montré que la conduite du changement était un élément déterminant dans la réussite d'un tel projet.

La réussite d'un projet d'évolution ou de refonte d'un système d'information est capitale pour une organisation. Conduire le changement dans ce contexte présuppose une transformation globale de l'organisation qui aura un impact sur l'ensemble de ses éléments dans le but d'atteindre un objectif global de changement. Cette démarche nécessite un engagement personnel, une évolution du management ainsi que les prérequis suivants :

- un passage à l'action qui suppose un engagement du management tout au long du projet, et une implication des hommes dans l'élaboration et la mise en œuvre des changements qui les affectent ;
- une démarche par étapes synchronisée avec celles de la méthode d'intégration de l'ERP ;
- une démarche avec des livrables spécifiques pour chacune des étapes et des actions pour les obtenir.

La mise en œuvre de ces principes se décompose en cinq étapes synchronisées avec les trois grandes phases de la méthode d'intégration des ERP (voir page 141).

En phase de conception générale

Cette phase consiste dans un premier temps à définir les cibles du projet en termes de résultats (par exemple, niveau de service, coût cible d'exploitation, temps de cycle, etc.) et à établir une première cartographie des risques associés (identification des acteurs clés et de leur prédisposition vis-à-vis du projet, etc.). Dans un second temps, elle permettra d'élaborer un scénario de gestion du changement et d'adapter les outils de pilotage au suivi des cibles et des risques identifiés.

En phase de conception détaillée

Tout d'abord, cette phase sert à définir et à maquetter sur un périmètre réduit les futurs modes de fonctionnement, puis à établir un bilan des résultats obtenus pour éventuellement corriger les principes retenus initialement, et surtout à arrêter les modes de fonctionnement cibles par retour d'expérience. Les outils de gestion des risques définis lors de la phase de conception générale sont utilisés et les efforts sont concentrés sur le traitement des points durs de la mise en œuvre le plus tôt possible.

En phase de réalisation et déploiement

Au cours de cette phase, il s'agit essentiellement de communiquer sur les résultats de la phase précédente et de former l'ensemble des acteurs aux nouveaux métiers. En outre, sont mis en place les outils de pilotage opérationnels qui permettront de mesurer en régime permanent l'appropriation par les opérationnels des nouveaux modes de fonctionnement et leur efficacité.

Approche multisite

Cette section décrit l'approche proposée pour le déploiement d'un même modèle sur plusieurs sites. Elle est rythmée par trois grandes périodes :

- conception et validation d'un core model cohérent et commun à l'ensemble des sites relevant du même modèle de gestion ;
- déploiement du core model sur un site pilote (voire plusieurs) ;
- déploiement de ce core model sur les autres sites dans une approche industrielle et optimisée.

Le cycle de vie de base décrit précédemment couvre les deux premières périodes, le déploiement du core model sur les autres sites faisant, quant à lui, l'objet d'un déploiement généralisé.

Périodes d'un projet multisite

Conception du core model

Cette période est unique et commune à l'ensemble des sites concernés. Elle comprend les phases de conception générale, de conception détaillée et de réalisation du cycle de vie de base. Elle couvre les objectifs suivants :

- concevoir une solution en termes d'activités et de procédures, fondée sur une approche de prototypage sur le progiciel ERP ;
- livrer les fondements de la solution avant de commencer le déploiement proprement dit (spécification de paramétrage, configuration des processus, paramétrage et développements) ;

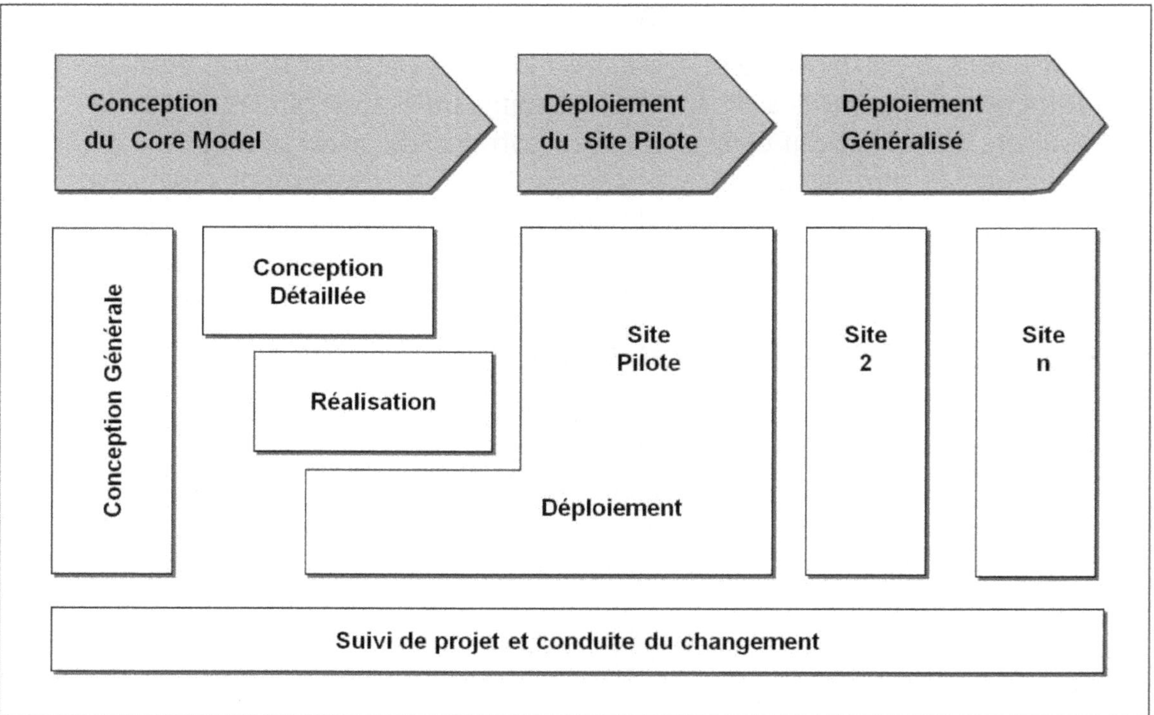

Figure 3-10 : Périodes d'un projet multisite

- valider la solution, définir, évaluer et valider les objectifs des métiers et les enjeux.

Déploiement du site pilote

Cette période est unique et commune à l'ensemble des sites pilotes. Elle couvre la phase de déploiement du cycle de vie de base.

- assurer la mise en production : formation, démarrage, déploiement du core model sur un site pilote représentatif et conduite du changement, pour prononcer la recette de la solution core model sur le terrain ;
- développer en parallèle le kit de déploiement et préparer la phase de déploiement généralisé basée sur l'expérience acquise lors du déploiement du site pilote ;
- stabiliser la solution après stabilisation du site pilote ;
- compléter éventuellement le transfert de compétences et installer l'équipe interne dans son rôle de centre de compétences.

Déploiement généralisé

Souvent conçu comme un projet distinct, le déploiement généralisé assure :

- le déploiement de la solution core model sur tous les sites non pilotes concernés dans le respect de la qualité, du planning et des budgets;

- le support et la maintenance pour les sites en production, en parallèle du déploiement.

Le projet de déploiement généralisé est structuré en cinq phases, comme représenté sur la figure ci-après.

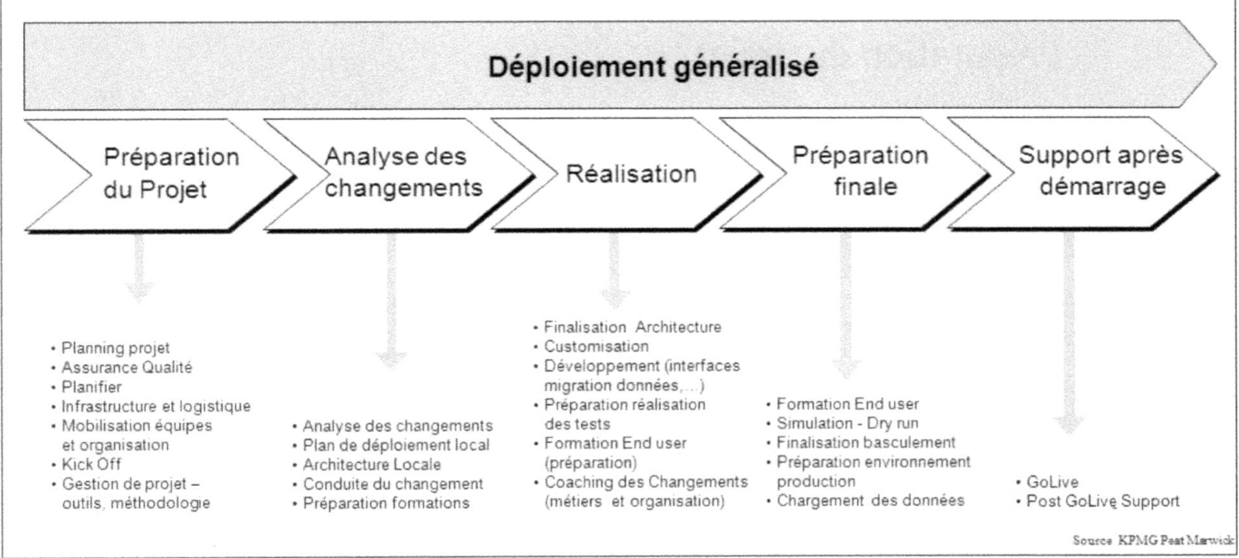

Figure 3-11 : Déploiement généralisé

Il est essentiel de contrôler la mise en place d'un site afin de gérer prudemment les changements induits par le core model. Ainsi, les règles suivantes peuvent être suivies.

- Le management local du site se mobilise très tôt dans le projet. Une petite étude préalable au lancement est menée localement pour comprendre le niveau actuel du site, ses difficultés et ses attentes ainsi que pour identifier et quantifier les enjeux locaux que le site peut viser par la mise en place du système. Des réunions régulières avec le management local sont conduites dans le but de maintenir le niveau d'engagement du site et de créer les conditions de cohérence avec les objectifs du site, ses enjeux et ses contraintes.

- Les utilisateurs pilotes du site s'investissent à temps plein dès le début du déploiement.

- Une équipe du maître d'œuvre du déploiement du core model est mobilisée pour contrôler les différentes actions à réaliser afin de garantir le succès du projet de déploiement généralisé. Cette équipe est principalement focalisée sur la conduite du changement, l'analyse et l'instruction des changements, et les actions requises pour faciliter le démarrage du site (formation, mise en place de l'organisation et des procédures, chargement des données, etc.).

- Un important travail est généralement à réaliser sur le site : chargement des données, formation des utilisateurs, mise en place des procédures, etc.
- Un plan de communication efficace est mis en œuvre dans le but de diffuser une information claire au personnel du site.

Préparation du projet

Cette étape a pour but de mobiliser les membres de l'équipe de projet locale (utilisateurs, informaticiens) et de préparer l'organisation du projet de déploiement. À cette occasion, le plan qualité projet (méthode, livrables, outils) est diffusé. Les tâches menées dans le cadre de cette étape consistent à organiser et planifier l'étape d'analyse des changements et les simulations, préparer l'infrastructure et la logistique nécessaire. Elles sont précédées par l'organisation d'une réunion de lancement du projet de déploiement.

Analyse des changements

Cette étape a pour but de présenter la solution core model aux différents sites. Elle permet d'analyser les changements (processus spécifique, interface locale, contrainte légale), de définir l'architecture technique locale, de préparer le plan de gestion du changement (impacts du core model sur l'organisation et les processus existants) et de préparer le plan de formation.

Le but de l'analyse des changements est de déterminer les besoins fonctionnels critiques qui ne seraient pas couverts par le core model, en distinguant précisément ce qui est du domaine des besoins nécessaires au système d'information (interfaces, fonctions spécifiques) de ce qui relève du changement de pratique des métiers (formation métier, adaptation de l'organisation).

Dans le but d'assurer l'intégrité du core model, il est essentiel de contrôler strictement toute demande d'adaptation spécifique qui pourrait être formulée par le site au moyen des règles suivantes.

- La méthode de travail est fondée sur des présentations et explications du core model centrées sur la cible plutôt que sur la situation existante. Ainsi, cela évite de « tout réinventer » à chaque fois pour le site local.
- Un processus d'instruction strict est mis en œuvre : chaque demande est soumise au chef de projet et au comité de pilotage. Aucun développement ni adaptation ne sont lancés avant une approbation formelle par ces instances, même si ces adaptations sont financées par le site.
- Les paramètres et données majeurs sont définis dès que possible dans le projet (plan de comptes, devise, etc.).

- En cas de changement fonctionnel ou de processus, les solutions organisationnelles fondées sur des règles de gestion sont privilégiées par rapport aux adaptations spécifiques.

Réalisation

Cette étape permet de réaliser le paramétrage local nécessaire à cette « localisation » du core model, de préparer et réaliser les tests (sur la base de données réelles dans la mesure où celles-ci sont introduites au plus tôt dans le projet), de concevoir les kits de formation, d'organiser et planifier la formation.

Tous les travaux de développement (en dehors des migrations de données) sont réalisés de manière centralisée par le centre de compétences[8] ERP dans le but de garantir la cohérence et l'intégrité du core model.

Préparation finale

Cette étape a pour but de simuler le démarrage, la reprise de données et les activités des utilisateurs, et de mettre en œuvre les changements, de réaliser les sessions de formation (pilotes et utilisateurs) ainsi que le chargement des données dans l'environnement de production et enfin de basculer en production.

Un processus de conduite du changement continu est nécessaire pendant le projet. Il consiste en la mise en œuvre d'actions spécifiques pour chaque catégorie de population, dans le but de contrôler les risques et les opportunités identifiées à chaque étape du projet. Cela peut amener à conduire les actions suivantes :

- analyse et mesure du risque potentiel de résistance au changement, détermination des moyens préventifs pour y remédier (coaching, amélioration des compétences, etc.), construction d'un plan de communication structuré pour couvrir les changements majeurs prévus et les résultats attendus ;
- identification des acteurs clés dans le processus de changement pour gagner leur accord sur les changements ;
- mise en œuvre du plan de conduite du changement – formation, présentation, communication (le changement est principalement conduit par une équipe locale coordonnée par un responsable de la conduite du changement).

Pour chaque site une équipe support est mise à disposition pour assister les utilisateurs durant les premières semaines du déploiement. Un processus de déploiement site après site est préférable dans la mesure où cette équipe capitalise d'un site sur l'autre (sous réserve de contraintes de langage).

8. Équipe interne d'une grande entreprise qui s'est investie dans la maîtrise technique ou fonctionnelle d'un ERP. Par extension, ce terme est quelquefois utilisé par des PME pour désigner l'équipe interne des experts métier qui assure la maintenance de premier niveau après un projet.

Support après démarrage

Cette ultime étape permet d'assurer le support aux utilisateurs, de stabiliser la solution en cas d'éventuels nouveaux bogues et de centraliser les livrables au sein du centre de compétences de l'entreprise.

Chapitre 4

La démarche par étapes

Ce chapitre présente les étapes de la démarche, regroupements de travaux en général sous la responsabilité d'un des partenaires, ainsi que les relations entre ces étapes qui constituent le PERT (*Project Evaluation and Review Technique*) de base du projet et permettent de bâtir le planning détaillé par la définition des prédécesseurs et successeurs de chaque étape.

Phase 1 – Conception générale

Cette première phase a pour but de valider définitivement le périmètre, le planning et le budget du projet, ainsi que d'identifier les contraintes techniques ou organisationnelles, d'élaborer les nouvelles règles de gestion[1] et le schéma général de fonctionnement. Il s'agit, en outre, de réaliser une maquette illustrant la représentation des futures procédures dans l'ERP. Cette phase comprend huit étapes.

Étape 1. Lancement et actions de préparation

Cette étape couvre normalement la dernière étape de la phase de sélection de l'ERP ou, dans le pire des cas, une phase préalable de cadrage si les conditions ne sont pas remplies pour lancer le projet dans un cadre budgétaire forfaitaire. En principe, ces conditions doivent être définies avant de lancer le projet.

Cette étape de cadrage permet de :

- définir le projet, en précisant son périmètre fonctionnel, les périmètres de responsabilités des acteurs, ses objectifs et ses dates clés ;
- d'identifier les risques et les facteurs clés de succès ;
- de rédiger et faire valider le plan de gestion des risques ainsi que le plan qualité projet, qui définit toute l'organisation de projet, la méthode détaillée utilisée et la structure des équipes projet.

1. Ensemble des consignes sur le mode d'utilisation de l'ERP qui garantissent la cohérence des choix de paramétrage et le bon transfert de compétences, notamment lors de l'intégration de nouveaux utilisateurs.

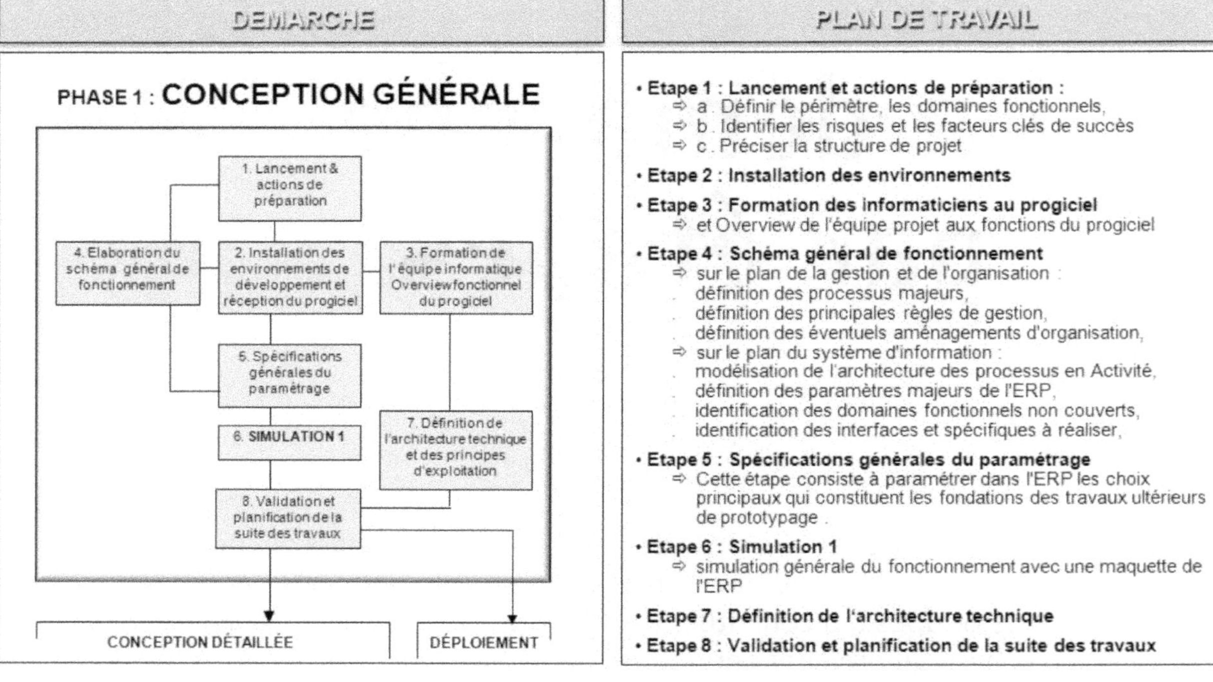

Figure 4-1 : Étapes de conception générale

La structure du projet sera décrite plus en détail dans la suite de cet ouvrage (voir chapitre 6) ; le lecteur ne trouvera ici qu'un résumé afin de mieux comprendre les activités de la méthode, qui comprend notamment les principaux acteurs ou organes décrits ci-après.

Le comité de pilotage

Suivant l'avancement du projet, il est tenu informé des résultats obtenus, des options prises, des décalages éventuels de planning et des différents problèmes rencontrés. C'est lui qui arbitre et prend, le cas échéant, les mesures correctives ; c'est lui également qui valide les éventuelles propositions d'investissement complémentaire, non prévues initialement. Enfin, il valide les nouvelles règles de gestion et le schéma général de fonctionnement cible, sensibilise et motive le personnel sur les enjeux importants du projet. Le comité de pilotage est composé des représentants de la direction générale et des directions opérationnelles ; il est présidé par le sponsor du projet, en général la direction opérationnelle de l'entreprise la plus impliquée dans celui-ci.

L'expert métier

L'expert métier (ou *key user*[2]) est choisi parmi les utilisateurs ou les futurs utilisateurs. Formé au progiciel ERP, il a pour mission :

- de construire le prototype de son sous-domaine ;
- d'élaborer les règles de gestion détaillées et les manuels utilisateurs ;
- de veiller à la cohérence des spécifications fonctionnelles ;

2. Terme anglais couramment utilisé qui désigne dans cet ouvrage les experts métier.

- de coordonner l'organisation des travaux de son sous-domaine ;
- de piloter la mise en œuvre et la recette des solutions ;
- de former les utilisateurs ;
- de superviser le paramétrage du système.

L'expert métier est, au sein de l'entreprise, un expert du sous-domaine dont il a la responsabilité. Il doit être disponible de 20 à 80 % de son temps selon les phases, soit 60 % en moyenne sur la durée du projet. C'est à la phase de déploiement, correspondant à la charge maximale du projet, qu'il devra consacrer le plus de temps.

Le chef de projet utilisateurs

Le chef de projet utilisateurs coordonne les tâches des utilisateurs de l'entreprise travaillant sur le projet. Il est également le responsable de la communication interne et externe au projet au sein de l'entreprise. En ce sens, il organise les actions de l'équipe de projet interne à l'entreprise.

L'informaticien

Il est préférable que des informaticiens soient affectés au projet et qu'ils soient dégagés de leurs activités de maintenance de l'ancien système pour se consacrer pleinement au développement du projet ERP. Ils participent principalement à la définition de l'architecture technique, et prennent en charge les spécifications techniques de mise en production, les développements des programmes d'extraction de données pour le chargement des données, ainsi que les interfaces au sein des applications conservées, en liaison avec les experts système.

Le chef de projet

Délégué par le maître d'œuvre, il est le responsable du projet. Il est surtout le garant du bon déroulement du projet en termes de respect du budget, des délais et de conformité par rapport aux besoins. Le chef de projet a pour mission de planifier, coordonner et contrôler les différentes tâches à effectuer tout au long de la mise en œuvre par l'équipe projet et les fournisseurs du progiciel ainsi que du matériel.

Le consultant ERP

Il est, au sein de l'équipe projet, l'expert du progiciel ERP, car il en a acquis la maîtrise opérationnelle. En outre, le consultant ERP :

- construit et démontre les solutions ;
- forme les experts métier à l'ERP ;
- prototype la solution avec les experts métier ;
- rédige les spécifications fonctionnelles des développements de logiciel ;
- anime les réunions de coordination et de validation de l'équipe projet.

Sa compétence s'étend idéalement au-delà des fonctions de l'ERP, c'est-à-dire jusqu'aux bonnes pratiques métier. Dans ce cadre, il assure une bonne compréhension des besoins, leur comparaison aux bonnes pratiques métier et la conception des solutions.

Pour un projet de gestion de type logistique ou industriel, l'entreprise privilégiera par exemple un consultant certifié par l'Apics, principal « pourvoyeur » mondial de professionnels certifiés en gestion industrielle, pour moitié chez les professionnels de la logistique et pour moitié chez les consultants travaillant dans ce domaine.

Le consultant AMOA

L'équipe projet peut être complétée par un consultant AMOA[3], spécialiste des métiers concernés par le projet et des bonnes pratiques métier associées. Il prend en charge la définition des besoins fonctionnels.

Son intégration dans l'équipe projet peut se faire selon différentes hypothèses de répartition des responsabilités (voir chapitre 6 page 179). Selon les cas, il peut s'investir dès la définition des besoins jusqu'à la rédaction des documentations, voire de la conception des solutions, avec l'aide d'un expert du progiciel. Sur des projets de moyenne envergure, il peut aussi être l'interlocuteur privilégié des propriétaires de processus.

Le propriétaire de processus

En parallèle de l'équipe de projet interne, une autre équipe interne peut être sollicitée sur des projets de moyenne importance en tant que garante de l'implication des métiers dans le projet. En général, elle est composés des patrons des métiers ou des services de l'entreprise, voire de leurs délégués, qui vont « tirer » le projet par des enjeux métier d'amélioration de la performance, afin d'éviter de reproduire le système existant comme on le voit malheureusement trop souvent.

Cette étape se réfère au lot 1 – Pilotage du projet (voir chapitre 9).

Étape 2. Installation des environnements

À cette étape, et donc très tôt dans le projet, il est indispensable de disposer dans l'entreprise d'une plate-forme de projet opérationnelle pour commencer à conduire les tâches relatives aux ateliers de maquettage et à la formation générale.

Tout d'abord, il faut installer le progiciel ERP sur une plate-forme dite « de développement du projet ». Ensuite, il est nécessaire d'installer sur cette plate-forme les différents environnements de formation, de maquettage et de prototypage du progiciel, de développement, ainsi que l'environnement de modélisation de l'organisation cible (outil interne à l'ERP ou externe comme les progiciels de modélisation de processus Mega ou Casewise) pour commencer le développement du *core model*[4].

---

3. Assistance à maîtrise d'ouvrage.

4. Notion de « cœur » du système d'information qui est commun à plusieurs sites. Conçu en une seule fois en termes de processus, activités et règles de gestion, il est déployé tout d'abord sur un site pilote, puis à l'identique sur les autres sites non pilotes.

> **Définition**
>
> Par la notion d'environnement, il faut comprendre différents espaces de travail nécessaires au bon déroulement du projet, tant sur le plan des données (jeux d'essais, supports de formation, maquettes) que sur celui du logiciel informatique (standard ERP, ajouts de versions, développements spécifiques, tests d'intégration, recette fonctionnelle, qualification d'exploitabilité et production opérationnelle). Ces environnements sont définis à l'étape 7 sur l'architecture technique.

Par ailleurs, il est nécessaire d'équiper l'entreprise d'une salle commune pour les travaux de formation, de prototypage et de recette, etc. L'expérience montre que ce type d'installation garantit une bonne synergie entre les experts métier, notamment quand des solutions élémentaires envisagées par l'un d'entre eux ont besoin d'être validées par un ou plusieurs collègues de l'équipe. Pour les projets de moyenne envergure, il est aussi préférable d'avoir en complément une à deux salles dédiées aux ateliers individuels.

Cette étape se réfère au lot 2 – Installation du progiciel (voir chapitre 9).

Étape 3. Formation générale au progiciel

L'objectif est ici de former les informaticiens de l'équipe technique interne aux fonctions techniques de l'ERP et l'équipe des experts métier à une vue d'ensemble des fonctions de l'ERP illustrant principalement le caractère intégré de l'ERP. Cette formation est assurée par le maître d'œuvre.

Pour les informaticiens, le but de cette formation est double :

- acquérir la connaissance nécessaire de l'ERP et de son environnement pour pouvoir préparer le système aux futures simulations, et participer à la définition de l'architecture technique et des principes d'exploitation ;
- maîtriser les structures de l'ERP afin de définir par la suite les procédures de chargement de logiciels de la manière la plus optimisée possible.

La formation dispensée à l'équipe fonctionnelle interne est une formation générale aux modules fonctionnels de l'ERP au cours de laquelle sont présentés en particulier les liens d'intégration (ou relations) entre les différents modules.

Cette étape se réfère au lot 5 – Formation de l'équipe projet (voir chapitre 9).

Étape 4. Schéma général de fonctionnement

Après une prise en compte de l'existant (organisation générale et principales règles de gestion) obtenue à partir d'interviews et par consultation des documentations internes, cette étape permet de définir la future organisation de l'entreprise en termes de processus[5] et d'activités[6], et d'obtenir l'adhésion des équipes internes au projet. Cette étape est donc dédiée à la définition des besoins fonctionnels, et construit l'architecture du futur système d'un point de vue métier ; c'est à ce moment que sont intégrées les bonnes pratiques métier.

L'une des premières tâches consiste à définir un jeu de données représentatives des activités de l'entreprise, susceptible de supporter l'ensemble des travaux de maquettage du projet.

Au cours des premiers ateliers avec les experts métier (ou les propriétaires de processus si le projet le prévoit), les enjeux d'amélioration du système sont examinés et la cartographie des processus est constituée à un niveau global (on parle aussi d'« architecture métier ») conformément au cahier des charges.

Exemples de processus

Élaboration des prévisions – Planification de la demande – Plan directeur de production – Planification des besoins d'approvisionnement – Traitement d'une commande client – Traitement d'une réception

Les processus sont ensuite déclinés en activités. La liste des activités cibles constitue alors précisément le périmètre fonctionnel du projet.

Exemples d'activités

Calculer les prévisions – Enregistrer une commande client – Lancer un approvisionnement de composants

Puis ces processus cibles sont représentés graphiquement par « assemblage » transverse (c'est-à-dire au travers des différents métiers) des activités. Certains ERP proposent en standard un outil de modélisation graphique des fonctions, processus et activités permettant de supporter ces travaux d'architecture fonctionnelle et métier tout au long de leur réalisation.

En parallèle de cette architecture métier, la faisabilité et l'approbation des solutions proposées sont déterminées par l'observation de règles de gestion majeures (correspondant aux choix d'organisation décidés par l'entreprise), qui doivent être parfaitement définies pour préciser le contexte métier dans lequel ont été élaborées ces solutions.

Exemple de règles de gestion

Citons par exemple la définition d'un article, les modes de gestion des flux par ligne de produits, ou encore la structure du prix de revient liée à celle de la comptabilité analytique.

Généralement, il est souhaitable de fixer trois niveaux de validation des règles de gestion.

- Niveau 3 : à valider par l'expert métier lui-même.

- Niveau 2 : à valider par le comité de projet.

- Niveau 1 : à valider par le comité de pilotage.

L'ensemble de ces résultats constitue ce qu'on appelle le « schéma général de fonctionnement » (SGF).

Sur le plan du système d'information, les interfaces avec les applications externes à l'ERP peuvent désormais être définies après avoir fait l'objet d'un processus d'instruction dont le but est de trouver une justification technico-économique pour décider de leur mise en fabrication dans les phases suivantes. En outre, des sous-domaines fonctionnels entiers non couverts par l'ERP peuvent être identifiés et des propositions de solutions sont projetées telles que le recours à un progiciel spécialisé ou à un développement spécifique complémentaire.

Les enjeux sont alors définis et quantifiés avec leur équivalence en indicateurs de performance cible, qui seront mesurés après le démarrage en production du nouveau système.

L'ensemble des travaux et documents produits au cours de cette étape est rassemblé dans un dossier de schéma général de fonctionnement qui comprend :

- les processus majeurs ;

- la modélisation des processus en activités ;

- les règles de gestion majeures ;

- les interfaces et adaptations spécifiques majeures (besoins) ;

- les enjeux et gains estimés pour l'entreprise ;

- les indicateurs de mesure de performance.

Ces éléments permettent de communiquer sur le futur système afin de diffuser et de faire accepter, auprès du management et des personnes clés du changement, les solutions conçues par les équipes projet.

À ce stade, d'éventuels aménagements d'organisation sont déjà prévisibles et doivent alors être gérés minutieusement, éventuellement dans le cadre d'un accompagnement pour la conduite du changement. En effet, rappelons qu'il ne suffit pas que la meilleure équipe projet conçoive les meilleures solutions pour que ces dernières soient parfaitement acceptées par les utilisateurs. De plus, des besoins d'évolution des métiers peuvent apparaître. Il faudra les identifier afin de procéder, le moment venu, aux formations métier pour les utilisateurs concernés, et constituer ainsi un plan de formation métier.

Enfin, fort de tous ces éléments, le management sera sollicité, via le comité de pilotage, pour valider les enjeux (chiffrables ou non, définis par les propriétaires de processus) qu'ils pourront retirer du futur système d'information, et les indicateurs de mesure de performance.

Cette étape se réfère au lot 3a – Schéma général de fonctionnement. L'accompagnement à la conduite du changement se réfère au lot 17 – Conduite du changement (voir chapitre 9).

Étape 5. Spécification générale du paramétrage

Cette étape concerne tout ce qui est du domaine des solutions. Elle consiste à définir les paramètres majeurs structurants de l'ERP pour supporter les solutions proposées par le maître d'œuvre, et à documenter les choix afin de constituer les bases des travaux ultérieurs de prototypage. Elle s'appuie sur les besoins fonctionnels définis à l'étape précédente et sur les paramètres du progiciel. Ainsi, les grands choix de conception, non soumis à des fonctions de détail, sont traduits par les experts de l'ERP sous forme de paramétrages. À ce stade (et notamment en matière de spécification), ils sont de deux types : les paramètres structurants et d'autres paramètres à caractère plus secondaire.

Les paramètres structurants font en général l'objet de réflexions approfondies de la part des équipes projet, car ils ont des conséquences importantes sur les choix de paramétrage de détail de la phase suivante et les évolutions ultérieures au-delà du projet. Il est donc primordial de conserver la trace de ces réflexions par une spécification[7], qui prend la forme de règles majeures de paramétrage (voir chapitre 5 page 159) comprenant :

7. Description de tous les comportements et fonctionnalités que l'application doit avoir.

- le rappel des fonctions standard du paramètre ;

- la définition des besoins de l'entreprise concernant ce paramètre ;

- les alternatives possibles ;

- le choix d'utilisation de ce paramètre pour l'entreprise ;

- une liste de valeurs types lorsqu'il s'agit d'une table de valeurs.

Pour les autres paramètres d'un caractère plus secondaire, il n'est pas nécessaire de rédiger des spécifications qui alourdiraient inutilement les charges du projet, dans la mesure où la construction de la maquette a permis de renseigner ces paramètres en fonction des choix. La maquette constitue en effet un livrable qui fait foi sur les recommandations pour la phase suivante.

Au cours de cette étape, d'autres règles de gestion sont généralement élaborées car suggérées par l'ERP. Elles suivent alors le même processus de validation que les précédentes.

L'ensemble des travaux et documents produits est rassemblé dans un dossier de spécification générale de paramétrage (SGP) comprenant :

- les règles majeures de paramétrage ;
- la maquette de simulation (extraits).

Cette étape se réfère au lot 3 – Conception générale (voir chapitre 9).

Étape 6. 1re simulation

Cette étape conclut la phase de conception générale par une simulation générale du fonctionnement de l'entreprise avec l'ERP. Elle est le premier résultat « opératoire » des travaux menés lors des deux étapes précédentes. Cette simulation est conduite par un consultant sur la base d'une maquette « métier » développée par le maître d'œuvre et mettant en jeu les données propres à l'entreprise.

Il ne faut pas confondre cette simulation avec le prototype qui sera créé lors de la phase suivante. Il ne s'agit pas ici de montrer des procédures mais plutôt des résultats : tout d'abord le niveau de simplicité des processus puis les informations clés restituées par l'ERP. Les équipes internes ne sont d'ailleurs pas suffisamment formées pour apprécier le détail des procédures ; par exemple, elles souhaitent surtout vérifier la simplicité des activités principales (comme la saisie de commandes clients). Pour plus de clarté, les résultats pourront être, par exemple, présentés de manière synthétique au comité de pilotage, et illustrés par des captures d'écran provenant de la maquette (voir étape 8 de ce chapitre).

À l'occasion de cette simulation, une recette fonctionnelle de la phase 1 est organisée. Il est demandé aux propriétaires de processus (ou, pour les petits projets, aux experts métier) d'évaluer la réponse du progiciel ERP, aux écarts fonctionnels près, pour chaque processus de chaque sous-domaine fonctionnel, par le biais de trois questions.

- Cohérence : le processus est-il cohérent avec l'activité de l'entreprise, couvre-t-il les cas de gestion recensés ?
- Modélisation : une modélisation du processus a-t-elle été proposée dans la maquette de la 1re simulation ?
- Satisfaction : êtes-vous satisfait de la réponse fournie (contribution à l'amélioration des performances, complexité de la procédure, appréciation globale) ?

Chaque question oblige une réponse par une note de 0 à 5 pour chaque processus du système. La moyenne des notes fournit un indice de recette de 0 à 5, représenté graphiquement par une croix dans la colonne correspondante. Aucun indice ne doit être égal à zéro, sous peine que la phase ne soit pas validée et la mise en production retardée.

Nous vous invitons à consulter à ce sujet le formulaire de PV de recette fonctionnelle 1 disponible sur l'extension web de cet ouvrage.

Cette étape se réfère au lot 3 – Conception générale (voir chapitre 9).

Étape 7. Architecture technique

L'objectif de l'architecture technique est d'assurer la définition des plates-formes techniques nécessaires au développement du projet et au bon fonctionnement du futur système en exploitation. Pour chacune de ces plates-formes (développement, formation, intégration, recette, pré-exploitation et exploitation), cette étape définit l'architecture matérielle (serveurs, terminaux, PC, imprimantes, etc.), les logiciels de base et les réseaux, en tenant compte des besoins et des critères de performance fixés par l'entreprise.

Ces travaux comprennent notamment la définition de l'articulation des plates-formes entre elles, le dimensionnement des serveurs, la définition des postes de travail et des principes de sécurisation. Ils nécessitent de dimensionner les flux et débit de données à travers le réseau. L'équipe projet estime à cet effet les volumes cibles des données permanentes et des données de flux.

L'architecture technique définit aussi les principes des procédures d'exploitation, d'installation des logiciels standards et spécifiques, ainsi que des mises à jour. En outre, cette étape précise les environnements de projet, c'est-à-dire les espaces de travail nécessaires au bon déroulement du projet, tant sur le plan des données qu'au niveau de la qualification des différentes versions du logiciel informatique (standard ERP, mises à jour, développements spécifiques, tests d'intégration, recette fonctionnelle, qualification d'exploitabilité et production).

Citons des exemples d'environnements de données fonctionnant sur une version standard du progiciel, complétée par les éventuels *upgrades* depuis le début du projet :

- un environnement est destiné à recevoir la maquette (qui est un livrable), créée par les consultants en phase de conception générale, élaborée sur la version standard de l'ERP dans le but de sensibiliser et de motiver les équipes internes sur la faisabilité des solutions proposées par les consultants ;

- l'environnement de formation, chargé en général avec la maquette réalisée lors de cette phase, permet aux experts métier de retrouver leurs données dans les formations et exercices, garantissant ainsi une meilleure efficacité de la formation ;

- l'environnement de maquettage, souvent appelé « bac à sable », permet aux experts métier de réaliser leurs tests de solutions élémentaires fournies par les consultants lors des travaux de prototypage en phase de conception détaillée ;

- le prototype est un environnement « propre » dans lequel les données et paramètres renseignés ont valeur de solution et de documentation de la solution globale, constituant ainsi un livrable validé en phase de conception détaillée ;

- l'environnement de référence des recettes est constitué à partir des données du prototype par ajout de cas de test comme précisé dans le cahier de recette. Il est recopié dans chaque environnement de test et de recette.

Il y a ensuite les environnements techniques de versions de logiciel distinctes, qui correspondent aux différentes étapes de test, recette et qualification du logiciel :

- l'environnement de développement est l'espace réservé aux informaticiens pour le développement de leurs logiciels et de leurs tests unitaires. Pour préserver leur indépendance, chaque fournisseur de logiciels disposera de son propre environnement de développement ;

- l'environnement d'intégration est destiné aux consultants qui ont réalisé les spécifications des développements afin qu'ils puissent tester le bon fonctionnement de ces derniers dans le contexte du progiciel et de son paramétrage ;

- l'environnement de recette fonctionnelle sera, quant à lui, réservé à l'entreprise pour dérouler les scénarios de recette de l'ensemble, c'est-à-dire ERP et interfaces spécifiques ;

- l'environnement de qualification d'exploitabilité (préproduction) est construit par import des données réelles au fur et à mesure où celles-ci sont produites, manuellement ou automatiquement, en vue de produire une base de données suffisamment représentative des volumes de données réels en production ;

- l'environnement de production opérationnelle (données de production) est créé avant le démarrage par l'introduction des paramètres et données repris manuellement, puis par les éventuels programmes de reprise automatique des données.

Chaque environnement de données est associé à son niveau de version logiciel correspondant. Le schéma suivant est un exemple de gestion des configurations et des environnements, tiré d'un projet ERP pour illustrer cette association.

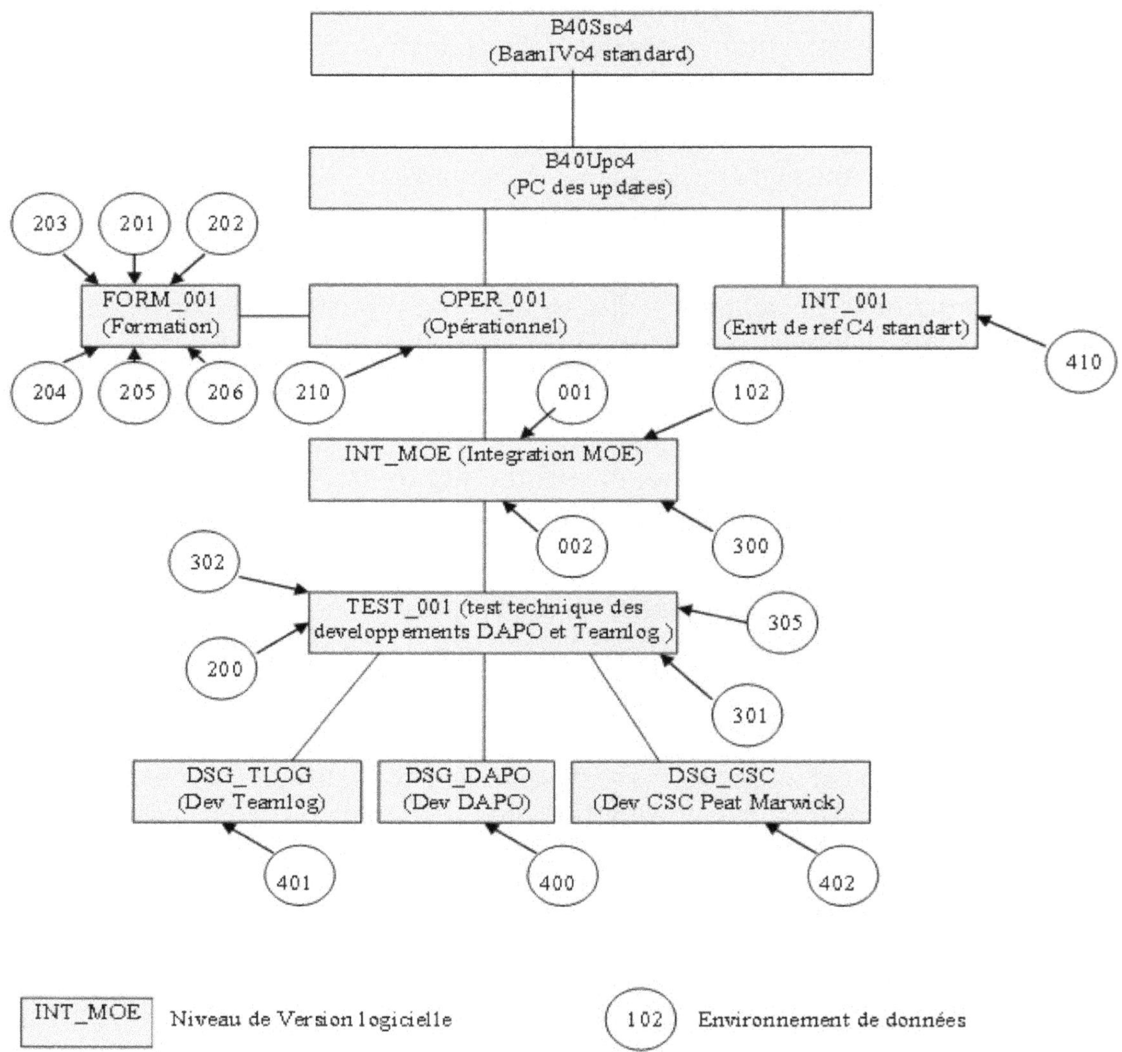

Figure 4-2 : Exemple de gestion de configuration du logiciel

Cette étape se réfère au lot 4 – Architecture technique (voir chapitre 9).

Étape 8. Validation et planification des travaux

Cette étape vise à faire valider de manière formelle les résultats de la phase 1 par le comité de pilotage, puis de planifier et d'organiser les étapes suivantes. Afin de préserver le caractère définitif des résultats de la phase, il est important de préciser dans cette étape certains éléments qui, bien souvent, ne sont pas connus au lancement du projet (par exemple, la stratégie de migration et les versions de mise en production, les charges de fiabilisation et de chargement des données, ainsi que celles à réserver pour les personnalisations mineures).

Ces résultats ne peuvent en effet être définitifs que lorsque la stratégie de migration a bien été définie et validée. Quatre stratégies peuvent être choisies.

- Approche en biseau ou cut over progressif : poursuite de l'ancien système sans reprise de ses données dynamiques dans le nouveau système, jusqu'à épuisement de l'en-cours.
- Approche par ligne d'activité : la conception est réalisée pour la solution cible. Le déploiement est effectué sur une partie de l'activité.
- Approche par sous-domaine fonctionnel : le déploiement est planifié par sous-domaine.
- Approche Big Bang : la conception est effectuée globalement pour la solution cible. Le déploiement est lui aussi réalisé en une seule fois sur tout le périmètre pour un site donné.

A priori, chacune de ces options peut être choisie en fonction des critères propres à chaque projet, lors d'une analyse mettant en regard les risques, coûts et contraintes opérationnelles induites. De nombreux projets optent pour l'approche Big Bang afin de réduire les délais et les coûts avec des risques limités et contrôlés.

Le tableau ci-après présente les principaux points forts et points faibles théoriques des différentes approches.

Une fois la stratégie de migration définie, il est nécessaire de présenter l'état prévisionnel des charges de :

- fiabilisation des données ;
- chargement manuel des données ;
- développements informatiques.

Les charges de fiabilisation et de chargement des données sont planifiées pour permettre aux patrons des métiers de réserver la disponibilité nécessaire en fin de projet. Ces charges sont planifiées en fonction de la stratégie de migration définie dans cette phase.

Les charges de développements informatiques, quant à elles, sont au centre de bien des discussions dans les projets ERP jusqu'à devenir des arguments politiques pour faire passer une décision de lancement en minimisant ces charges ou, au contraire, en les surestimant afin de fournir des arguments contraires.

Par ailleurs, à la fin de cette phase, même si l'objectif d'acceptation des solutions par les représentants de l'entreprise est atteint, on constate une augmentation galopante des demandes d'adaptations ou de développements spécifiques complémentaires, principalement dans les grandes entreprises.

Tableau 4-1 : Avantages et inconvénients des différentes stratégies de migration

Approche	Avantages	Inconvénients
Big Bang	Une solution cible globale focalise les travaux de conception et de réalisation. Pas de charges dépensées sur des interfaces provisoires/jetables Charge de maintenance des données en double limitée Réduction des charges de formation utilisateurs (un GoLive[8]/site)	Risques de rupture métier plus importants mais maîtrisés Périmètre plus large et premier démarrage plus lointain
Progressive en biseau	Risques faibles Démarrage progressif (volume des données)	Plusieurs solutions (temporaires et définitives) à concevoir, impact sur les délais et les charges Charges de mise en œuvre plus importantes pour l'équipe projet Interfaces temporaires nécessaires Données à maintenir dans deux systèmes Information réparties dans les deux systèmes
Progressive par sous-domaine fonctionnel	Risques modérés Démarrage progressif (nombre d'utilisateurs) Assistance au démarrage facilitée	
Progressive par ligne d'activité	Risques modérés Démarrage progressif (nombre d'utilisateurs)	

8. En production, se dit du moment où le nouveau système d'information bascule en opérationnel.

Pour enrayer cela, une méthode consiste à laisser libre cours à ces demandes lorsqu'elles se présentent de manière à prendre en considération les demandeurs en leur proposant de les classer par ordre de priorité.

- priorité 1 : indispensable pour démarrer, bloquant sinon ;
- priorité 2 : important à réaliser ;
- priorité 3 : mineur du point de vue du demandeur.

Ce classement est ensuite revu par le comité de projet qui considère que :

- la priorité 1 fait partie du périmètre du projet ;
- la priorité 2 est hors périmètre. Elle sera donc réalisée après le démarrage si le besoin se confirme. En effet, l'expérience montre que même si les solutions ne sont pas au rendez-vous explicitement dans cette phase, il est préférable d'attendre d'avoir fonctionné avec le nouveau système avant d'émettre des demandes d'adaptations ou de compléments spécifiques ;
- la priorité 3 est, dans cette phase, superflue et déconseillée par l'intégrateur.

Ce classement est alors validé par le comité de pilotage du projet.

Ces demandes sont bien souvent l'expression d'un réflexe bien naturel de conservation des anciens systèmes alors que les demandeurs n'ont pas encore perçu toute la puissance du progiciel, ni même pris conscience des nouveaux modes de gestion et ne se sont donc pas approprié les solutions qui seront détaillées dans la phase suivante. Il est donc plus prudent de ne pas planifier des demandes qui trouveront naturellement leur réponse dans les fonctions du progiciel ou qui seront à redéfinir en fonction des choix des phases suivantes.

Cette étape se réfère au lot 1 – Pilotage du projet de prestations (voir chapitre 9).

Phase 2 – Conception détaillée

Cette phase a pour but la réalisation du prototype et sa validation au cours de la 2e simulation. Elle comprend aussi la spécification fonctionnelle des développements informatiques particuliers et des interfaces éventuelles. La simulation est réalisée sur la base du prototype[9] du futur système d'information : application miniature et évolutive, regroupant l'ensemble des fonctions sur les sous-domaines couverts par le projet.

Cette phase comprend huit étapes.

Étape 1. Formation de l'équipe projet

L'objectif de cette étape est de former les experts métier de l'équipe projet aux modules fonctionnels de l'ERP ; ils suivront les modules qui recouvrent ou juxtaposent leurs domaines de responsabilité.

Il est préférable que ces formations conservent un caractère standard, en général défini par l'éditeur et répété de projet en projet en capitalisant sur l'expérience acquise. Très souvent, on constate que les experts métier attendent des formations qu'elles traitent des questions relatives à l'adéquation de l'ERP à leurs besoins ou qu'elles fournissent même la solution à leur problème. En matière de progiciel ERP, la modularité et la flexibilité sont bien au service de l'entreprise, mais ces dernières impliquent un travail de paramétrage qui ne se fait pas en seulement quelques heures de formation. Il est donc souhaitable que les experts métier s'approprient les fonctions standards de l'ERP pendant ces formations afin d'acquérir une compétence élargie sur les possibilités du progiciel, qu'ils conserveront après le démarrage en exploitation. Pour cette raison, il convient de rappeler en début de session les objectifs de la formation, l'intérêt de se

9. La totalité des fonctions à traiter est paramétrée et la cohérence globale est assurée. Le prototype traite tous les cas de gestion à faire supporter par l'ERP sur un sous-ensemble de données représentatives.

focaliser sur le progiciel standard et l'interdiction de tenter de résoudre ses problèmes.

Malgré tout, un utilisateur a beaucoup de mal à se projeter dans un progiciel s'il doit travailler avec des données issues d'un métier qui n'est pas le sien. C'est pourquoi les formations fonctionnelles doivent être réalisées à partir des données de la maquette constituée dans l'étape 8 « Validation et planification des travaux » pour la 1re simulation.

Cette étape se réfère au lot 5 – Formation de l'équipe projet (voir chapitre 9).

Figure 4-3 : Étapes de conception détaillée

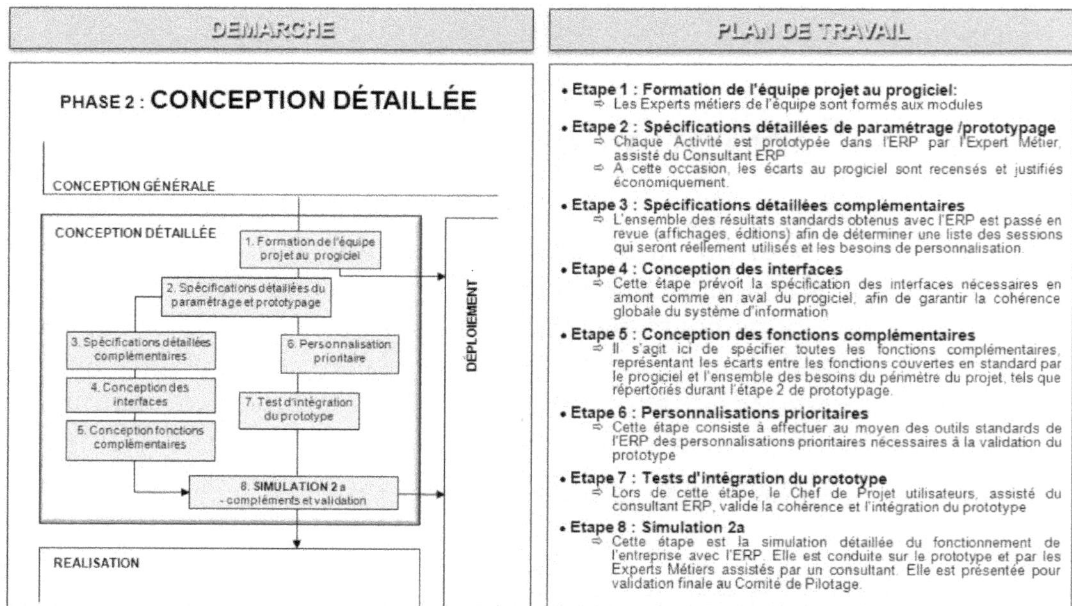

Étape 2. Spécifications détaillées

Les spécifications détaillées de paramétrage formalisent l'ensemble des options de paramétrage qui sont le reflet des choix d'utilisation du progiciel standard par l'équipe interne des experts métier (paramètres, données de base, procédures, règles de gestion). Tout en affinant les résultats de la phase 1 concrétisés par la 1re simulation, elles complètent l'ensemble des spécifications générales de paramétrage.

Le principe de ces spécifications est de lier étroitement l'expression des besoins et l'essai immédiat sur le progiciel. Elles ont comme point de départ le dossier de conception générale, établi durant la phase 1, qui contient les grands choix de paramétrage. À cet effet, un environnement « propre » (dans lequel les données et les paramètres ont valeur de livrable et sont donc introduits avec soin) est créé pour recevoir les données du prototype, ainsi qu'un environnement « jetable », appelé souvent

« bac à sable » (voir page 112), pour permettre des tests individuels par les experts métier.

Cette étape est menée en parallèle de l'étape 3 de spécifications complémentaires, toutes deux étant organisées en cycles qui alternent solutions apportées par les consultants et questions posées par les experts métier. Les séquences de travail relèvent successivement de la responsabilité du consultant, décrite dans cette étape, et de celle de l'expert métier précisée à l'étape 3 (voir figure 3-9 page 90). Les séquences de l'étape 3 sont en effet exécutées en parallèle de celles de l'étape 2.

Tout d'abord, chaque activité est démontrée dans l'ERP par le consultant ERP, qui fournit ainsi la solution en présence de l'expert métier. Puis elle est détaillée et traduite en procédures sous forme graphique illustrant l'enchaînement des tâches.

Séquence n° 1 – Présentation de la solution standard

Le consultant démontre la ou les procédures de base à appliquer pour chaque activité des processus cibles.

Une fois les premières simulations terminées par l'expert métier, le consultant ERP tente, afin de préciser la solution, de trouver les réponses aux éventuelles questions complémentaires posées par l'expert métier sous la forme de fiches question (voir séquence n° 4).

Séquence n° 5 – Recherche de solution

Le consultant recherche la ou les solutions alternatives en réponse aux questions.

Les réponses aux questions en attente sont alors formalisées sur les fiches question puis présentées à l'expert métier par le consultant. Pour chaque processus existant, une ou plusieurs solutions alternatives sont éventuellement recherchées par l'utilisation exclusive des fonctions standards de l'ERP.

Séquence n° 6 – Présentation de la solution affinée

Le consultant présente les solutions alternatives et la réponse formelle aux questions non résolues. Il précise aussi la procédure et le paramétrage.

Lorsqu'une question reste sans réponse, c'est-à-dire si aucune solution standard ne peut lui être apportée, la procédure de questions/réponses se solde par un écart fonctionnel entre le besoin et le progiciel ERP. Cet écart est alors formalisé sur une fiche d'écart qui suivra un processus d'instruction, de qualification, centré sur la justification technico-économique de la recherche d'une solution (souvent spécifique). Pour s'adapter au produit, une procédure très stricte est mise en place pour éliminer les écarts entre le besoin et le progiciel qui implique en priorité le consultant. Il doit trouver une solution dans le produit puis, si cela est possible, une solution purement organisationnelle. À défaut, il envisagera de traiter le problème par une autre application, et prendra la décision d'adapter le produit qu'en dernier recours, et ce, sur la base d'une justification économique (voir l'étape 5 de cette phase).

Finalement, le prototype est construit, activité par activité, dans un environnement de données « propre » prévu à cet effet. Il est représentatif de l'activité de l'entreprise et permet de tester le fonctionnement du futur système à l'aide, pour l'instant, uniquement des fonctions standards du progiciel. (Les données et paramètres de cet environnement sont des « livrables » et, à ce titre, servent de référence pour toute interrogation pendant ou après le projet.

Cette étape se réfère au lot 6 – Conception détaillée : prototypage (voir chapitre 9).

Étape 3. Spécifications complémentaires

Chaque activité est ensuite prototypée dans l'ERP par l'expert métier, assisté du consultant ERP qui fournit les solutions (voir figure 3-9).

Tout d'abord, l'expert métier définit les besoins fonctionnels de détail relatifs à l'activité en cours de prototypage, tâche qu'il exécute lui-même si ses compétences sont suffisamment étendues pour couvrir tous les besoins. Dans le cas contraire, il anime un groupe de travail composé d'utilisateurs correspondants pour recueillir et assurer l'exhaustivité des besoins fonctionnels.

> **Séquence n° 2 – Recueil des besoins**
>
> L'expert métier définit les besoins fonctionnels de son sous-domaine, assisté éventuellement par un groupe d'utilisateurs dont il assure l'animation, s'il ne maîtrise pas l'ensemble des cas de gestion dont il a la responsabilité.

À cet effet, il répète les procédures qui lui ont été démontrées par le consultant en s'attachant à reproduire tous les cas de gestion qu'il a recensés. Ce travail se fait dans l'environnement de test appelé « bac à sable » (voir chapitre précédent page 112) sans risque de dommages sur l'environnement propre du prototype en cours de construction.

> **Séquence n° 3 – Simulation des besoins**
>
> L'expert métier simule les besoins par des essais successifs dans l'environnement « jetable ». Il adapte éventuellement la procédure fournie par le consultant.

À cette occasion, il conçoit les « règles de gestion détaillées » (règle de codification, choix d'utilisation concernant les données de base, etc.) qui seront enrichies et documentées dans la phase suivante et rédige si besoin des fiches question à l'attention du consultant pour toute demande non résolue. Ces fiches, une fois complétées par le consultant, seront ensuite archivées pour conserver une trace des réflexions et décisions, mais ne constituent pas à proprement parler un livrable.

Séquence n° 4 – Formalisation des questions

L'expert métier initie des fiches question pour tout besoin qu'il n'a pas su résoudre dans ses travaux de simulation.

Une fois que le consultant a présenté les solutions en réponse aux questions en attente (voir séquence n° 6), l'expert métier réitère les simulations dans l'environnement bac à sable pour valider les réponses apportées par le consultant.

Séquence n° 7 – Validation de la solution

L'expert métier simule dans l'environnement bac à sable les solutions apportées par le consultant en réponse aux questions non résolues.

Comme nous l'avons vu à l'étape précédente, les questions qui ne seraient finalement pas résolues peuvent donner naissance à une fiche d'écart qui permet d'instruire un éventuel développement spécifique. Dans tous les cas, et pour chaque écart constaté a priori, l'expert métier remplit une fiche d'écart qui contient : l'explication du problème posé et la justification économique d'une recherche de solution. Les fiches d'écart réalisées lors de la phase 1 sont à cette occasion éventuellement actualisées.

Une fois les questions résolues, l'expert métier construit le prototype dans l'environnement « propre » préparé à cet effet. Les données et paramètres introduits dans cet environnement ont valeur de livrable et doivent donc être choisis avec soin.

Séquence n° 8 – Construction du prototype

L'expert métier construit enfin le prototype final dans l'environnement « propre » constituant le principal livrable de cette phase.

Sur la base des procédures définies à l'étape précédente, il est prévu d'étudier ici l'ensemble des outils standards disponibles dans l'ERP (affichages, éditions) afin de déterminer ceux qui seront réellement utilisés et feront partie des outils disponibles pour supporter les activités de contrôle et de reporting dans le futur système d'information. Chaque session de l'ERP est étudiée et une liste des sessions retenues est renseignée, classée par activités. À cette occasion, les éventuels besoins de personnalisation de sessions standards d'affichage ou d'impression sont recensés au moyen de fiches d'écart. Leur prise en charge sera confirmée dans l'étape suivante comme toute fiche d'écart.

Le paramétrage mis en œuvre est ainsi justifié et documenté. Il est commode pendant ces travaux de réaliser des captures d'écran au fur et à mesure que les données du prototype sont introduites dans l'environnement propre. Cela permet d'initialiser de manière efficace la documentation fonctionnelle du futur manuel utilisateurs en évitant d'avoir à revenir sur les procédures, données et paramètres, au risque de redondances ou d'incohérences dans le prototype. Compte tenu des délais toujours très serrés des projets, ce travail de documentation ne sera pas terminé durant cette phase. Il se poursuivra lors de la phase suivante, durant le délai de réalisation des logiciels spécifiques et des interfaces où les experts métier, aidés par les consultants, enrichissent chaque capture d'écran de commentaires spécifiques (mais sans toutefois réécrire la documentation de l'ERP) en inscrivant des recommandations relevant typiquement du métier.

Cette étape se réfère au lot 6a — Expression détaillée des besoins (voir chapitre 9).

Étape 4. Conception des interfaces

Cette étape comprend la spécification fonctionnelle des interfaces nécessaires en amont comme en aval du progiciel, afin de garantir la cohérence globale du système d'information.

Comme tout développement informatique, le lancement de la réalisation d'une interface doit être arbitré et justifié économiquement. Il ne s'agit pas de développer une interface automatique pour transférer des informations dont le volume peut relever d'un traitement manuel de saisie. (Pour les questions d'arbitrage, voir l'étape suivante.)

Par ailleurs, il est courant de voir des projets découpés en versions de mise en production qui engendrent des interfaces provisoires donc jetables, c'est-à-dire totalement inutiles si le projet migrait en Big Bang, l'ERP n'ayant pas besoin d'interfaces par définition. La quantité des interfaces jetables à développer dépend donc du nombre de versions et devra être anticipés en phase de conception générale pour l'élaboration de la stratégie de migration.

Cette étape se réfère au lot 7 — Développement des interfaces (voir chapitre 9).

Étape 5. Conception des fonctions complémentaires

Il s'agit ici de préciser toutes les fonctions spécifiques, représentant les écarts entre les fonctions couvertes en standard par le progiciel et l'ensemble des besoins du périmètre du projet, comme répertoriés durant l'étape 2 de prototypage.

Comme cela a été expliqué dans le chapitre sur la démarche résumée (voir chapitre 3 page 116), chaque écart est affecté d'une priorité (de 1 à 3). Les écarts de priorité 1, dans la mesure où ils sont les seuls à demeurer dans le périmètre du projet, sont classés en deux types de lots de réalisation :

- les fonctions complémentaires – adaptations qui doivent passer par le processus de recette fonctionnelle du logiciel pour permettre de continuer le projet en toute sérénité, et en particulier la phase de déploiement ;

- les compléments de personnalisation – personnalisations légères qui peuvent être éventuellement réalisées après la recette fonctionnelle du logiciel, si les délais du projet sont serrés, dans la mesure où elles ne compromettent pas la fiabilité et la robustesse du logiciel (il n'y a donc pas de risque de régression après cette recette).

Ces fiches d'écart font l'objet d'une procédure d'instruction stricte décrite dans le plan qualité, qui débouche éventuellement sur une décision de mise en production de personnalisations ou de développements spécifiques.

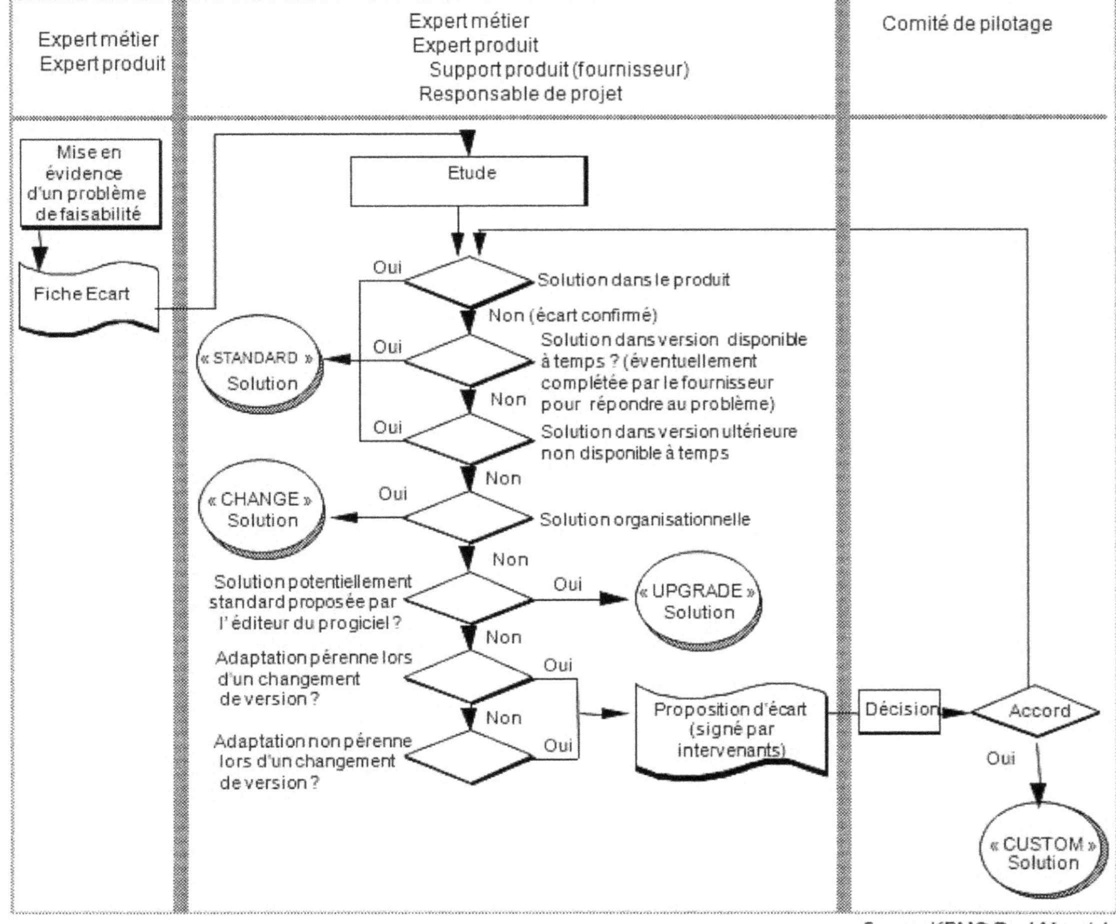

Figure 4-4 : Exemple de processus d'instruction d'un écart au progiciel

Les fiches d'écart sont étudiées par le consultant qui conçoit et complète les principes d'une ou plusieurs solutions retenues : procédure ERP et sessions utilisées, procédure manuelle, modification de l'organisation, application externe qui traitera le problème et, enfin, en dernière extrémité, demande d'adaptation pérenne on non de l'ERP.

Ces fiches sont ensuite valorisées en termes de charges de réalisation, puis présentées au comité de pilotage pour validation et éventuelle décision de lancement en réalisation. Les écarts ayant donné lieu à une décision de mise en production d'adaptations, voire de personnalisations, font ensuite l'objet de spécifications fonctionnelles transmises aux informaticiens pour réalisation. Ces spécifications sont la base de la réalisation des personnalisations, ou développements réalisés dans la phase 3 à l'étape 2.

Cette étape se réfère au lot 8 – Développement des adaptations spécifiques (voir chapitre 9).

Étape 6. Personnalisation prioritaire

Cette étape consiste à effectuer des travaux informatiques de paramétrage technique en avance de phase, au moyen des outils technologiques standards de l'ERP, nécessaires à la validation du prototype (voir encadré suivant).

> **Exemples de personnalisations prioritaires**
>
> • Mise en place de structures de données multisites (partages de tables logiques, fonctions d'échange de données entre sites, etc.).
>
> • Modification d'un format d'écran ou d'impression indispensable à la validation du prototype (ajout ou suppression d'information, modification des critères de tri ou de sélection).
>
> • Autorisations d'accès aux données nécessaires à la validation (au niveau d'un fichier ou d'une information).

Cette étape se réfère au lot 8 – Développement des adaptations spécifiques (voir chapitre 9).

Étape 7. Tests d'intégration du prototype

Lors de cette étape, le chef de projet utilisateurs et le chef de projet maître d'œuvre, assistés éventuellement des consultants, valident la cohérence et l'intégration de chaque sous-domaine du prototype.

Ils passent en revue l'ensemble des processus et des procédures documentés par les consultants et enrichis par les experts métier, toujours dans l'environnement jetable. Ils contrôlent également la qualité des données et des paramètres dans l'environnement propre du prototype à valider par la 2e simulation.

Cette étape se réfère au lot 6 – Conception détaillée : prototypage (voir chapitre 9).

Étape 8. 2e simulation

Cette étape est la simulation détaillée du fonctionnement de l'entreprise avec ERP. Elle est conduite par les experts métier assistés par les consultants et fait l'objet d'une recette du prototype, activité par activité, qui est résumée et présentée pour validation finale au comité de pilotage du projet.

Cette étape marque le tournant du transfert de compétences, car les experts métier maîtrisent tout juste leurs futures procédures et vont pouvoir se consacrer dans les étapes suivantes à la formation des utilisateurs au fur et à mesure de l'introduction des données réelles ou de préexploitation, en commençant par les données de base (articles, clients, nomenclatures). Elle marque aussi la fin des travaux de mise en conformité du progiciel par rapport aux besoins. À partir de là, aucune équipe n'aura plus, par la suite, l'occasion de se demander comment il faut réaliser tel ou tel cas de gestion. Cette étape est donc capitale pour le bon respect du planning et la satisfaction finale des utilisateurs.

À l'occasion de cette simulation, une recette du prototype est organisée pour demander aux experts métier (ou aux propriétaires de processus dans le cas de projets plus importants) d'évaluer la couverture du prototype, aux écarts fonctionnels près, pour chaque activité de chaque sous-domaine fonctionnel via cinq questions.

- Procédure – L'activité est-elle décrite sous forme de procédure ?
- Applicabilité – La procédure est-elle applicable ? (en particulier, les règles de gestion sont-elles validées ?)
- Degré de couverture – L'activité modélisée satisfait-elle l'ensemble des cas de gestion ?
- Prototype – Une modélisation de cette activité a-t-elle été proposée lors de la 2e simulation ?
- Satisfaction – Êtes-vous satisfait de la réponse fournie ?

Chaque question oblige une réponse par une note de 0 à 5 pour chaque activité du système. La moyenne des notes fournit l'indice de recette de 0 à 5. Aucun indice ne doit être égal à zéro, sous peine que la phase ne soit pas validée et la mise en production retardée.

Nous vous invitons à consulter à ce sujet le formulaire de PV de recette fonctionnelle 2 disponible sur l'extension web de cet ouvrage.

Cette étape se réfère au lot 6 – Conception détaillée : prototypage (voir chapitre 9).

Phase 3 – Réalisation

Cette phase a pour objectif de prononcer la recette fonctionnelle du nouveau système et plus particulièrement de l'intégration dans l'ERP d'éventuels composants logiciels spécifiques, selon les scénarios retenus en phases 1 et 2. Elle comprend six étapes.

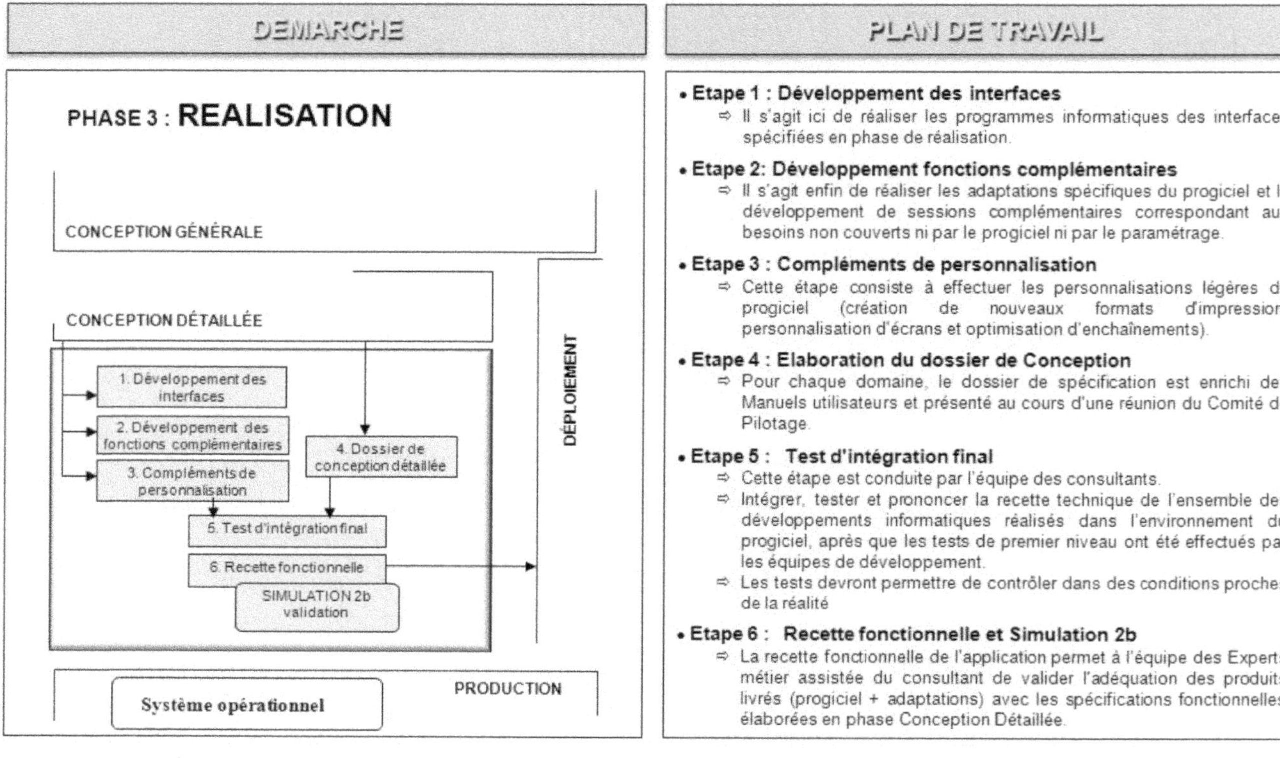

Figure 4-5 : Étapes de réalisation

Étape 1. Développement des interfaces

Il s'agit ici de réaliser les programmes informatiques correspondants aux interfaces spécifiées en phase de conception détaillée. Par extension, il est parfois possible (mais cela est très rare) de réaliser ces spécifications en phase 1 de conception générale, lorsqu'il n'y a aucun risque de rétrofit, c'est-à-dire de modification après réalisation, et que l'on est sûr que ces interfaces ne dépendent pas des travaux de conception détaillée.

Néanmoins, ces travaux peuvent commencer très tôt après la conception générale, sans forcément attendre la fin du prototypage, dans la mesure où l'on privilégie des spécifications tenant compte d'un fonctionnement relativement standardisé entre les applications, capable d'évoluer dans le temps sans avoir à modifier les logiciels. Ceci est d'autant plus critique que les délais des projets ERP sont toujours très serrés et qu'on ne peut mettre bout à bout les travaux sans générer un délai catastrophique tant pour la motivation des équipes que pour le budget du projet.

Durant cette étape, deux types d'interfaces sont habituellement réalisés.

- Des interfaces légères, à l'aide d'outils techniques de type L4G[10] : extractions de la base de données de l'ERP vers un système externe ou import et mises à jour de tables simples – qu'on nomme souvent « à plat » – dans l'ERP).

- Des interfaces lourdes avec mises à jour complexes dans l'ERP par logiciel L3G[11] ou par utilisation des EA[12], éventuellement proposés par l'éditeur, à développer spécifiquement.

Cette étape se réfère au lot 7 – Développement des adaptations spécifiques (voir chapitre 9).

Étape 2. Développement de fonctions complémentaires

Il s'agit enfin de réaliser les adaptations spécifiques qui correspondent aux besoins non couverts par le progiciel ni par le paramétrage. Généralement, il s'agit de réaliser les compléments spécifiques au moyen d'un langage de type L3G de développement proposé par l'ERP ou de tout autre langage choisi par les équipes techniques internes.

Par fonctions complémentaires on entend généralement l'ajout de fonctions spécifiques (mises à jour de tables, contrôles, enchaînement de sessions), le développement d'un sous-domaine non couvert par le progiciel et, en dernier recours, la modification de fonctions standards du progiciel nécessitant en général la disponibilité des programmes sources du progiciel. Ces développements informatiques ont fait l'objet de spécifications fonctionnelles en phase de conception détaillée.

En résumé, il est important de classer et de réaliser dans cette étape l'intégralité des développements qui doivent être validés globalement par la recette fonctionnelle dans cette phase en raison des risques qu'ils pourraient faire subir à la stabilité du logiciel à mettre en production s'ils étaient simplement testés unitairement.

Cette étape se réfère au lot 8 – Développement des adaptations spécifiques (voir chapitre 9).

Étape 3. Complément de personnalisation

Cette étape consiste à effectuer les personnalisations légères du progiciel, paramétrées au moyen du L4G de l'ERP, ne nécessitant pas a priori l'utilisation des programmes sources du progiciel , afin de créer ou modifier des formats d'impression, de personnaliser des formats d'affichage sur écran par ajout ou suppression de champs, ou encore de créer ou modifier des menus pour certains ERP qui n'intègrent pas dans leur paramétrage la génération automatique des menus à partir des activités.

10. L4G ou langage de 4e génération : ensemble d'outils permettant de générer des fonctions informatiques sans être obligé de recourir au L3G.

11. L3G ou langage de 3e génération : langage de programmation informatique composé d'instructions.

12. Enabling Application Interface : ensemble d'outils et de bibliothèques de fonctions logicielles destiné à réaliser des interfaces configurables, paramétrables techniquement, en temps réel ou batch.

A la différence des fonctions complémentaires, ces personnalisations ne nécessitent pas habituellement la rédaction de spécifications fonctionnelles. En général, la fiche d'écart qui a servi à valider leur réalisation suffit pour décrire en quelques mots les travaux à réaliser.

Pour des raisons de planning, toujours très serré dans les projets d'intégration, les personnalisations sont définies comme celles qui ne sont pas obligatoirement validées lors de la recette fonctionnelle à la fin de cette phase, mais qui peuvent être testées unitairement, afin de pouvoir les planifier séparément et ne pas pénaliser le planning du projet.

Cette étape se réfère au lot 8 – Développement des adaptations spécifiques (voir chapitre 9).

Étape 4. Élaboration du dossier de conception

À l'issue de la phase de réalisation, et pour chaque sous-domaine, la documentation fonctionnelle du futur système est complétée et présentée au cours d'une réunion du comité de pilotage.

Cette documentation comprend (voir chapitre 5 page 145) :

- les procédures[13] ERP pour chaque activité. Elles sont de la responsabilité du maître d'œuvre et sont généralement produites sous forme de flow-chart[14] ;

- le manuel utilisateurs. Il présente les procédures pour chaque activité sous la forme d'une capture d'écran de la session et, en regard, les instructions particulières que l'expert métier juge utiles de fournir à l'utilisateur pour réaliser le travail. L'expert métier est le responsable de sa mise en œuvre, car il a déjà fixé les captures d'écran de la procédure lors de la construction du prototype – il n'a donc plus qu'à rajouter les instructions en regard ;

- les règles de paramétrage (tables logistiques et financières). Les règles de codification des tables logistiques et financières sont rédigées par l'expert métier sous la forme de règles de gestion détaillée. Celui-ci introduit aussi la liste des valeurs dans les tables du prototype, et en fait ainsi un livrable ;

- les règles de gestion détaillées. Il s'agit de l'ensemble des règles d'utilisation ou de codification des données, statiques ou dynamiques, à observer pour assurer la cohérence du prototype et, par conséquent, celle de la solution.

À cette documentation sont jointes les fiches d'écart ainsi que les spécifications fonctionnelles des développements informatiques, validées par les experts métier.

Cette étape se réfère aux lots 6 – Conception détaillée : prototypage et 6a – Expression détaillée des besoins (voir chapitre 9).

13. Une procédure est un enchaînement de tâches, principalement de sessions ou transactions à lancer, dans un ordre fixé par le consultant au titre de la solution.

14. Graphique utilisé pour la modélisation des processus et des procédures qui peut être réalisé grâce à des outils de l'ERP ou d'autres comme Mega ou Casewise.

Étape 5. Test d'intégration final

Cette étape est parfois appelée « recette technique ». Elle consiste pour le maître d'œuvre à intégrer les développements spécifiques réalisés dans l'environnement standard du progiciel, à tester l'ensemble et à le livrer à la maîtrise d'ouvrage pour la recette fonctionnelle.

Conduite par l'équipe de consultants qui a réalisé les spécifications, cette étape est organisée autour de tests du fonctionnement du système. Ces tests exécutent les procédures cibles sur la base du jeu d'essai, enrichi à partir du prototype et des cahiers de recette fournis par l'équipe interne. Ils permettent ainsi de contrôler, dans des conditions proches de la réalité, la qualité des paramétrages et des développements, les informations en sortie et l'intégration du système.

Cette étape se réfère au lot 9 – Recette fonctionnelle (voir chapitre 9).

Étape 6. Recette fonctionnelle

La recette fonctionnelle concrétise la validation par l'entreprise de l'ensemble du logiciel composé de l'ERP et de ses éventuelles adaptations spécifiques ainsi que des interfaces. Elle permet de confirmer l'adéquation des produits livrés avec les spécifications fonctionnelles et les spécifications détaillées de paramétrage, élaborées en phases de conception.

Une nouvelle simulation, appelée « simulation 2b[15] », est conduite par les experts métier, assistés éventuellement des consultants, sur le système intégré et testé à l'étape précédente, qui inclut les interfaces et les fonctions complémentaires. Les équipes internes doivent constituer les scénarios de test à dérouler pendant la recette, ainsi que les jeux de données de test de ces scénarios, le tout formalisé dans les cahiers de recette. Bien évidemment, pour les projets qualifiés de « petits », c'est-à-dire dans lesquels aucun développement spécifique informatique n'est requis, cette simulation est inutile ; seule une 2e simulation est nécessaire qui est celle de la validation du prototype en phase de conception détaillée.

Cette étape se réfère au lot 10 – Recette fonctionnelle (voir chapitre 9).

15. Simulation sur la base des développements intégrés à l'ERP.

Phase 4 – Déploiement

Il s'agit ici de mettre en production le nouveau système et, plus particulièrement, de charger dans l'environnement de production le progiciel ERP et les éventuels composants logiciels spécifiques, ainsi que les données de manière manuelle ou automatique. En outre, cette phase donne lieu à une formation des utilisateurs aux nouvelles procédures du prototype défini en phase 2 (voir page 119).

La phase de déploiement est également importante pour les délais, car elle regroupe un grand nombre de tâches plus ou moins importantes qu'il faut planifier et suivre de façon rigoureuse pour éviter toute dérive. Elle comprend huit étapes.

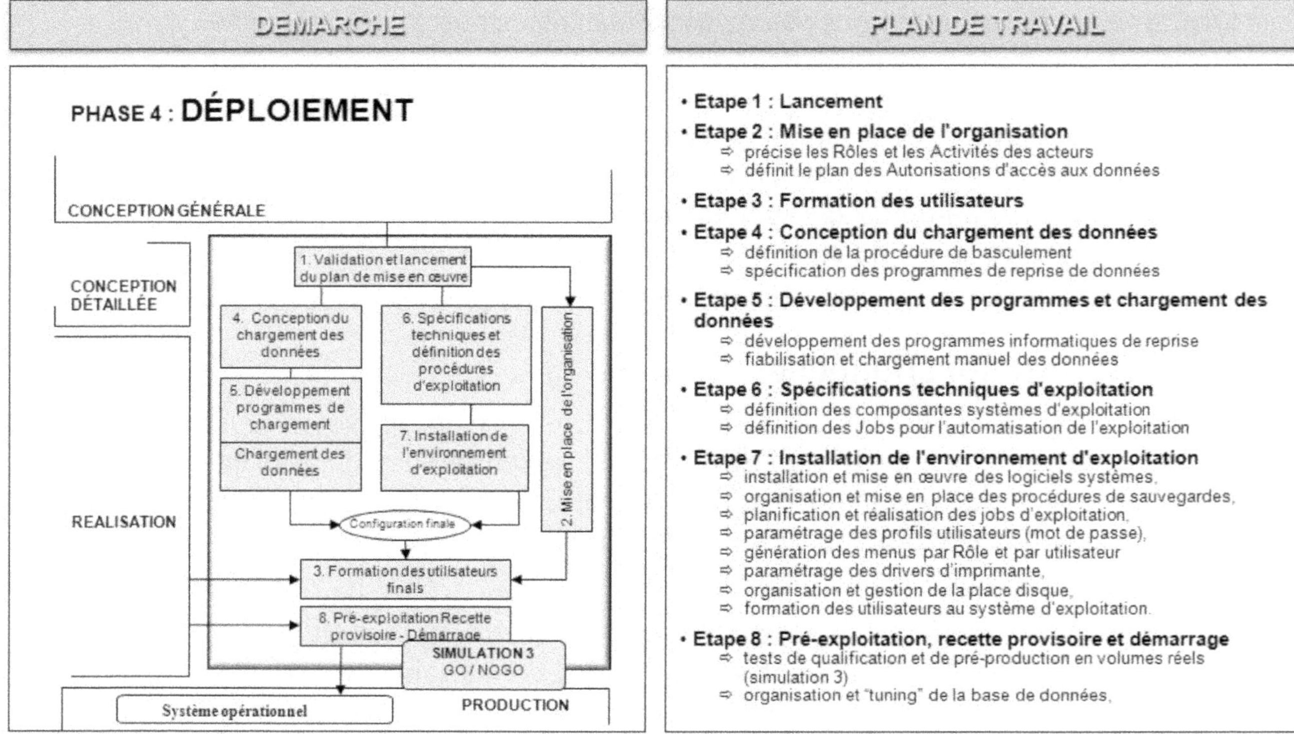

Figure 4-6 : Étapes de déploiement

Étape 1. Lancement

À cette étape, le chef de projet définit toutes les tâches, recensées au niveau du planning détaillé, pour constituer un plan de mise en œuvre pouvant être suivi chaque semaine. Il s'agit également d'affecter les ressources, de planifier en fonction des contraintes de disponibilité et de séquencement. De plus, le scénario de basculement en production de l'ancien système vers le nouveau est précisé pour chaque version mise en production ; il suit le plan de migration élaboré en phase 1. Plusieurs scénarios peuvent également être envisagés en fonction de la disponibilité des plates-formes matérielles ou des utilisateurs.

Le chef de projet procédera alors de façon traditionnelle pour définir le scénario de basculement.

1. Identification des scénarios les plus plausibles.

2. Description et planification des scénarios.

3. Choix d'un scénario final.

4. Planification des ressources de mise en production en fonction des charges évaluées à la fin de la phase de conception générale, telles que celles des futurs utilisateurs pour la fiabilisation et le chargement des données et celles des informaticiens d'exploitation pour la mise en production.

La phase de déploiement et, par conséquent, l'étape de lancement peuvent être planifiées très tôt après la fin de la conception générale, car dans certains projets, les travaux de conduite du changement peuvent s'avérer importants, notamment en ce qui concerne l'alignement des métiers aux nouveaux processus, l'alignement des compétences sur les futurs métiers et les formations métier qui l'accompagnent.

Dans d'autres cas, ce sont les négociations pour définir la future organisation qui doivent être intégrées au planning. Les entreprises qui n'ont pas encore mis en œuvre un ERP ne se doutent pas des changements apportés par la vision transversale des processus ERP et du temps nécessaire à ces négociations.

Enfin, selon les projets, si un gros travail de fiabilisation ou de chargement des données est à effectuer, il faut s'assurer que son délai cadre avec le planning. C'est d'ailleurs la principale source de dérive du planning dans les PME qui n'ont pas toujours les moyens d'automatiser ces travaux et doivent donc les assumer par leurs propres moyens humains. Dans ce cas, il faudra suivre scrupuleusement le planning, en s'assurant chaque semaine de l'avancement des tâches.

Cette étape se réfère aux lots 1 – Pilotage de projet et 1a – Coordination des actions de maîtrise d'ouvrage (voir chapitre 9).

Étape 2. Mise en place de l'organisation

Cette étape est réalisée par les équipes internes ou par un partenaire responsable de la conduite du changement. Elle définit, met en place et documente l'organisation des postes de travail dans le cadre de l'utilisation du futur système. Elle a notamment pour but de fixer les rôles des futurs profils d'utilisateurs des procédures, pour chacune des activités prototypées en phase 2, et d'identifier les utilisateurs susceptibles de remplir ces rôles.

Par ailleurs, certaines actions de réorganisation et de conduite du changement y sont menées, par exemple les formations aux nouveaux métiers, les actions d'alignement (vestige de ce qui s'appelait BPR, soit *Business Process Reengineering*) des métiers et les études éventuelles d'adaptation des flux physiques.

Une fois les utilisateurs confortés dans leurs nouveaux rôles, il faut en évaluer les conséquences sur le système d'information (besoins en terminaux de saisie et en imprimantes, définition du plan de sécurité ou d'autorisation d'accès aux données et programmes).

Cette étape se réfère au lot 11a – Mise en place de l'organisation (voir chapitre 9).

Étape 3. Formation des utilisateurs

L'équipe projet transmet alors sa connaissance du nouveau système auprès des utilisateurs finaux grâce à des manuels et procédures documentées lors de la phase de réalisation. En règle générale, il est préférable que les sessions de formation soient animées par les experts métier de l'équipe projet :

- ils sont ainsi confortés dans leur futur rôle de maintenance de premier niveau. Ils sont capables d'expliquer aux utilisateurs le fonctionnement de l'ERP dans le contexte du système d'information configuré pour l'entreprise ;
- ils parlent avec précision le langage métier de l'entreprise. Rien ne remplace la connaissance qu'ont les experts métier de son fonctionnement.

Ce fonctionnement est le plus à même de garantir le succès du projet. En effet, une formation conduite par des consultants – qui ont certes une bonne connaissance du produit mais ne connaissent pas encore forcément tous les cas de gestion prototypés par les experts métier – n'offrirait pas les mêmes résultats. Ils sont tout de même chargés de recommander un plan de formation utilisateurs cohérent avec la compréhension prévisible de ces derniers.

La formation s'appuie sur les livrables produits tout au long du projet (processus, procédures, règles de gestion et manuel utilisateurs) ; ils sont « répartis » par activités, puis regroupés par profil/rôle. (Notez l'importance de la notion d'activité pour la structuration de la documentation produite au cours du projet.)

Ces livrables seront enfin présentés aux utilisateurs qui devront exécuter les procédures affectées à leur profil. Généralement, il faut prévoir deux à trois jours de formation par utilisateur, ces derniers étant regroupés par profil (rôle).

Cette étape se réfère au lot 12a – Formation des utilisateurs (voir chapitre 9).

Étape 4. Conception du chargement des données

Cette étape concerne l'ensemble des tâches de fiabilisation, de chargement manuel et automatisé des données. Il s'agit de concevoir le processus de chargement des données pour chaque étape du basculement. Celui-ci doit être conçu pour garantir le bon fonctionnement du projet à chaque étape de la procédure de basculement de l'ancien système vers l'ERP.

Ce processus décrit en détail les différentes activités de chargement des données (manuelles et automatisées), selon l'ordre dans lequel elles doivent être exécutées.

> **Exemples d'activités de chargement de données**
> - Fiabilisation : sélection des articles vivants
> - Extraction des articles vivants
> - Enrichissement des articles dans Excel
> - Chargement des articles vivants dans l'ERP
> - Renseignement des données de base du contrôle de gestion
> - Reprise des en-cours (commandes clients, fournisseurs)
> - Reprise automatique des ordres de fabrication
> - Reprise automatique des inventaires
> - Extraction des articles pour SAV
> - Enrichissement des articles SAV dans l'ERP
> - Reprise du parc des installations et des composants SAV

Chaque activité du processus doit être décrite avec précision en termes de données à sélectionner, trier et saisir ou à transposer à partir des anciennes données. Ce livrable est d'autant plus important que l'équipe projet est focalisée sur ce travail relativement tôt dans la phase de déploiement pour la spécification des programmes de chargement automatique, et il y de forts risques pour que, le moment venu, les utilisateurs ne se remémorent plus les conditions dans lesquelles ont été réalisées ces spécifications. L'ensemble de ces conditions fait donc l'objet de la rédaction d'un plan détaillé de chargement des données.

À l'issue de cette rédaction, les programmes de reprise automatique sont spécifiés en vue de leur réalisation, d'une part par les équipes internes pour ce qu'on appelle souvent le « côté *legacy*[16] » et, d'autre part, par les équipes de développement pour le côté ERP.

Il convient de remarquer que ces programmes sont réalisés tard dans le projet et qu'ils ne subissent pas les étapes de test d'intégration et de recette fonctionnelle ni les tests de qualification de l'étape 8 de cette phase, car ces programmes sont exécutés une seule fois et ne conditionnent pas la stabilité du niveau de version de logiciel, principal objectif de la recette fonctionnelle.

Cette étape se réfère au lot 13 – Reprises automatiques des données (voir chapitre 9).

16. Se dit des applications informatiques existantes et/ou conservées par l'entreprise, par opposition à l'ERP avec qui elles doivent être interfacées.

Étape 5. Développement des programmes et chargement des données

Cette étape réalise les programmes informatiques conçus précédemment pour la reprise automatique des données à partir de l'ancien système, lorsque cela est justifié économiquement.

Ces travaux se réfèrent au lot 13 – Reprises automatiques des données (voir chapitre 9).

Les travaux de fiabilisation et de chargement manuel des données de base et des données de flux en cours à la date de démarrage sont effectués par les utilisateurs et nécessitent la mise à disposition de ressources importantes parmi les utilisateurs, qu'il faut planifier et ensuite piloter. Le pilotage fonctionnel de ces utilisateurs est assuré par les experts métier qui organisent matériellement leurs tâches après les avoir formés aux programmes requis de l'ERP. Ces tâches sont suivies de près par le chef de projet qui mesure avec précision l'avancement de chacune d'elles, car la plupart du temps elles sont décisives pour le planning du projet. Tout dérapage a donc une conséquence immédiate sur la date de démarrage en exploitation.

Ces travaux se réfèrent au lot 13a – Fiabilisation et chargement manuel des données (voir chapitre 9).

Pour optimiser le délai global du projet, la planification de cette étape tient toujours compte de nombreuses contraintes. Par exemple, les tâches manuelles importantes seront programmées sur une durée significative par rapport au délai global du projet ; il faudra donc les planifier très tôt dans la phase de déploiement. De ce fait, une formation aux activités de gestion des données de base doit être organisée pour les utilisateurs concernés. Il faut également que l'environnement d'exploitation soit opérationnel pour recevoir les données réelles et les ressources doivent être allouées.

Lorsque l'infrastructure matérielle (machines, postes de travail, réseau) n'est pas encore opérationnelle, ces activités sont réalisées dans un environnement propre dédié aux données réelles, sur la plate-forme ayant servi au développement du projet, qui sera rechargé le moment venu sur la plate-forme de production.

Naturellement, puisque les données de base sont chargées en avance par rapport à la date de démarrage en exploitation, elles vont évoluer jusque-là. Ainsi, il faut donc s'attendre à gérer les modifications de ces données sur l'ancien système et sur l'ERP. Cette contrainte est souvent mal vécue par les utilisateurs mais il n'y a malheureusement pas d'autre solution ; le tout est de bien planifier la charge correspondante.

Une fois le chargement des données de base réalisé, une sauvegarde de la base de données est effectuée de manière à être capable de la dupliquer pour charger, dans un premier traitement (on parle souvent de *run*), des données de flux afin d'être capable d'effectuer les derniers tests de préexploitation avant de prendre la décision de basculer ou non (le *Go/NoGo*). Vient ensuite le chargement des données de flux (commandes clients, commandes fournisseurs, ordres de fabrication, etc.). Là encore le timing précis du processus de chargement manuel doit être étudié à l'avance dans le plan de chargement des données car, le moment venu, tout le monde sera prêt et, dans la précipitation, les risques d'erreur peuvent être nombreux.

En ce qui concerne le chargement des portefeuilles de commandes encours, et si des livraisons ont déjà été enregistrées sur ces commandes, on a tendance à ne ressaisir que les reliquats, car la reprise des données de livraison est quasiment impossible à réaliser. Lorsque les délais de livraison sont assez éloignés, une autre solution consiste à démarrer la saisie des commandes dans l'ERP avant le démarrage en exploitation réel, et naturellement, après le chargement des données de base.

Bien évidemment, il ne sera pas pour autant possible de livrer ou enregistrer des livraisons tant que le démarrage en exploitation ne sera pas effectif, mais cela permet d'éviter une saisie en double de ces commandes. Cette solution doit s'accompagner d'un effort particulier pour planifier les approvisionnements, car ils dépendent directement des commandes en-cours.

Pour le cas particulier des ordres de fabrication, le problème est plus complexe. En effet, il est risqué de vouloir reprendre manuellement les OF encours lorsque des mouvements de sorties matières et des relevés de temps passés ont été enregistrés. Il est alors peut-être opportun d'envisager de sortir toute la matière pour ne pas avoir à ressaisir les nomenclatures de ces OF. Pour ce qui est des temps passés, ils seront alors saisis dans le pire des cas sur le nouveau système après le démarrage.

Étape 6. Spécifications techniques

Cette étape prévoit la définition et la documentation des infrastructures matérielles et des procédures d'exploitation par le responsable d'exploitation, conformément aux recommandations d'architecture technique définies en phase 1 ; ces éléments seront regroupés dans le manuel d'exploitation.

Les consultants fonctionnels décrivent les travaux d'exploitation (jobs, batchs) dans un dossier de mise en production (DMP), sous la même forme que celle utilisée pour les activités interactives. Il comprend les éléments suivants :

- timing et séquencement précis des traitements ;
- procédure montrant l'enchaînement des programmes ;
- manuel utilisateurs illustrant les paramètres de sélection à appliquer aux programmes ;
- fichiers échangés lorsqu'il s'agit d'interfaces, avec répertoires d'échange en entrée et en sortie.

Le responsable d'exploitation, formé aux outils techniques de l'ERP, transforme alors le dossier de mise en production en traitements à lancer dans son plan d'exploitation. À cet effet, les ERP incluent en standard des automates d'exploitation, outils de type « monitoring », pour automatiser le lancement de ces travaux. Les procédures d'exploitation (travaux quotidiens, hebdomadaires, mensuels) sont paramétrées dans l'ERP. Ce travail, essentiellement technique, est supervisé par l'équipe projet, mais il est souvent réalisé par le personnel d'exploitation de l'entreprise qui a suivi notamment les sessions de formation technique en phase 1, concrétisant ainsi son appropriation technique du futur système.

Pour des projets de moyenne envergure, il peut être fait appel à des logiciels spécialisés (comme Tivoli ou Patrol) que le responsable d'exploitation doit nécessairement paramétrer.

Au cours de cette étape, la plate-forme hardware d'exploitation est définie, qui comprend :

- les unités centrales (les serveurs) ;
- les terminaux écrans ;
- les imprimantes.

Les composants techniques de la plate-forme sont également déterminés, qui comportent :

- les systèmes d'exploitation et de réseaux ;
- les automates d'exploitation ;
- les outils de transfert de fichiers externes ;
- les indicateurs de mesure de la performance du matériel selon les recommandations de l'architecture technique ;
- les éventuels plans de câblage.

Le responsable d'exploitation définit aussi de manière détaillée l'environnement d'exploitation (voir étape 7), puis rassemble toutes les procédures d'exploitation nécessaires au bon fonctionnement du système. L'architecture technique ayant été définie en phase 1, les principes d'exploitation et de gestion de la sécurité (accès, sauvegarde, reprise et plan de secours) sont précisés et définitivement établis. Réalisée en général par le responsable d'exploitation, en étroite collaboration avec les équipes du constructeur de matériel et assisté par le maître d'œuvre, cette étape fournit et valide l'architecture technique définitive. Elle doit être planifiée en fonction des délais de livraison et d'installation des fournisseurs de matériel.

Cette étape se réfère au lot 11 – Spécifications techniques (voir chapitre 9).

Étape 7. Environnement d'exploitation

Dans cette étape, il s'agit d'installer les écrans, imprimantes et lignes de télécommunication, et dimensionner les espaces disques et les capacités machine.

- installation de la machine de production (socle de base) ;
- installation et mise en œuvre des logiciels système ;
- organisation et gestion de l'espace disque ;
- mise en place de procédures de sauvegarde ;
- paramétrage des pilotes d'imprimante ;
- paramétrage des profils utilisateurs (mot de passe) ;
- indicateurs de mesure de performance du matériel ;
- organisation et réglage (tuning) de la base de données ;
- planification de l'exploitation ;
- ordonnancement des jobs d'exploitation ;
- formation des utilisateurs au système d'exploitation.

Pour des projets de moyenne envergure, ces tâches sont souvent réalisées ou pilotées par le personnel d'exploitation de l'entreprise qui a besoin de s'approprier l'ensemble des technologies apportées par la mise en œuvre de l'ERP. Dans ce cas, il est assisté dans ces tâches par le consultant technique du maître d'œuvre et réalise notamment l'ordonnancement des jobs sur les outils tels que Tivoli, Patrol, etc.

Pour les projets plus petits, l'ensemble de ces tâches pourra être pris en charge par le maître d'œuvre, qui devra ensuite former et transférer la compétence minimale au responsable d'exploitation.

Cette étape se réfère au lot 14 – Mise en exploitation (voir chapitre 9).

Étape 8. Préexploitation et démarrage

Sur le plan technique, cette étape est destinée à valider l'ensemble des procédures d'exploitation puis la conformité de l'architecture mise en œuvre par rapport aux engagements pris par le constructeur et/ou l'éditeur, via des indicateurs définis lors de l'étape 6 de spécifications techniques et utilisés lors de l'étape 7 de mise en œuvre de l'environnement d'exploitation.

Sur l'ensemble logiciel recetté fonctionnellement à la recette fonctionnelle en phase de réalisation, il s'agit de tester les temps de réponse aux volumes réels (cibles) de données et de nombre d'utilisateurs simultanés, ainsi que les temps de traitement des procédures d'exploitation.

Menés généralement par le responsable d'exploitation, assisté du maître d'œuvre, ces travaux sont réalisés en collaboration avec le constructeur et donne lieu à un PV de recette provisoire, qui conditionne, une fois prononcée à l'issue de cette étape, le basculement du système en production et marque le début de la garantie. Durant toute la période séparant la recette provisoire de la recette définitive, les indicateurs de performance seront suivis de manière régulière. Sur le plan fonctionnel, il s'agit de vérifier que tous les utilisateurs disposent de la formation et des outils nécessaires pour assurer leur rôle dans le futur système.

Ces deux objectifs sont supportés par la conduite de tests de préproduction, que l'on nomme 3e simulation, sur des données réelles copiées dans un environnement dédié. Il faut également que chaque utilisateur soit à son poste de travail pour simuler une période d'activité réelle d'une journée au minimum.

À l'occasion de cette simulation, une recette fonctionnelle provisoire de basculement en production est organisée pour demander aux experts métier et aux utilisateurs d'évaluer la mise à disposition des outils pour chaque activité de leur rôle au moyen de cinq questions.

- Appropriation : l'expert métier est-il opérationnel ?
- Documentation : la procédure est-elle documentée pour la formation des utilisateurs ?
- Spécifiques : les données, paramètres et spécifiques sont-ils cohérents ?
- Non-régression : la non-régression est-elle assurée ?
- Satisfaction : l'utilisateur est-il satisfait de la réponse fournie ?

Chaque question oblige une réponse par une note de 0 à 5 pour chaque activité du système. La moyenne des notes fournit l'indice de recette de 0 à 5. Aucun indice ne doit être égal à zéro, sous peine de prononcer un NoGo et de retarder ainsi le basculement en production.

Nous vous invitons à consulter à ce sujet le formulaire de PV de recette fonctionnelle 3 disponible sur l'extension web de cet ouvrage.

Le Go étant prononcé, au jour J, à l'heure H, les utilisateurs basculent ensuite sur le nouveau système.

Cette étape se réfère au lot 15 – Assistance à la préexploitation (voir chapitre 9).

Phase 5 – Production

Cette phase débute dès le démarrage en production sur le nouveau système. Il est souhaitable de profiter de l'assistance au démarrage (car les utilisateurs sont tout juste formés) pour dégager les premières pistes d'amélioration :

- sur le plan technique par une optimisation technique des performances ;

- sur le plan fonctionnel par un petit audit d'optimisation, qui a pour but de diagnostiquer et de classer les éventuels dysfonctionnements afin de définir les pistes d'amélioration qu'il sera utile d'explorer après le projet.

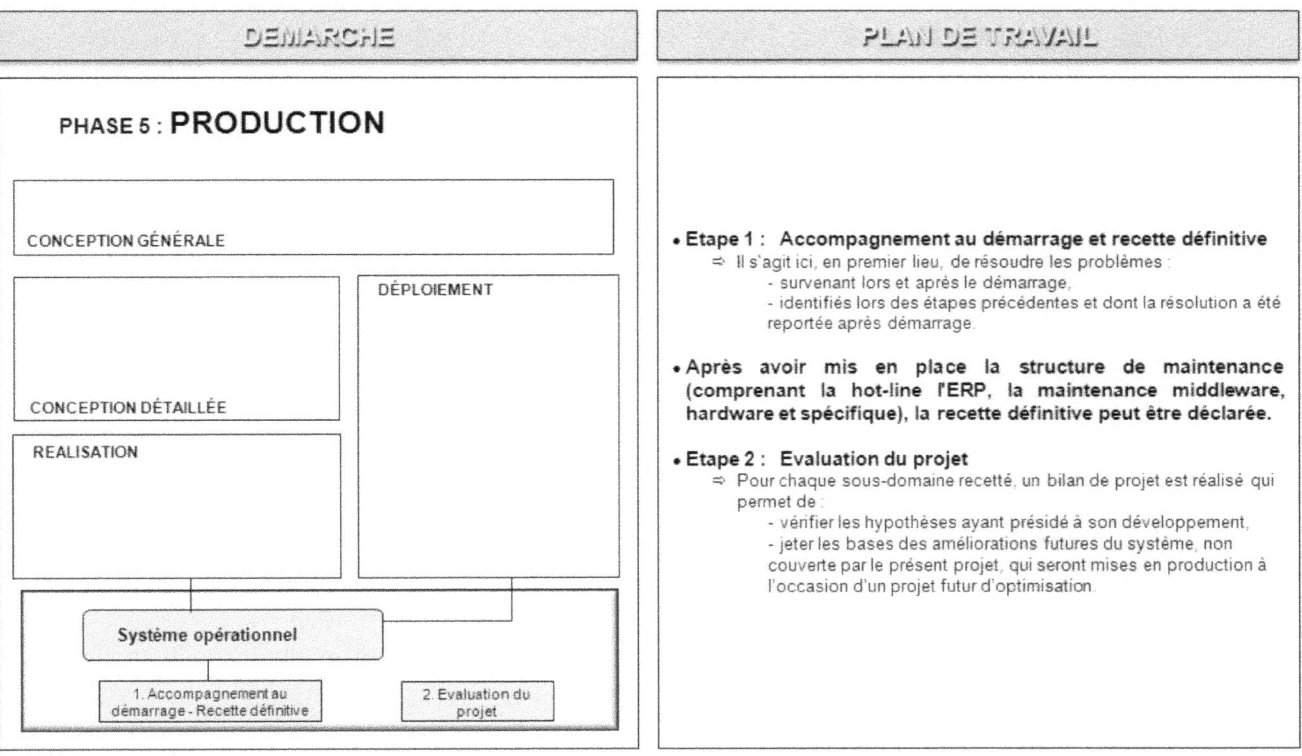

Figure 4-7 : Étapes de la phase production

Étape 1. Accompagnement au démarrage

Tout d'abord, il convient de résoudre les éventuels problèmes survenant lors du démarrage et après celui-ci, ou identifiés lors des étapes précédentes et dont la résolution a été reportée après le démarrage. Si besoin, les paramétrages technique et fonctionnel seront affinés dans le but :

- de simplifier les procédures utilisateurs ;
- d'améliorer la performance du système.

Sur le plan fonctionnel, il s'agit :

- d'identifier les forces et les potentiels d'amélioration ;
- de déterminer les faiblesses et les causes potentielles de dysfonctionnements du système d'information ;
- de proposer des axes d'amélioration à court terme concernant l'utilisation du logiciel au sein de l'entreprise ;
- d'identifier des recommandations d'évolution à moyen terme.

Sur le plan technique, il convient éventuellement de réaliser un paramétrage fin des différents composants logiciels des plates-formes pour obtenir les performances fonctionnelles et techniques optimales. Une partie de l'optimisation technique a déjà été couverte lors de la préexploitation. Les explications suivantes viennent préciser ces travaux.

Audit technique

Il couvre les points techniques de la méthode et se focalise plus particulièrement sur :

- le calibrage et le paramétrage de la base de données ;
- la validation du système par rapport aux spécifications ;
- les performances des batchs ;
- la validation des procédures d'exploitation ;

Ces travaux se réfèrent au lot 16 – Assistance au démarrage (voir chapitre 9).

Audit fonctionnel

Au niveau des experts métier, son action porte plus particulièrement sur les besoins d'amélioration. Au niveau des utilisateurs, l'audit concerne les procédures initialement prévues et celles appliquées, la fiabilité des données gérées et la relation avec les systèmes autres que l'ERP.

Les différents points soulevés par les utilisateurs sont classés en catégories qui permettent de mieux identifier les actions à engager.

- **D – données** : données ou paramètres non fiables. Des actions sont à engager avec les experts métier pour fiabiliser les données.
- **F – fermé** : problèmes déjà résolus. Ces points sont à identifier pour la mémorisation des choix et la modification éventuelle des documentations.
- **R – réglé** : problèmes réglés en séance. Ces points sont à identifier pour la mémorisation des solutions et la modification éventuelle des documentations.
- **O – optimisation** : besoins d'amélioration du système à court terme. Ces points correspondant à des modifications à apporter au système.

Des actions sont à engager à court terme pour améliorer le système dans le cadre d'un projet d'optimisation.

- **E – évolution :** besoins d'évolution à moyen terme. Ces points relèvent d'une extension du périmètre initial et devront être traités dans le cadre d'un projet d'évolution vers une nouvelle version du système.

- **M – méconnaissance :** méconnaissance du système ou des spécifiques. Ces points permettent d'identifier de nouveaux besoins de formation des utilisateurs ou des experts métier.

- **P – personnalisation :** besoins de personnalisation. Ces points constituent un programme de travail pour les futurs développements d'outils complémentaires.

- **B – bogue de l'ERP.** D'éventuels bogues de l'ERP sont à instruire afin de contrôler leur résolution.

- **X – impossibilité :** impossibilités dues aux limites de l'ERP ou du paramétrage réalisé pour cette utilisation. D'éventuels points bloquant ne pourront en effet pas évoluer sans remise en cause des principes fondamentaux ayant sous-tendus le projet.

Ces travaux se réfèrent au lot 16a – Assistance de premier niveau (voir chapitre 9).

Étape 2. Évaluation du projet

Pour chaque sous-domaine recetté, un bilan de projet est réalisé pour vérifier les hypothèses ayant présidé à son développement, de poser les bases des améliorations futures du système en exploitation qui feront l'objet d'un projet ultérieur d'optimisation ou d'évolution.

Une fois la structure de maintenance mise en place (comprenant la hot-line ERP, ainsi que la maintenance middleware, hardware et spécifique), la recette définitive peut être déclarée.

Un comité de pilotage (qui s'achève bien souvent par un repas de fin de projet regroupant l'ensemble des équipes) conclut le projet et prononce la recette définitive.

Cette étape se réfère au lot 1 – Pilotage du projet (voir chapitre 9).

Conduite du changement

Il est nécessaire de mettre en place une structure dédiée à la conduite du changement pour communiquer et valider le progrès induit par le projet. Cette structure sera composée :

- des délégués à la conduite du changement appartenant aux départements directement ou indirectement impliqués par le projet. Ils sont les acteurs principaux de la conduite du changement ;
- un responsable de la conduite du changement assisté éventuellement par un consultant spécialisé.

Les acteurs du projet d'intégration peuvent également être sollicités ponctuellement.

- Pour la communication et l'exhaustivité des besoins fonctionnels, on sollicitera les correspondants appartenant aux départements directement concernés par le projet.
- Pour la communication dans les ateliers, on aura recours aux experts métier, déjà fortement impliqués dans la mise en place de l'ERP.

La conduite du changement relève généralement de la responsabilité de l'entreprise en qualité de maître d'ouvrage, assisté éventuellement par un consultant spécialisé.

Étape 1. Cibler la démarche

Les travaux réalisés durant cette étape le sont en parallèle de la phase de conception générale de la méthode d'intégration des ERP. L'objectif est de définir les paramètres du changement en termes organisationnels et humains.

Il s'agit ici de comprendre les leviers les plus importants de l'organisation, de préparer la communication initiale (processus global, etc.), de préparer les outils de travail nécessaires pendant l'étape 2 et de synchroniser l'approche avec l'équipe projet ERP.

L'équipe en charge de la conduite du changement procédera, par exemple, en organisant un séminaire (tables rondes) avec les délégués pour une première approche des attentes/risques/craintes des utilisateurs. Des entretiens individuels auprès d'un échantillon d'utilisateurs seront ensuite planifiés pour valider les attentes/risques/craintes appréhendés.

Étape 2. Évaluer et orienter l'organisation

Tout comme lors de l'étape précédente, les travaux sont ici réalisés en parallèle de la phase de conception générale de la méthode d'intégration des ERP.

L'objectif est de mesurer l'écart entre l'état actuel de l'organisation et l'organisation cible, et de définir comment combler cet écart. Après la mise en place d'ateliers de communication et la validation de ses membres, l'équipe en charge de la conduite du changement procédera à une synthèse de l'état actuel du fonctionnement de l'organisation en réalisant, par exemple, une analyse SWOT (forces/faiblesses/opportunités/menaces) du projet.

Cette étape se termine par une description de l'organisation cible et des *gaps* (évolutions d'organisation ou de métiers) par l'établissement de la première cartographie des risques du projet. Un plan d'action d'accompagnement concrétise enfin les décisions à prendre (en matière de communication, formations, etc.).

Étape 3. Planifier le changement

Les travaux sont ici réalisés en parallèle de la phase de conception détaillée. Ils préparent la mise en place de l'organisation de la phase de déploiement de la méthode d'intégration des ERP.

Il s'agit pour l'équipe en charge de la conduite du changement d'établir un plan de gestion des risques du changement compatible avec le calendrier du projet, et d'élaborer les différents dispositifs d'accompagnement définis durant l'étape 2, par exemple l'élaboration de cahiers des charges pour chacun des modules de formation, lancement d'action de communication, définition de la logique d'association des syndicats au projet, etc.

Les tâches réalisées ont également pour objectif de déterminer la nouvelle organisation et les postes de travail en fonction des activités définies par le projet ERP. Pour mener à bien ces travaux, des bilans de compétences peuvent être lancés afin d'établir les actions de formation aux nouveaux métiers qu'il faudrait entreprendre. L'objectif est également de faciliter ou de valider les solutions organisationnelles proposées en réponse aux écarts fonctionnels.

Étape 4. Mettre en œuvre le changement

Tout comme lors de l'étape précédente, les travaux sont ici réalisés en parallèle de la phase de déploiement de la méthode d'intégration des ERP.

Le but est ici de réaliser les actions qui ont été définies et planifiées, par exemple :

- l'alignement des métiers sur le futur système lorsque de nouveaux métiers ont été définis. Cela nécessite de redéfinir le découpage des responsabilités affectées à chaque métier de l'entreprise ;

Exemple d'alignement des métiers

La mise en place d'un plan directeur de production et d'un processus de prévision de vente au lieu d'un simple calcul de besoins redéfinit les rôles dans le processus global de planification.

- l'alignement des flux physiques, lorsque le projet ERP est lié à une refonte des flux. Cela exige de mettre en place en parallèle les nouveaux flux ;

> **Exemple d'alignement des flux physiques**
>
> Un projet ERP qui prévoit la mise en place d'une gestion de l'entreposage, par un module WMS *(Warehouse Management System)*, induit par exemple une réorganisation physique des magasins et des zones de *picking* (préparation de commandes).

- les formations aux nouveaux métiers qui portent sur des pratiques purement métier, là où la formation à l'ERP ne prend en charge généralement que les procédures pour utiliser le nouvel outil.

> **Exemple de formation aux nouveaux métiers**
>
> Dans une formation aux techniques de planification MRP II sont abordés successivement :
> - la définition des différents horizons et périodicités de planification ;
> - les relations avec le processus de programmation MRP ;
> - le processus de simulation des besoins en capacité et les principes de calcul du disponible à la vente (ATP, soit *Available To Promise*).

Étape 5. Pérenniser le changement

Les travaux de cette étape sont réalisés en parallèle de la phase de déploiement de la méthode d'intégration des ERP.

Il s'agit essentiellement de compléter les formations métier par une assistance spécifique aux utilisateurs, et de produire un bilan de la conduite du changement et des améliorations potentielles.

L'ensemble de ces étapes se réfère au lot 17 – Conduite du changement (voir chapitre 9).

Chapitre 5

Les livrables

La notion de livrable est essentielle dans la méthodologie car c'est par la focalisation des équipes sur la production de livrables de même nature que celles-ci peuvent capitaliser sur les travaux réalisés et éviter ainsi les redondances ou les réécritures.

La structure des livrables présentée a été conçue pour limiter les charges de travail des équipes pour des projets petits ou moyens tout en garantissant l'exhaustivité des informations nécessaires au projet jusqu'à la formation des utilisateurs et plus tard à la maintenance de l'organisation. En particulier, afin d'optimiser les charges et donc le budget du projet, le kit de support pour la formation des utilisateurs en fin de projet est constitué d'un réassemblage de livrables, sans réécriture de ceux-ci, par exemple le *flow-chart* de procédure, les règles de gestion et le manuel utilisateurs.

Pour les projets moyens, et indépendamment des aspects techniques liés aux développements spécifiques, il est souhaitable d'adopter une structure de la documentation en trois axes :

- l'architecture métier et ses processus transverses ;
- l'architecture fonctionnelle hiérarchique des sous-domaines ;
- l'organisation hiérarchique des rôles.

Le principe de cette documentation intégrée est de pouvoir consulter facilement les objets documentés et leurs relations.

Dans un même axe de documentation (métier, fonctionnel, organisation) les relations sont en général hiérarchiques et il suffit de décomposer un niveau pour accéder aux objets de niveau plus détaillé.

On peut aussi être amené à établir des correspondances entre les objets documentés d'axes différents, par exemple :

- un processus majeur est placé sous la responsabilité d'une direction opérationnelle pour la formalisation des besoins d'évolution et la recette des solutions ;

- un sous-processus est couvert par un sous-domaine fonctionnel sous la responsabilité d'un expert métier ;

- un sous-processus est exploité par un service ou département de l'entreprise, représentatif d'un métier ;

- une activité est affectée à un rôle utilisateur pour générer les menus par profil.

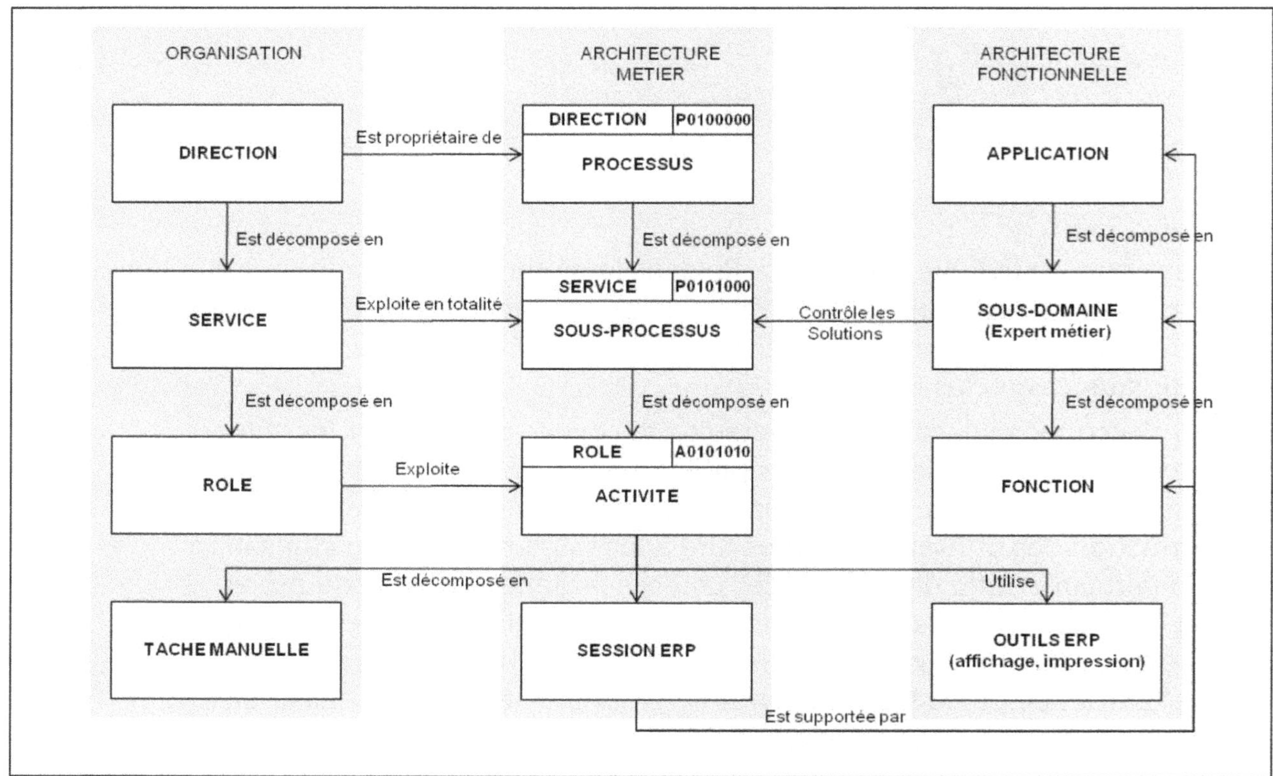

Figure 5-1 : Principes de modélisation

On pourra ainsi par exemple en partant d'une direction de l'entreprise :
- consulter les services dépendant de cette direction ;
- consulter les rôles (fiches de postes) de ces services ;
- consulter les activités supportées par ces rôles ;
- consulter la procédure de ces activités ;
- remonter au sous-domaine de l'expert métier.

ou d'une application :
- consulter les sous-domaines par expert métier ;
- consulter les activités dont ils sont responsables ;
- consulter la procédure des activités ;
- remonter au rôle utilisateur qui exécute cette activité.

Principes de modélisation

Si la transversalité est une caractéristique reconnue des processus, dans la mesure où ils traversent par définition plusieurs métiers, services, sous-domaines ou modules de l'ERP, elle peut être difficile à gérer dans un projet si elle n'est pas intégrée dans la démarche et dans la modélisation. On peut illustrer cette caractéristique par une structure matricielle dont les deux dimensions correspondent chacune à l'architecture fonctionnelle et à l'architecture métier.

MOA par processus / Propriétaires de processus	Processus et Activités	MOE par sous-domaine — Equipe de projet – Pilotes fonctionnels													
		SD1 – Référentiel Article	SD2 – Référentiel Clients	SD3 – Gestion Commandes	SD4 – Gestion des stocks PF	SD5 – Abonnements	SD6 - Planification	SD7 - Fabrication	SD8 – Contrôle de gestion	SD9 - Comptabilité	SD10 - Personnalisations				
	P01 – Commandes sur stock														
	P02 – Assemblage à la commande														
	P03 – Fabrication à la commande														
	P04 – Abonnements														
	P05 - Finance														

Figure 5-2 : Structure matricielle des équipes projet

On ne peut pas en effet demander à un utilisateur, si brillant qu'il soit, d'assumer la responsabilité et par conséquent de connaître l'ensemble des métiers « traversés » par un processus. Sa responsabilité d'expert métier est limitée au métier auquel il est rattaché et c'est à une autre structure de superviser la dimension « processus ».

Pour les projets moyens, une solution simple consiste à gérer deux dimensions dans le projet : la maitrise d'ouvrage représentée par les « propriétaires de processus » et la maîtrise d'œuvre représentée par les « experts métier ». On profite alors de cette structure de projet en deux équipes pour confier aux propriétaires de processus la responsabilité de fixer les orientations et évolutions souhaitées par les métiers et aux experts métier, avec l'aide des consultants, celle de la définition des solutions par métier dans le détail.

Pour les petits projets, on s'efforce en général de trouver un compromis entre la vision transverse par processus et la vision hiérarchique par sous-domaine fonctionnel. C'est ce qu'on réalise en décomposant un processus métier transverse en sous-processus correspondant aux différents métiers traversés par le processus.

En général le découpage de ces métiers correspond assez bien au découpage fonctionnel par sous-domaine, ce qui fait que la distinction entre l'architecture fonctionnelle et l'architecture métier ne se retrouve qu'au niveau le plus global et qu'au niveau inférieur, les notions de sous-processus et de sous-domaines se recouvrent pour documenter le système d'information.

Architecture métier

Une approche par processus se caractérise en particulier par des livrables organisés en fonction des processus métiers afin de permettre une meilleure appropriation sur le terrain par ces métiers. Un dossier de synthèse des métiers est alors constitué, ayant pour but de documenter l'ensemble des choix d'organisation en termes de processus et de règles de gestion. Il définit l'ensemble des activités de l'organisation cible et est constitué des livrables suivants.

- **Schéma général de fonctionnement (processus global)** : enchaînement donnant une vision transversale des processus.

- **Processus :** ensemble de tâches à exécuter à réception d'un événement ou document externe, ou encore d'un événement asynchrone interne à l'entreprise. Chaque fonction processus est modélisée à l'aide d'outils comme Mega, Casewise, PowerPoint, Visio ou encore à l'aide d'un éditeur graphique intégré à l'ERP.

- **Sous-processus :** ensemble de tâches à exécuter à réception d'un événement ou document interne de liaison entre métiers ou services. Il est issu d'une décomposition du processus par métiers (ou services) de l'entreprise.

- **Activité :** ensemble d'opérations ou de tâches élémentaires réalisées, dans le système cible, par un même rôle utilisateur final par suite d'un même déclencheur. L'activité est issue de la décomposition du sous-processus et détermine au final le périmètre global du projet, décomposé en activités.

- **Cas de gestion :** chaque processus, sous-processus ou activité peut être découpé en différents cas de gestion, mettant en œuvre des procédures différents pour la même activité. Les cas de gestion sont définis dans la phase de conception détaillée.

Les activités sont définies lors de l'élaboration de l'architecture métier car celle-ci fait suite à des orientations fixées par les métiers, intégrant des évolutions ou adaptations organisationnelles.

En revanche le même référentiel d'activités est partagé par les trois axes de documentation cités ; il ne s'agit pas de définir deux voire trois fois les mêmes activités cibles.

Architecture fonctionnelle

C'est la principale architecture à considérer pour un projet car elle correspond au minimum de documentation à réaliser pour des petits projets. Elle consiste à décomposer le périmètre en sous-domaines fonctionnels sous la responsabilité d'un expert métier, chacun d'eux étant décomposé en fonctions jusqu'à documenter les mêmes activités que dans l'architecture métier.

- **Modèle de gestion :** premier niveau de découpage du périmètre du projet en sous-domaines fonctionnels. Chaque sous-domaine est placé sous la responsabilité d'un expert métier pendant toute la durée du projet.

- **Fonctions :** chaque sous-domaine fonctionnel est découpé en fonctions : par exemple de conception, d'organisation, de planification, d'exécution et de contrôle.

- **Activité et cas de gestion :** chaque fonction, et au final le périmètre fonctionnel global du projet, est décomposé en les mêmes activités et cas de gestion que dans l'architecture métier. Ensuite, chacune de ces activités sera décomposée en tâches en phase de conception détaillée.

- **Tâches :** il s'agit en premier lieu de programmes ou sessions à exécuter dans l'ERP pour exécuter la procédure de l'activité. Il est souhaitable aussi de documenter les tâches de reporting ou d'interrogation utilisant le support de l'ERP pour les intégrer dans les menus par utilisateur, voire enfin les tâches manuelles hors système informatique.

La méthode de modélisation en différents cas de gestion a fait l'objet de nombreuses études et réflexions sur le choix de particulariser au niveau global ou au niveau du détail. A priori, il n'y a pas de règle d'or dans ce domaine et on choisira ce qui rendra la lecture de la documentation la plus efficace possible. A titre indicatif et pour mieux comprendre la structuration des livrables, un exemple de codification des activités est donné ci-après :

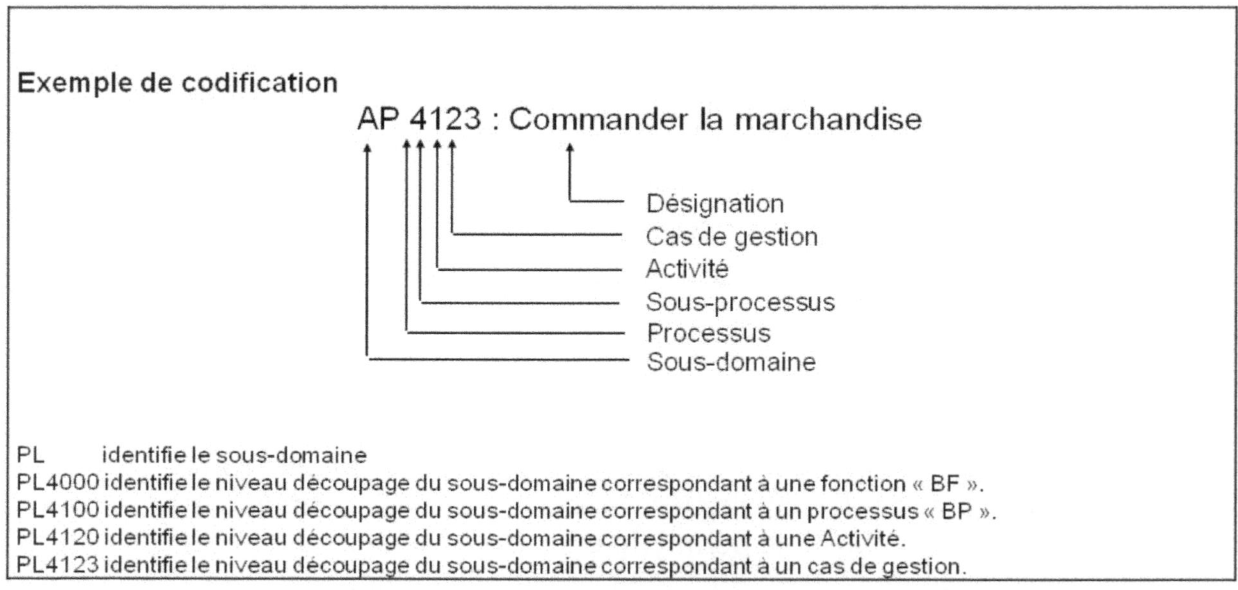

Figure 5-3 : Exemple de codification des activités

Organisation et rôles

La documentation de l'organisation répond aux méthodes classiques de représentation hiérarchique des organigrammes que l'on rencontre dans la littérature sur le sujet. En revanche, dans le cadre d'un projet ERP, il est nécessaire que cette documentation corresponde exactement aux activités qui ont été définies dans le projet afin de définir les rôles des futurs utilisateurs et de leur affecter la liste précise des activités dont ils auront la responsabilité.

Principaux livrables

Les paragraphes suivants sont consacrés aux principaux livrables d'un projet ERP. Ils contiennent des recommandations sur la manière de les rédiger, en vue d'apporter un confort optimal à l'utilisateur tout en garantissant un coût minimal, et d'éviter notamment les réécritures toujours fastidieuses.

Schéma général de fonctionnement

En phase de conception générale, il s'agit de représenter le futur système d'information par un enchaînement de processus présentés manière ordonnée. C'est en effet la façon la plus logique, conviviale et compréhensible pour un utilisateur dont ce n'est pas le métier d'analyser des processus qui peuvent s'avérer complexes.

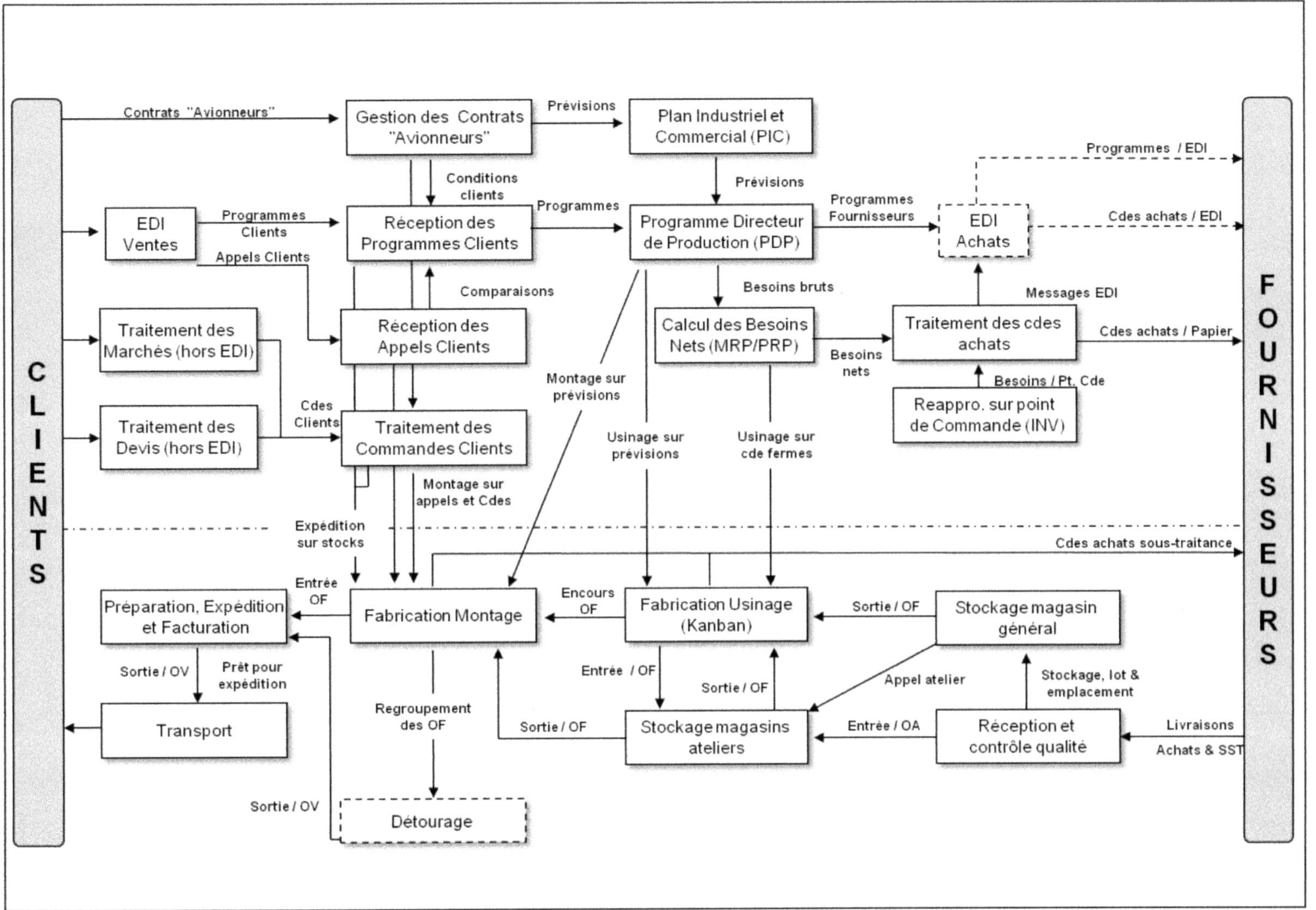

Figure 5-4 : Exemple de schéma général de fonctionnement

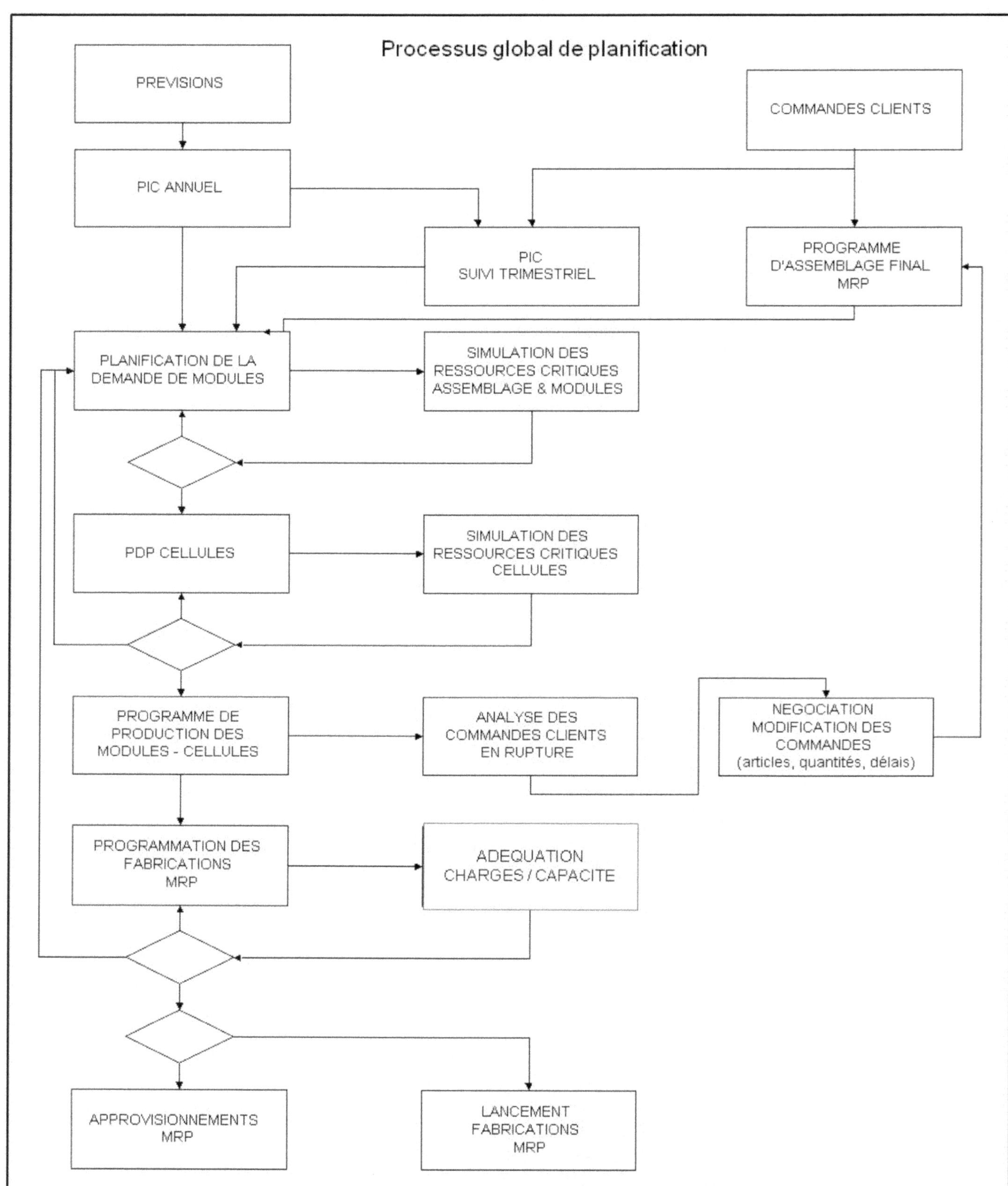

Figure 5-5 : Exemple de processus métier

Pour cette raison, il est souhaitable de représenter la future organisation sous la forme d'un schéma général de fonctionnement, présentant les caractéristiques suivantes.

- Il est global, c'est-à-dire qu'il couvre l'ensemble du périmètre fonctionnel en un seul schéma.
- Il est transversal et présenté par processus métier qui échangent les principaux flux d'information entre clients et fournisseurs.

Processus métier

En phase de conception générale, chaque processus est décomposé en sous-processus dans une vision de représentation transversale, sans se soucier dans cette phase de qui intervient dans le processus. Il va sans dire qu'une telle représentation va au-delà des compétences individuelles des experts métier et qu'elle doit être supervisée étroitement par la direction de projet, voire par un consultant métier dédié à cet exercice.

Cette modélisation des processus se veut graphique, rédigée sous l'angle et dans un langage métier, c'est-à-dire compréhensible facilement par un utilisateur. Elle est décomposée jusqu'au niveau activité, définissant ainsi totalement le périmètre fonctionnel du projet.

On procède dans cette phase en une décomposition en deux ou trois niveaux, permettant d'aboutir au niveau des activités du futur système.

Activités

La description en détail des activités ne constitue pas un livrable de la phase de conception générale à proprement parler, car elle fera au contraire l'objet de plusieurs livrables : procédure, règle de gestion, manuel utilisateurs dans la phase de conception détaillée.

La définition détaillée des activités se constitue en trois temps.

- En phase de conception générale, elle se limite à la liste des activités métier constituant le périmètre fonctionnel du projet, assemblées en processus pour les projets moyens, voire uniquement en fonctions pour les petits projets.

  Cette liste est centrale et déterminante pour la bonne gestion du projet et de ses évolutions ultérieures, et s'effectue entièrement lors de cette phase.

  Il est important de confirmer les hypothèses qui ont présidé au lancement du projet et notamment le périmètre fonctionnel dont dépend le planning et le budget du projet. On attachera donc tout particulièrement une très grande attention à cette liste car elle est déterminante pour le respect des délais et des budgets dont nous reparlerons plus loin.

C'est pour cette raison qu'il est souhaitable de codifier les activités afin de rationaliser la production des livrables de même que le suivi de l'avancement du projet.

- En phase de conception détaillée, il s'agit de concevoir précisément ces activités (voir chapitre 4, « Étape 2. Spécifications détaillées de paramétrage » page 118), notamment par la procédure et par les règles de gestion correspondantes.

  Les activités seront éventuellement décomposées en cas de gestion afin de prendre en considération des cas de procédures différentes pour une même activité.

> **Les cas de gestion**
>
> Ils ont essentiellement pour but de découper l'activité, afin d'éviter de produire des usines à gaz dans la modélisation des procédures et d'en faciliter la lecture par l'utilisateur. Ces cas sont d'ailleurs identifiés en conception détaillée, ce qui justifie de les nommer en subdivisant les activités, représentatives du périmètre fonctionnel du projet, donc en général contractuelles.

- La phase de conception détaillée devant être validée rapidement pour éviter les retards de planning, la documentation des activités ne peut être achevée. C'est seulement lors de la phase de réalisation qu'elle est complètement terminée (voir chapitre 4, « Étape 4. Élaboration du dossier de conception » page 128).

  Un manuel utilisateurs permettra également de montrer pour chaque activité les images des écrans de saisie ou d'interrogation à utiliser ainsi que les consignes particulières d'utilisation.

L'ensemble des livrables sera découpé par activités. Ainsi, en phase de déploiement, ces livrables pourront être séparés par activité et regroupés en fonction des profils d'utilisateurs qui auront été définis. Le résultat de cet assemblage constituera autant le kit de formation que la documentation de l'organisation et relèvera ainsi des principes de gestion de la qualité pour les entreprises sous assurance qualité (AQ).

Règles de gestion majeures

Énoncés de principes directeurs établis en phase de conception générale à l'initiative des métiers ou structurés par l'ERP, et faisant partie intégrante de la solution core model, les règles de gestion majeures expriment les conditions nécessaires d'une bonne utilisation du progiciel pour assurer la cohérence du core model et l'atteinte des objectifs du projet.

Ce livrable est fondamental dans une bonne documentation de projet car il justifie par écrit les choix et décisions pris dans le projet pour une meilleure capitalisation au sein de l'entreprise et une meilleure appropriation par les futurs utilisateurs.

L'un des moyens commodes de rédaction de ces règles est de formaliser le détail de la règle dans un document de type Word en réservant un titre et un code de règle, de manière à ce qu'ils puissent être repris dans une table des matières, ce qui offre une vision rapide et synthétique de l'ensemble des règles en début de document.

Le titre de la règle constitue en générale la décision prise ou validée par l'entreprise, alors que le détail fournit des explications ou des justifications de cette décision.

PROCESSUS : EG PRO 70X – CREER LE BESOIN ET LA VENTE

Activité : – Confirmer le délai de livraison au client

PL 70N-02	**Le délai de livraison d'un Ordre de vente de type Négoce est déterminé en fonction de la disponibilité détaillée de l'article en stock**

Si le délai demandé est supérieur au délai d'approvisionnement de l'article alors le délai demandé est accepté

Sinon, si le stock projeté à la date demandée est suffisant, le délai est accepté

Sinon, en cas de non disponibilité au délai demandé par le client, le délai demandé ne peut pas être confirmé et une procédure d'alerte est déclenchée – l'opérateur peut au choix :

1. confirmer automatiquement un délai de livraison OPD = D.Jour + Délai Article

2. générer un POA affecté à la commande

3. générer un POR affecté à la commande (si l'article est disponible dans un autre magasin)

4. confirmer automatiquement un délai OPD = date 1ère période PDP où ATP est suffisant (pour les Articles critiques dans le PDP (MPS) uniquement)

Figure 5-6 : Exemple de règle de gestion majeure

Projet ERP	Spécifications Générales de Paramétrage	Date: 19/05/10 Version : 1.0
REGLES DE GESTION MAJEURES (LISTE)	Sous-Domaine : PL - Planification	

Table des matières

Figure 5-7 : Exemples de synthèse des règles de gestion majeures

Modèle de gestion

En phase de conception générale, il est souhaitable de décomposer le périmètre fonctionnel de façon à pouvoir coordonner l'ensemble des travaux et livrables du projet et notamment de les répartir sur chacun des experts métier, responsables de sous-domaine, en fonction de leur métier. On aura alors tendance à réaliser une seconde représentation appelée modèle de gestion présentant les caractéristiques suivantes.

- Il est global, tout comme le schéma général de fonctionnement, c'est-à-dire qu'il couvre l'ensemble du périmètre fonctionnel en un seul schéma.
- Il est présenté par sous-domaines fonctionnels du système d'information, en prévision d'une responsabilisation des utilisateurs experts métier.

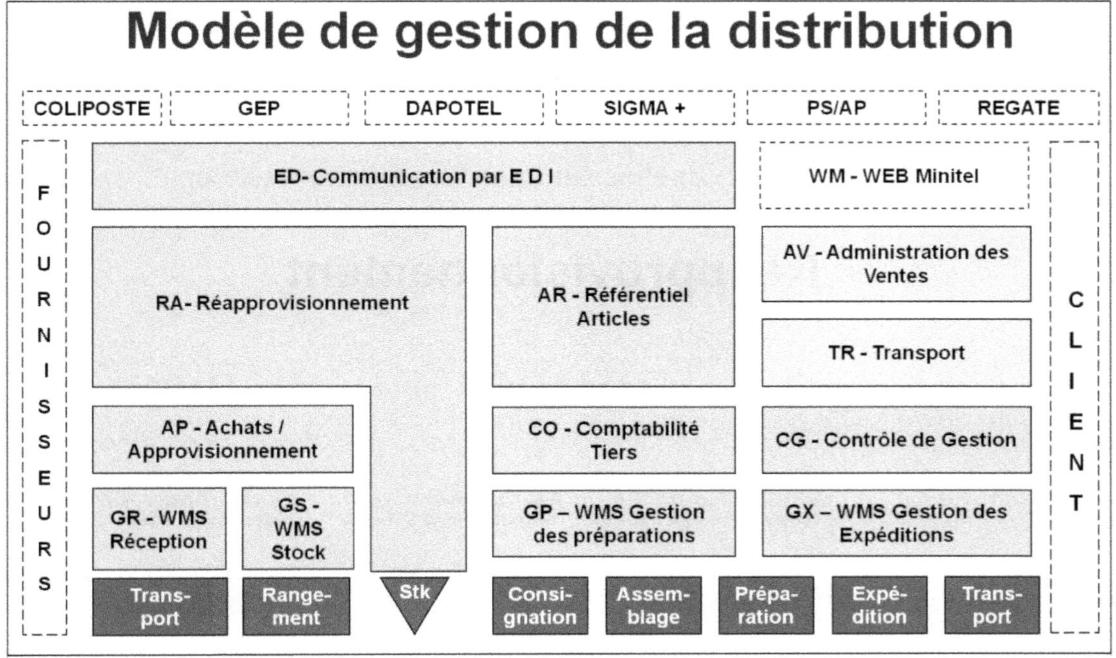

Figure 5-8 : Exemple de modèle de gestion

La notion de modèle de gestion est à rapprocher de la notion de core model dans la mesure où il constitue la solution conçue pour un secteur d'activité et les modes de gestion des flux de l'entreprise.

En d'autres termes, ce modèle est susceptible d'être appliqué à toutes les entités d'un groupe qui ont les mêmes modes de gestion des flux. Un modèle peut, par exemple, être défini pour les productions à la commande et un autre pour les productions sur stock.

On trouve généralement des modèles préconfigurés selon une segmentation apportée par les bonnes pratiques de gestion industrielle comme :

- MTS : production sur stock ;
- ATO : assemblage à la commande ;
- MTO : fabrication à la commande ;
- ETO (Engineer To Order[1]): conception à la commande.

Le but principal de cette représentation est de permettre une structuration de l'équipe fonctionnelle et l'organisation des travaux en fonction des sous-domaines de premier niveau définis par ce modèle.

Cette représentation de premier niveau sera ensuite décomposée à différents niveaux inférieurs et constituera ainsi une décomposition hiérarchique du périmètre fonctionnel utilisée par l'ensemble des acteurs du projet.

1. Mode de gestion (processus et règles de gestion) consistant à concevoir et à produire des produits finis spécifiquement (unitairement) en fonction des commandes clients.

Fonctions

Parallèlement à cette représentation, il est prioritaire de réaliser en phase de conception générale une décomposition hiérarchique de chaque sous-domaine du modèle de gestion en fonctions qui formeront la trame de la conduite du projet et même au-delà lors des évolutions de l'organisation ou du système d'information.

La décomposition du modèle de gestion structurée en fonctions représente donc un ensemble hiérarchisé des mêmes activités définies précédemment, regroupées ainsi car elles sont proches fonctionnellement.

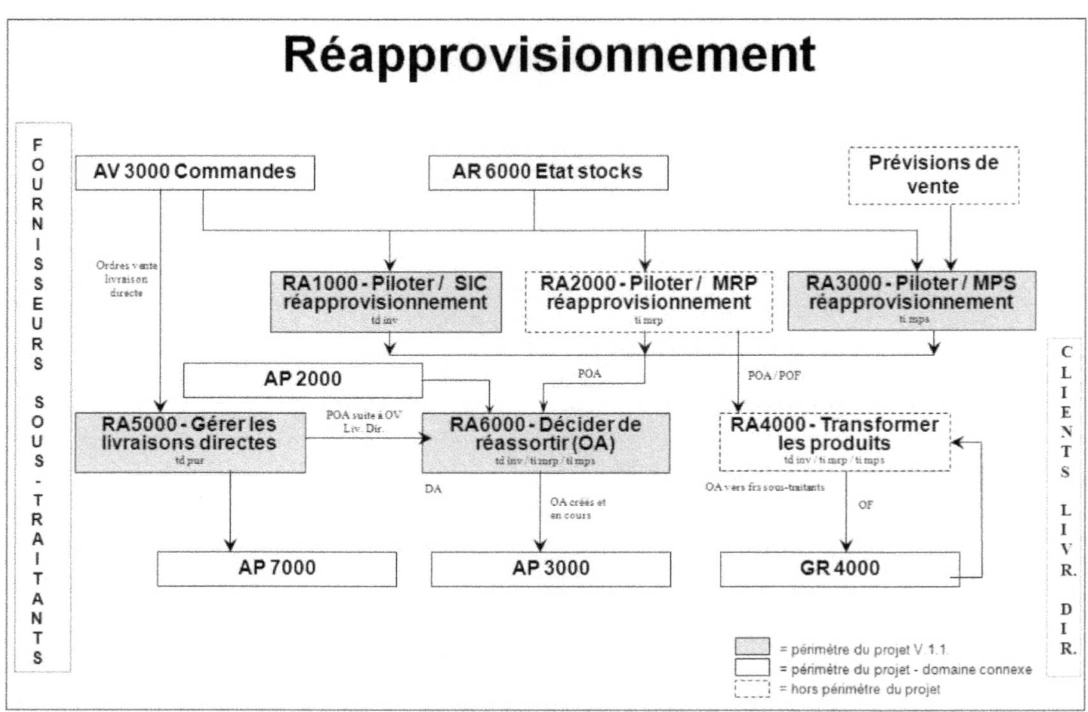

Figure 5-9 : Exemple de décomposition en fonctions

Règles majeures de paramétrage

Ce document, émis au minimum en phase de conception générale pour les paramètres structurants d'un ERP, a pour but à la fois de capitaliser sur l'expérience acquise par les consultants, rappelant l'impact du paramètre dans le progiciel standard, et de fixer les choix de paramétrage effectués spécifiquement pour l'entreprise.

En premier lieu, la fonction standard de l'ERP est résumée. Cette rédaction est en principe le fruit de l'expérience de l'intégrateur et ne dépend pas du projet en cours. Ensuite il s'agit de bien rappeler l'ensemble des éléments à prendre en considération, en tant que besoin, avant de faire le choix de paramétrage.

<table>
<tr><td colspan="2">Projet ERP</td><td>Spécifications Générales de Paramétrage</td><td>Date: 12/04/2003
Version : 1.0</td></tr>
<tr><td colspan="2">REGLES MAJEURES DE PARAMETRAGE (1)</td><td colspan="2">Domaine : DT Données Techniques</td></tr>
</table>

DESIGNATION : POLITIQUE DE COMMANDE

VALIDATION

Par	Date	Statut

FONCTION DANS LE PROGICIEL

Dans Baan standard :

La Politique de commande est définie au niveau de la fiche d'un Article standard pour désigner si l'article est approvisionné en mode banalisé ou par projet :

- « Anonyme » : l'article est de définition standard et les propositions d'Ordres d'approvisionnement sont regroupées à partir de l'ensemble des besoins issus des applications – l'article reste unique quelle que soit l'origine des besoins

- « A la commande » : l'article est de définition standard mais les propositions d'approvisionnement sont émises projet par projet – l'article est recopié en article spécifique au projet (automatiquement par le PRP ou à la demande par les sessions de copies de données techniques de standard à projet)

Dans le modèle CSB :

- tous les articles achetés sont créés automatiquement en article standard avec la politique de commande : « A la commande » à la création de l'article dans la CAO.

- Seuls les articles présentant une opportunité de répétitivité sont basculés en politique de commande: « Anonyme » (5%), soit à la validation de l'article à son arrivée dans Baan, soit lorsque l'on identifie cette opportunité

- Les articles restant dans leur état initial (95%) sont approvisionnés par projet : une ligne de commande par référence suggérée et regroupement éventuel sur une même commande

DESCRIPTION DU BESOIN

1°) Besoin exprimé en fonction des modes de gestion actuels de Massy :

Le besoin émis par C1 est d'approvisionner en « Anonyme » (95%), c'est-à-dire de regrouper les besoins des affaires en un seul OA, un seul stock magasin et de sortir les composants en fonction des priorités.

Le besoin de C3 est a priori le même à savoir de regrouper les appros (notamment des cartes) et donc de les gérer en « Anonyme ».

Dans cet esprit les composants communs sont gérés en « anonyme » et une logique DRP permet de planifier les transferts entre magasins demandeurs et magasin principal d'approvisionnement

2°) Par ailleurs, un besoin nouveau est à prendre en compte du fait de la mise en œuvre de la traçabilité des lots : gérer la composition exacte des produits livrés au client final en terme de N° de Lot (Baan) :

- sortir les composants du magasin et les livrer aux projets (c'est la Mise à disposition ou MAD) en fonction des besoins émis par les OF et de la gamme (au début des tests d'intégration en plate-forme)

- définir la composition exacte de la livraison au déclenchement de celle-ci (en remplacement de la procédure d'élaboration de la liste des N° série relevés à la livraison)

3°) Cas particulier des produits achetés par CSB à C1 :

ces articles sont actuellement achetés par CSB en mode projet comme la plupart des articles ; à l'avenir, c'est C1 qui, responsable de l'appro pratiquera sa politique de commande en « anonyme », le code politique de commande de ces articles serait donc à changer au basculement dans la nouvelle version du système et C1 devrait utiliser le code article de CSB. Pour éviter cela, une hypothèse serait de passer les articles CSB en « fabriqués – fantômes » et de leur donner comme composant la référence du produit approvisionné par C1.

RMParamétrage.doc	Page 5/21	Word 2000

Figure 5-10 : Règle de paramétrage majeure (1/3)

Projet ERP	Spécifications Générales de Paramétrage	Date: 12/04/2003 Version : 1.0
REGLES MAJEURES DE PARAMETRAGE (1)	*Domaine : DT Données Techniques*	

HYPOTHESES

1°) les articles achetés sont tous en majorité « a la commande » comme actuellement (sauf les articles achetés à C1) :

- chaque site confirme ses POA sur projet comme à CSB en fonction de l'approvisionneur du site : il faut donc modifier l'approvisionneur de l'article projet lorsque celui-ci est appelé par un projet géré sur un autre site (écart spécifique à instruire du style de celui envisagé pour gérer le DRP)

- les lignes d'OA ne sont pas regroupées et sont au contraire détaillées par projet

- les articles sont mis à disposition des affaires dès leur réception sans autre transaction – ils 'tombent' dans l'en-cours affaire et y restent jusqu'à ce qu'ils soient consommés par les OF

- les en-cours affaires doivent être gérés physiquement en accord avec Baan en termes d'emplacement – notamment il faut bien différencier ce qui est du « magasin de garde » des composants jusqu'à réquisition par les OF des projets de ce qui est de l'en-cours sur les plates-formes par exemple

- les articles séjournent dans cet en-cours jusqu'à la consommation qui peut intervenir à la livraison du produit fini au client final

- les transferts de composants font l'objet d'une modification de la « donnée de désenlogement » pour supprimer l'affectation avant de pratiquer des Ordres magasins PRP pour les transferts entre projets

- le désenlogement peut se faire globalement pour réserver en emplacement les composants que l'on vient juste de MAD (pour éviter d'avoir à ressaisir la liste des N° de lots) – le désenlogement n'est alors pas « lancé » pour ne pas consommer réellement les composants –

- les transferts de composants entre OF d'un même projet/produit ou entre projets différents sont réalisés par des OM PRP manuels de projet à projet (MAD négative en sortie et normale sur le nouveau projet) – notamment les arbitrages

2°) les articles achetés C3 sont tous en majorité « anonyme » (comme les articles de C1) :

- le site approvisionneur confirme les POA pour l'ensemble des besoins de tous les sites : (pas besoin de modifier l'approvisionneur dans les projets comme dans l'hypothèse 1°)

- une seule ligne d' OA pour toutes les affaires et un seul stock magasin qui peut être servi au gré de l'urgence apportée par les dates de réquisition des OF

- le stock magasin est composé uniquement de ses emplacements physiques

- les articles sont MAD de l'affaire par sortie du magasin sur réquisition d'un OF de l'affaire et passent dans l'en-cours de l'OF du projet (comptablement : différence avec l'hypothèse précédente = MAD à la consommation sur OF)

3°) Les articles communs sont gérés en « anonyme »

Il n'y a pas de notion d'article commun (au sens développé en Phase I) si des politiques de commande diffèrent entre les deux sites. Les références articles sont donc différentes entre les sites pour un même article physique ! ! Autrement dit il n'y a pas d'hypothèse faisable où le même article serait « anonyme » sur un site et « à la commande » sur l'autre

4°) les articles sont gérés à la fois en « anonyme » et en « spécifique projet » (hypothèse écartée)

L'idée est d'approvisionner l'article en anonyme - de le mettre à disposition à l'affaire par OM PRP sur l'article spécifique – et enfin de consommer l'article spécifique sur OF avant la livraison au client final. Les limites de cette hypothèse tiennent au fait que des conditions contradictoires sont nécessaires pour automatiser ce processus :

- il faut que l'article standard n'ait pas de stock magasin pour qu'il soit recopié automatiquement en article spécifique par le PRP (processus utilisé actuellement par CSB)

- il faut que l'article standard ait du stock pour que PRP recommande un OM PRP, sinon PRP recommande un POA spécifique

RMParamétrage.doc	*Page 2/21*	Word 2000

Figure 5-11 : Règle de paramétrage majeure (2/3)

Puis sont rappelées, le cas échéant, les différentes hypothèses de solution qui ont été envisagées, pour l'utilisation de ce paramètre, afin de conserver une trace de la démarche qui a abouti à la conception et de justifier les hypothèses qui ont été étudiées et celle qui a été retenue.

Enfin, la règle d'utilisation choisie est confirmée telle qu'elle sera appliquée dans l'entreprise et selon le type de paramètre, la liste des valeurs retenues et leur codification, ou au minimum un échantillon de ces valeurs.

Projet ERP	Spécifications Générales de Paramétrage	Date: 12/04/2003 Version : 1.0
REGLES MAJEURES DE PARAMETRAGE (3)	*Domaine : DT Données Techniques*	

REGLE DE GESTION

Le choix « anonyme » est recommandé dans les cas suivants :

- choix d'un stock de sécurité (pour couvrir les aléas de consommation ou de délai) (à ne pas confondre avec le stock de pérennité)
- existence de Prix par quantités chez les FNRS (préférence pour « anonyme » mais négociable en fonction du FNR)
- disponibilité centralisée par article (CBN automatique, gestion de la pénurie)
- quantité mini d'approvisionnement non imputée à l'Affaire (rare à Massy)
- article HORS CYCLE – nécessite de faire des prévisions (MPS, SIC/Point de cde)

CODIFICATION

La politique de commande est fixée par article selon la règle de gestion suivante :

- « anonyme » : l'article est vivant et sa demande est continue
(par exemple : un TAUX de ROTATION inférieur à UN MOIS)
- « à la commande » : l'article est vivant et la demande est erratique
(par exemple : QTE ECONOMIQUE >> DEMANDE)
- « anonyme » : l'article est déclaré obsolète et un stock de pérennité est constitué

REFERENCES

R.M.Paramétrage.doc	Page 2/21	Word 2000

Figure 5-12 : Règle de paramétrage majeure (3/3)

Écarts majeurs

On appelle habituellement « écarts » les demandes d'adaptation ou de compléments de logiciel, émises par l'équipe projet (experts métier ou consultants) en phase de conception générale.

Il s'agit bien de demandes et non des décisions qui viendront après l'observation d'une procédure rigoureuse d'instruction de l'écart au cours de laquelle seront envisagées d'éventuelles solutions alternatives comme une modification de la pratique du métier ou encore un traitement manuel.

Chaque écart majeur fait l'objet de la rédaction d'une fiche d'écart et suit la même procédure d'instruction que dans l'étape de conception des fonctions complémentaires de la phase de conception détaillée (voir chapitre 4, « Étape 4. Élaboration du dossier de conception » page 128).

Projet ERP	Spécifications Générales de Paramétrage	Date : 29/01/10 Version : 1.0
ECART MAJEUR AU PROGICIEL (LISTE)		*Achat - Approvisionnement*

TABLE DES MATIERES

Liste des écarts majeurs.doc	Page 8/21	Word 6.0

Figure 5-13 : Exemple d'écarts majeurs

<table>
<tr><td>2. Regroupement des livrables issus de la phase de conception générale.</td><td>

Maquette de 1re simulation

Il est souhaitable que le dossier de conception générale (DCG)[2] comprenne en annexe un résumé des principales activités démontrées en 1re simulation. Sans qu'il prenne un caractère formel, ce livrable permet de fédérer l'équipe projet, lors de la conception détaillée, autour d'une trame de procédures dont les jalons ont été clairement définis dans la conception générale.

</td></tr>
</table>

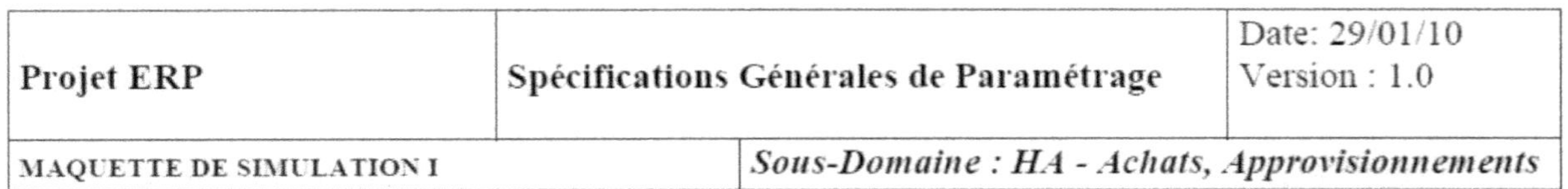

Projet ERP	Spécifications Générales de Paramétrage	Date: 29/01/10 Version : 1.0
MAQUETTE DE SIMULATION I	*Sous-Domaine : HA - Achats, Approvisionnements*	

Activité : HA 200N-01 – Validation des commandes d'achats <1000€

Le Chef de Service édite les POA « planifiées fermes »/fournisseur du groupe de planificateurs du service

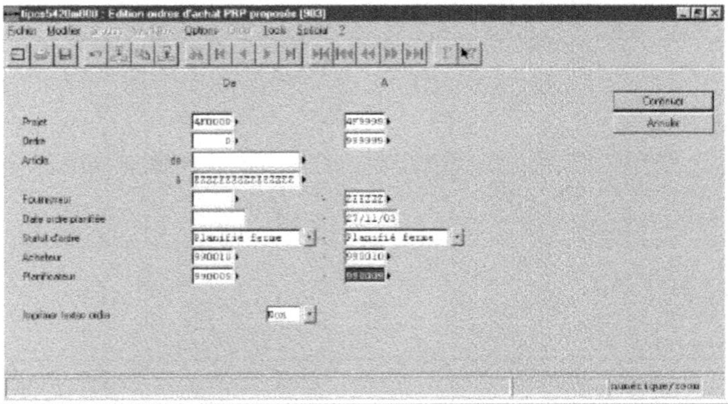

Le Chef de Service effectue les modifications de quantité (30%), déclare son nom sur les POA pour un montant de cde <1000€ (10%)

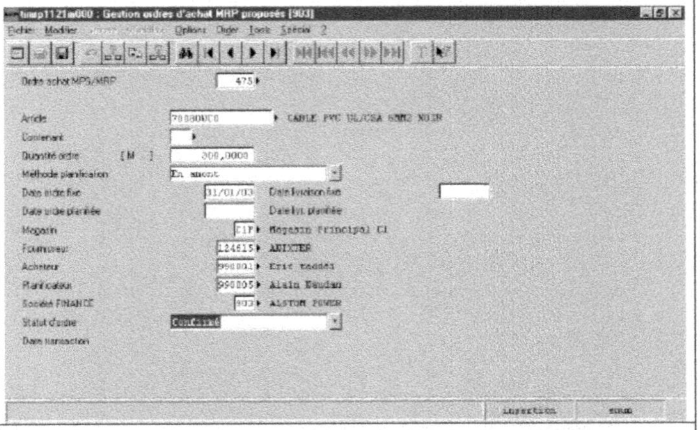

Le Chef de Service déclare l'ensemble des autres POA « confirmées » globalement

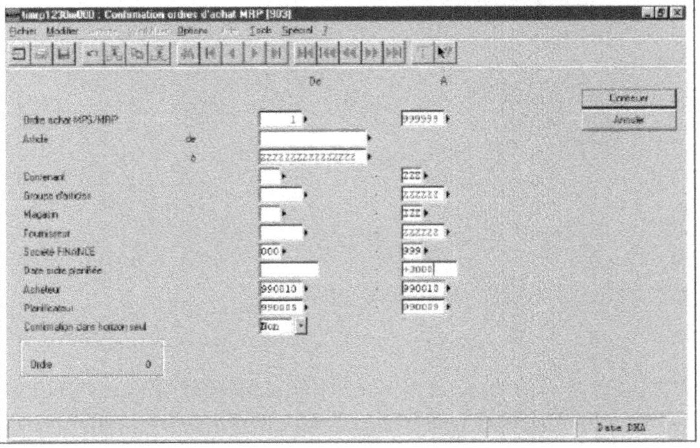

Figure 5-14 : Extraits de la maquette (exemple)

La maquette de simulation résume les principales procédures au moyen de captures d'écran d'autant plus significatives qu'elles ont été réalisées sur la base des données de l'entreprise représentatives des principales activités.

Procédures

Modélisation graphique réalisée en phase de conception détaillée sous forme de flow-chart des tâches détaillées pour chaque activité (liste des sessions ERP à exécuter), la procédure illustre l'ensemble des tâches à exécuter dans le système cible : manuelles ou informatique.

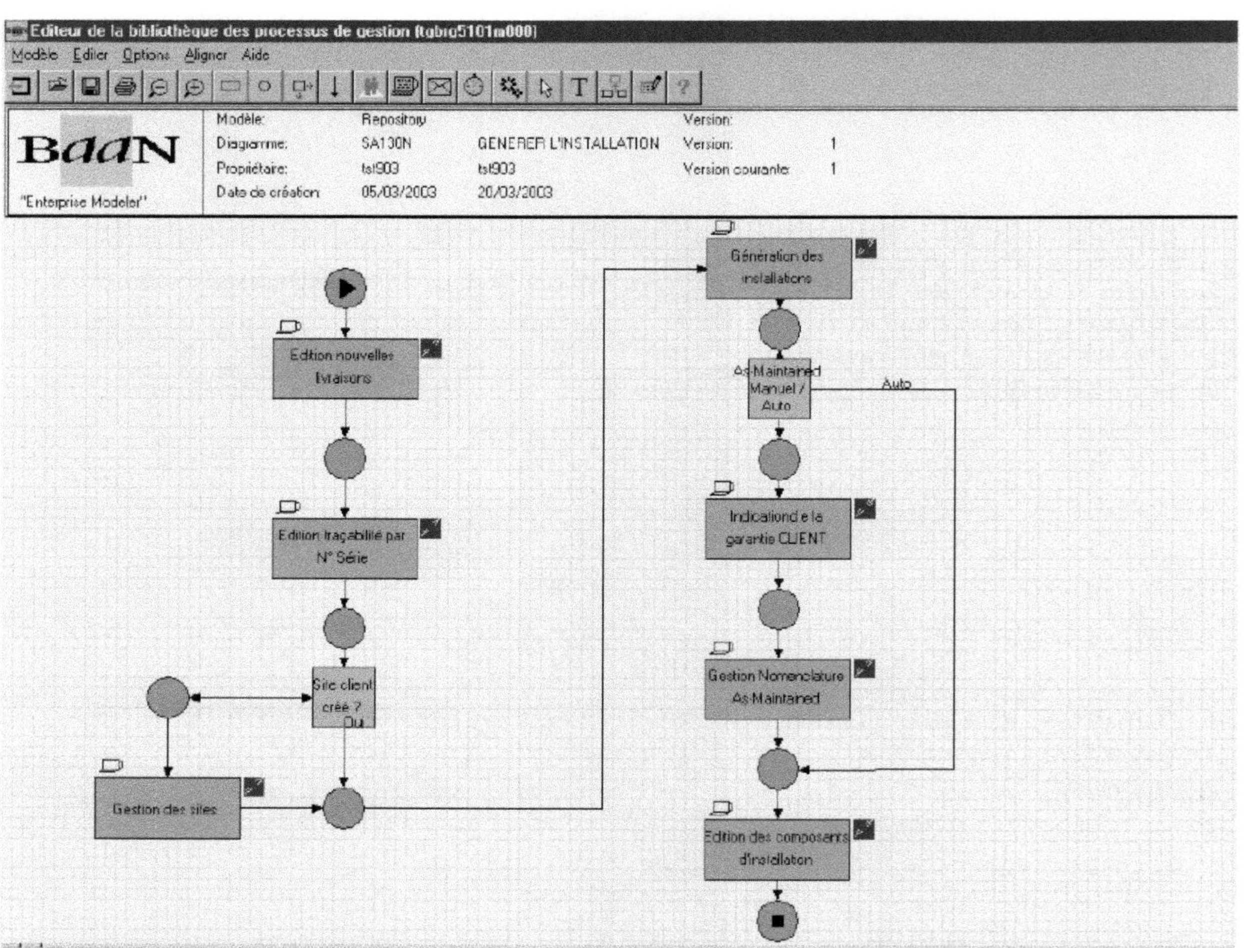

Figure 5-15 : Exemple de procédure

Là encore, il est important dans cette modélisation de nommer les tâches dans un langage compréhensible des métiers et de ne pas se contenter de reproduire la désignation de la session ERP utilisée pour réaliser la tâche, car bien souvent il n'y a aucune similitude entre le nom d'un programme informatique conçu par l'éditeur et l'utilisation qui en est faite par l'utilisateur.

> **Exemple de distinction entre libellé de tâche et désignation d'une session**
>
> Pour créer une commande client, on utilise bien souvent une session appelée gestion des commandes clients, ce qui paraît tout à fait normal et ne donne pas lieu à des désignations distinctes. En revanche, lorsqu'une activité a pour but de renseigner une information après la création de la commande, par exemple la date de livraison souhaitée (après confirmation du délai par un bureau d'étude ou de planification), la tâche utilise la même session de gestion des commandes. Il est alors important de préciser à l'utilisateur dans la procédure qu'il faut aller modifier la date de livraison souhaitée dans la commande. L'usage est de distinguer le nom de la tâche « Modifier la date de livraison » du nom de la session « Gestion des commandes ».

Fiches d'écart

Ces fiches regroupent tous les éléments nécessaires à l'instruction d'un écart (voir au chapitre 4 l'étape 5 : Conception des fonctions complémentaires de la phase de conception détaillée), c'est-à-dire à la prise de décision de lancer telle ou telle solution standard, de contournement, organisationnelle ou en dernière extrémité de développement spécifique.

L'écart proprement dit, entre le fonctionnement standard de l'ERP et le besoin ressenti par l'expert métier, fait l'objet d'une description de la demande expliquant les limites du fonctionnement standard et le besoin spécifique envisagé. On notera en premier lieu le niveau de priorité de cette expression de besoin, évalué par l'expert métier, que l'on avait déjà définie en phase de conception générale.

La priorité doit être justifiée par l'expert métier en détaillant son impact sur les enjeux du projet ou sa contribution à l'atteinte des gains attendus. Une demande qui n'est pas indispensable au démarrage du nouveau système a peut-être un impact fort sur les enjeux et peut-être est-il justifié qu'elle fasse l'objet d'une solution spécifique. Mais une demande dictée par la routine existante n'a peut-être pas de fondement du point de vue du métier et des enjeux et ne justifie donc pas un développement spécifique.

La fiche d'écart est ensuite analysée par le consultant ERP qui doit trouver une ou plusieurs solutions alternatives à cette demande, en précisant éventuellement un impact différent pour chaque alternative.

- Solution standard dans la version planifiée de l'ERP : cas où une telle solution n'avait pas encore été proposée.

- Solution standard dans une version disponible à l'horizon du projet. Des aménagements du planning du projet seront notamment à prévoir.

Projet ERP	Spécifications Détaillées de Paramétrage	Date: 12/04/2003 Version : 1.0
FICHE D'ECART FONCTIONNEL	*Domaine : PL – Planification*	

ECPL013 – Personnaliser l'impression des ordres de réapprovisionnement

DESCRIPTION DE LA DEMANDE

Niveau du besoin   1 - indispensable ■   2 - important ☒ -   3 - Mineur ☐

Réf Lot/Domaine : PL   Réf. Spécif.

Libellé demande : Personnalisation de l'état trdrp0420m000 (impression des ordres de réapprovisionnement proposés)

Description : Identifier les fiches article/magasin pour lesquelles les paramètres de stockage sont ceux du magasin de la fiche article, au moment du premier ordre réapprovisionnement proposé sur l'article

L'objectif de cette identification est un indicateur visuel permettant au Planificateur de modifier les paramètres de stockage de la fiche, hérités par défaut du magasin principal et par conséquent, de gérer son stock local (c'est-à-dire sur les magasins secondaires)

Remarques/documents joints :

IMPACT PREVISIBLE SUR LES ENJEUX   Majeur ☐   Important ☒   Mineur ☐

Description : Dans le cadre de la gestion des composants communs aux deux sites, la modification est nécessaire pour ne pas avoir à contrôler systématiquement POUR TOUS LES P.O.R. que les paramètres de réapprovisionnement de l'article, pour le Magasin, ont bien été renseignés spécifiquement.

PRISE EN COMPTE DE L'ECART

Demande rejetée	Prise en charge effective	Demande de modification -	Annulation

Fermeture prononcée le :   par :

VISA ou compte-rendu du :

EVALUATION DE LA DEMANDE

Instruction par :

DESCRIPTION SOLUTIONS PROPOSEES

Solution spécifique N°1 :
- Ajouter une colonne dont le label est « Utiliser param article à »
- Si le champs « Utiliser param article à » (tdinv001.uidt) est à « Oui », éditer « Oui » sur l'état trdrp0420m000 suivant la sélection « Ordres de réapprovisionnement proposé par magasin de réapprovisionnement »

Solution standard N°2 : Repose sur l'expérience métier et la connaissance des produits de l'entreprise :
- sur analyse de l'origine des besoins, le planificateur constate que la quantité d'ordre de réapprovisionnement proposé est nettement supérieure aux besoins
- au regard de ce constat en déduit que l'article est probablement proposé au réapprovisionnement pour la première fois et va modifier les paramètres de la fiche article/magasin

	Solution n° 1	Solution n° 2
Niveau d'impact	☐ majeur ☐ important ☒ mineur	☒ majeur ☐ important ☐ mineur
Estimation des charges : MOE (J/H)	–	–
Estimation des charges : ITC (J/H)		
Estimation des charges : Client	–	–
Type de mise en oeuvre	☐ Standard ☒ Spécifique	☒ Standard ☐ Spécifique
Description jointe	☐ Réf :	☐ Réf :

DECISION

Prise en compte immédiate . : ☐	Prise en compte différée ☐ Date prévue :	Annulation ☐
Complément d'étude par :	pour le :	Transformée en modification n° :
Visa **Client** Date : __-__-__ Nom :	Visa **MOE** Date : 23-09-2003 Nom :	

Fiche d'écart fonctionnel.doc	Page 15/21	Word 6.0

Figure 5-16 : Exemple de fiche d'écart

- Solution standard dans une version future de l'ERP : fruit d'une annonce de l'éditeur. La décision consiste alors à attendre cette nouvelle version pour ne pas développer une fonction potentiellement caduque.

- Solution organisationnelle : solution dégradée ou de contournement. Changer la demande, peut-être par une modification de l'organisation, afin de mieux coller à l'ERP et utiliser une procédure ERP, peut-être un peu moins performante mais standard.

- Solution potentiellement standard proposée par l'éditeur : l'éditeur prend à sa charge le développement spécifique, idéalement gratuitement mais à la limite facturé, avec l'engagement de l'intégrer dans une prochaine version standard de l'ERP.

- Développement spécifique pérenne : non remis en cause à priori par les futures « montées » de version standard de l'ERP.

- Développement spécifique non pérenne : nécessite une remise à niveau et des tests de non régression à chaque mise en œuvre d'une nouvelle version de l'ERP.

Spécification fonctionnelle détaillée

En phase de conception détaillée, la spécification fonctionnelle d'un développement informatique à réaliser (spécifique, interface, reprise de données) est rédigée par les consultants fonctionnels, validée par l'expert métier et transmise à l'équipe de développement pour réalisation des logiciels.

Par rapport à un développement spécifique traditionnel, ces spécifications s'appuient sur le fonctionnement standard de l'ERP, qu'il s'agit le plus souvent de considérer comme une contrainte de départ ou un résultat à produire selon le cas, afin d'intégrer parfaitement le développement spécifique en respectant la cohérence de l'ERP.

C'est la raison pour laquelle ce sont en général les consultants ERP qui, par leur connaissance du fonctionnement et de la structure des tables de l'ERP, sont à même de prendre en charge la réalisation de ce type de livrable. C'est aussi eux qui seront chargés in fine de tester la cohérence du développement spécifique avec le standard lors du test d'intégration final.

Projet ERP	Spécifications Détaillées de Paramétrage	Date: 12/04/2003 Version : 1.0
SPECIFICATION FONCTIONNELLE GENERALE	Domaine : DT Données Techniques	

REDACTION

Par	Date	Statut
Philippe Jouffroy	12/09/2003	Version 1

VALIDATION

Par	Date	Statut

SUIVI DU DOCUMENT

Version	Date	Modification
1	12/09/03	Version initiale

PLAN DU DOCUMENT

Spécification fonctionnelle.doc	Page 16/21	Word 6.0

Figure 5-17 : Plan de spécification fonctionnelle

Règles de gestion détaillées

Il s'agit des règles d'utilisation de l'ERP dont le niveau de validation correspond en général à l'expert métier lui-même, voire au comité de projet dans le pire des cas dans cette phase. Énoncés de principes établis par l'expert métier en phase de conception détaillée, et faisant partie intégrante de la solution core model, les règles de gestion détaillées expriment les conditions d'utilisation du progiciel, choisies par les experts métier pour intégrer les spécificités de l'entreprise dans le core model.

<table>
<tr><td>Projet ERP</td><td>Spécifications Détaillées de paramétrage</td><td>Date: 19/05/10
Version : 1.1
Phase 2</td></tr>
<tr><td>REGLES DE GESTION DETAILLEES (LISTE)</td><td colspan="2">Réapprovisionnement</td></tr>
</table>

TABLE DES MATIERES

<table>
<tr><td>RG Détaillées.doc</td><td>Page 12/21</td><td>Word 6.0</td></tr>
</table>

Figure 5-18 : Règle de gestion détaillée (résumé)

Ces règles ont pour but de préciser par exemple :

- la codification des articles, des familles d'articles et des clients, la numérotation des commandes ;

- les cas d'utilisation de paramètres de commande : quantité, périodicité, stocks et délais de sécurité ;

- la numérotation des lots de stocks, la configuration des magasins : allées, rangées et emplacements de stockage ;

- le détail des paramètres de calcul des prévisions.

En phase de conception détaillée, il est commode de présenter une liste résumée des règles de gestion pour permettre, notamment, la validation du prototype lors de la 2e simulation, et d'enrichir ensuite ces règles lors de la phase de réalisation durant l'élaboration du dossier de conception. Le but de cette rédaction est double : outre le fait qu'elle s'adapte aux exigences des plannings toujours serrés, elle permet de choisir entre une lecture rapide des règles en parcourant la liste résumée ou de se plonger dans la lecture détaillée, utile surtout lors des formations des utilisateurs.

Projet ERP	Spécifications Détaillées de paramétrage	Date: 29/01/10 Version : 1.1 Phase 2
REGLES DE GESTION DETAILLEES (DETAIL)	*Réapprovisionnement*	

1- SOUS-DOMAINE : REAPPROVISIONNEMENT

RA1000 - PARAMETRES DE STOCK / DONNEES DE REAPPROVISIONNEMENT

RGRA01 - Le niveau de service correspond au pourcentage de commandes clients qui pourront être servies directement à partir du stock.

Le niveau de service est utilisé pour le calcul du stock de sécurité via la session « Calcul prévision de demande par article » (tdinv4230m000). Plus son pourcentage est élevé, plus les risques de ruptures de stock sont faibles, mais plus le niveau de stock de sécurité est élevé.

En fonction du niveau de service souhaité, le système détermine un facteur de sécurité. Ce facteur est utilisé dans la formule de calcul du stock de sécurité.

Taux de service	Facteur sécurité	Taux de service	Facteur sécurité
50	0	91	1.33
55	0.12	92	1.39
60	0.25	93	1.46
65	0.38	94	1.54
70	0.52	95	1.63
75	0.67	96	1.74
80	0.83	97	1.87
85	1.03	98	2.04
90	1.27	99	2.31

RG Détaillées.doc	Page 13/21	Word 6.0

Figure 5-19 : Règle de gestion détaillée (détail)

Manuel utilisateurs

Structuré par activité du core model, le manuel utilisateurs détaille toutes les sessions et onglets de la procédure en présentant en partie droite une capture d'écran de la session et en partie gauche un commentaire ou guide rédigé en phase de réalisation au titre de l'étape d'élaboration du dossier de conception.

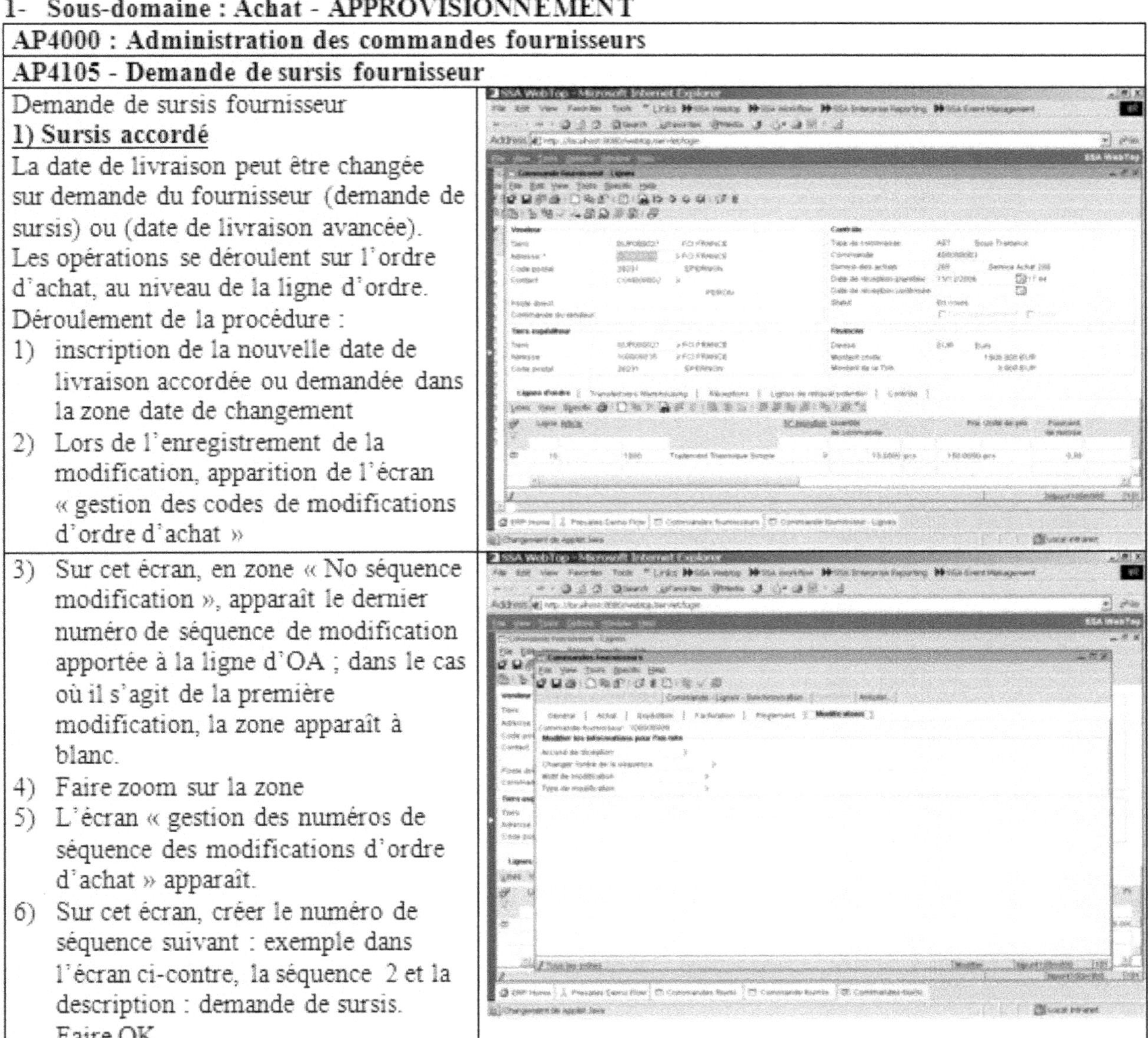

Figure 5-20 : Exemple de manuel utilisateurs

Il est pratique et économique de réaliser ces manuels en deux temps :

- Lors de la construction du prototype, il est commode de réaliser des captures d'écran de la procédure en utilisant la combinaison de touches Alt + Impr écran (sous Windows) et de les coller en partie droite du manuel utilisateurs. Cela illustre parfaitement la procédure grâce à des données fiables, précises et représentatives de l'entreprise.

- Ensuite, en phase de réalisation, il est souhaitable que l'expert métier enrichisse le document dans la partie gauche afin de bien s'approprier la procédure et de préparer les formations des utilisateurs finaux dans la phase de déploiement.

Dossier technique de développement

Les livrables associés aux développements informatiques lors de la phase de réalisation sont issus des méthodes traditionnelles de développement de logiciels et sont réunis dans un dossier de conception technique, qualifié par exemple de « dossier technique de développement ».

Concernant les développements spécifiques autour d'un ERP, ce dossier comporte des éléments particuliers décrivant les consignes de chargement dans l'environnement technique d'intégration avec le logiciel standard. Ces éléments sont en particulier :

- la description technique des instructions traduisant la spécification fonctionnelle en composants logiciels ;
- la liste des composants logiciels créés ou modifiés à charger en environnement d'intégration :
  - domaines impactés du référentiel de données ;
  - définition de table ;
  - format d'écran ;
  - session ;
  - report ;
  - code des sous-programmes (dll^3).
- les paramètres techniques pour un éventuel lancement en batch du développement :
  - codes retour en cas d'erreur ;
  - fichiers externes échangés ;
  - répertoires de dépôt et de récupération de ces fichiers.

Plan de chargement des données

En phase de déploiement, il présente l'ensemble des étapes du processus de fiabilisation et de chargement des données, dans l'ordre où ces étapes doivent être exécutées, en précisant pour chacune d'elles les sélections à opérer sur les données, les traitements d'épuration à réaliser, les

3. Dynamic Link Library : fichier exécutable qui contient du code Ce terme est couramment utilisé par les informaticiens pour désigner un sous-programme.

opérations de préparation des données (souvent exécutées avec Excel), les opérations d'enregistrement et d'enrichissement des données dans l'ERP ainsi que les opérations de contrôle pour vérifier l'exhaustivité des données traitées.

Exemple de table des matières d'un plan de chargement des données

1. Objet du document
2. Extraction des articles vivants de Sigma
3. Enrichissement des articles dans Excel pour AxiomCAD
4. Chargement des articles vivants dans AxiomCAD
5. Chargement des articles vivants dans ERP
6. Enrichissement des articles dans ERP
7. Renseigner les données de base du contrôle de gestion
8. Traitement des articles communs (processus DEM : ZCD200)
9. Reprise des Ordres de Vente en cours
10. Extraction/articles vivants : stocks – SAV - version
11. Chargement des articles non vivants dans ERP
12. Reprise automatique des composants SAV
13. Reprise des inventaires par n° de série et emplacement
14. Transfert du carnet de commandes fournisseurs groupe

Il n'est pas rare d'avoir à rédiger un document d'une dizaine à une vingtaine de pages qui renvoient éventuellement aux livrables réalisés ou à réaliser par ailleurs :

- activités (enrichissement ou fiabilisation de données) ;
- interface utilisé provisoirement pour charger les données ;
- reprise automatique de données.

C'est sur la base de ce document que seront élaborées les spécifications des programmes de reprise automatique de données.

Dossier de mise en production

Le dossier de mise en production est préparé durant la phase de déploiement en utilisant la même technique que pour le manuel utilisateurs, à savoir en montrant par des captures d'écran les paramètres de sélection à opérer sur chacun des traitements à mettre sous contrôle de l'exploitation régulière. Il comprend les éléments suivants :

- timing et séquencement précis des traitements ;
- procédure montrant l'enchaînement des programmes ;
- manuel utilisateurs illustrant les paramètres de sélection à appliquer aux programmes ;

- fichiers échangés lorsqu'il s'agit d'interfaces, avec répertoires d'échange en entrée et en sortie.

À ces aspects fonctionnels s'ajoutent les caractéristiques techniques qui permettent à l'exploitant de savoir où trouver les fichiers interfaces en entrée et où déposer les fichiers interfaces en sortie.

Matrice rôles/activités

En dehors de toute assistance à la conduite du changement qui traite cet aspect sous l'angle des ressources humaines, il est nécessaire en phase de déploiement de répartir les activités sur les rôles cibles de la future organisation.

À cet effet, un certain nombre d'ERP prennent en charge cette organisation pour générer les postes de travail des utilisateurs en fonction du profil ou Rôle auquel ils sont rattachés.

Cette matrice peut aussi être utilisée lorsque des autorisations doivent être paramétrées dans l'ERP afin de protéger l'accès à certains traitements ou données.

Aide en ligne

Certains ERP proposent des points d'entrée dans la documentation standard en ligne afin de la personnaliser en fonction des résultats du core model.

Ces points d'entrée peuvent être organisés par activités dans les menus des utilisateurs. On utilise cette fonctionnalité en phase de déploiement pour insérer dans ces points d'entrée des copies tirées de la documentation du projet.

Tableau récapitulatif des livrables

Initialisation et direction du projet	
Toutes les phases	Plannings détaillés (disponible sur l'extension web de cet ouvrage)
	Plan d'assurance qualité (voir extension web de cet ouvrage)
	Rapport flash hebdomadaire (voir extension web de cet ouvrage)
	Présentations au comité de pilotage
Installation du progiciel	
Phase de conception générale	Installation du progiciel ERP
	Création des environnements logiciels

Conception générale (1re simulation)	
Phase de conception générale	Schéma général de fonctionnement
	Modèles de gestion
	Processus métier modélisés graphiquement en sous-processus et activités
	Règles de gestion majeures
	Spécification générale des interfaces et écarts majeurs
	Stratégie de migration vers le système cible
	Maquette ERP (1re simulation)
	Estimation des charges informatiques
	Estimation des charges de chargement des données
	PV de recette fonctionnelle 1 (voir extension web de cet ouvrage)
Architecture technique	
Phase de conception générale	Dossier d'Architecture matérielle
	Plan de secours
	Plan de sauvegarde et de reprise
Formation de l'équipe projet	
Phase de conception générale	Formation fonctionnelle générale à l'ERP
	Formation technique aux modules techniques de l'ERP
Phase de conception détaillée	Formation aux modules applicatifs
	Manuels de formation standard
Conception détaillée (2e simulation)	
Phase de conception détaillée	Activités modélisées graphiquement en cas de gestion
	Procédures par activité/cas de gestion modélisées graphiquement en tâches
	Fiches d'écart
	Prototype (2e simulation)
	PV de recette fonctionnelle 2 (voir extension web de cet ouvrage)
Spécification et développement du logiciel	
Phase de réalisation	Spécifications fonctionnelles détaillées
	Spécifications techniques des développements
	Dossier de livraison des développements
	Logiciel spécifique

Documentation fonctionnelle	
Phase de réalisation	Règles de gestion détaillées
	Manuels utilisateurs (captures d'écran commentées)
Recette technique (tests d'intégration)	
Phase de réalisation	Tableau de suivi des anomalies
Recette fonctionnelle (simulation 2b)	
Phase de réalisation	Cahier de recette – Scénarios de recette
	PV de recette fonctionnelle
Mise en place de l'organisation	
Phase de déploiement	Rôles des utilisateurs
	Matrice des activités et des rôles
	Menus par rôle utilisateur
	Dossier de mise en production
	Aide en ligne par activité.
Formation des utilisateurs	
Phase de déploiement	Plan de formation des utilisateurs
	Manuels et kits de formation utilisateurs
Reprises des données	
Phase de déploiement	Plan de chargement des données
	Spécifications fonctionnelles – Logiciels de reprise de données
Mise en exploitation	
Phase de déploiement	Création des jobs ERP d'exploitation
	Dossier d'installation (clients/serveurs)
	Plate-forme hardware d'exploitation
	Réseaux
	Automates d'exploitation
	Outils de communication externe
	Plans de câblage
	Paramétrage des drivers d'imprimante
	Paramétrage des utilisateurs (Unix, Oracle)
Préexploitation (3e simulation)	
Phase de déploiement	Rapport de tests
	PV de recette fonctionnelle 3 (voir extension web de cet ouvrage)

Assistance au démarrage	
Phase de production	Audit du démarrage de l'exploitation
	Recommandations d'optimisation
Conduite du changement	
Toutes les phases	Cartographie des risques et résistances
	Analyse des changements organisationnels majeurs
	Argumentaire pour le changement
	Plan de communication
	Plan de formation métier
	Mise en œuvre de la communication interne
	Organisation et profils utilisateurs

Chapitre 6

Organisations de projets

Les PME/PMI qui ont recours à des ERP s'appuient de ce fait sur différentes organisations de projets, en fonction du niveau de maîtrise de leurs besoins fonctionnels et de la disponibilité des ressources internes qu'elles sont capables d'affecter au projet.

Chaque projet fait appel à une organisation qui lui est propre et les cas suivants ont pour but de fournir des types d'organisation couramment pratiqués.

Type A. L'entreprise maîtrise ses besoins fonctionnels et pilote elle-même son unique prestataire, maître d'œuvre du projet.

Type B. L'entreprise fait appel à un conseil externe pour préserver ses intérêts face à son unique prestataire.

Type C. L'entreprise ne dispose pas d'un chef de projet interne capable de veiller à la bonne expression des besoins fonctionnels, notamment en fonction des bonnes pratiques, et fait donc appel à un conseil externe, qui le remplacera notamment dans ce rôle.

Type D. L'entreprise a déjà prévu d'investir beaucoup de temps avec son conseil externe pour la formalisation de ses besoins. Elle lui demande donc en plus de paramétrer lui-même l'ERP en s'appuyant sur une expertise fonctionnelle apportée par l'éditeur ou le distributeur.

Responsabilité des partenaires

Cette section a pour but de définir les relations et responsabilités des équipes de chacun des partenaires engagés sur un projet ERP.

Organisation en période de core model

Les relations entre les différents partenaires sur le projet varient selon les responsabilités attribuées à chacun d'eux. Les quatre types d'organisation précédents sont précisés pour la période dite du core model.

Type A. L'entreprise et son prestataire

Un seul prestataire assure la maîtrise d'œuvre totale du projet (MOE) :

- il s'engage sur certains points essentiels, notamment le respect des délais et des budgets ;
- il prend le contrôle opérationnel de l'ensemble des corps de métier impliqués dans le projet. Seuls des liens contractuels subsistent entre l'entreprise et le fournisseur du matériel si celui-ci est acquis directement par l'entreprise.

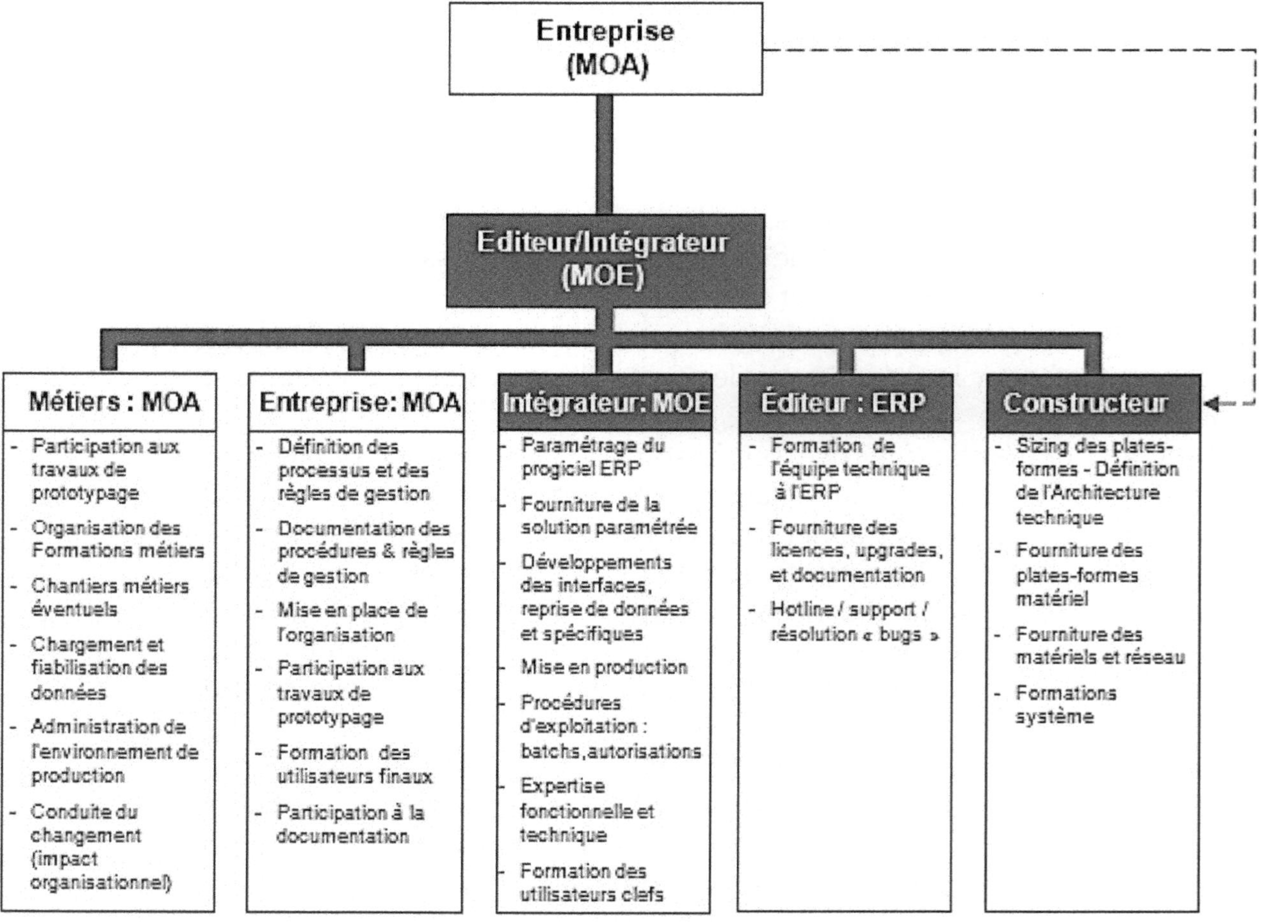

Figure 6-1 : Organisation : l'entreprise et son prestataire

1. Prestataire qui intègre l'ERP : il pilote le projet de mise en œuvre et notamment l'ensemble des corps de métier sollicités.

En ce qui concerne le progiciel, dans le cas de projets de petite ou de moyenne envergures, l'intégrateur[1] (qui parfois est l'éditeur lui-même) est aussi le distributeur, assurant lui-même la délivrance de la licence d'utilisation auprès de l'entreprise, au titre d'un contrat séparé dont la durée d'engagement va bien au-delà du projet et donc du contrat d'intégration. L'intégrateur a ainsi la responsabilité de l'ensemble des relations techniques et contractuelles s'établissant avec l'éditeur de l'ERP.

Pour les projets de moyenne importance, l'entreprise signe le contrat de licence avec l'éditeur ; l'intégrateur assure alors uniquement les relations techniques avec l'éditeur.

Type B. Ajout d'une assistance à la coordination

L'entreprise fait appel à un conseil externe, généralement un consultant assistant du maître d'ouvrage (AMOA) indépendant, pour préserver ses intérêts vis-à-vis d'un maître d'œuvre unique qui contrôle l'ensemble des corps de métier.

Ce conseil externe est mandaté par l'entreprise pour la représenter lors des différentes réunions des comités de projet ou de pilotage. À ce titre, il doit exprimer les orientations, les réactions voire certaines décisions de l'entreprise, et rédiger un rapport périodique.

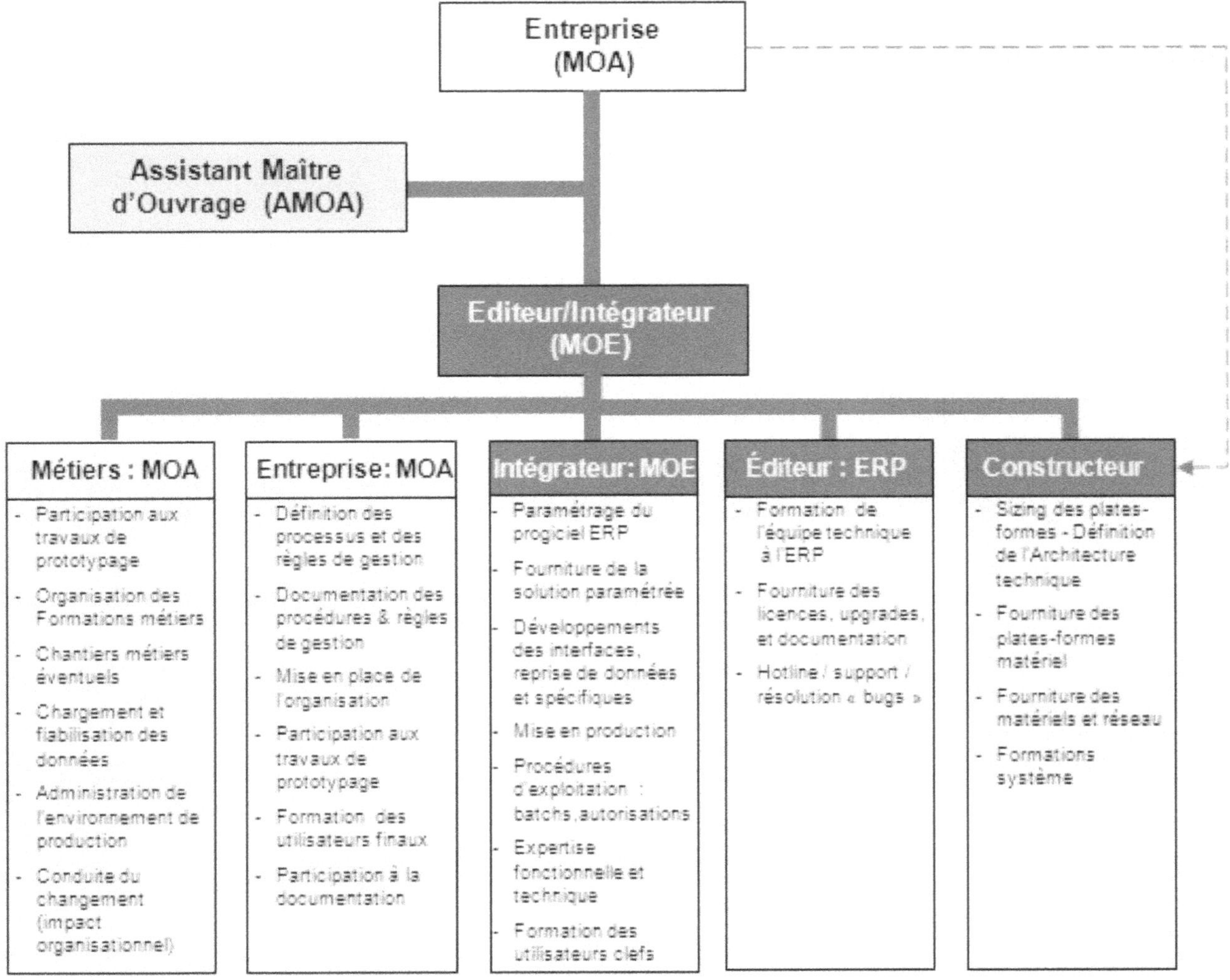

Figure 6-2 : Organisation : assistance à la coordination

Type C. Ajout d'une assistance à la définition des besoins

L'entreprise ne dispose pas des ressources nécessaires pour assurer l'ensemble de ses responsabilités sur le projet. Elle ne peut, en particulier, contrôler le travail des experts métier, qui doivent définir les besoins fonctionnels, comprendre le progiciel et se rapprocher des bonnes pratiques métier pour minimiser les adaptations spécifiques.

L'entreprise fait donc appel à un consultant assistant du maître d'ouvrage (AMOA), qui connaît suffisamment ces bonnes pratiques pour conduire l'expression des besoins vis-à-vis du prestataire principal, c'est-à-dire le maître d'œuvre.

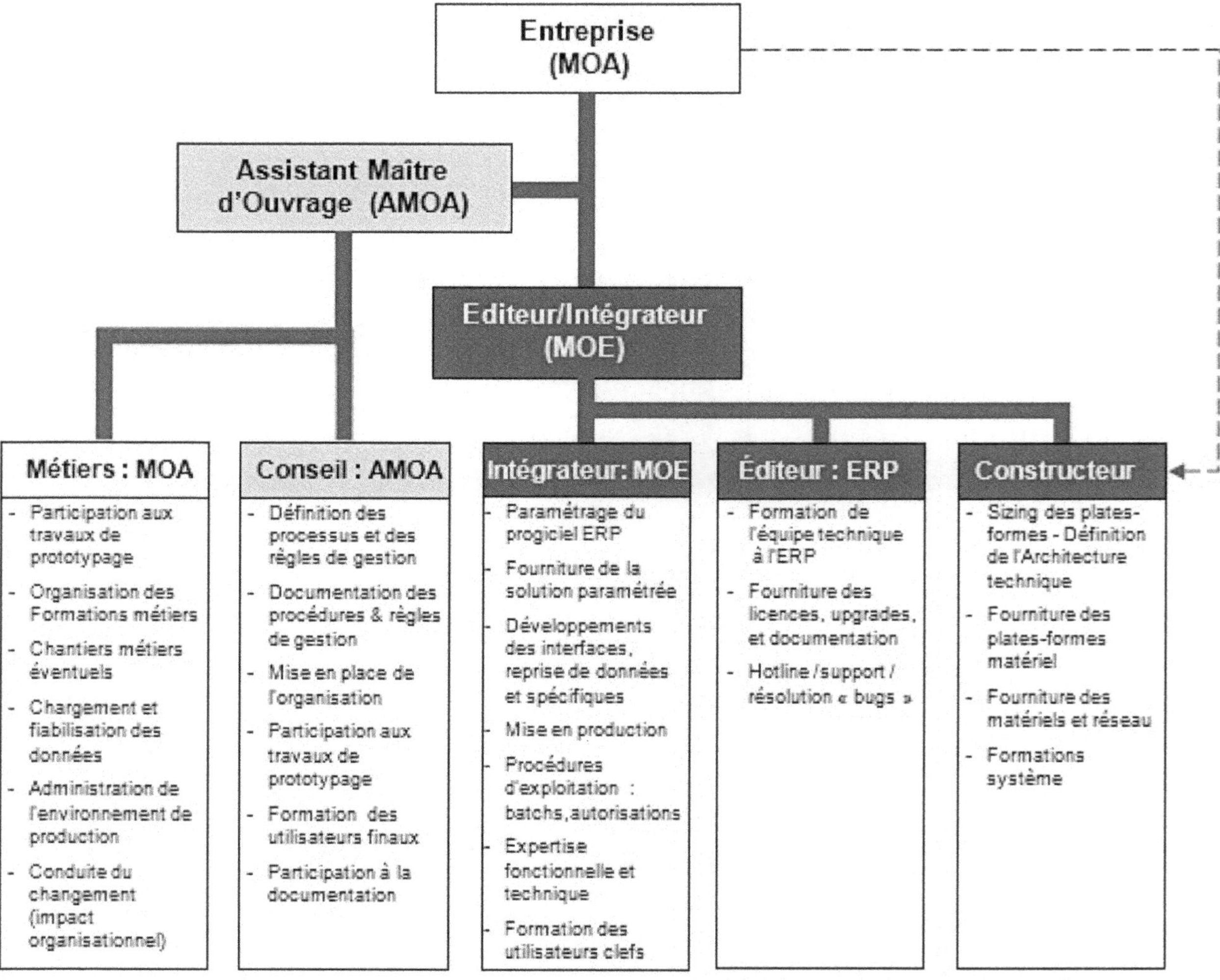

Figure 6-3 : Organisation : assistance à la définition des besoins

Dans ce type d'organisation, le consultant assistant du maître d'ouvrage maîtrise aussi parfaitement les processus et les modes de gestion des métiers de l'entreprise, mais pas forcément l'élaboration des solutions d'intégration. Ces dernières relèvent de la responsabilité du maître d'œuvre, dont le rôle est limité à la compréhension des besoins fonctionnels exprimés par le consultant.

Type D. Prise en charge du paramétrage de l'ERP

Si le consultant assistant de l'entreprise maîtrise la mise en œuvre des ERP, acquise par une expérience de maître d'œuvre, il peut paramétrer seul l'ERP (s'il le connaît déjà ou s'il a suivi les formations des experts métier données par l'éditeur). Il prend alors le rôle d'architecte du système d'information, véritable chef d'orchestre qui coordonne l'ensemble des acteurs du projet.

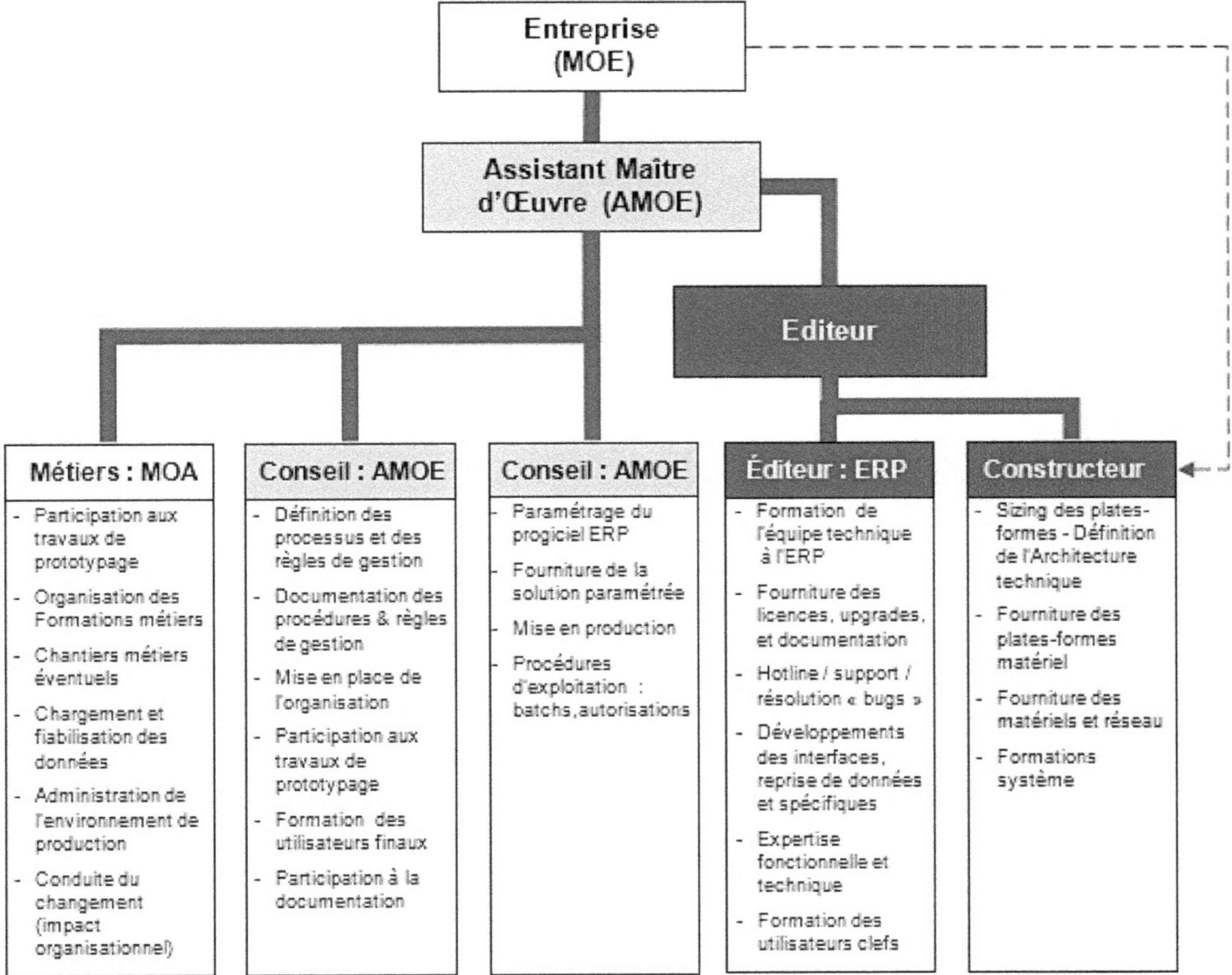

Figure 6-4 : Organisation : prise en charge du paramétrage de l'ERP

Dans ces conditions, l'entreprise a alors le rôle de maître d'œuvre du projet et l'éditeur ou le distributeur de l'ERP conserve son rôle technique de développement informatique et de mise en production – il devient expert fonctionnel pour la formation des experts métier et pour valider les choix de paramétrage. Un certain nombre de PME ont recours à ce type d'organisation, car en faisant appel à un consultant indépendant, elles peuvent bénéficier de meilleurs tarifs journaliers et profiter d'une meilleure disponibilité après le démarrage du projet.

Bien évidemment, ce type d'organisation fait appel à un consultant qui connaît parfaitement les métiers, comme dans l'organisation précédente. Celui-ci doit également posséder une solide expérience de mise en œuvre de projets ERP, et donc maîtriser leur fonctionnement et savoir les piloter.

Période de déploiement généralisé

Dans le cas d'un projet multisite, l'organisation mise en place durant la période de core model a permis de fournir une solution unique pour le groupe, cohérente pour optimiser le déploiement sur les différents sites.

Lors du déploiement généralisé, une organisation différente est souvent utilisée par les entreprises qui souhaitent mettre à profit leurs compétences acquises sur l'ERP tout au long des périodes core model et site pilote. Cette organisation est conçue pour répondre spécifiquement aux besoins du projet de déploiement généralisé et pour assurer son succès.

En période de déploiement généralisé, l'entreprise assure très souvent la maîtrise d'œuvre et la conduite du projet du déploiement, concrétisant ainsi le transfert de compétences opéré dans les périodes core model et site pilote. L'équipe centrale des experts métier joue alors le rôle de centre de compétences interne vis-à-vis des utilisateurs de leur site et des sites à déployer.

En général, l'entreprise assure le contrôle opérationnel de l'ensemble des corps de métier impliqués dans le projet de déploiement. Pour prendre en compte les évolutions en matériel et en nombre de licences ERP dues au nombre d'utilisateurs, des liens contractuels mineurs subsistent avec l'éditeur et le constructeur de matériel. Le maître d'œuvre initial du projet core model a alors un rôle d'expertise et d'accompagnement de l'équipe centrale interne qui assume son nouveau rôle de maître d'œuvre. Les fonctions et responsabilités des différents intervenants sur le projet sont calquées sur l'organisation du type D pour les premières périodes core model et site pilote, l'entreprise ayant alors un rôle de maître d'œuvre type.

Rôles des intervenants

Au sein des équipes, les responsabilités de chacun doivent être clairement définies au début du projet et détaillées dans le plan d'assurance qualité, pour éviter tout risque de confusion entre les équipes et donc les dérives de planning et de budget.

Pour l'entreprise

Selon l'importance et le type d'organisation du projet, les fonctions du tableau 6-1 peuvent être confiées par défaut aux intervenants indiqués entre parenthèses.

Tableau 6-1 : Rôles des intervenants de l'entreprise

Fonction	Missions	Profil requis
Chef de projet utilisateurs (AMOA)	- Garantir le pilotage global et assurer la disponibilité des ressources internes, assisté dans ses tâches par le chef de projet - Identifier les risques sur le projet - Participer aux principales réunions de travail pour assurer la bonne marche du projet - Conduire la 2e simulation et la recette du prototype	- Expérience du pilotage de projets : plannings de projets complexes - Bonne connaissance des processus et des organisations du secteur - Bonne communication pour fédérer les compétences
Expert métier	- Se former au progiciel ERP en période de core model - Définir les besoins de son métier par des simulations dans l'ERP - Participer activement à l'élaboration de règles de gestion lors du prototypage - Valider techniquement les livrables et les options de paramétrage - Définir les scénarios de test et les cahiers de recette - Exécuter la 2e simulation du prototype - Enrichir les manuels utilisateurs par des commentaires en vue de constituer le support principal des formations utilisateurs - Animer les sessions de formation des utilisateurs de son site et des utilisateurs pilotes des autres sites	- Solide expérience du métier représenté, en tant qu'opérationnel de l'entreprise - Motivation pour s'investir dans la compréhension des fonctions du progiciel ERP et des meilleures pratiques suggérées - Aptitude à proposer des changements d'organisation acceptables par le management - Capable d'assurer la cohérence des choix de conception détaillée à travers les processus
Utilisateur pilote (expert métier)	(Dans le cadre d'un projet multisite : pour son site et en période de déploiement généralisé) - Se former à la solution core model - Participer à l'analyse des écarts avec les besoins du site - S'approprier la solution core model - Former les utilisateurs de son site - Contrôler le chargement des données - Assurer un premier niveau de support	- Solide expérience du métier représenté en tant qu'opérationnel de l'entreprise - Motivation pour s'investir dans la compréhension des fonctions du core model et des meilleures pratiques suggérées

Fonction	Missions	Profil requis
Correspondant (expert métier)	- Compléter, si cela est nécessaire, la connaissance des besoins auprès des experts métier - S'informer régulièrement de l'avancement de la solution core model au titre de la conduite du changement	- Solide expérience du métier représenté en tant qu'opérationnel de l'entreprise
Responsable de la migration des données (expert métier)	- Prendre en charge la coordination des activités de fiabilisation et de chargement des données de son sous-domaine	- Expérience des données de l'entreprise - Première expérience du pilotage des travaux de migration et d'enrichissement des données

Pour l'assistance externe

Selon l'importance du projet, les fonctions du tableau 6-2 peuvent être confiées par défaut aux intervenants indiqués entre parenthèses.

Tableau 6-2 : Rôles des intervenants externes

Fonction	Missions
Chef de projet	- Assurer le pilotage global du projet et assister le chef de projet utilisateurs dans ses tâches - Planifier le projet et les travaux confiés à chaque équipe travaillant sur le projet - Identifier les risques sur le projet - Animer les principales réunions pour réaliser les objectifs du projet - Produire les documents de planning et de reporting - Assurer le suivi administratif du projet
Responsable intégration fonctionnelle (chef de projet)	- Coordonner l'ensemble des sous-domaines fonctionnels pour vérifier la faisabilité et la cohérence des choix individuels effectués dans chacun d'eux - Animer les réunions fonctionnelles majeures
Consultant fonctionnel ERP	- Former l'équipe interne aux modules et fonctions du progiciel ERP - Prototyper la solution et déterminer le paramétrage - Spécifier les développements informatiques et interfaces, et réaliser les tests d'intégration - Rédiger ou contrôler la rédaction des dossiers de spécification : paramétrage et spécifications fonctionnelles des développements informatiques

Fonction	Missions
Consultant métier (consultants ERP et AMOA)	- Prendre en charge la définition des processus métier et des modes de gestion durant la première phase du projet - Valider les solutions au regard des bonnes pratiques en phase de conception détaillée - Organiser et coordonner les recettes fonctionnelles, de prototype et provisoire
Chef de projet technique	- Coordonner l'ensemble des domaines techniques pour vérifier la faisabilité des choix individuels réalisés dans chacun d'eux
Consultant technique	- Prendre en charge la définition des choix techniques d'architecture matérielle et réseau pour supporter le futur core model, en fonction des volumes de données et de transactions - Assurer la spécification des différents environnements logiciels et de données pour le projet - Transférer la compétence à l'administrateur système interne, pour créer les premiers utilisateurs dans l'ERP ainsi que leurs rôles - Documenter le processus de gestion et de documentation des rôles et des autorisations
Développeur	- Développer les logiciels sur la base des spécifications fonctionnelles détaillées et réaliser les tests unitaires

Pour la conduite du changement

Tableau 6-3 : Rôles attachés à la conduite du changement

Fonction	Missions
Équipe d'assistance du changement (AC)	- Établir une cartographie des attentes et risques appréhendés par le personnel de l'entreprise, et des *gaps* (évolutions d'organisation) entre l'organisation actuelle et l'organisation cible - Définir les actions à mener par l'entreprise et les méthodes associées afin d'assurer l'approbation de l'organisation cible par le personnel - Assurer la liaison avec l'équipe projet pour saisir les opportunités du progiciel et valider les solutions organisationnelles en réponse aux écarts fonctionnels - Synthétiser, formaliser et communiquer aux experts métier et au responsable de communication les résultats des actions menées - Appuyer les experts métier dans leur mission : présentations, recueil d'avis, organisation du travail - Spécifier les cahiers des charges des modules de formation aux nouvelles pratiques

Fonction	Missions
Responsable de conduite du changement (RC)	- Recueillir les informations puis les analyser sur la base des méthodes de travail fournies par l'équipe assistance du projet - Communiquer à l'équipe d'assistance du changement les résultats des travaux réalisés localement (entre les ateliers) - Intervenir dans l'identification des personnes clés à rencontrer pendant la phase de conception générale - Assister ponctuellement aux ateliers afin d'assurer l'homogénéité et la bonne compréhension des informations données au personnel de l'entreprise
Délégué	- Assurer le retour des informations demandées auprès de l'équipe d'assistance du changement - Participer à la réflexion et à la dynamique de conduite du changement (définition des attentes et craintes des utilisateurs, communication avec les experts métier) - Faciliter le démarrage et la communication au sein de leur structure - Aider la mise en œuvre des solutions organisationnelles en réponse aux écarts des progiciels

Structure de projet

Généralement, le maître d'œuvre propose une organisation de projet capable d'assurer l'atteinte des objectifs métier et de coordonner l'ensemble des activités du projet. Pour être efficace, le pilotage de projet doit garantir les coûts et les délais, et coordonner l'ensemble des activités sur les différents axes du projet (technique, fonctionnel, changement). Pour ce faire, il est nécessaire que :

- le pilotage de projet soit effectué conjointement par le maître d'œuvre et par le client ;
- le transfert de compétences soit réalisé en continu par une équipe mixte (intégrateur et client).

Core model et site pilote

La structure de projet est habituellement organisée en trois équipes :

- équipe de pilotage de projet ;
- équipe fonctionnelle ;
- équipe technique.

Équipe de pilotage

Le chef de projet, en tant que maître d'œuvre, a la responsabilité de la gestion globale du projet, et assiste le chef de projet utilisateurs dans ses tâches. À ce titre, il assure également les fonctions de responsable qualité, en charge :

- de la gestion de la qualité sur le projet (plan d'assurance qualité, méthodologie, assurance qualité) ;
- du bon transfert de compétences ;
- des aspects administratifs ;
- du suivi de planning.

Le chef de projet utilisateurs, interne à l'entreprise, assure dans les petits projets la fonction de conduite du changement. En tant que tel, il s'occupe du pilotage de la formation métier, de la communication et de l'évolution de l'organisation.

Un consultant assistant du maître d'ouvrage seconde éventuellement le chef de projet utilisateurs ou le remplace si l'entreprise n'a pas les moyens d'allouer une telle fonction au projet. Il a pour mission de piloter l'équipe interne dans ses tâches, voire de conduire le changement.

Équipe fonctionnelle

L'équipe fonctionnelle est chargée de mettre en adéquation la solution et les besoins des métiers tout au long du projet. Elle se compose de consultants ERP et d'experts métier de l'entreprise, qui couvrent chaque sous-domaine du périmètre. Généralement, le centre de compétences ERP d'une PME est constitué, pour les aspects fonctionnels, des experts métier.

Un consultant métier, qui seconde le maître d'ouvrage, peut être chargé d'assister l'équipe interne dans ses choix de définition des besoins métier. Par exemple, il peut rédiger la documentation fonctionnelle afin de garantir une bonne appropriation de l'ERP par les métiers.

Équipe technique

Pour les projets de plus grande envergure, l'équipe technique est organisée par technologies et par activités (architecture, administration, autorisations et développement). Le centre de compétences technique interne est alors mis en service progressivement par les consultants.

Pour les projets plus petits, ces fonctions sont assurées par un responsable d'exploitation, aidé par le consultant technique de l'éditeur ou du distributeur.

Structures en période de core model

Le principe général à toute structure de projet ERP est de fédérer des équipes mixtes composées de consultants et d'opérationnels de l'entreprise qui, par leur implication dans les travaux de mise en œuvre, permettent de pratiquer un transfert de compétences.

À l'opposé des contrats clés en main, le transfert de compétences se caractérise par un investissement personnel des experts métier de l'entreprise pour comprendre la richesse fonctionnelle des ERP, analyser les cas de gestion de détail, participer au prototypage, définir les règles de gestion de détail pour enfin former les utilisateurs au nouveau système.

En effet, le système d'information cible est un produit qui s'élabore progressivement par itérations pour trouver le paramétrage le plus adapté au métier de l'entreprise et pour intégrer les opportunités de se recentrer sur les bonnes pratiques.

Les enjeux du transfert de compétences sont donc, en plus de rendre autonome l'entreprise après le démarrage, de partager les charges de travail avec les prestataires et de réduire les demandes d'adaptation de l'ERP par le retour aux bonnes pratiques. Alors qu'à l'inverse, un contrat clés en main pourrait conduire en effet certains utilisateurs à « attendre » un produit fini de la part de leur prestataire, ce qui conduirait immanquablement à une inflation des adaptations spécifiques.

Pour toutes ces raisons, bien que le produit fini ne soit pas défini au lancement du projet et qu'il soit établi progressivement par itérations, les projets ERP menés dans un cadre de transfert de compétences peuvent faire l'objet d'un engagement forfaitaire de la part du maître d'œuvre, à l'inverse des projets clés en main où un forfait n'est proposé qu'après des spécifications détaillées.

Ainsi, sur le plan contractuel, un maître d'œuvre est tout à fait capable de prendre des engagements forfaitaires sur les prestations de formation, de paramétrage, de prototypage et de mise en œuvre, en fonction d'un périmètre fonctionnel précis en termes de processus et d'activités.

Dans ce cas, il est préférable de ne pas inclure dans le contrat forfaitaire les éventuels développements informatiques spécifiques, sous peine de rompre la synergie instaurée entre les équipes. En effet, ces développements ne seront complètement identifiés que lorsque les travaux de prototypage seront suffisamment avancés, c'est-à-dire à la moitié du projet.

Attention cependant, car si la direction contractualise les développements en mode forfaitaire, l'utilisateur pourrait avoir tendance à reproduire ses anciennes pratiques et à demander des adaptations spécifiques, contre l'intérêt de l'entreprise, sans limitation d'aucune sorte.

À l'opposé, l'utilisateur sera forcément plus prudent sur ses demandes si ces adaptations sont facturées à l'entreprise en supplément, et qui plus est, validées par un comité de pilotage présidé par la direction.

Type A. L'entreprise et son prestataire

La structure de projet s'organise autour de deux équipes centrales :

- les experts métier de l'entreprise, qui complètent leur connaissance de leur métier auprès des utilisateurs ;
- les consultants fonctionnels, qui font le lien avec les développeurs.

Le pilotage du projet est réalisé au quotidien par le chef de projet maître d'œuvre et le chef de projet utilisateurs qui coordonne l'équipe interne.

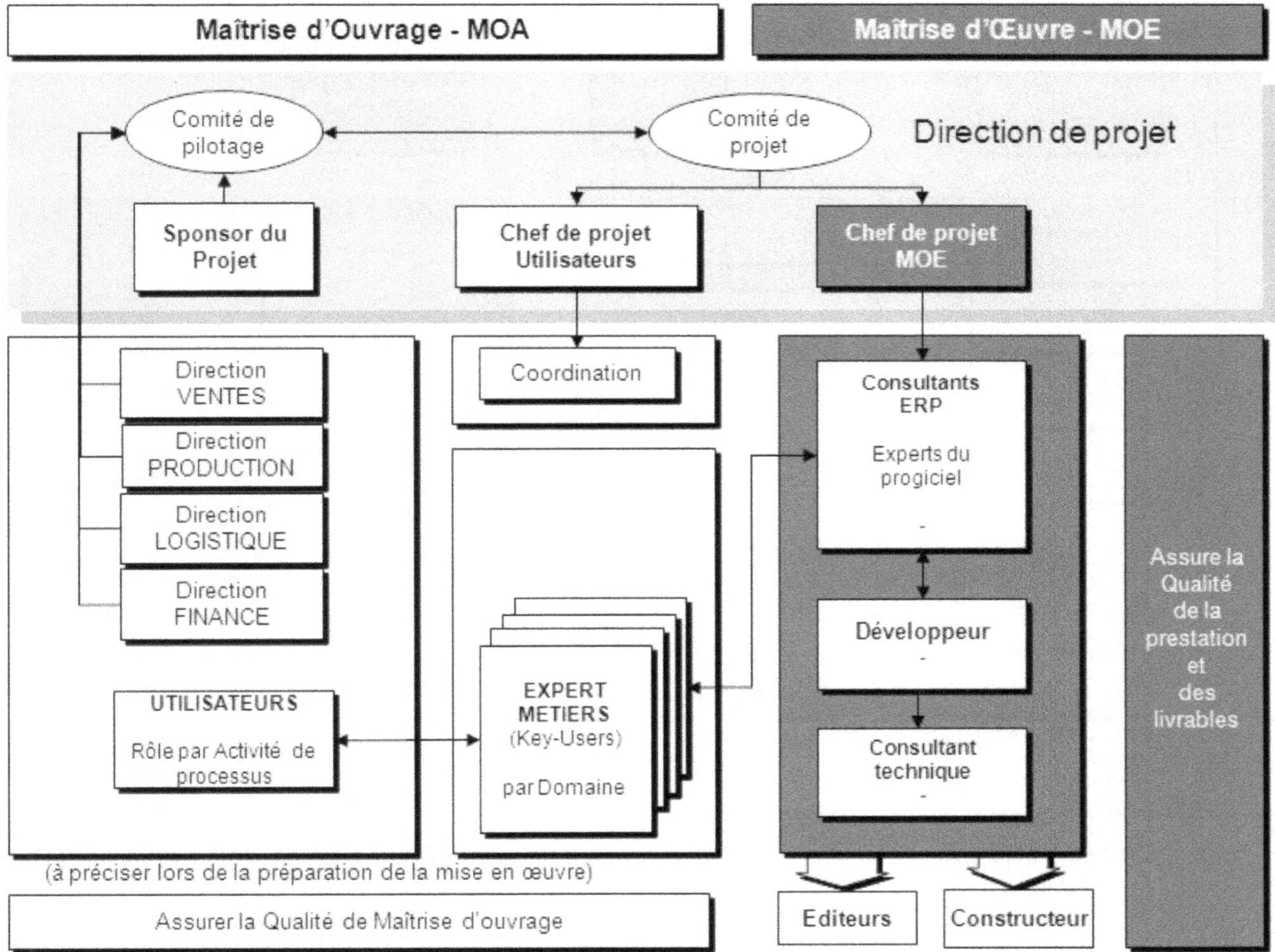

Figure 6-5 : Structure de projet : type A

Type B. Assistance à la coordination

La structure de projet est quasiment identique à la précédente. À celle-ci s'ajoute un consultant assistant la maitrise d'ouvrage, dont le rôle est, en l'absence d'un chef de projet interne, d'assurer la coordination de l'équipe interne.

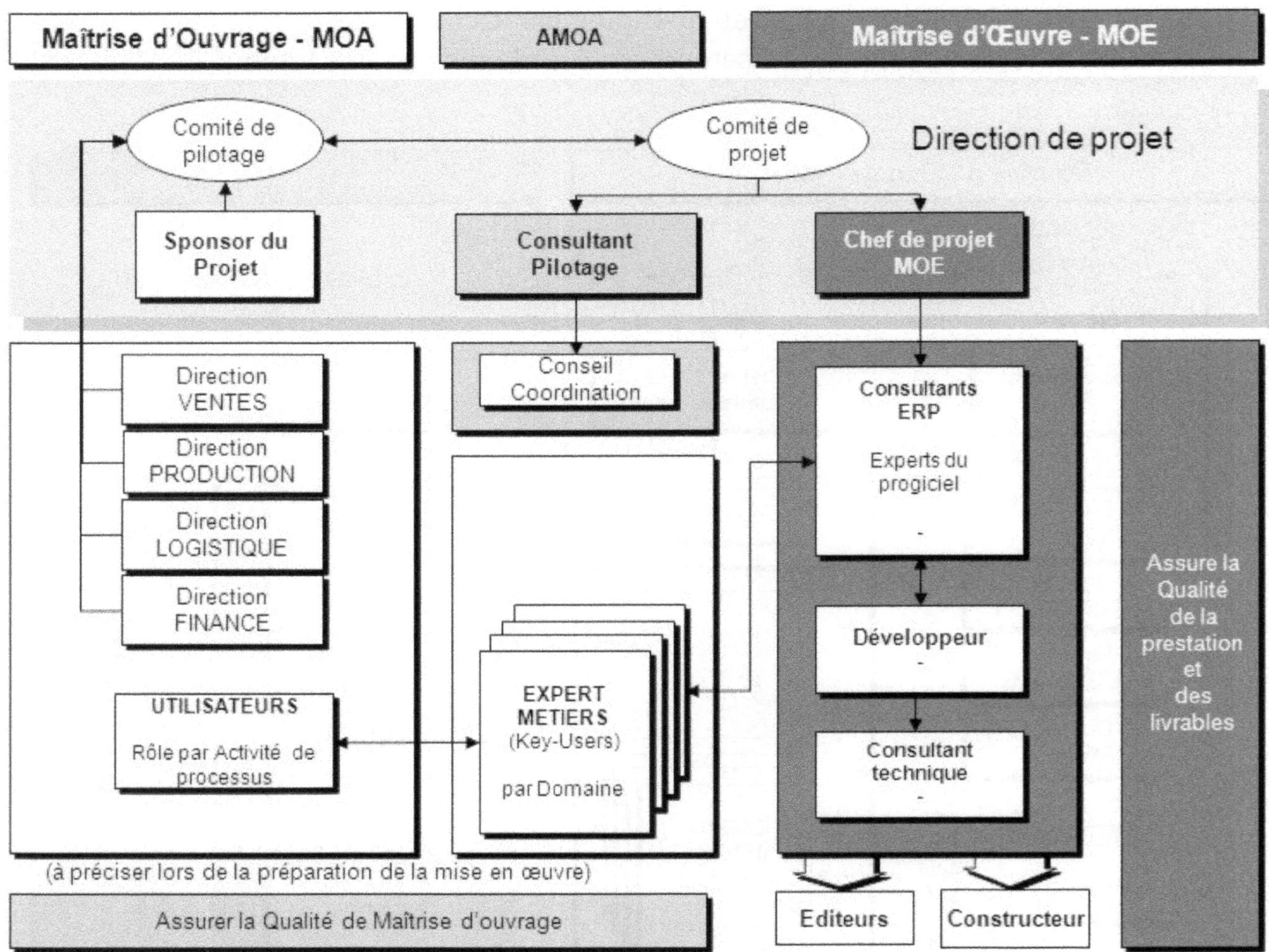

Figure 6-6 : Structure de projet : type B

Type C. Assistance à la définition des besoins

Par rapport à la structure précédente, le consultant assistant du maître d'ouvrage prend en plus un rôle de contrôle, d'orientation voire de définition des besoins fonctionnels.

Les experts métier sont toujours en relation avec les consultants du maître d'œuvre.

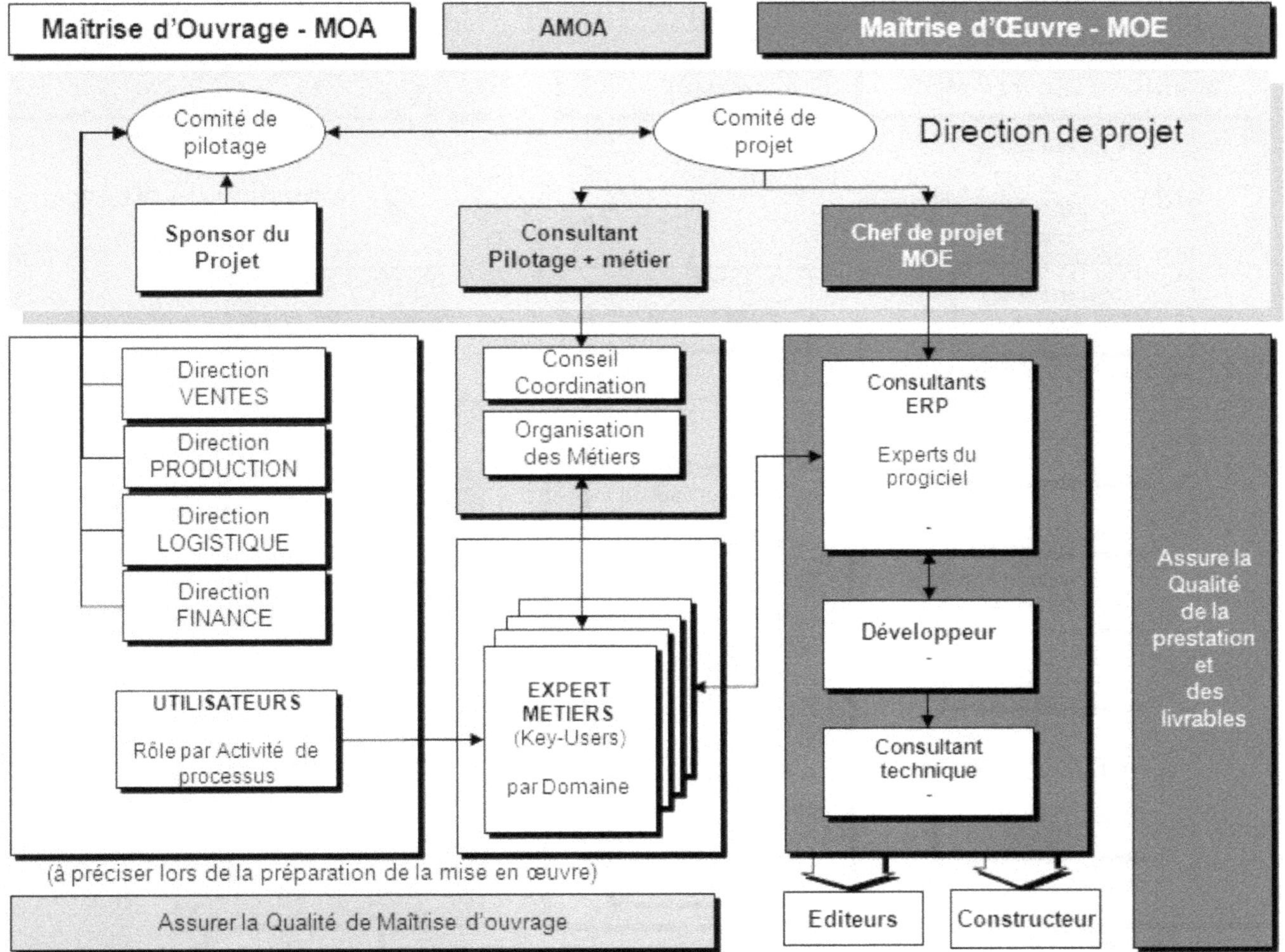

Figure 6-7 : Structure de projet : type C

Type D. Prise en charge du paramétrage de l'ERP

En plus des rôles précédents et fort de sa connaissance de l'entreprise à travers le contrôle et l'expression des besoins métier, le consultant assistant du maître d'ouvrage assure en plus le paramétrage de l'ERP. À ce titre il a deux interlocuteurs privilégiés : d'une part les consultants ERP de l'éditeur ou du distributeur de l'ERP, et d'autre part l'équipe interne des experts métier. Il se retrouve alors en position d'assistance d'une maitrise d'œuvre qui se trouve être officiellement l'entreprise elle-même.

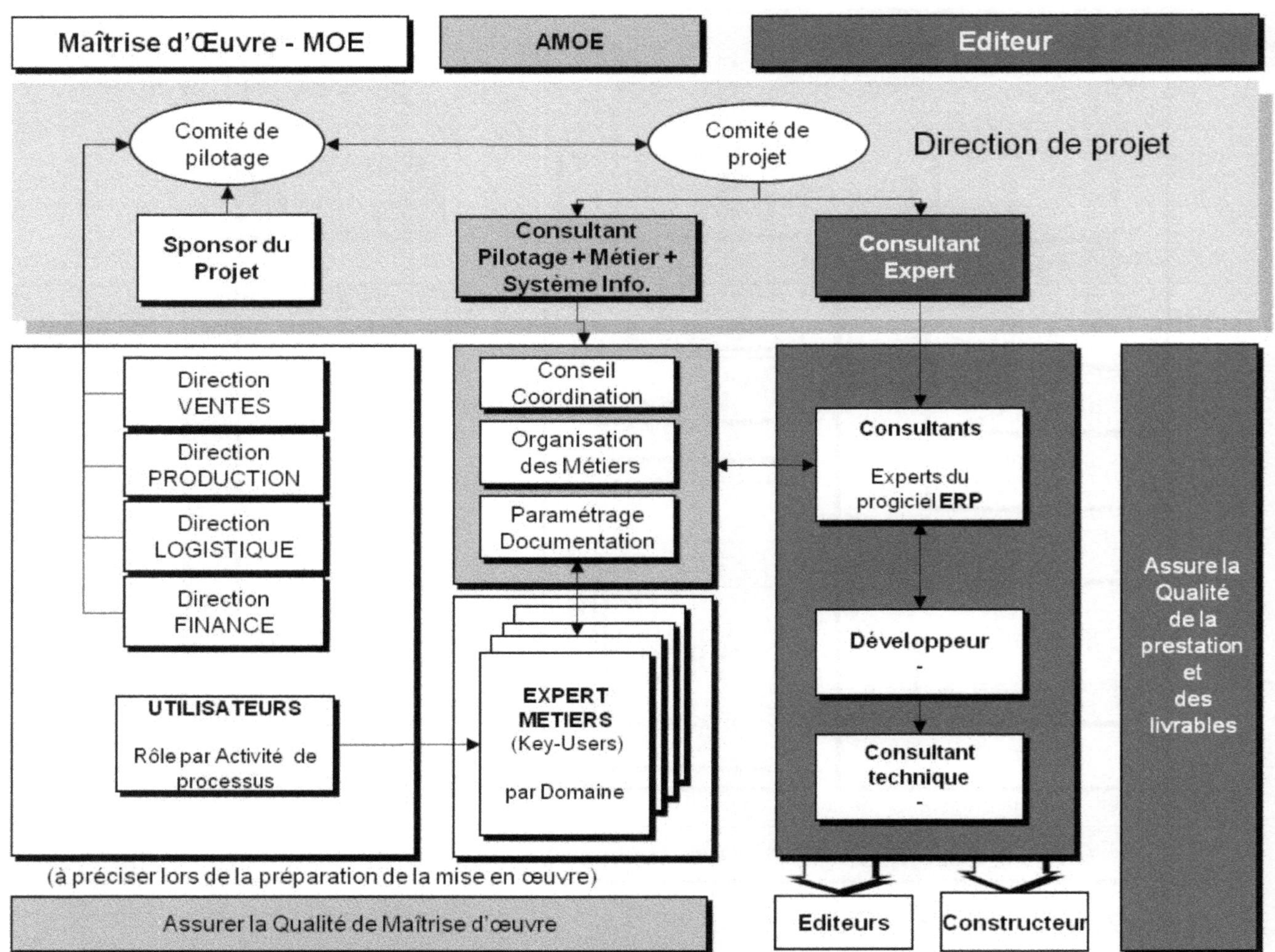

Figure 6-8 : Structure de projet : type D

Déploiement généralisé

En période de déploiement généralisé, l'entreprise passe d'un projet de prototypage et de déploiement sur site pilote – dans lequel le transfert de compétences s'est opéré sur une longue période – à un projet très court où le personnel du site part de « zéro », mais doit arriver au même résultat en peu de temps.

Rôles des équipes

Une équipe locale d'utilisateurs pilotes est constituée par site de manière à capitaliser sur la proximité, c'est-à-dire de transférer progressivement la compétence sur une équipe locale : elle se forme à la solution core model (notamment pour l'analyse des changements, les tests et le support local) et forme ensuite les utilisateurs du site.

L'équipe centrale des experts métier, qui assure la fonction de centre de compétences ERP de l'entreprise, supporte l'équipe locale et fournit l'essentiel des prestations (formation des pilotes, paramétrage, cohérence et support) mettant ainsi à profit son transfert de compétences.

Le maître d'œuvre du projet core model joue le rôle de support auprès de l'équipe centrale.

Tableau 6-4 : Rôles des équipes centrale et locale

Rôles de l'équipe centrale	Rôles de l'équipe locale
- Assurer la cohérence globale de la solution - Réaliser d'éventuelles améliorations de la solution - Analyser les impacts de l'évolution (compatibilité ascendante) - Fournir l'assistance nécessaire - Piloter le projet	- Piloter et exécuter les travaux en local - Réaliser l'analyse des changements, la préparation du démarrage et le support local - Adresser une demande d'évolution du système à l'équipe centrale : l'équipe locale n'est pas autorisée à modifier le système (éventuellement le paramétrage et les développements).

Équipe centrale

Experts métier

Les experts métier doivent présenter et promouvoir la solution core model pendant la phase d'analyse d'adéquation. Ils sont complètement investis dans l'équipe de projet de déploiement pour analyser les besoins locaux.

Avec l'équipe locale, ils assurent les activités de migration des données et assistent l'équipe locale pour les tests. Ils préparent également la mise en production du système, et garantissent le basculement et une période de support (généralement d'un mois).

Assistance externe

L'assistance externe est chargée éventuellement de la localisation du core model, complément fonctionnel nécessité par exemple par des contraintes légales locales, et analyse les écarts potentiels avec celui-ci. Elle donne les consignes d'adaptation du paramétrage de l'ERP à l'attention des experts métier (maître d'œuvre du système après le premier démarrage) et spécifie, si besoin, les développements d'interfaces.

Équipe locale

Pilotes

Les pilotes doivent fournir les informations nécessaires à l'équipe centrale en termes de processus. Ils testent, valident et chargent les données, et forment les utilisateurs. Les pilotes assurent également un premier niveau de support sur le site.

Informatique

L'informatique locale a pour mission de fournir les informations nécessaires à l'équipe de déploiement concernant les systèmes existants (legacy system) et d'en extraire les données pour permettre la reprise automatique des données. Elle a aussi pour mission d'aider à la réalisation des interfaces avec les applications externes locales conservées.

Structure de pilotage

Le pilotage du projet et la construction du core model doivent s'appuyer sur une structure de pilotage solide et communicante autorisant ainsi une parfaite synchronisation au niveau du pilotage, de la coordination fonctionnelle et technique ainsi que de la qualité. La structure ci-après représente l'ensemble des fonctions que les différentes instances de pilotage doivent assurer, regroupées selon leurs participants et les phases du projet.

Pour les projets de plus grande envergure, le comité de projet peut se diviser en deux instances (le comité de projet et la coordination fonctionnelle), qui se réunissent à la même fréquence.

Tableau 6-5 : Structure de pilotage par période

Instances/phases	Core model	Site pilote	Déploiement
Comité de pilotage	mensuel	mensuel	mensuel
Comité de projet	hebdomadaire	hebdomadaire	bi-mensuel
Coordination fonctionnelle	hebdomadaire	hebdomadaire	
Revue qualité	trois phases	une phase	

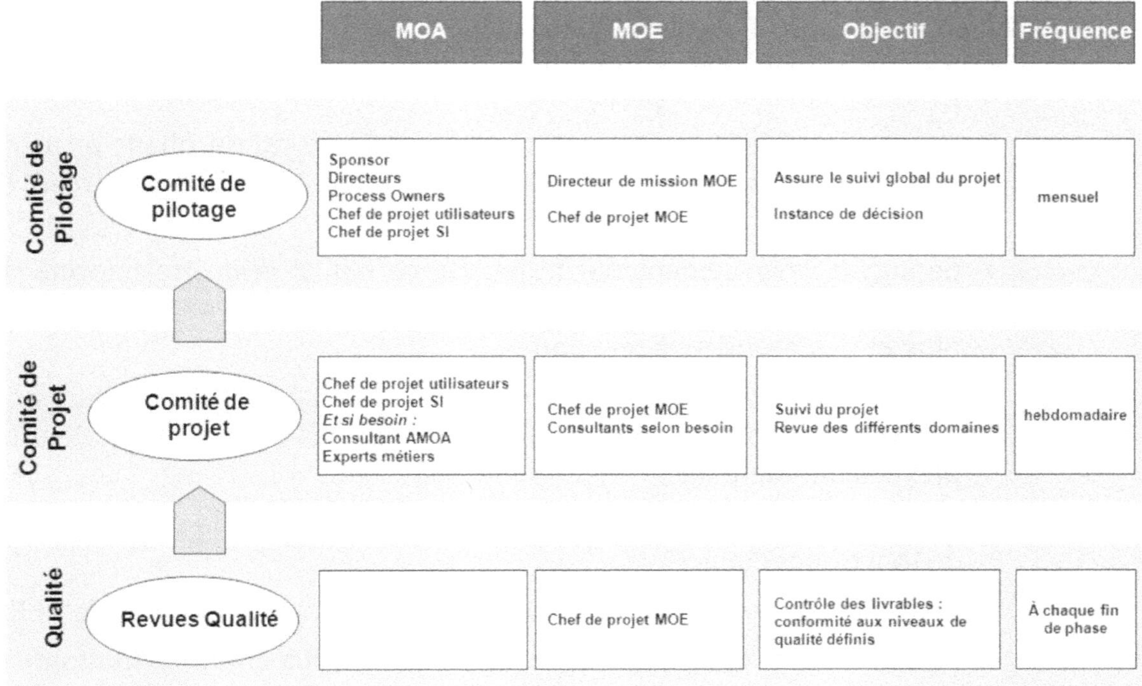

Figure 6-9 : Structure de pilotage

Instances du projet

Les instances, participants, rôles et fréquences mentionnés dans le tableau ci-après à titre d'exemples sont à adapter et à compléter avec l'entreprise, de manière à répondre à ses impératifs de gouvernance et à faciliter le reporting.

Tableau 6-6 : Rôles des instances du projet

	Participants	Rôles	Fréquence
Comité de projet	- Chef de projet - Chef de projet utilisateurs - Responsable Architecture fonctionnelle - Consultants ERP	- Assurer le suivi opérationnel du projet - Garantir la cohérence des travaux réalisés par les groupes de travail - Assurer la cohérence des choix fonctionnels entre les sous-domaines - Valider les solutions et préparer les décisions à prendre lors du comité de pilotage	Hebdomadaire ou bimensuelle
Comité de pilotage	- Sponsor - Directeurs - Chef de projet - Chef de projet utilisateurs	- Soutenir le projet - Allouer les ressources - Présenter l'avancée du projet - Prendre les décisions de budget et de planning	Mensuelle

Comité de pilotage

Le comité de pilotage se rassemble toutes les quatre à six semaines en fonction des phases du projet.

Il est responsable de la validation des jalons de fin de phase et résout les éventuels problèmes de haut niveau qui nécessitent un arbitrage. Il a pour mission :

- de suivre l'avancement du projet. De ce fait, il doit être informé des résultats obtenus, des options prises, des décalages éventuels de planning et des problèmes rencontrés ;

- de procéder aux arbitrages et prendre, le cas échéant, les mesures correctives et les propositions d'investissement justifiées qui n'étaient pas prévues initialement ;

- de valider les nouvelles règles de gestion majeures et le schéma général de fonctionnement ;

- de valider les éventuelles demandes d'adaptation spécifiques de l'ERP ;

- de sensibiliser et de motiver le personnel sur les enjeux importants du projet.

Comité de projet

Le comité de projet se réunit de façon hebdomadaire, voire bimensuelle, pour valider en continu les grands choix fonctionnels et contrôler l'état d'avancement du projet (par activités, nouveaux livrables à valider, etc.).

Ensuite, il rapporte au comité de pilotage ses observations sur l'avancement du projet par domaines de responsabilité ou de compétences (technique, métiers, données, informatique, etc.).

Au cours des réunions du comité de projet, l'avancement peut être mesuré grâce à des tableaux de bord par phases, présentant les grandes étapes du processus de la phase pour chaque activité du périmètre fonctionnel du projet.

Par exemple, pour la phase de conception détaillée, le constat d'avancement consiste à mettre des croix en face de chaque activité pour les séquences (voir chapitre 4 – phase 2) qui ont été traitées ou qui sont inutiles.

Tableau 6-7 : Tableau d'avancement du prototypage

Sous-domaine	Séq. 1	Séq. 2	Séq. 3	Séq. 4	Séq. 5	Séq. 6	Séq. 7	Séq. 8
Activité A	×	×	×	×				
Activité B	×	×						
Activité C	×	×	×					

Il se concrétise par la rédaction et la diffusion d'un rapport flash hebdomadaire, à des fins de compte rendu, présentant de manière synthétique sur une à deux pages :

- les actions et réalisations de la semaine passée ;
- le planning des réunions et des étapes du projet ;
- les décisions prises pendant la semaine ;
- les difficultés rencontrées ;
- les décisions à prendre ;
- les actions à mener.

Revues d'assurance qualité

Les revues d'assurance qualité (RAQ) sont des sessions qui interviennent avant les principales livraisons du projet, typiquement avant les simulations/présentations à la fin des phases. Elles permettent de contrôler la qualité, la livraison et l'exhaustivité des livrables produits sur le projet.

Gestion des risques

Un risque est un préjudice que l'on ne peut prévoir que de façon imparfaite. Une gestion des risques consiste :

- à suivre les facteurs connus susceptibles de déclencher le préjudice ;
- à en estimer périodiquement les probabilités de déclenchement.

Définition

La gestion des risques est une activité importante du pilotage de projet. Elle est effectuée sous la responsabilité du chef de projet utilisateurs et du chef de projet pendant toute la durée du projet. Une synthèse du suivi est présentée lors de chaque comité de pilotage de projet.

Elle concerne l'anticipation et l'acquisition d'informations significatives concernant les engagements relatifs au projet et non l'action proprement dite :

- l'identification des risques, problèmes potentiels pouvant survenir et mettant en péril les engagements relatifs au projet sur le délai, la qualité ou le budget du projet ;
- l'évaluation et la définition des actions à entreprendre pour la réduction des risques : solutions alternatives de contournement ou de secours ;
- la réévaluation des événements qui peuvent avoir un impact défavorable sur les engagements pris sur le projet.

La gestion des risques débute avant que le périmètre soit défini, et continue avec une intensité variable jusqu'à ce que le projet soit terminé. Parfois, un petit nombre de facteurs quantifiables peuvent transformer des risques en véritables problèmes, par exemple lorsque des incompréhensions entre l'équipe projet et la maîtrise d'ouvrage, ne sont pas traitées suffisamment en amont du projet. Pour éviter ces risques, collaboration et communication entre l'équipe projet et la maîtrise d'ouvrage sont indispensables.

Processus général

Le processus de gestion et de suivi des risques se décompose en six activités :

- identifier le risque, sa nature et sa probabilité d'apparition ;

- évaluer le risque pour chacun des types d'impact, en termes de sévérité ou de préjudice éventuel afin de les prioriser par la perception de l'importance des impacts du risque ;

- définir les actions de réduction ou décisions à engager pour prévenir l'apparition du risque ;

- lancer et suivre ces actions pour réduire les risques ;

- évaluer périodiquement la sévérité du risque par le comité de projet suite aux actions menées ;

- surveiller les risques par une évaluation au moins mensuelle jusqu'à disparition ou niveau de sévérité réduit.

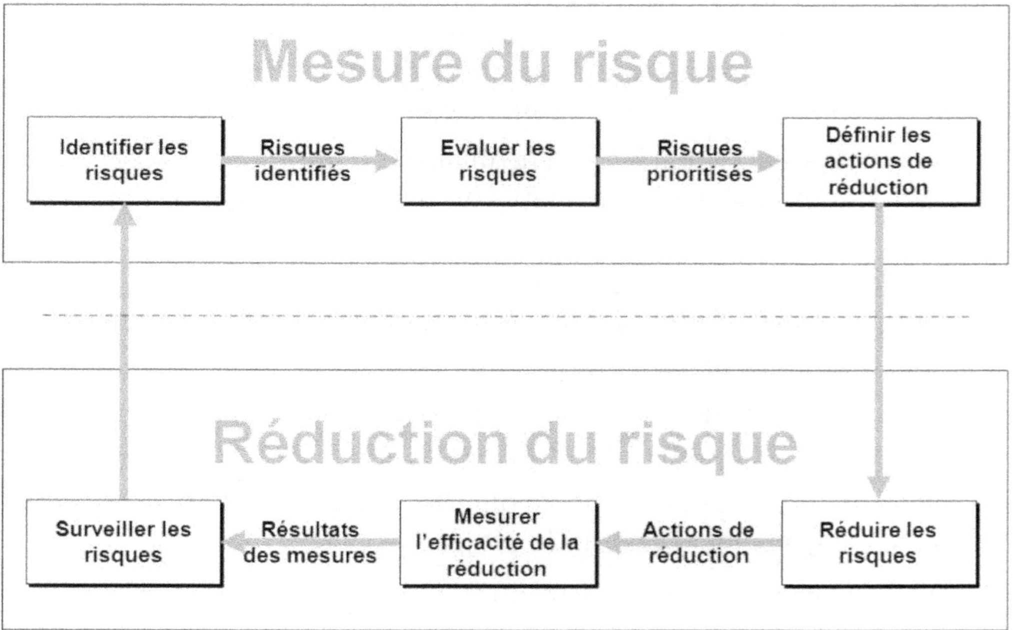

Figure 6-10 : Processus de gestion des risques

Risques d'un projet ERP

La conception et la mise en œuvre d'un prototype dans l'organisation de l'entreprise représentent une évolution significative dans son organisation et requièrent ainsi un pilotage serré, pour s'assurer que les objectifs sont atteints sans dégradation des performances métier.

Le maître d'œuvre peut proposer d'inclure les activités de gestion des risques dans le pilotage du projet : le chef de projet est alors en charge de gérer les risques et de mettre en œuvre les actions de couverture appropriées.

ID	Titre du Risque	ID Date	Type d' impact	Date Probable	Indicateur du risque	Probabilité Risque (%)	Coût Potentiel (KEur)	Coût Probable (KEur)	Priorité du Risque
1	Accroissement du périmètre de 10%	7/02	C, S	11/02	Retard de planning et/ou accroissement des coûts	75	80	60	Haute
2	Modification des Standards	7/02	C, S	12/02	Retraitements à prévoir	50	50	25	Moyenne

Type d'impact: C=Coûts, S=Planning, Q=Qualité

Figure 6-11 : Exemple de tableau de suivi des risques

Plan de réduction des risques

Les risques sont étudiés par le management de l'entreprise, de manière à sélectionner et mettre en œuvre les actions les plus efficaces pour les éviter au moyen d'un plan de réduction des risques. Une session est organisée à la fin de chaque phase pour les présenter de manière formelle, accompagnés des fiches de suivi des risques mises à jour, pour chaque comité de pilotage.

Le plan de réduction des risques définit la stratégie de couverture des risques, c'est-à-dire l'ensemble des actions qui limiteront les potentiels impacts négatifs de ces risques sur le projet.

C'est le chef de projet qui développe et gère la stratégie de couverture des risques pour chaque risque répertorié dans le tableau de bord de suivi des risques (voir figure 6-11). Chaque stratégie est constituée d'une ou plusieurs actions élémentaires de couverture, qui seront affectées ensuite à des intervenants du projet.

Pour la plupart des risques à impact faible ou modéré, la stratégie est élaborée sous la forme d'une approche générale de réduction. Pour les risques jugés significatifs, un plan de couverture spécifique est élaboré. (Le caractère significatif varie d'un projet à l'autre. Généralement, il inclut tous les risques de haute priorité et certains de priorité modérée.)

Tableau 6-8 : Exemple de matrice d'analyse des risques

Risques	Impacts	Impact	Probabilité	Actions de couverture du risque
Phase de conception				
Harmonisation du référentiel de données articles	L'alignement du référentiel article avec la cible requiert une charge de travail importante pour éviter : - une rupture au niveau des métiers par des données articles impropres et incohérentes ; - un décalage de planning causé par des tâches d'harmonisation importantes.	Fort	Haute	Le maître d'œuvre focalise son attention sur ces points critiques : - renforcer l'harmonisation des données ; - affecter des ressources pour dynamiser les initiatives d'harmonisation ; - renforcer le processus de conduite du changement.
Transfert de compétences insuffisant à l'équipe interne	La connaissance du core model devrait être capitalisée au sein du centre de compétences interne.	Fort	Faible	Le maître d'œuvre favorisera les principes directeurs suivants : - partenariat étroit avec l'entreprise ; - renforcer le centre de compétences interne dès le début du projet ; - développer l'esprit d'équipe ; - aider l'entreprise à réaliser par elle-même au lieu de faire à la place de celle-ci.
Phase de déploiement				
Industrialisation insuffisante du déploiement (documents et outils)	L'industrialisation pourrait accélérer le déploiement et éviter des coûts supplémentaires.	Moyen	Moyen	- Concevoir un core model à partir de processus paramétrables - Promouvoir des outils d'industrialisation du déploiement - Renforcer l'usage des standards de documentation - Rédiger les livrables en anglais pour faciliter leur réutilisation

Chapitre 7

Les charges et le planning

Éléments de chiffrage

Beaucoup de projets de mise en œuvre d'ERP se réalisent maintenant en mode forfaitaire, ce qui nécessite donc pour les partenaires d'avoir évalué les charges de travail avec suffisamment de précision pour être capable d'honorer leurs engagements. En général, ceci est possible dans la mesure où la charge de paramétrage est relativement proportionnelle aux fonctions à mettre en œuvre, hors coefficient de complexité, et consiste à mettre en adéquation les fonctions standards du progiciel avec les besoins de l'entreprise, indépendamment de tout développement de logiciel spécifique.

Cependant, cet objectif ne peut être atteint qu'après avoir précisé dans le contrat un minimum d'informations relatives au projet, toutes présentées dans ce livre, ce que fait en général un bon partenaire intégrateur. Après avoir précisé les responsabilités des partenaires au travers de la structure de projet (voir chapitre précédent) avec les rôles précis ainsi que les noms des personnes affectées à ces rôles, il s'agit alors de préciser les éléments suivants.

- Périmètre fonctionnel : une définition des processus et fonctions à mettre en œuvre, par opposition à une simple liste de modules ERP, permet d'éviter toute dérive de planning au cas où l'on chercherait à exploiter toutes les fonctions du progiciel (voir chapitre 8).

- Périmètre de responsabilités : les prestations relatives à chaque équipe sont décrites dans des lots contractuels de prestations (voir chapitre 9).

- Coefficient de complexité : des facteurs de complexité sont à prendre en compte comme le multisite, la taille de l'entreprise, l'expérience acquise, le nombre de modèles de gestion, etc.

Périmètre fonctionnel

La charge de travail pour paramétrer le progiciel et le mettre en œuvre, en supposant qu'aucune adaptation, personnalisation ni interface ne soit à développer en spécifique, est à mettre en rapport avec l'étendue des fonctions du progiciel à prototyper. Toutes les fonctions d'un module de l'ERP ne sont pas forcément à paramétrer selon l'usage que doit en faire l'entreprise.

Chaque ERP comporte un nombre plus ou moins important de paramètres et est par conséquent plus ou moins complexe à paramétrer. C'est pour cela qu'il est important, pour l'élaboration du périmètre fonctionnel, de distinguer les processus à mettre en œuvre dans le projet de la liste des modules qui ont notamment servi à sélectionner l'ERP pour sa couverture fonctionnel à terme.

> **Exemple**
>
> Dans le cas d'une entreprise qui doit gérer des commandes ouvertes de la part de ses clients (cas typique des sous-traitants automobile), la charge de paramétrage ne sera pas la même que celle pour un processus de gestion de commandes fermes classiques, bien que l'ensemble de ces fonctions soient présentes au sein du même module de gestion des ventes de l'ERP.

Chaque éditeur ou intégrateur a généralement établi par expérience une grille d'évaluation de ses propres charges pour chacun des modules éventuellement pour chacune des fonctions de ces modules, fournissant une charge de travail prévisionnelle pour une prestation donnée en fonction d'un critère de complexité donné.

Un bon intégrateur est également capable d'évaluer par une grille appropriée les charges internes que l'entreprise devra mettre en œuvre pour assurer la bonne fin du projet en garantissant le transfert de compétences.

Périmètre de responsabilité

Toutes les tâches à réaliser sur le projet doivent pouvoir être affectées à des lots : regroupements logiques d'activités dans le but d'accomplir ou de faire accomplir une partie du projet par une même équipe, interne ou partenaire. Ils sont définis par domaines de compétence et/ou de responsabilité pour le projet. Ils peuvent ainsi être transverses à différentes phases/étapes du projet.

L'approche par lots est orientée vers l'engagement sur les résultats et assure ainsi que toutes les activités sont focalisées sur l'obtention de livrables dans le but de réduire le coût global des prestations sur le projet. Dans l'exemple suivant, le projet comporte potentiellement 16 lots de maîtrise d'œuvre et 11 lots de maîtrise d'ouvrage.

Les lots de prestations présentés dans le tableau 7-1 sont détaillés en annexe au chapitre 9. Ils représentent l'ensemble des prestations à réaliser pour l'aboutissement d'un projet ERP. La répartition de ces prestations, et par conséquent des lots, entre les différents partenaires reste à préciser en fonction du type d'organisation choisi pour le projet.

La définition de ces lots est à vocation contractuelle et doit donc être suffisamment précise afin qu'il n'y ait aucune contestation possible de la part des partenaires lorsqu'ils seront engagés dans le projet. Le choix de découpage des prestations en lots, présenté dans le tableau 7-1 et précisé en annexe, est destiné à pouvoir s'adapter à différents cas de responsabilité des partenaires, sans avoir à reconstruire l'ensemble.

Un découpage entre maîtrise d'œuvre et maîtrise d'ouvrage, habituellement pratiqué sur les projets, est présenté ci-dessous et précisé en annexe. Il est naturellement à adapter pour chaque projet en fonction des partenaires en présence et des responsabilités qui leur sont affectées. La liste suivante regroupe les prestations relevant habituellement d'une maîtrise d'œuvre.

Tableau 7-1 : Exemple de lots de maîtrise d'œuvre

Phase	Lots de maîtrise d'œuvre[1]	Lot
Toutes	Initialisation et pilotage du projet	Lot 1
Conception générale	Installation du progiciel	Lot 2
Conception générale	Conception générale (1re simulation)	Lot 3
Conception générale	Architecture technique	Lot 4
Conception détaillée	Formation de l'équipe projet	Lot 5
Conception détaillée	Conception détaillée (2e simulation)	Lot 6
Réalisation	Spécification et développement des Interfaces	Lot 7
Réalisation	Spécification et développement des adaptations spécifiques	Lot 8
Réalisation	Recette technique (tests d'intégration)	Lot 9
Réalisation	Assistance à la recette fonctionnelle (simulation 2b)	Lot 10
Déploiement	Spécifications techniques	Lot 11
Déploiement	Formation des utilisateurs	Lot 12
Déploiement	Reprises automatiques des données	Lot 13
Déploiement	Mise en exploitation	Lot 14
Déploiement	Assistance à la pré-exploitation (3e simulation)	Lot 15
Production	Assistance au démarrage	Lot 16

1. Ensemble homogène de prestations sous la responsabilité d'un partenaire, et par extension de l'entreprise.

La liste suivante regroupe les prestations relevant habituellement d'une maîtrise d'ouvrage, ou d'une assistance à maîtrise d'ouvrage.

Tableau 7-2 : Exemple de lots de maîtrise d'ouvrage

Phase	Lots de maîtrise d'ouvrage	Lot
Toutes	Coordination des actions de maîtrise d'ouvrage	Lot 1b
Conception générale	Schéma général de fonctionnement	Lot 3b
Conception détaillée	Expression détaillée des besoins	Lot 6b
Réalisation	Recette fonctionnelle	Lot 10b
Déploiement	Mise en place de l'organisation	Lot 11b
Déploiement	Formation des utilisateurs	Lot 12b
Déploiement	Fiabilisation et chargement manuel des données	Lot 13b
Déploiement	Fourniture matériels	Lot 14b
Déploiement	Préexploitation (3e simulation)	Lot 15b
Production	Assistance de premier niveau	Lot 16b
Tous	Conduite du changement	Lot 17

Les charges de travail, qui dépendent essentiellement du périmètre constitué par les fonctions de l'ERP à mettre en œuvre, se répartissent en général sur chacun des lots impactés dans des proportions identiques. Des grilles de chiffrage sont donc en général établies par le fournisseur pour évaluer les charges :

- pour chaque fonction ;
- pour un facteur de complexité moyen.

Les charges estimées par fonction se cumulent ensuite par types de prestations après avoir été ajustées du facteur de complexité, puis regroupées par lots de prestation, par types d'intervenants et par sous-domaines fonctionnels.

Facteurs de complexité

La notion de facteur de complexité a été créée par les prestataires de services ou de conseil pour faciliter et rationaliser le chiffrage des charges d'un projet. Elle doit être introduite aux entreprises afin de les sensibiliser aux éléments qui alourdissent les charges d'un projet ERP. Différents critères interagissent sur la complexité d'un projet, tels que :

- la taille de l'entreprise et le nombre de rôles cibles ;

- le nombre et l'indépendance des sites ;
- l'importance des changements et le niveau de maîtrise ERP.

La taille de l'entreprise

La taille de l'entreprise est habituellement mesurée en termes d'effectif global de l'entreprise (et non seulement des seuls agents administratifs amenés à utiliser le futur système).

Plus l'effectif est important et plus les processus seront découpés en un grand nombre d'activités qu'il faudra gérer séparément dans le projet afin de les documenter, de former les utilisateurs, etc. Au contraire, une entreprise plus petite en effectif construira des processus avec des procédures compactées en conséquence.

D'un autre côté, plus l'entreprise est importante, plus les procédures sont fortement intégrées dans les pratiques et plus les utilisateurs ont habituellement des difficultés à abandonner leurs anciennes pratiques pour adopter les nouvelles proposées par l'ERP.

Il n'est pas rare de constater un facteur de complexité dû à la taille de l'entreprise allant de 1 à 5 si l'on se limite dans cette étude aux seules PME industrielles de moins de 500 personnes. Au-delà, si le qualificatif de PME peut encore être employé, il ne faut pas tirer de conclusions trop hâtives sur les charges à prévoir, chaque projet ayant ses particularités.

La mise en œuvre d'une GPAO incluant la gestion commerciale, à l'aide d'un ERP répondant aux critères définis dans le premier chapitre, occasionne des charges externes de mise en œuvre pouvant aller d'une centaine de jours-homme pour une PME de 100 personnes à 490 jours-homme pour une PME de 420 personnes. Parallèlement, les charges internes oscilleront respectivement entre 450 et 1 500 jours.

À titre d'exemple, et pour un progiciel ERP de complexité moyennement élevée comme Infor ERP LN, l'expérience montre les charges suivantes de mise en œuvre d'une GPAO complète (achats, stocks, planification, fabrication – pilotage compris) sur un seul site en fonction de la taille d'entreprise.

Tableau 7-3 : Exemples de charges en fonction de la taille de l'entreprise

Effectif	Secteur	Charge
100 personnes	Production de circuits imprimés	100 jours
250 personnes	Production de systèmes de contrôle et de supervision	240 jours
420 personnes	Production de produits métallurgiques	490 jours

Ces charges correspondent à des projets d'intégration détaillés dans les trois études de cas que vous trouverez à la fin de cet ouvrage.

Le nombre et l'indépendance des sites

Indépendamment des charges relatives au déploiement généralisé du core model sur les sites non pilotes, le projet de déploiement du site pilote doit prendre en considération les besoins de l'ensemble des sites sur lesquels sera déployé le core model. Cet objectif exige un processus plus complexe de collecte et de définition des besoins fonctionnels, et de validation des solutions. Nous citerons à titre d'exemple un facteur pouvant aller de 1 à 1,5 pour prendre en compte les besoins d'un autre site pilote dans la construction d'un core model.

À ce sujet, il faut prendre en compte le nombre de modèles de gestion cible, par exemple la production à la commande ou la production sur stock, comme facteur aggravant de la complexité, alors qu'un projet qui prévoit de partir d'un modèle de référence déjà préparamétré est un facteur réducteur de la complexité.

Plus généralement, il importe là encore d'évoquer la notion de « modèle de gestion » comme l'ensemble des pratiques métier supportées par un modèle de processus et de modes de gestion. En particulier si l'entreprise cumule des fabrications sur stock, en assemblage sur commande et fabrication à la commande, les modèles seront sensiblement différents. Le lecteur trouvera à cet effet une approche de ces différences dans la partie III de ce livre. En dehors des fonctions communes à ces différents modèles, il n'est pas rare d'avoir à redéfinir complètement le paramétrage, les processus et les procédures ce qui génère autant de charges supplémentaires par rapport au modèle de base pour les processus et fonctions à redéfinir. On peut avoir là aussi un facteur de complexité pouvant aller globalement de 1 à 1,5 pour chaque modèle de gestion supplémentaire.

Le nombre de modèles de gestion distincts et même le nombre de sites à gérer par un même modèle seront donc générateurs d'un facteur de complexité à appliquer sur la charge de référence pour un site et un modèle de gestion.

L'importance des changements

Par changement il faut entendre toute modification apportée par le projet qui fera l'objet d'une attention ou d'un travail particulier pour amener l'utilisateur à accepter ces changements, par exemple :

- le niveau de maîtrise d'un ERP intégré – les changements induits pour passer d'un système d'information propriétaire spécifique, peu intégré généralement, à un système intégré sont parfois très difficiles à surmonter. Ils amènent en effet les utilisateurs à partager les mêmes informations, cassant ainsi toutes les chapelles qui avaient pu se créer dans l'ancienne organisation ;

Exemple de « chapelles »

La tenue et la gestion des stocks, qui étaient autrefois un centre de pouvoir interne pour celui qui distribuait les stocks disponibles, à la limite, selon son bon vouloir.

- la complexité des processus et des procédures anciennes augmente aussi le travail de mise en œuvre de l'ERP, car elle est souvent synonyme de changement important ;

Exemple de complexité des processus existants

Dans certaines entreprises on a pu constater que l'historique du développement du système d'information, constitué d'applicatifs hétérogènes en l'absence d'une DSI forte, capable de fédérer les choix d'investissement, avait conduit les utilisateurs à concevoir à la limite autant de processus distincts qu'ils rencontraient de nouveaux cas de gestion, qui auraient pu être traités au sein d'un processus unique.

- citons aussi les changements de pratiques métier induits par des fonctions nouvelles automatisées. On trouve encore de tels changements dans des entreprises qui n'ont pas pu suivre les bonnes pratiques en raison de la faiblesse de leur ancien système.

Exemples de changements de pratiques métier

La mise en place d'un processus automatisé de calcul de besoins par la technologie MRP dans une entreprise qui ne la connaissait pas auparavant.

Beaucoup plus fréquent : la mise en place des fonctions de contrôle de gestion automatisé grâce à la mise en œuvre d'un outil de type costing, intégré dans tous les ERP dignes de ce nom, qui génère des écritures comptables analytiques pour chaque mouvement physique matière ou main-d'œuvre de la GPAO.

Face à de tels changements, un projet peut refléter un facteur de complexité allant de 1 à 3 selon l'importance de ces changements.

Évaluation des charges

Nous allons maintenant essayer de rationaliser la question de l'évaluation des charges d'un projet d'intégration d'ERP en distinguant cinq grandes catégories de charges.

- Les charges de paramétrage correspondantes aux travaux des consultants fonctionnels, qui mettent en conformité les fonctionnalités de l'ERP avec les métiers.
- Les charges d'intégration technique correspondantes aux tâches des consultants ou architectes techniques.

- Les charges de développement informatique nécessaires pour concevoir, réaliser, tester et intégrer les interfaces, personnalisations, adaptations et autres reprises automatisées de données.

- Les charges internes de l'entreprise qui sont trop souvent ignorées voire minimisées par les intégrateurs, sans doute pour ne pas effrayer les dirigeants avant le lancement du projet.

- Sans oublier les charges de pilotage et de suivi opérationnel du projet.

L'objectif poursuivi dans ce chapitre est de fournir aux entreprises utilisatrices des éléments pour une meilleure anticipation des charges à réserver pour les projets ERP. En particulier, l'entreprise doit exiger de son fournisseur la fourniture d'un détail des charges évaluées afin de valider les ratios de charge par phase, ou par lot de prestation.

Paramétrage du progiciel

La charge de paramétrage du progiciel correspond à l'ensemble des travaux à réaliser par des consultants fonctionnels pour mettre en conformité le progiciel par rapport aux besoins de l'entreprise, en un mot pour configurer l'ERP. Elle ne couvre donc pas les éventuels développements informatiques de logiciels complémentaires ou adaptations du progiciel standard.

Cette charge est à peu près proportionnelle à la richesse du paramétrage du module ou de la fonction de l'ERP, ce qui veut dire qu'elle est constante au facteur de complexité près. C'est la raison pour laquelle ces travaux font couramment l'objet d'engagements forfaitaires de la part des fournisseurs dans la mesure où les éléments de chiffrage cités ont été fixés pour le projet. Cette caractéristique est généralement assez répandue, alors que la plupart des projets ERP ne font pas l'objet d'un cahier des charges précis dans lequel sont définis tous les processus et activités du système cible.

Il est cependant possible que ces éléments de chiffrage n'aient pas pu être fixés complètement avant la signature du contrat avec le fournisseur. Dans ce cas, ils doivent être suffisamment précis pour permettre un engagement du fournisseur sur un périmètre fixé (fonctionnel et de prestation), reléguant en fin de phase de conception générale une éventuelle réévaluation pour les changements de périmètre.

On voit ainsi un des objectifs forts de cette première phase du projet, qui consiste à établir définitivement les charges et par conséquent le planning du projet. On pourra ainsi prévoir dans les accords contractuels, une limite à ne pas dépasser pour la révision du forfait, par exemple de ± 10 % au maximum. L'objectif est dans ce domaine de limiter les aléas à leur plus faible niveau.

Sans s'engager dans une charge d'implémentation précise, dépendant essentiellement du progiciel, et de son éditeur ou intégrateur, il est cependant important de connaître les ratios de décomposition des charges observés habituellement sur les projets afin de pouvoir qualifier les offres des différents fournisseurs. On notera ainsi la répartition moyenne suivante entre les durées de phases, tenant compte de la méthodologie, des livrables et des lots de prestation cités.

Tableau 7-4 : Exemple de tableau de chiffrage des charges

Sous-domaine	Fonction	Phase 1	Phase 2	Phase 3	Phase 4	Total	Disponibilité
	Durée (jours)	(30%)	(30%)	(10%)	(30%)	(100%)	
Ventes							__ %
Achats							__ %
Stocks							__ %
Production							__ %
	Total						

Ce tableau préfigure les grilles de chiffrage habituellement utilisées par des intégrateurs qui, partant d'une disponibilité moyenne (fraction/nombre d'équivalents temps plein ou ETP) nécessaire à l'implémentation d'une fonction, calculent la charge affectée à cette fonction selon la durée de chaque phase. Ainsi, le coefficient de complexité est déjà pris en compte dans la durée du projet ; on ne raisonne plus en charge mais en durée et en disponibilité. Autrement dit, cela revient à fixer d'abord le planning par expérience et ensuite à en déduire les charges. Le résultat fournit une charge externe correspondante à un profil de consultant fonctionnel ERP.

Intégration technique

La charge externe d'intégration technique ne suit aucune formule, mais doit être évaluée en fonction du niveau de connaissance des ERP par les profils techniques de l'entreprise. En particulier, si l'entreprise n'est pas préparée aux nouvelles technologies apportées par l'ERP, elle aura besoin d'une assistance technique, au-delà de la formation, afin de rôder ses procédures de :

- chargement des logiciels spécifiques ;
- gestion de configuration logicielle ;
- petites personnalisations (formes ou reports).

Les charges seront évaluées au cas par cas et présentées dans des tableaux permettant ensuite une consolidation au niveau des phases et des profils d'intervenants.

Selon la richesse technologique de l'ERP et le niveau d'expertise technique interne, il faudra prévoir en moyenne les charges présentées dans le tableau 7-5.

Tableau 7-5 : Exemple de charges d'intégration technique

Fonction	Phase 1	Phase 2	Phase 4	Phase 5	Total
Architecture technique	1 à 5 jours				
Installation du progiciel	1 à 5 jours				
Formation technique	5 à 20 jours				
Assistance technique		0 à 10 jours	0 à 10 jours		
Spécifications techniques			2 à 10 jours		
Mise en production			0 à 10 jours		
Tests de performance			0 à 5 jours		
Optimisation technique				1 à 5 jours	
Total					10 à 80 jours

Développements de logiciel

Dans un projet ERP, il est possible d'évaluer les charges relatives au développement des interfaces, reprises de données automatisées et adaptations identifiables d'après le cahier des charges.

Les éventuels petits développements complémentaires ne pourront être évalués qu'en cours de projet selon les mêmes principes, le but étant naturellement de les réduire à leur strict minimum.

Une provision est en général réservée à ces travaux de personnalisation, qui sont ensuite évalués en détail le moment venu selon la même logique.

Grilles de pondération

Il s'agit en premier lieu de déterminer un niveau de complexité des développements, à estimer d'après les éléments objectifs, par exemple dans un cahier des charges, et de les qualifier de la façon suivante :

- C pour complexe ;
- M pour moyen ;
- S pour simple.

Les charges de réalisation informatique et de tests unitaires sont évaluées en unités d'œuvre (par exemple, nombre de jours de réalisation) en fonction du niveau de complexité estimé et des poids relatifs de chaque type de développement, par exemple selon la grille de pondération suivante.

Tableau 7-6 : Exemple de charges de réalisation

Symbole	Type ↓/Niveau de Complexité →	Simple	Moyen	Complexe
I	Interface	5	10	20
D	Reprise automatique de données	5	10	15
A	Saisie ou affichage écran	1	5	10
R	Impression d'état de reporting	1	3	5
P	Programme de traitement	5	10	20
S	Sous-programme	1	5	10
E	Utilitaire d'échange de données	1	5	10
M	Modification du progiciel	2	10	20

La correspondance entre la charge globale, exprimée en unités d'œuvre (UO), et la charge détaillée par types de prestations, exprimée en jours, est réalisée au moyen de coefficients de pondération dont un exemple est donné dans le tableau 7-7.

Tableau 7-7 : Exemple de transformation des UO en jours

Prestations →	Spécification	Réalisation	Tests	Garantie	Total
UO = nombre jours de réalisation	40 %	100 %	40 %	20 %	200 %
UO = nombre total de jours	20 %	50 %	20 %	10 %	100 %

Finalement, pour évaluer les charges des développements informatiques, on remplira un tableau avec tous les développements identifiés en précisant pour chacun d'eux le type de développement et le niveau de complexité.

La grille de chiffrage calculera ainsi le nombre d'UO et le détail des charges en jours de manière à pouvoir les ventiler par profils d'intervenants.

Tableau 7-8 : Exemple de tableau de chiffrage des développements

Développement	Type	Niveau	Nombre d'UO	SFD	Réalisation	Tests	Garantie	Total (jours)
	I							
	D							
	A							
	R							
	P							
	S							
	E							
	M							
Total								

En particulier, les charges de spécification fonctionnelle (SFD) sont à attribuer à un profil de consultant fonctionnel ERP, car c'est lui qui, connaissant l'ERP, en déduit les adaptations ou compléments à réaliser dans les moindres détails. Ces charges comprennent aussi les tests d'intégration, c'est-à-dire les tests sur l'ERP, sur lequel ont été chargés les développements spécifiques, qui sont naturellement effectués par celui qui a défini les fonctions du développement.

Les charges de réalisation et des tests unitaires sont à attribuer aux équipes techniques de développement. De nos jours et particulièrement pour les ERP, on ne distingue plus les profils et les charges de conception technique (autrefois appelée analyse organique) et celles de réalisation et tests car l'analyse d'une adaptation est souvent plus lourde que sa réalisation proprement dite, ce qui implique que l'ensemble de ces travaux est réalisé par un même professionnel.

Enfin, les charges de correction des anomalies suite aux réserves de recette fonctionnelle ou au titre de la garantie sont à provisionner.

Charges internes

Experts métier

Nous avons vu au chapitre précédent qu'un projet ERP devait nécessairement être lancé dans un mode transfert de compétences, qui est à l'opposé de la fourniture d'un système clé en main. Cette caractéristique des projets ERP n'est pas sans incidence sur les charges internes à mettre en œuvre par l'entreprise.

Sur le périmètre de base, core model et déploiement sur le site pilote, cette charge est évaluée en équivalents temps plein (ETP) pour les experts métier à hauteur généralement de 50 à 60 % de disponibilité minimale en moyenne selon l'ERP.

Ce niveau de disponibilité important surprend souvent les chefs d'entreprise qui n'avaient pas prévu une telle charge dans leurs effectifs, gardant peut-être en mémoire les anciennes pratiques de mise en œuvre de progiciels clés en main.

Mais comme nous l'avons abordé dans les premiers chapitres, cette exigence est devenue indispensable pour maîtriser des ERP qui se sont considérablement enrichis au cours des années et qui offrent maintenant des méandres de fonctionnalités dans lesquels il est fréquent de se perdre, soit par envie de toutes les exploiter, soit tout simplement par la difficulté à toutes les maîtriser.

En conséquence, le transfert de compétences ne peut s'obtenir que par un investissement important sur le projet qui peut être mis à profit pour exploiter les formations fonctionnelles aux modules de l'ERP et les formations aux bonnes pratiques métier, participer étroitement au prototypage et à la définition du paramétrage, participer à la rédaction d'une documentation pérenne et finalement asseoir ce transfert de compétences par une formation et un coaching des utilisateurs du futur système.

Les experts métier doivent connaitre les processus dont ils ont la responsabilité dans les moindres détails, être suffisamment ouverts à de nouvelles et bonnes pratiques et suffisamment motivés pour s'investir dans un progiciel, complexe par excellence, et dans la définition de leur future organisation. Ils sont en général des ressources critiques pour l'entreprise qui ont toute la confiance du management et beaucoup de responsabilités. Il sera donc difficile de les libérer à hauteur de la disponibilité demandée.

Il n'est pas rare de constater une tentation première pour le management d'embaucher des stagiaires, ou de déléguer des personnes moins critiques pour l'entreprise. Vous aurez deviné, sans doute, que c'est une tentation qui doit être vite refoulée car elle ne correspond pas du tout aux objectifs assignés au transfert de compétences.

Au contraire, il est préférable de déléguer sur des personnes appelées en renfort, les fonctions maitrisées par ces experts métier et déjà bien rodées, afin de dégager la disponibilité recherchée.

Voilà pourquoi il est souhaitable de réserver pour les experts métier les disponibilités moyennes minimales suivantes par phase, hors assistance après démarrage.

Le nombre de ces experts métier varie essentiellement en fonction de la taille de l'entreprise, car dans une petite structure un plus grand nombre de fonctions incombent à un utilisateur, alors que dans une grosse PME, les mêmes processus sont découpés entre plusieurs utilisateurs. Un minimum est cependant à respecter tenant compte de la nature essentiellement différente des métiers.

Tableau 7-9 : Taux de disponibilité des experts métier

	Phase 1	Phase 2	Phase 3	Phase 4	Total
Durée (jours)	(30 %)	(30 %)	(10 %)	(30 %)	(100 %)
Disponibilités	20 %	60 %	60 %	80 %	
Sous-domaine					
Ventes					
Achats					
Stocks					
Production					
Planification					
Total					

Exemple de sous-domaines et d'équipe projet pour une petite PME

La vente, la planification, l'achat et la comptabilité portant ainsi à quatre le nombre minimum d'experts métier pour une petite entreprise.

Pour une plus grosse PME, la limite de la taille de l'équipe interne est en relation avec le périmètre fonctionnel, sachant qu'en matière de gestion de production, un périmètre fonctionnel minimal est toujours requis, pour limiter les interfaces jetables.

Exemple de sous-domaines et d'équipe projet pour une grosse PME

Les données techniques, la vente, la planification, la fabrication, l'approvisionnement, l'achat, les stocks, et le contrôle de gestion : soit huit experts métier, chiffre couramment pratiqué sur des projets ERP pour PME de 200 à 500 personnes.

Informaticiens

Les informaticiens internes sont en général occupés à développer les interfaces et reprises de données côté système interne (*legacy*) et en profitent pour acquérir la compétence sur la technologie apportée par l'ERP pour être ensuite relativement autonome dans les évolutions futures.

Les charges de développement s'évaluent alors selon les mêmes méthodes que pour les charges externes avec probablement des coefficients appropriés à l'ancienne technologie. Elles sont en général à valider en fin de phase Conception générale car il est souvent difficile de se projeter dans la nouvelle technologie avant le démarrage du projet et la formation technique.

Chef de projet utilisateurs

Un certain nombre de contrôles et de décisions sont à la charge de ce profil indispensable pour mener à bien un projet. Tout comme les experts métier, dont il est en quelque sorte le chef d'équipe, sont sélectionnés parmi une population d'utilisateurs représentatifs des métiers, le chef de projet utilisateurs est idéalement un homme ou une femme de métier, typiquement d'un métier leader pour le projet : directeur logistique pour un projet de gestion de production ou directeur Financier pour un projet comptable. Sa plus grande responsabilité sur le projet est de garantir la cohérence, l'évolutivité et la pérennité des choix fonctionnels définis par les experts métier, de veiller à une ouverture suffisante de son équipe sur les bonnes pratiques véhiculées par l'ERP. Sa disponibilité sera en général comprise entre 50 % et 100 %.

Utilisateurs pour le chargement des données

En général, la charge correspondante au traitement manuel des données ne peut pas être fixée définitivement avant le lancement du projet car l'adéquation fine avec le progiciel n'a pas encore été réalisée et en particulier le nombre des informations à saisir ou à modifier manuellement dans l'ERP. Il en est de même pour les travaux de fiabilisation des données qui sont en général à entreprendre avant le basculement sur l'ERP afin de ne pas polluer une base de données dans laquelle il est très difficile de supprimer des éléments, du fait du grand nombre d'interrelations entre les données. L'évaluation des charges internes de chargement des données dans la base du nouvel ERP est réalisée en fin de phase de conception générale, sur la base des volumes de lignes de tables à ressaisir. Il faut compter en moyenne pour la préparation, la saisie et le contrôle :

- trois minutes par fiche pour les données de base : articles, fournisseurs, clients, etc. ;
- une minute par ligne pour les tables : nomenclatures, gammes, etc. ;
- une minute par ligne pour les données de flux : commandes clients, fournisseurs, etc.

Déploiement généralisé

Pour le déploiement généralisé sur les sites, on fait souvent l'hypothèse que le déploiement des sites non pilotes est assuré par l'équipe interne, tant au niveau des formations que des traitements de reprise de données. Il est alors nécessaire d'évaluer une assistance complémentaire sur ces travaux comme le pilotage ou la communication sur le site.

La charge externe d'accompagnement varie essentiellement en fonction des ressources que l'entreprise peut affecter et peut se limiter au minimum à un jour par mois si l'entreprise dispose de ressources internes capables de jouer les rôles de consultant et de chef de projet.

La charge interne est évaluée en considérant en particulier les développements et traitements de reprises de données automatisés, et reste à préciser en fonction de la situation de départ de chacun des sites à déployer.

À ces charges, il faut ajouter les éventuels travaux manuels de fiabilisation et de chargement des données qui sont évaluées en début de déploiement en fonction des volumes de données réelles.

Planning

Principes de construction

Pour bâtir un planning d'intégration d'un ERP, le respect d'un certain nombre de principes permet de garantir la satisfaction et la motivation des équipes internes, le respect du planning de démarrage et ainsi une concrétisation rapide des enjeux du projet.

- Une durée globale du projet la plus courte possible assure un maintient de la motivation des équipes. Un projet trop long est synonyme d'épuisement, d'endormissement et de surcoûts.
- Une durée de phase de conception générale la plus courte possible doit cependant garantir son objectif de confirmer définitivement et le plus rapidement l'ensemble des charges et du planning et notamment les charges internes et externes, les développements informatiques et le chargement des données.
- Une durée de phase de conception détaillée la plus courte possible doit cependant garantir son objectif de boucler définitivement les travaux sur le paramétrage du progiciel. Autrement dit, après validation du prototype, aucune modification du paramétrage n'est plus autorisée, ce qui permet de se consacrer ensuite entièrement aux travaux de déploiement.
- Une mise en parallèle optimale des travaux de développement informatique permet de raccourcir le planning. La tentation de planifier ces travaux en séquence après la phase de conception détaillée peut être évitée en démarrant le plus tôt possible après la fin de conception générale la réalisation des interfaces par une conception indépendante des choix de paramétrage de détail.
- Une recette fonctionnelle du logiciel, développements spécifiques intégrés sur l'ERP standard, se limitant aux seules interfaces et adaptations lourdes, assure là aussi un planning de projet court. Les autres personnalisations d'affichage, d'impression de reports ou encore les logiciels jetables de reprise automatique de données ne subissent pas, en général, la recette fonctionnelle et ne conditionnent pas l'exploitabilité, la stabilité et la robustesse du logiciel à mettre en production.
- Lorsqu'on envisage plusieurs versions de démarrage en production, une conception générale globale pour l'ensemble des étapes assure la cohérence et la pérennité des choix de paramétrage entre les versions.

Planning global type

Principe

Le planning global doit refléter en général les principales règles suivantes.

- Les développements informatiques sont parallélisés dans la mesure du possible avec les travaux de paramétrage.
- La date de démarrage est choisie si possible en dehors de la période de congés (été).
- Le déploiement des autres sites est planifié immédiatement après le basculement du site précédent en laissant un mois d'assistance au démarrage sur chaque site.

Un planning type est décrit dans la figure 7-1.

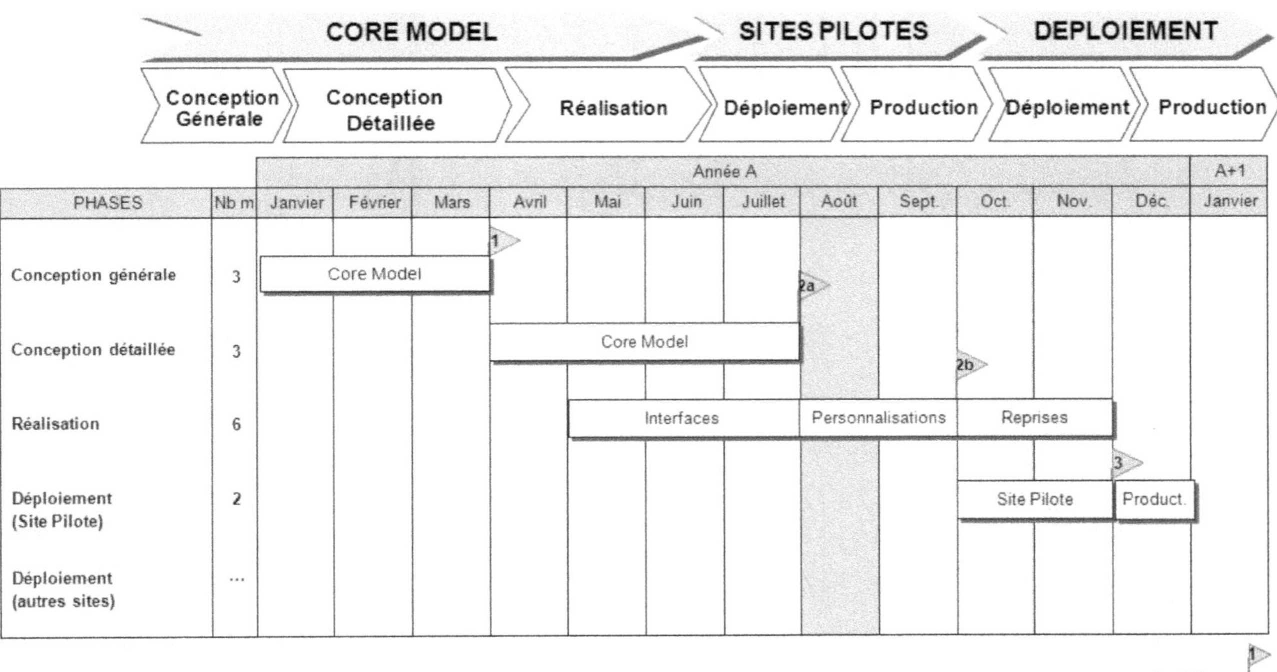

Figure 7-1 : Planning type

Un planning détaillé de 500 tâches est disponible sur l'extension web de cet ouvrage. Il comprend la totalité des tâches identifiables pour un projet moyen, en considérant un seul site et une seule version de mise en production.

Ces tâches sont naturellement à adapter en fonction de la taille du projet et du périmètre fonctionnel.

Exemple de planning global (voir figure 7-2).

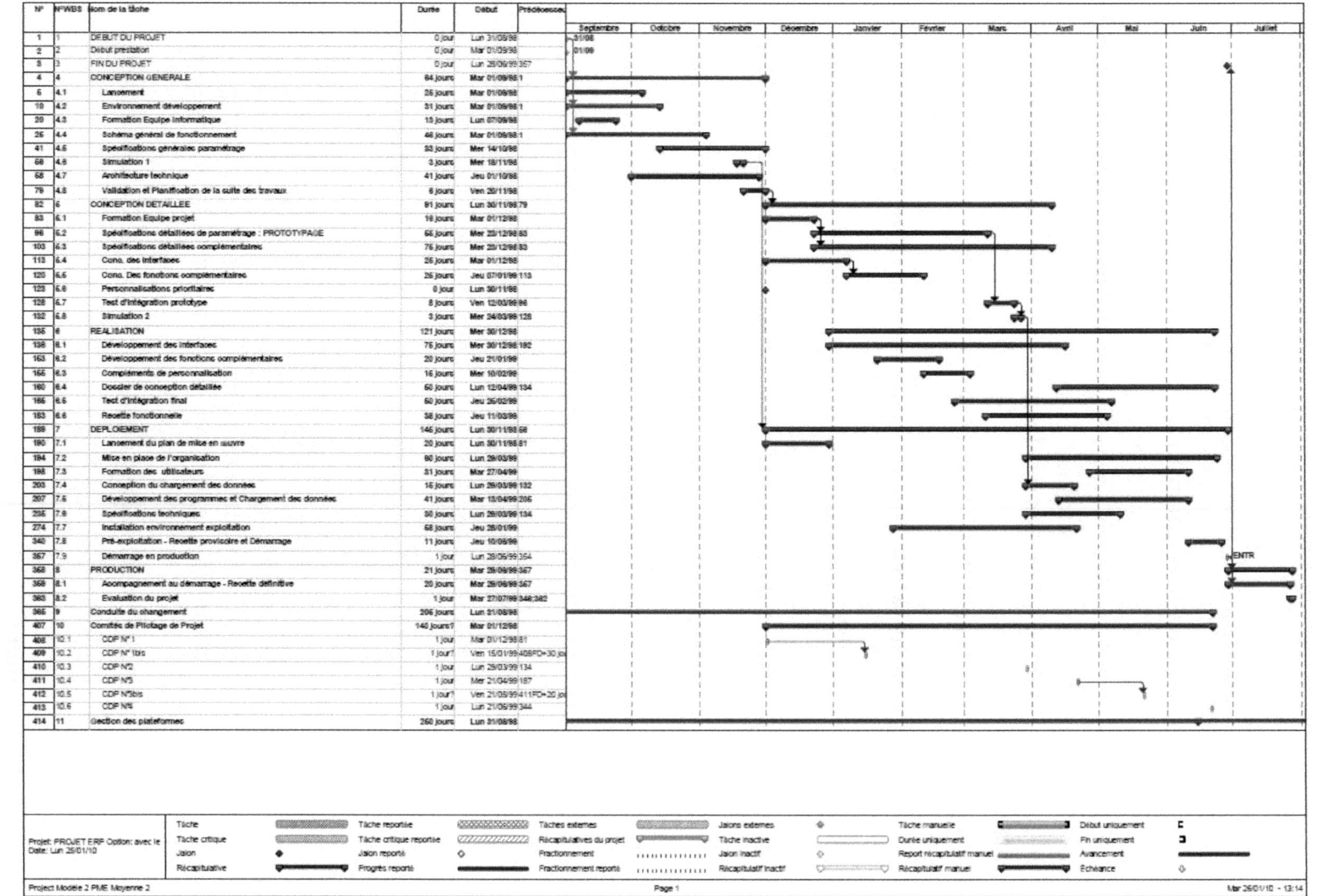

N°	N°WBS	Nom de la tâche	Durée	Début	Prédécesseur
1	1	DÉBUT DU PROJET	0 jour	Lun 31/08/98	
2	2	Début prestation	0 jour	Mar 01/09/98	
3	3	FIN DU PROJET	0 jour	Lun 28/06/99	357
4	4	CONCEPTION GENERALE	84 jours	Mar 01/09/98	1
6	4.1	Lancement	25 jours	Mar 01/09/98	
18	4.2	Environnement développement	31 jours	Mar 01/09/98	1
20	4.3	Formation Equipe informatique	15 jours	Lun 07/09/98	
26	4.4	Schéma général de fonctionnement	46 jours	Mar 01/09/98	1
41	4.5	Spécifications générales paramétrage	33 jours	Mer 14/10/98	
60	4.6	Simulation 1	3 jours	Mer 18/11/98	
68	4.7	Architecture technique	41 jours	Jeu 01/10/98	
79	4.8	Validation et Planification de la suite des travaux	6 jours	Ven 20/11/98	
82	5	CONCEPTION DETAILLEE	91 jours	Lun 30/11/98	79
83	5.1	Formation Equipe projet	19 jours	Mar 01/12/98	
96	5.2	Spécifications détaillées de paramétrage : PROTOTYPAGE	65 jours	Mer 23/12/98	83
103	5.3	Spécifications détaillées complémentaires	76 jours	Mer 23/12/98	83
113	5.4	Conc. des interfaces	25 jours	Mar 01/12/98	
120	5.5	Conc. Des fonctions complémentaires	25 jours	Jeu 07/01/99	113
123	5.6	Personnalisations prioritaires	0 jour	Lun 30/11/98	
128	5.7	Test d'intégration prototype	8 jours	Ven 12/03/99	96
132	5.8	Simulation 2	3 jours	Mer 24/03/99	128
135	6	REALISATION	121 jours	Mer 30/12/98	
138	6.1	Développement des interfaces	75 jours	Mer 30/12/98	192
163	6.2	Développement des fonctions complémentaires	20 jours	Jeu 21/01/99	
165	6.3	Compléments de personnalisation	16 jours	Mer 10/02/99	
180	6.4	Dossier de conception détaillée	60 jours	Lun 12/04/99	134
185	6.5	Test d'intégration final	60 jours	Jeu 25/02/99	
183	6.6	Recette fonctionnelle	38 jours	Jeu 11/03/99	
189	7	DEPLOIEMENT	146 jours	Lun 30/11/98	58
190	7.1	Lancement du plan de mise en œuvre	20 jours	Lun 30/11/98	81
194	7.2	Mise en place de l'organisation	60 jours	Lun 29/03/99	
198	7.3	Formation des utilisateurs	31 jours	Mar 27/04/99	
203	7.4	Conception du chargement des données	16 jours	Lun 29/03/99	132
207	7.5	Développement des programmes et Chargement des données	41 jours	Mar 13/04/99	205
235	7.6	Spécifications techniques	90 jours	Lun 29/03/99	134
274	7.7	Installation environnement exploitation	68 jours	Jeu 28/01/99	
340	7.8	Pré-exploitation - Recette provisoire et Démarrage	11 jours	Jeu 10/06/99	
357	7.9	Démarrage en production	1 jour	Lun 28/06/99	354
368	8	PRODUCTION	21 jours	Mar 29/06/99	367
369	8.1	Acompagnement au démarrage - Recette définitive	20 jours	Mar 29/06/99	367
383	8.2	Evaluation du projet	1 jour	Mar 27/07/99	348;382
385	9	Conduite du changement	206 jours	Lun 31/08/98	
407	10	Comités de Pilotage de Projet	140 jours ?	Mar 01/12/98	
408	10.1	CDP N° 1	1 jour	Mar 01/12/98	81
409	10.2	CDP N° 1bis	1 jour ?	Ven 15/01/99	408FD+30 jo...
410	10.3	CDP N°2	1 jour	Lun 29/03/99	134
411	10.4	CDP N°3	1 jour	Mer 21/04/99	187
412	10.5	CDP N°3bis	1 jour ?	Ven 21/05/99	411FD+20 jo...
413	10.6	CDP N°4	1 jour	Lun 21/06/99	344
414	11	Gestion des plateformes	260 jours	Lun 31/08/98	

Figure 7-2 : Exemple de planning global

Planning détaillé type

Le planning global du projet est élaboré en tenant compte des éventuelles versions de mise en production ainsi que d'un certain nombre d'hypothèses complémentaires tenant compte des bonnes pratiques suivantes.

Conception générale

Lancement

- Planifier une réunion de lancement (kick-off) dès le début de projet en expliquant les rôles des intervenants en détail, et surtout pour chaque intervenant interne.

- Rédiger le plan qualité du projet en parallèle avec les autres travaux de la phase.

Environnement de développement

- Commander très tôt le matériel pour la plate-forme de développement : ordinateur et postes de travail (un poste pour chaque sous-domaine fonctionnel + un poste pour le consultant).

- Installer très tôt le progiciel ERP avec un environnement de simulation pour la phase 1.

- Mettre en place une salle de réunion qui servira de plateau projet, avec un poste de travail pour chaque expert métier, dans laquelle se dérouleront les ateliers de simulation du projet.

Formation équipe projet

- Planifier une formation fonctionnelle générale pour tous les intervenants internes.

- Planifier très tôt la formation technique d'administration et de développement pour l'équipe informatique interne, afin de commencer le transfert de compétences techniques.

Schéma général de fonctionnement

- Rassembler très tôt un ensemble de données, à l'occasion des premières visites et interviews, qui serviront à construire la maquette de 1re simulation.

- En cas de mise en œuvre de plusieurs progiciels, définir très tôt leur articulation, à savoir les points d'échange entre eux.

Spécifications de paramétrage générales

- Définir très tôt le choix des paramètres structurants, éventuellement à partir de fiches standards de l'intégrateur décrivant les fonctions liées à ces paramètres, en argumentant les choix pour le projet.

- Construire une maquette à l'aide de l'ERP par le consultant à partir des données représentatives rassemblées.

- Faire valider par l'équipe interne, en continu par rapport à l'avancement du schéma général de fonctionnement, les solutions conçues par les consultants, par présentation des maquettes élémentaires
- Faire formaliser les recommandations de paramétrage par le consultant dans le dossier de conception générale (DCG).

1re simulation

- Présenter la maquette et le DCG à l'équipe interne pour s'assurer de leur appropriation des résultats.
- Présenter au comité de pilotage, les principaux résultats de la phase, en insistant sur les règles de gestion majeures.

Architecture technique

- Fournir à l'intégrateur les volumes dont il a besoin pour dimensionner le matériel et le réseau.
- Faire participer le (ou les) personnel(s) informatique(s) à l'étude d'architecture pour un meilleur transfert de compétences.

Validation et planification de la suite des travaux

Laisser une dizaine de jours à l'entreprise pour valider les choix de conception générale.

Planning type – Phase 1 (Voir figures 7.3 et 7.4).

Conception détaillée

Formation équipe projet

- Inviter, en plus de l'expert métier responsable du sous-domaine fonctionnel, ses collègues responsables de sous-domaines adjacents.
- Concentrer la formation en un minimum de temps pour laisser le plus de temps au prototypage.

Spécifications de paramétrage détaillées

- Planifier très tôt les ateliers de prototypage, à raison de 3 jours par semaine réservés pour le projet pour l'ensemble de l'équipe des experts métier.
- Planifier une demi-journée (ou plus si nécessaire), par semaine et par sous-domaine fonctionnel (expert métier), de présence du consultant responsable du sous-domaine pour les présentations des solutions et des réponses aux questions.

Spécifications complémentaires détaillées

Planifier le reste des 3 jours de la semaine pour chaque expert métier, afin qu'il reproduise les procédures et réponses fournies par le consultant, et identifie les cas ou questions susceptibles de nécessiter des solutions différentes.

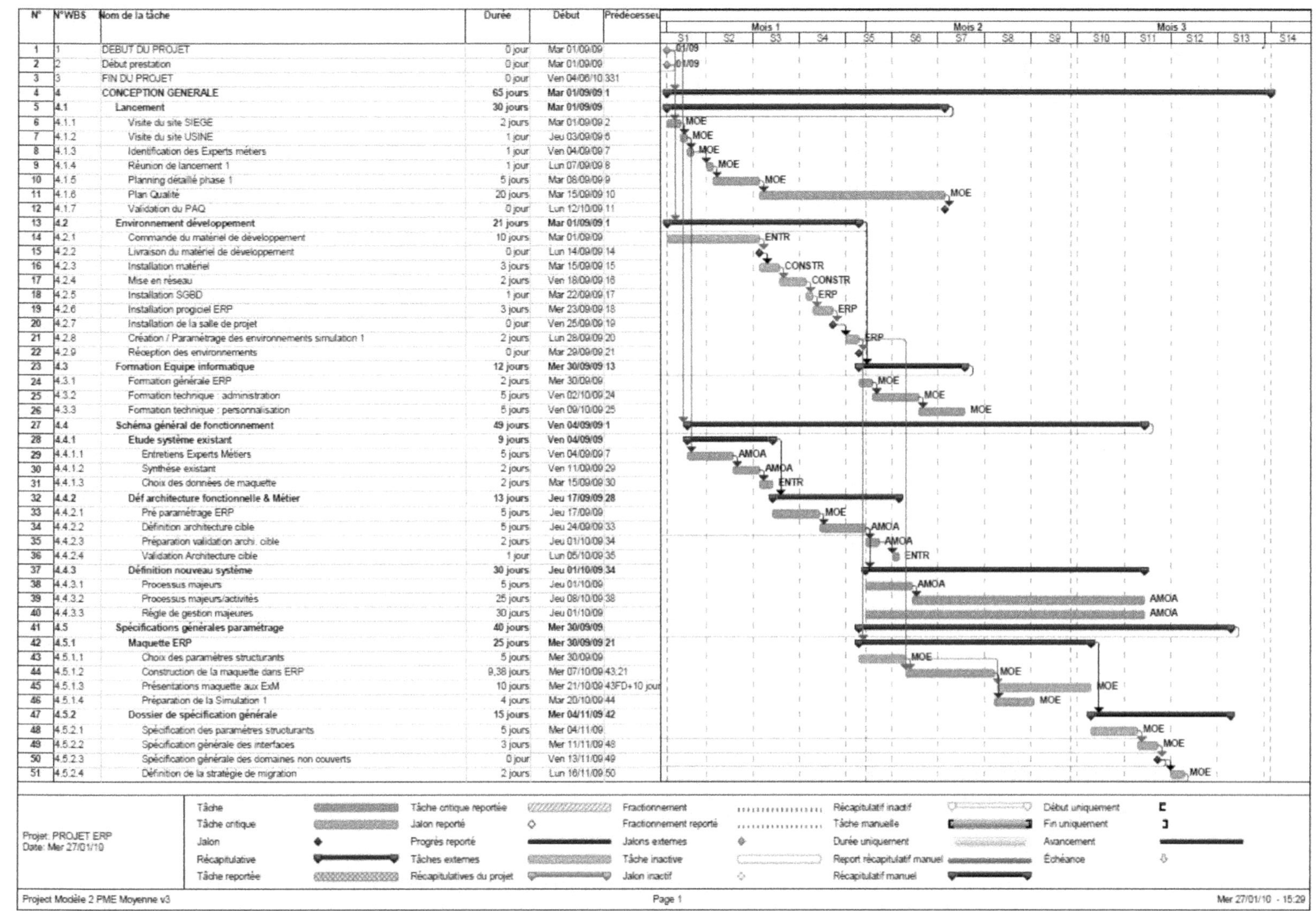

N°	N°WBS	Nom de la tâche	Durée	Début	Prédécesseur
1	1	DEBUT DU PROJET	0 jour	Mar 01/09/09	
2	2	Début prestation	0 jour	Mar 01/09/09	
3	3	FIN DU PROJET	0 jour	Ven 04/06/10	331
4	4	CONCEPTION GENERALE	65 jours	Mar 01/09/09	1
5	4.1	Lancement	30 jours	Mar 01/09/09	
6	4.1.1	Visite du site SIEGE	2 jours	Mar 01/09/09	2
7	4.1.2	Visite du site USINE	1 jour	Jeu 03/09/09	6
8	4.1.3	Identification des Experts métiers	1 jour	Ven 04/09/09	7
9	4.1.4	Réunion de lancement 1	1 jour	Lun 07/09/09	8
10	4.1.5	Planning détaillé phase 1	5 jours	Mar 08/09/09	9
11	4.1.6	Plan Qualité	20 jours	Mar 15/09/09	10
12	4.1.7	Validation du PAQ	0 jour	Lun 12/10/09	11
13	4.2	Environnement développement	21 jours	Mar 01/09/09	1
14	4.2.1	Commande du matériel de développement	10 jours	Mar 01/09/09	
15	4.2.2	Livraison du matériel de développement	0 jour	Lun 14/09/09	14
16	4.2.3	Installation matériel	3 jours	Mar 15/09/09	15
17	4.2.4	Mise en réseau	2 jours	Ven 18/09/09	16
18	4.2.5	Installation SGBD	1 jour	Mar 22/09/09	17
19	4.2.6	Installation progiciel ERP	3 jours	Mer 23/09/09	18
20	4.2.7	Installation de la salle de projet	0 jour	Ven 25/09/09	19
21	4.2.8	Création / Paramétrage des environnements simulation 1	2 jours	Lun 28/09/09	20
22	4.2.9	Réception des environnements	0 jour	Mar 29/09/09	21
23	4.3	Formation Equipe informatique	12 jours	Mer 30/09/09	13
24	4.3.1	Formation générale ERP	2 jours	Mer 30/09/09	
25	4.3.2	Formation technique : administration	5 jours	Ven 02/10/09	24
26	4.3.3	Formation technique : personnalisation	5 jours	Ven 09/10/09	25
27	4.4	Schéma général de fonctionnement	49 jours	Ven 04/09/09	1
28	4.4.1	Etude système existant	9 jours	Ven 04/09/09	
29	4.4.1.1	Entretiens Experts Métiers	5 jours	Ven 04/09/09	7
30	4.4.1.2	Synthèse existant	2 jours	Ven 11/09/09	29
31	4.4.1.3	Choix des données de maquette	2 jours	Mar 15/09/09	30
32	4.4.2	Déf architecture fonctionnelle & Métier	13 jours	Jeu 17/09/09	28
33	4.4.2.1	Pré paramétrage ERP	5 jours	Jeu 17/09/09	
34	4.4.2.2	Définition architecture cible	5 jours	Jeu 24/09/09	33
35	4.4.2.3	Préparation validation archi. cible	2 jours	Jeu 01/10/09	34
36	4.4.2.4	Validation Architecture cible	1 jour	Lun 05/10/09	35
37	4.4.3	Définition nouveau système	30 jours	Jeu 01/10/09	34
38	4.4.3.1	Processus majeurs	5 jours	Jeu 01/10/09	
39	4.4.3.2	Processus majeurs/activités	25 jours	Jeu 08/10/09	38
40	4.4.3.3	Régle de gestion majeures	30 jours	Jeu 01/10/09	
41	4.5	Spécifications générales paramétrage	40 jours	Mer 30/09/09	
42	4.5.1	Maquette ERP	25 jours	Mer 30/09/09	21
43	4.5.1.1	Choix des paramètres structurants	5 jours	Mer 30/09/09	
44	4.5.1.2	Construction de la maquette dans ERP	9,38 jours	Mer 07/10/09	43;21
45	4.5.1.3	Présentations maquette aux ExM	10 jours	Mer 21/10/09	43FD+10 jour
46	4.5.1.4	Préparation de la Simulation 1	4 jours	Mar 20/10/09	44
47	4.5.2	Dossier de spécification générale	15 jours	Mer 04/11/09	42
48	4.5.2.1	Spécification des paramètres structurants	5 jours	Mer 04/11/09	
49	4.5.2.2	Spécification générale des interfaces	3 jours	Mer 11/11/09	48
50	4.5.2.3	Spécification générale des domaines non couverts	0 jour	Ven 13/11/09	49
51	4.5.2.4	Définition de la stratégie de migration	2 jours	Lun 16/11/09	50

Figure 7-3 : Exemple de planning de conception générale (1)

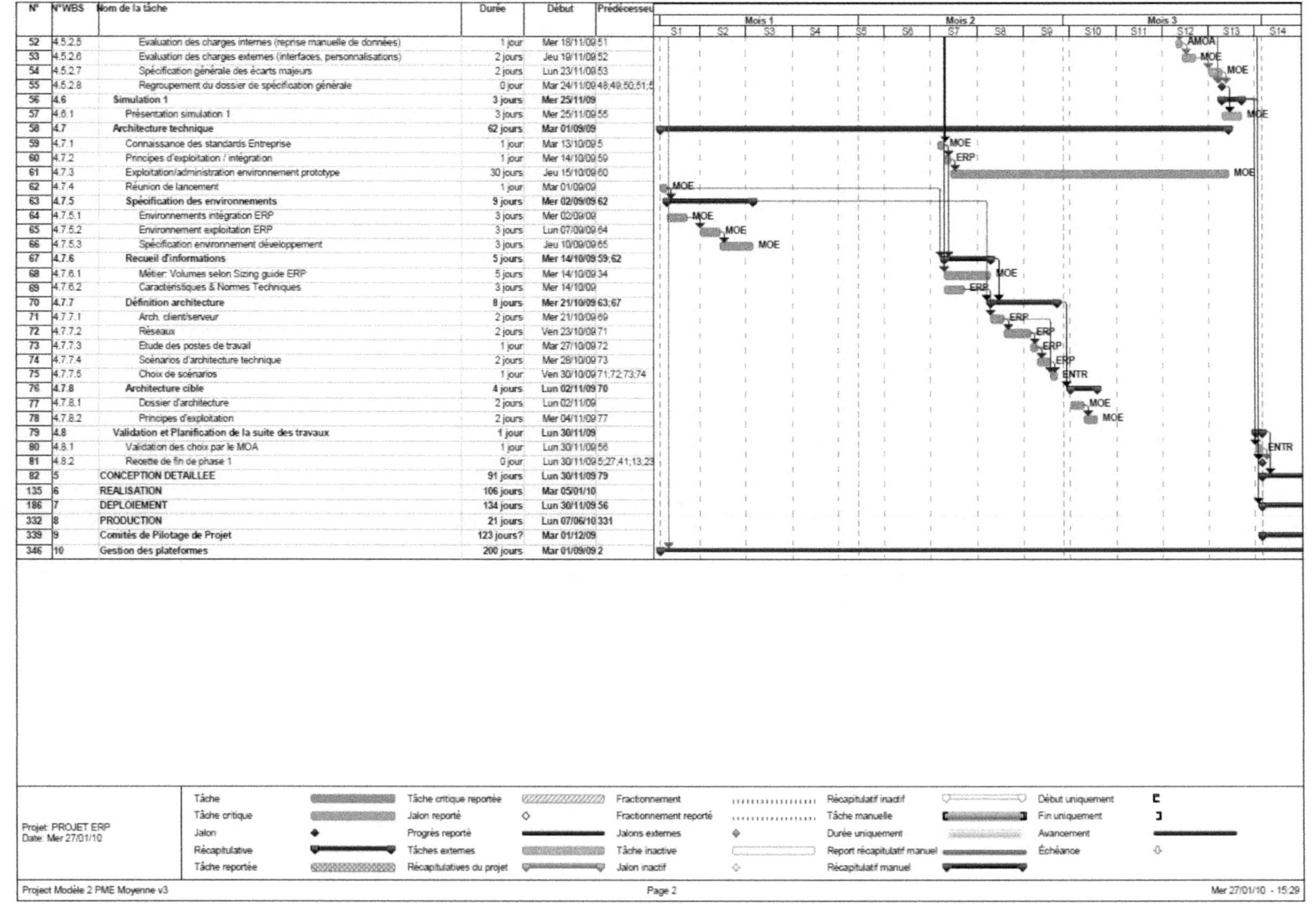

N°	N°WBS	Nom de la tâche	Durée	Début	Prédécesseur
52	4.5.2.5	Evaluation des charges internes (reprise manuelle de données)	1 jour	Mer 18/11/09	51
53	4.5.2.6	Evaluation des charges externes (interfaces, personnalisations)	2 jours	Jeu 19/11/09	52
54	4.5.2.7	Spécification générale des écarts majeurs	2 jours	Lun 23/11/09	53
55	4.5.2.8	Regroupement du dossier de spécification générale	0 jour	Mar 24/11/09	48;49;50;51;5...
56	4.6	Simulation 1	3 jours	Mer 25/11/09	
57	4.6.1	Présentation simulation 1	3 jours	Mer 25/11/09	55
58	4.7	Architecture technique	62 jours	Mar 01/09/09	
59	4.7.1	Connaissance des standards Entreprise	1 jour	Mar 13/10/09	5
60	4.7.2	Principes d'exploitation / intégration	1 jour	Mer 14/10/09	59
61	4.7.3	Exploitation/administration environnement prototype	30 jours	Jeu 15/10/09	60
62	4.7.4	Réunion de lancement	1 jour	Mar 01/09/09	
63	4.7.5	Spécification des environnements	9 jours	Mer 02/09/09	62
64	4.7.5.1	Environnements intégration ERP	3 jours	Mer 02/09/09	
65	4.7.5.2	Environnement exploitation ERP	3 jours	Lun 07/09/09	64
66	4.7.5.3	Spécification environnement développement	3 jours	Jeu 10/09/09	65
67	4.7.6	Recueil d'informations	5 jours	Mer 14/10/09	59;62
68	4.7.6.1	Métier: Volumes selon Sizing guide ERP	5 jours	Mer 14/10/09	34
69	4.7.6.2	Caractéristiques & Normes Techniques	3 jours	Mer 14/10/09	
70	4.7.7	Définition architecture	8 jours	Mer 21/10/09	63;67
71	4.7.7.1	Arch. client/serveur	2 jours	Mer 21/10/09	69
72	4.7.7.2	Réseaux	2 jours	Ven 23/10/09	71
73	4.7.7.3	Etude des postes de travail	1 jour	Mar 27/10/09	72
74	4.7.7.4	Scénarios d'architecture technique	2 jours	Mer 28/10/09	73
75	4.7.7.5	Choix de scénarios	1 jour	Ven 30/10/09	71;72;73;74
76	4.7.8	Architecture cible	4 jours	Lun 02/11/09	70
77	4.7.8.1	Dossier d'architecture	2 jours	Lun 02/11/09	
78	4.7.8.2	Principes d'exploitation	2 jours	Mer 04/11/09	77
79	4.8	Validation et Planification de la suite des travaux	1 jour	Lun 30/11/09	
80	4.8.1	Validation des choix par le MOA	1 jour	Lun 30/11/09	56
81	4.8.2	Recette de fin de phase 1	0 jour	Lun 30/11/09	5;27;41;13;23
82	5	CONCEPTION DETAILLEE	91 jours	Lun 30/11/09	79
135	6	REALISATION	106 jours	Mar 05/01/10	
186	7	DEPLOIEMENT	134 jours	Lun 30/11/09	56
332	8	PRODUCTION	21 jours	Lun 07/06/10	331
339	9	Comités de Pilotage de Projet	123 jours?	Mar 01/12/09	
346	10	Gestion des plateformes	200 jours	Mar 01/09/09	2

Figure 7-4 : Exemple de planning de conception générale (2)

Conception des interfaces

Planifier très tôt la spécification des interfaces, en les concevant le plus possible comme des interfaces standard entre les applications, afin de ne pas être tributaire des travaux de prototypage et de ne pas rallonger le planning.

Conception des fonctions complémentaires

- Planifier au plus tôt les éventuels développements spécifiques ou adaptations de l'ERP qui devront « passer » à la recette fonctionnelle du logiciel, et par conséquent la rédaction de spécifications fonctionnelles.

- En revanche, les personnalisations de détail (pas de mise à jour de tables dans l'ERP) peuvent attendre car elles ne passent pas à la recette ; elles ne nécessitent pas forcément de spécification si elles sont simples et ne justifient alors que de simples fiches d'écarts en guise de spécification.

- Lancer après la 2e simulation l'analyse par les experts métier, des résultats accessibles dans l'ERP en vue de choisir les outils standards que l'on souhaite utiliser dans le nouveau système.

Personnalisations prioritaires

Comme expliqué dans la méthode, ces personnalisations sont rendues nécessaires lorsque la validation du prototype en dépend. Elles ont naturellement un caractère prioritaire.

Test d'intégration du prototype

- Après la fin des travaux de prototypage, le ou les consultants supervisent la construction du prototype par les experts métier.

- À cette occasion, et pour optimiser le planning et le budget, les transactions utilisées sont mémorisées sous forme de captures d'écran dans ce qui deviendra, lors de la phase suivante, le manuel utilisateurs. Cela évitera ainsi d'exécuter une seconde fois les procédures du prototype pour rédiger ce manuel, ce qui aurait pour conséquence, outre le temps passé, de polluer ce prototype et de le rendre « impropre » en tant que livrable.

- La tâche étant assez complexe, bien s'assurer, avant de commencer l'étape, que l'ensemble des cas de gestion a bien été prototypé par l'équipe interne.

2e simulation

Faire exécuter la simulation de l'ensemble des activités et cas de gestion aux experts métier sous le contrôle du ou des consultants.

Planning type – Phase 2 (Voir figures 7.5 et 7.6).

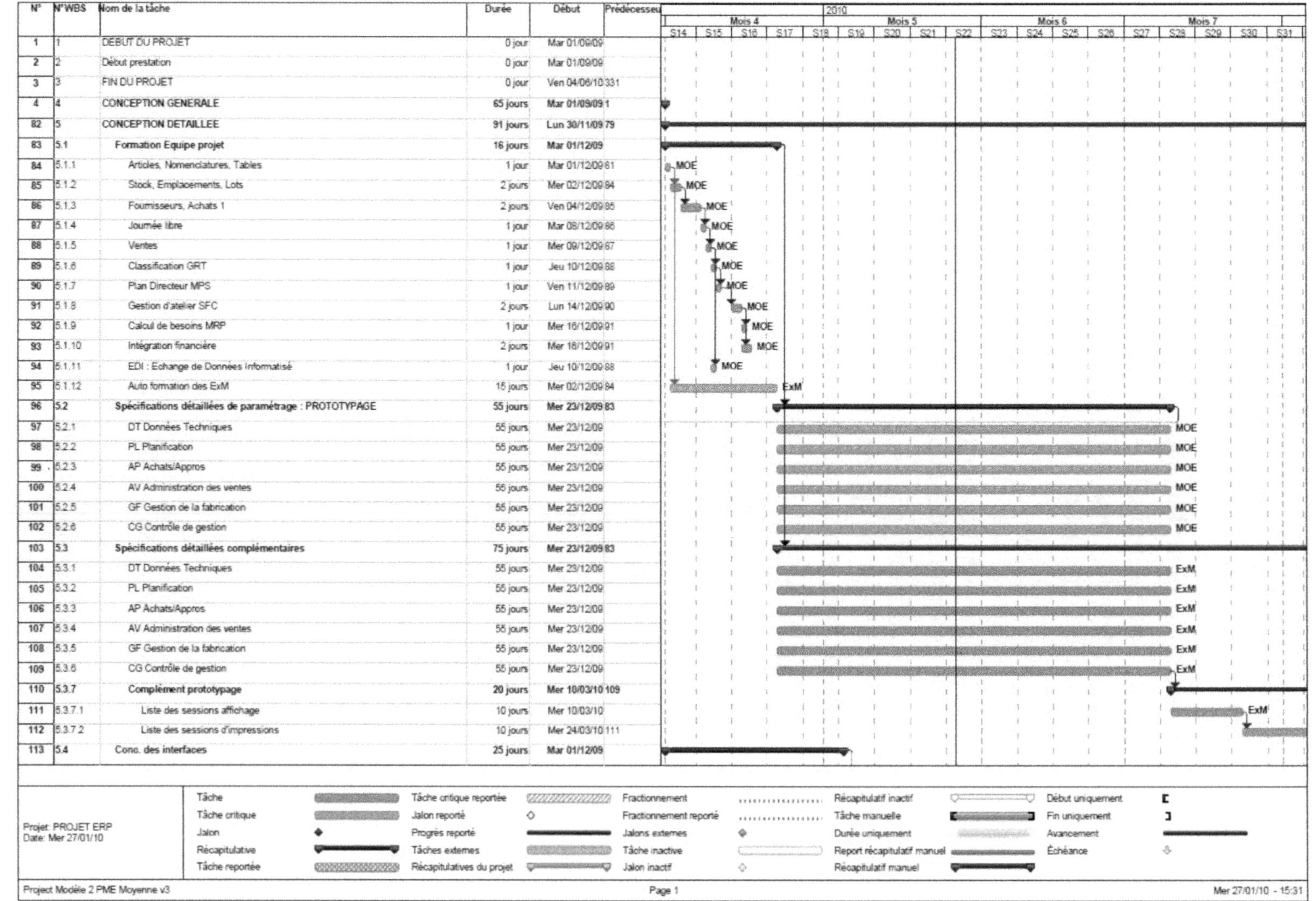

N°	N° WBS	Nom de la tâche	Durée	Début	Prédécesseur
1	1	DÉBUT DU PROJET	0 jour	Mar 01/09/09	
2	2	Début prestation	0 jour	Mar 01/09/09	
3	3	FIN DU PROJET	0 jour	Ven 04/06/10	331
4	4	CONCEPTION GENERALE	65 jours	Mar 01/09/09	1
82	5	CONCEPTION DETAILLEE	91 jours	Lun 30/11/09	79
83	5.1	Formation Equipe projet	16 jours	Mar 01/12/09	
84	5.1.1	Articles, Nomenclatures, Tables	1 jour	Mar 01/12/09	81
85	5.1.2	Stock, Emplacements, Lots	2 jours	Mer 02/12/09	84
86	5.1.3	Fournisseurs, Achats 1	2 jours	Ven 04/12/09	85
87	5.1.4	Journée libre	1 jour	Mar 08/12/09	86
88	5.1.5	Ventes	1 jour	Mer 09/12/09	87
89	5.1.6	Classification GRT	1 jour	Jeu 10/12/09	88
90	5.1.7	Plan Directeur MPS	1 jour	Ven 11/12/09	89
91	5.1.8	Gestion d'atelier SFC	2 jours	Lun 14/12/09	90
92	5.1.9	Calcul de besoins MRP	1 jour	Mer 16/12/09	91
93	5.1.10	Intégration financière	2 jours	Mer 16/12/09	91
94	5.1.11	EDI : Echange de Données Informatisé	1 jour	Jeu 10/12/09	88
95	5.1.12	Auto formation des ExM	15 jours	Mer 02/12/09	84
96	5.2	Spécifications détaillées de paramétrage : PROTOTYPAGE	55 jours	Mer 23/12/09	83
97	5.2.1	DT Données Techniques	55 jours	Mer 23/12/09	
98	5.2.2	PL Planification	55 jours	Mer 23/12/09	
99	5.2.3	AP Achats/Appros	55 jours	Mer 23/12/09	
100	5.2.4	AV Administration des ventes	55 jours	Mer 23/12/09	
101	5.2.5	GF Gestion de la fabrication	55 jours	Mer 23/12/09	
102	5.2.6	CG Contrôle de gestion	55 jours	Mer 23/12/09	
103	5.3	Spécifications détaillées complémentaires	75 jours	Mer 23/12/09	83
104	5.3.1	DT Données Techniques	55 jours	Mer 23/12/09	
105	5.3.2	PL Planification	55 jours	Mer 23/12/09	
106	5.3.3	AP Achats/Appros	55 jours	Mer 23/12/09	
107	5.3.4	AV Administration des ventes	55 jours	Mer 23/12/09	
108	5.3.5	GF Gestion de la fabrication	55 jours	Mer 23/12/09	
109	5.3.6	CG Contrôle de gestion	55 jours	Mer 23/12/09	
110	5.3.7	Complément prototypage	20 jours	Mer 10/03/10	109
111	5.3.7.1	Liste des sessions affichage	10 jours	Mer 10/03/10	
112	5.3.7.2	Liste des sessions d'impressions	10 jours	Mer 24/03/10	111
113	5.4	Conc. des interfaces	25 jours	Mar 01/12/09	

Figure 7-5 : Exemple de planning de conception détaillée (1)

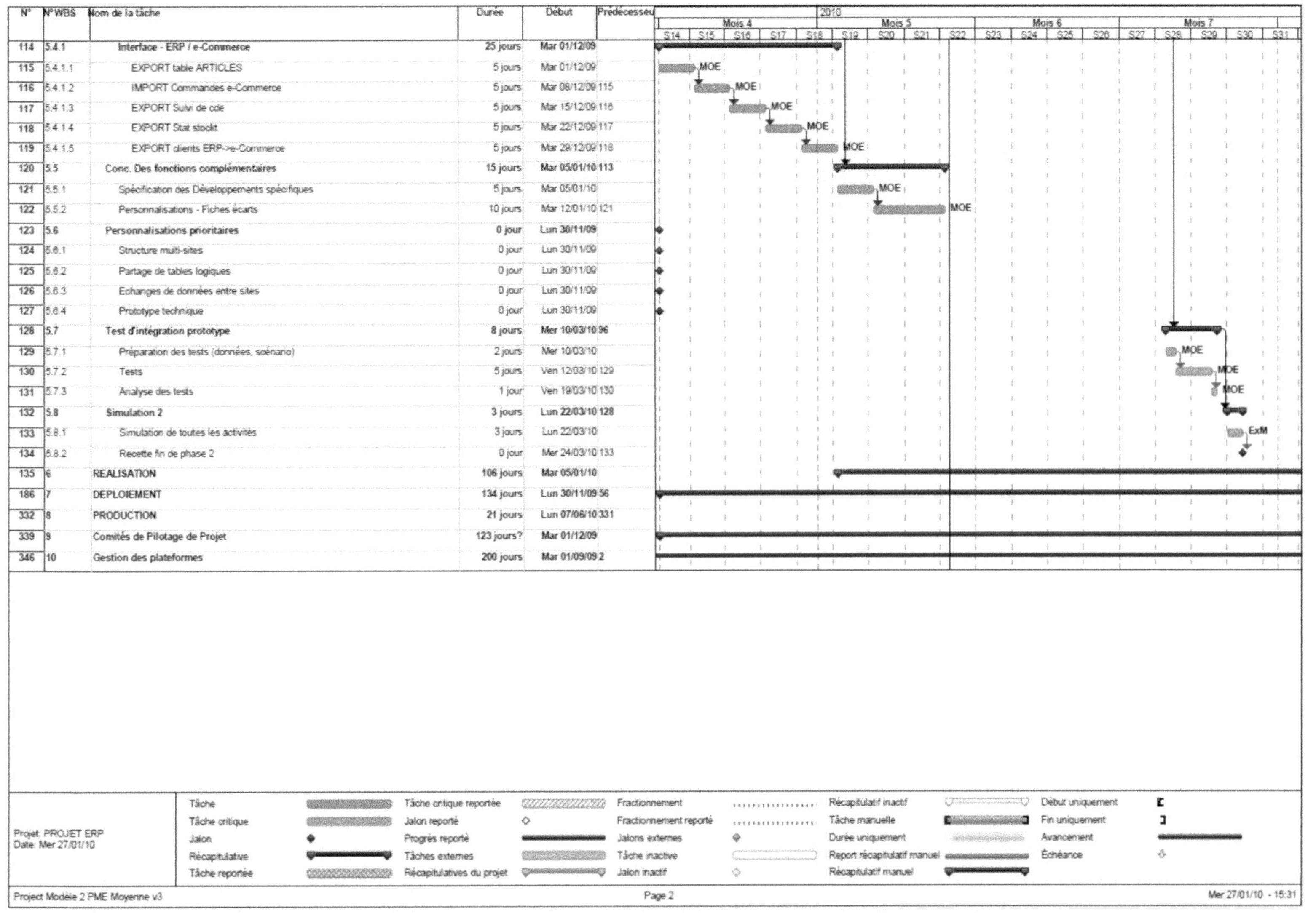

N°	N°WBS	Nom de la tâche	Durée	Début	Prédécesseur
114	5.4.1	Interface - ERP / e-Commerce	25 jours	Mar 01/12/09	
115	5.4.1.1	EXPORT table ARTICLES	5 jours	Mar 01/12/09	
116	5.4.1.2	IMPORT Commandes e-Commerce	5 jours	Mar 08/12/09	115
117	5.4.1.3	EXPORT Suivi de cde	5 jours	Mar 15/12/09	116
118	5.4.1.4	EXPORT Stat stock	5 jours	Mar 22/12/09	117
119	5.4.1.5	EXPORT clients ERP->e-Commerce	5 jours	Mar 29/12/09	118
120	5.5	Conc. Des fonctions complémentaires	15 jours	Mar 05/01/10	113
121	5.5.1	Spécification des Développements spécifiques	5 jours	Mar 05/01/10	
122	5.5.2	Personnalisations - Fiches écarts	10 jours	Mar 12/01/10	121
123	5.6	Personnalisations prioritaires	0 jour	Lun 30/11/09	
124	5.6.1	Structure multi-sites	0 jour	Lun 30/11/09	
125	5.6.2	Partage de tables logiques	0 jour	Lun 30/11/09	
126	5.6.3	Echanges de données entre sites	0 jour	Lun 30/11/09	
127	5.6.4	Prototype technique	0 jour	Lun 30/11/09	
128	5.7	Test d'intégration prototype	8 jours	Mer 10/03/10	96
129	5.7.1	Préparation des tests (données, scénario)	2 jours	Mer 10/03/10	
130	5.7.2	Tests	5 jours	Ven 12/03/10	129
131	5.7.3	Analyse des tests	1 jour	Ven 19/03/10	130
132	5.8	Simulation 2	3 jours	Lun 22/03/10	128
133	5.8.1	Simulation de toutes les activités	3 jours	Lun 22/03/10	
134	5.8.2	Recette fin de phase 2	0 jour	Mer 24/03/10	133
135	6	REALISATION	106 jours	Mar 05/01/10	
186	7	DEPLOIEMENT	134 jours	Lun 30/11/09	56
332	8	PRODUCTION	21 jours	Lun 07/06/10	331
339	9	Comités de Pilotage de Projet	123 jours?	Mar 01/12/09	
346	10	Gestion des plateformes	200 jours	Mar 01/09/09	2

Figure 7-6 : Exemple de planning de conception détaillée (2)

Réalisation

Développement des interfaces

Mêmes remarques que pour la conception.

Développement des fonctions complémentaires

Mêmes remarques que pour la conception.

Compléments de personnalisation

Mêmes remarques que pour la conception.

Dossier de conception détaillée

- Planifier dans cette étape l'enrichissement des brouillons du manuel utilisateurs, constitués lors de la construction du prototype dans cette phase car le planning étant toujours tendu, il est impossible de réaliser ce travail avant la 2e simulation.
- Planifier aussi tout complément de documentation qui n'aurait pas été terminée lors de la phase de conception détaillée, pendant que l'équipe informatique réalise les logiciels spécifiques et les interfaces.

Test d'intégration final

- Cette étape est cruciale pour la stabilité du logiciel en production. Elle est constituée d'une multitude de tâches (chargements des logiciels spécifiques, des données de scénarios de test) qui devront être répétées auparavant par l'intégrateur afin de ne pas prendre de risque de dérapage de délai.
- L'attention de l'intégrateur devra être concentrée en un minimum de temps pour la recette technique en prévision d'une bonne recette fonctionnelle.

Recette fonctionnelle

La recette fonctionnelle se déroule avec application de la règle suivante : interdiction formelle de modifier quoi que ce soit dans le système pendant toute la durée de la recette. Cette règle est contraignante mais assure que l'on ne sera pas dupé par des effets de régression si on acceptait des modifications.

Planning type – Phase 3 (Voir figures 7.7 et 7.6).

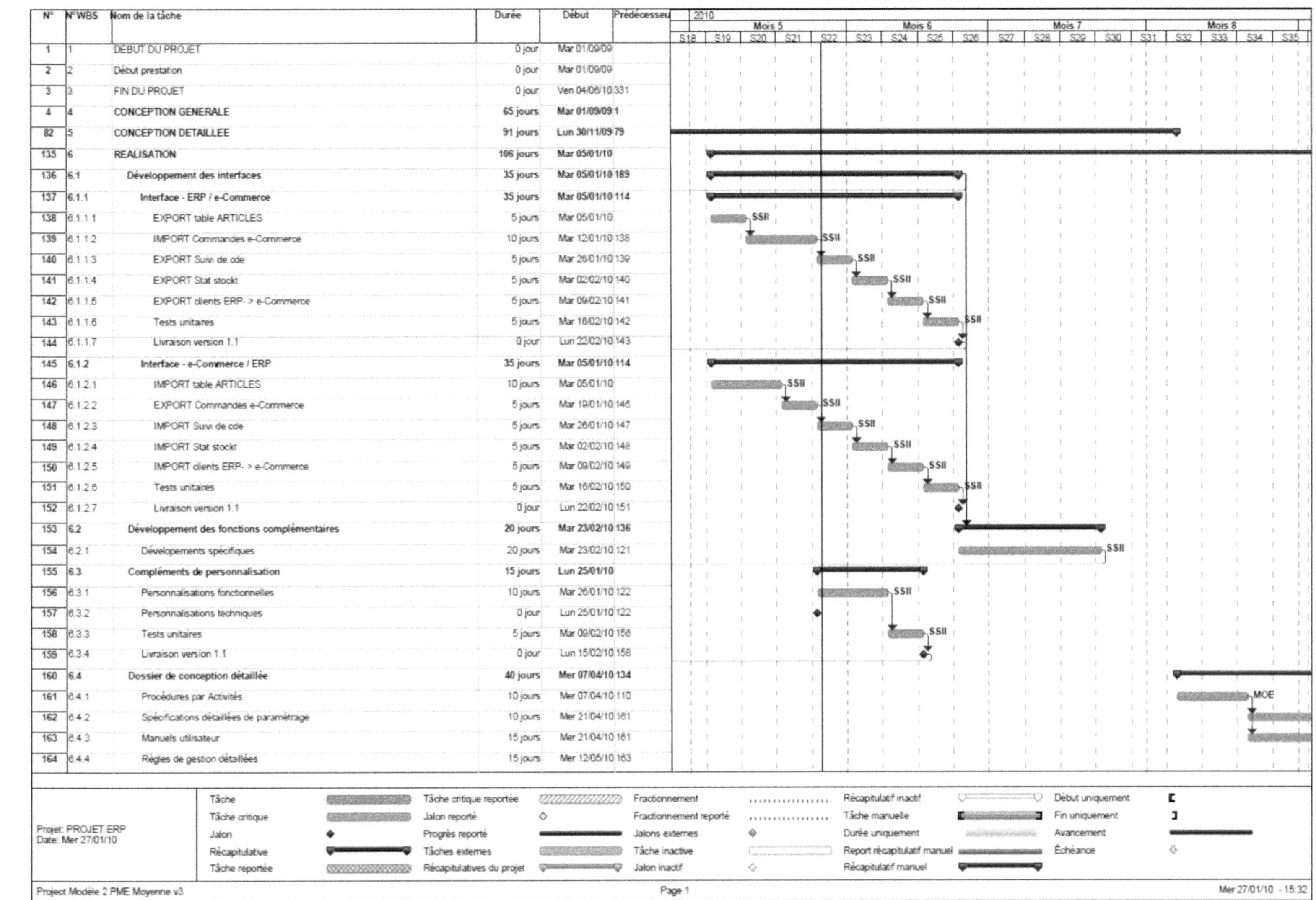

N°	N°WBS	Nom de la tâche	Durée	Début	Prédécesseur
1	1	DEBUT DU PROJET	0 jour	Mar 01/09/09	
2	2	Début prestation	0 jour	Mar 01/09/09	
3	3	FIN DU PROJET	0 jour	Ven 04/06/10	331
4	4	CONCEPTION GENERALE	65 jours	Mar 01/09/09	1
82	5	CONCEPTION DETAILLEE	91 jours	Lun 30/11/09	79
135	6	REALISATION	106 jours	Mar 05/01/10	
136	6.1	Développement des interfaces	35 jours	Mar 05/01/10	189
137	6.1.1	Interface - ERP / e-Commerce	35 jours	Mar 05/01/10	114
138	6.1.1.1	EXPORT table ARTICLES	5 jours	Mar 05/01/10	
139	6.1.1.2	IMPORT Commandes e-Commerce	10 jours	Mar 12/01/10	138
140	6.1.1.3	EXPORT Suivi de cde	5 jours	Mar 26/01/10	139
141	6.1.1.4	EXPORT Stat stockt	5 jours	Mar 02/02/10	140
142	6.1.1.5	EXPORT clients ERP-> e-Commerce	5 jours	Mar 09/02/10	141
143	6.1.1.6	Tests unitaires	5 jours	Mar 16/02/10	142
144	6.1.1.7	Livraison version 1.1	0 jour	Lun 22/02/10	143
145	6.1.2	Interface - e-Commerce / ERP	35 jours	Mar 05/01/10	114
146	6.1.2.1	IMPORT table ARTICLES	10 jours	Mar 05/01/10	
147	6.1.2.2	EXPORT Commandes e-Commerce	5 jours	Mar 19/01/10	146
148	6.1.2.3	IMPORT Suivi de cde	5 jours	Mar 26/01/10	147
149	6.1.2.4	IMPORT Stat stockt	5 jours	Mar 02/02/10	148
150	6.1.2.5	IMPORT clients ERP-> e-Commerce	5 jours	Mar 09/02/10	149
151	6.1.2.6	Tests unitaires	5 jours	Mar 16/02/10	150
152	6.1.2.7	Livraison version 1.1	0 jour	Lun 22/02/10	151
153	6.2	Développement des fonctions complémentaires	20 jours	Mar 23/02/10	136
154	6.2.1	Développements spécifiques	20 jours	Mar 23/02/10	121
155	6.3	Compléments de personnalisation	15 jours	Lun 25/01/10	
156	6.3.1	Personnalisations fonctionnelles	10 jours	Mar 26/01/10	122
157	6.3.2	Personnalisations techniques	0 jour	Lun 25/01/10	122
158	6.3.3	Tests unitaires	5 jours	Mar 09/02/10	156
159	6.3.4	Livraison version 1.1	0 jour	Lun 15/02/10	158
160	6.4	Dossier de conception détaillée	40 jours	Mer 07/04/10	134
161	6.4.1	Procédures par Activités	10 jours	Mer 07/04/10	110
162	6.4.2	Spécifications détaillées de paramétrage	10 jours	Mer 21/04/10	161
163	6.4.3	Manuels utilisateur	15 jours	Mer 21/04/10	161
164	6.4.4	Règles de gestion détaillées	15 jours	Mer 12/05/10	163

Projet: PROJET ERP
Date: Mer 27/01/10

Project Modèle 2 PME Moyenne v3 — Page 1 — Mer 27/01/10 - 15:32

Figure 7-7 : Exemple de planning de réalisation (1)

N°	N°WBS	Nom de la tâche	Durée	Début	Prédécesseur
165	6.5	Test d'intégration final	15 jours	Mar 23/03/10	
166	6.5.1	Rec. technique Plateformes ERP	6 jours	Jeu 25/03/10	134
167	6.5.1.1	M.à j envirt intégration ERP	3 jours	Jeu 25/03/10	
168	6.5.1.2	Migration des données de proto ERP	2 jours	Mar 30/03/10	167
169	6.5.1.3	Validation technique de l'installation	1 jour	Jeu 01/04/10	168
170	6.5.1.4	Validation Intégration	0 jour	Jeu 01/04/10	169
171	6.5.2	Rec. Technique Interfaces	13 jours	Jeu 25/03/10	
172	6.5.2.1	Chargement jeu d'éssai (proto + scénarios)	5 jours	Jeu 25/03/10	134
173	6.5.2.2	Chargement des logiciels interfaces	2 jours	Ven 02/04/10	166;136
174	6.5.2.3	Tests Interfaces	5 jours	Mar 06/04/10	173;172
175	6.5.2.4	Validation Intégration 1.1	0 jour	Lun 12/04/10	174
176	6.5.3	Rec. Technique Développements Spécifiques ERP	10 jours	Mar 23/03/10	
177	6.5.3.1	Chargement des logiciels (Ecarts)	5 jours	Mar 23/03/10	154
178	6.5.3.2	Tests Fonctions complémentaires	5 jours	Mar 30/03/10	177
179	6.5.3.3	Validation Intégration	0 jour	Lun 05/04/10	178
180	6.6	Recette fonctionnelle	16 jours	Mar 06/04/10	
181	6.6.1	Chargement envirt Recette fctionnelle	1 jour	Mar 06/04/10	179
182	6.6.2	Répétition simulation 2b	2 jours	Mer 07/04/10	181
183	6.6.3	Simulation 2b	3 jours	Ven 09/04/10	144;159;182
184	6.6.4	PV Recette fonctionnelle	0 jour	Mar 13/04/10	183
185	6.6.5	Levée des réserves v1.1	10 jours	Mer 14/04/10	184
186	7	DEPLOIEMENT	134 jours	Lun 30/11/09	56
332	8	PRODUCTION	21 jours	Lun 07/06/10	331
339	9	Comités de Pilotage de Projet	123 jours?	Mar 01/12/09	
346	10	Gestion des plateformes	200 jours	Mar 01/09/09	2

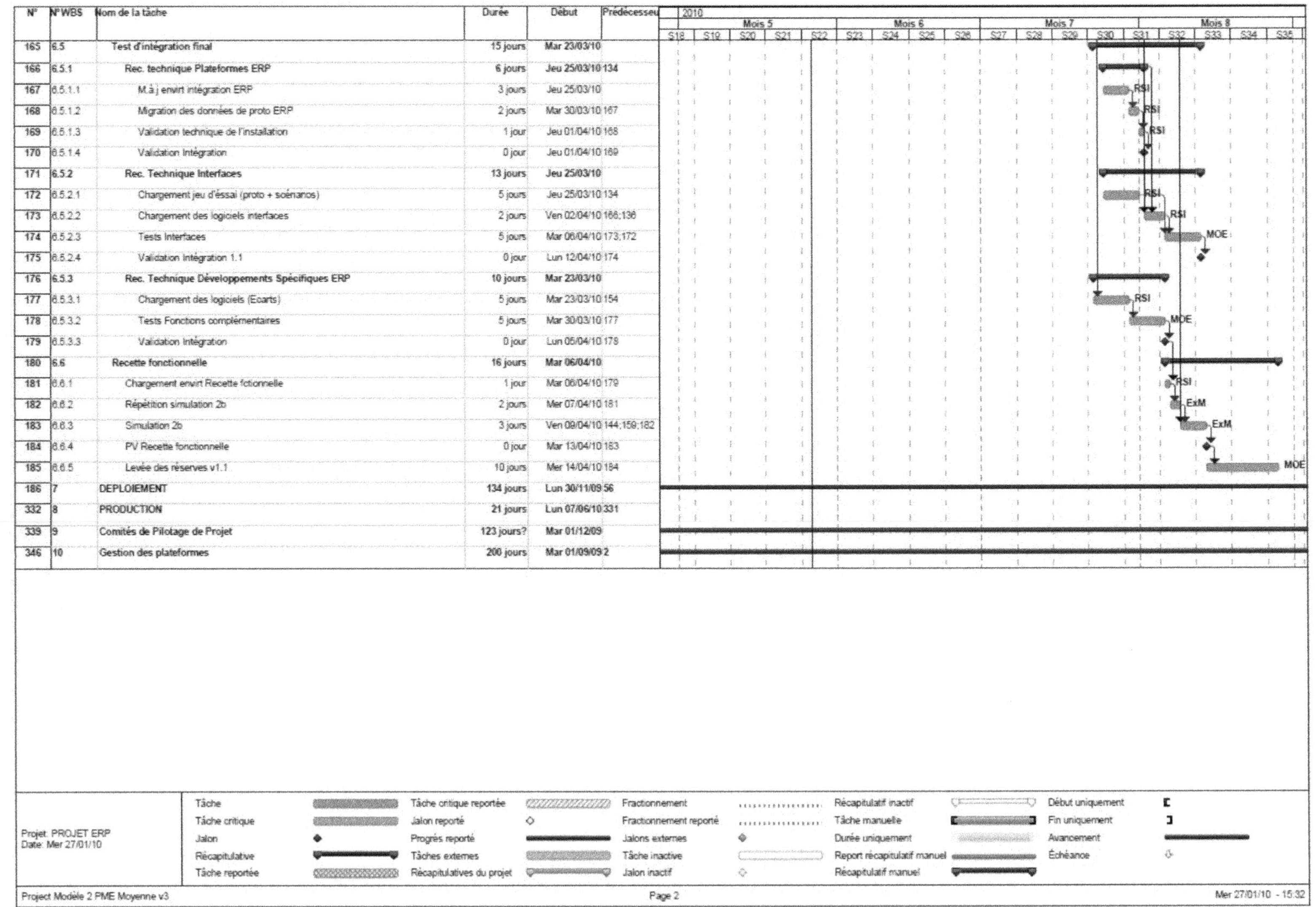

Figure 7-8 : Exemple de planning de réalisation (2)

Déploiement

Lancement

- Le lancement de la phase est effectué d'autant plus tôt que la charge de mise en place de l'organisation est élevée.
- La planification des ressources de développement (choix de la SSII éventuellement) est entreprise très tôt pour ne pas retarder la phase de réalisation.
- La commande du matériel de production est passée très tôt pour ne pas retarder les travaux de mise en production.

Mise en place de l'organisation

Les tâches de l'entreprise, pas seulement de mise en œuvre de l'ERP, sont planifiées dans cette étape : alignement des métiers, formations aux nouveaux métiers et études d'adaptation des flux physiques.

Formation des utilisateurs

- La formation des utilisateurs aux données de base est planifiée au plus tôt en fonction des travaux de chargement manuel et de fiabilisation des données.
- La formation aux sessions de procédures est planifiée au plus tard avant la préproduction pour ne pas risquer que les utilisateurs perdent le bénéfice de leur formation.

Conception du chargement des données

Il est indispensable d'obtenir au plus tôt un plan de chargement des données détaillé afin que toute l'équipe projet puisse planifier les tâches de reprise manuelles et automatisées.

Développement des programmes et chargement

- Ces programmes de reprise automatique ne passent pas par la recette fonctionnelle et peuvent être planifiés dans cette étape.
- Les programmes de reprise des données statiques (côté ERP et côté entreprise) doivent être réalisés au plus tôt pour laisser le maximum de délai pour la fiabilisation des données de base.
- En l'absence de disponibilité de la plate-forme de production, les travaux de chargement des données réelles sont exécutés sur la plate-forme de développement et ensuite transférés sur la plate-forme de production dans les travaux de basculement en production.

Spécifications techniques

- Synchroniser la multitude de tâches en fonction des ressources affectées.
- La spécification des traitements sous contrôle de l'exploitation (batchs ou jobs) est une tâche critique et conditionne la mise en production.

Installation de l'environnement d'exploitation

- Planifier au plus tôt le paramétrage des imprimantes après avoir vérifié la fourniture, par l'éditeur de l'ERP, des pilotes d'imprimantes choisies par l'entreprise.
- Planifier la génération des menus par profils d'utilisateurs.

Préexploitation, recette provisoire et démarrage

- Il est courant maintenant de planifier des tests en volumes réels : transactions en temps réel (par des utilisateurs) et traitements automatisés (par l'exploitation) afin de vérifier le dimensionnement du matériel.
- Planifier une qualification d'exploitabilité lorsque l'exploitation est confiée à un sous-traitant (infogérance, par exemple). Cette tâche rallonge sensiblement le planning et n'est pas forcément requise pour les petits projets.
- La recette de mise en production est le Go/NoGo attendu par le management pour valider le basculement en production vers le nouveau système.
- Veiller à planifier les travaux de cette étape en fonction de la disponibilité de la machine de production qui est très demandée dans cette phase. Une qualification d'exploitabilité requiert en général la disponibilité exclusive de la plate-forme de production.

Planning type – Phase 4 (Voir figures 7.9 à 7.12).

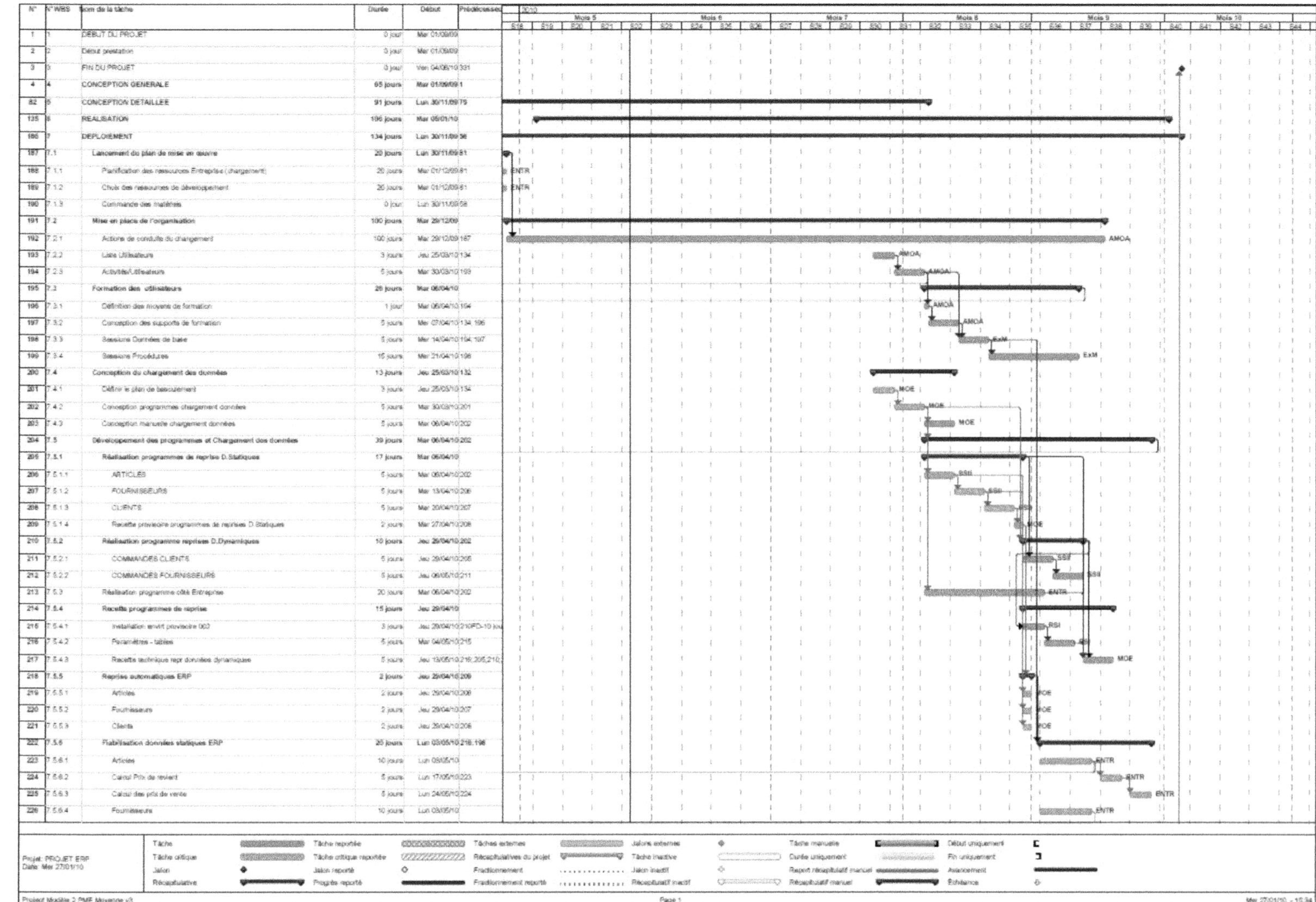

N°	N° WBS	Nom de la tâche	Durée	Début	Prédécesseurs
1	1	DÉBUT DU PROJET	0 jour	Mar 01/09/09	
2	2	Début prestation	0 jour	Mar 01/09/09	
3	3	FIN DU PROJET	0 jour	Ven 04/06/10	331
4	4	CONCEPTION GENERALE	65 jours	Mar 01/09/09	1
82	5	CONCEPTION DETAILLEE	91 jours	Lun 30/11/09	79
135	6	REALISATION	196 jours	Mar 05/01/10	
186	7	DEPLOIEMENT	134 jours	Lun 30/11/09	56
187	7.1	Lancement du plan de mise en œuvre	20 jours	Lun 30/11/09	81
188	7.1.1	Planification des ressources Entreprise (chargement)	20 jours	Mar 01/12/09	81
189	7.1.2	Choix des ressources de développement	20 jours	Mar 01/12/09	81
190	7.1.3	Commande des matériels	0 jour	Lun 30/11/09	56
191	7.2	Mise en place de l'organisation	100 jours	Mar 29/12/09	
192	7.2.1	Actions de conduite du changement	100 jours	Mar 29/12/09	167
193	7.2.2	Liste Utilisateurs	3 jours	Jeu 25/03/10	134
194	7.2.3	Activités/Utilisateurs	5 jours	Mar 30/03/10	193
195	7.3	Formation des utilisateurs	26 jours	Mar 06/04/10	
196	7.3.1	Définition des moyens de formation	1 jour	Mar 06/04/10	194
197	7.3.2	Conception des supports de formation	5 jours	Mer 07/04/10	134,196
198	7.3.3	Sessions Données de base	5 jours	Mer 14/04/10	194,197
199	7.3.4	Sessions Procédures	15 jours	Mer 21/04/10	198
200	7.4	Conception du chargement des données	13 jours	Jeu 25/03/10	132
201	7.4.1	Définir le plan de basculement	3 jours	Jeu 25/03/10	134
202	7.4.2	Conception programmes chargement données	5 jours	Mar 30/03/10	201
203	7.4.3	Conception manuelle chargement données	5 jours	Mar 06/04/10	202
204	7.5	Développement des programmes et Chargement des données	39 jours	Mar 06/04/10	202
205	7.5.1	Réalisation programmes de reprise D.Statiques	17 jours	Mar 06/04/10	
206	7.5.1.1	ARTICLES	5 jours	Mar 06/04/10	202
207	7.5.1.2	FOURNISSEURS	5 jours	Mar 13/04/10	206
208	7.5.1.3	CLIENTS	5 jours	Mar 20/04/10	207
209	7.5.1.4	Recette provisoire programmes de reprises D.Statiques	2 jours	Mar 27/04/10	208
210	7.5.2	Réalisation programme reprises D.Dynamiques	10 jours	Jeu 29/04/10	202
211	7.5.2.1	COMMANDES CLIENTS	5 jours	Jeu 29/04/10	205
212	7.5.2.2	COMMANDES FOURNISSEURS	5 jours	Jeu 06/05/10	211
213	7.5.3	Réalisation programme côté Entreprise	20 jours	Mar 06/04/10	202
214	7.5.4	Recette programmes de reprise	15 jours	Jeu 29/04/10	
215	7.5.4.1	Installation envtt provisoire 002	3 jours	Jeu 29/04/10	210FD-10 jou
216	7.5.4.2	Paramètres - tables	5 jours	Mar 04/05/10	215
217	7.5.4.3	Recette technique repr données dynamiques	5 jours	Jeu 13/05/10	218,205,210;
218	7.5.5	Reprises automatiques ERP	2 jours	Jeu 29/04/10	209
219	7.5.5.1	Articles	2 jours	Jeu 29/04/10	206
220	7.5.5.2	Fournisseurs	2 jours	Jeu 29/04/10	207
221	7.5.5.3	Clients	2 jours	Jeu 29/04/10	208
222	7.5.6	Fiabilisation données statiques ERP	20 jours	Lun 03/05/10	218,198
223	7.5.6.1	Articles	10 jours	Lun 03/05/10	
224	7.5.6.2	Calcul Prix de revient	5 jours	Lun 17/05/10	223
225	7.5.6.3	Calcul des prix de vente	5 jours	Lun 24/05/10	224
226	7.5.6.4	Fournisseurs	10 jours	Lun 03/05/10	

Figure 7-9 : Exemple de planning de déploiement (1)

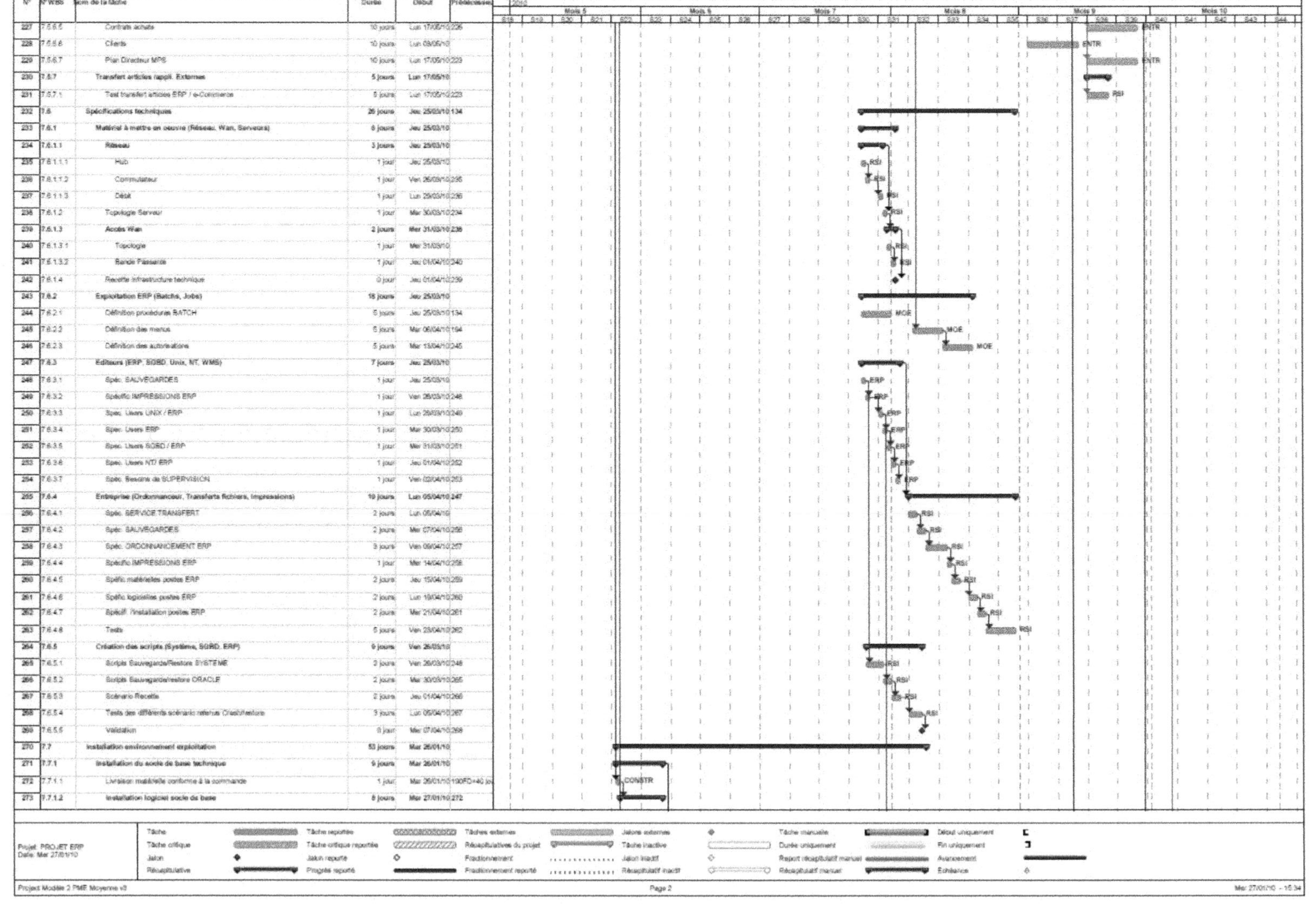

Figure 7-10 : Exemple de planning de déploiement (2)

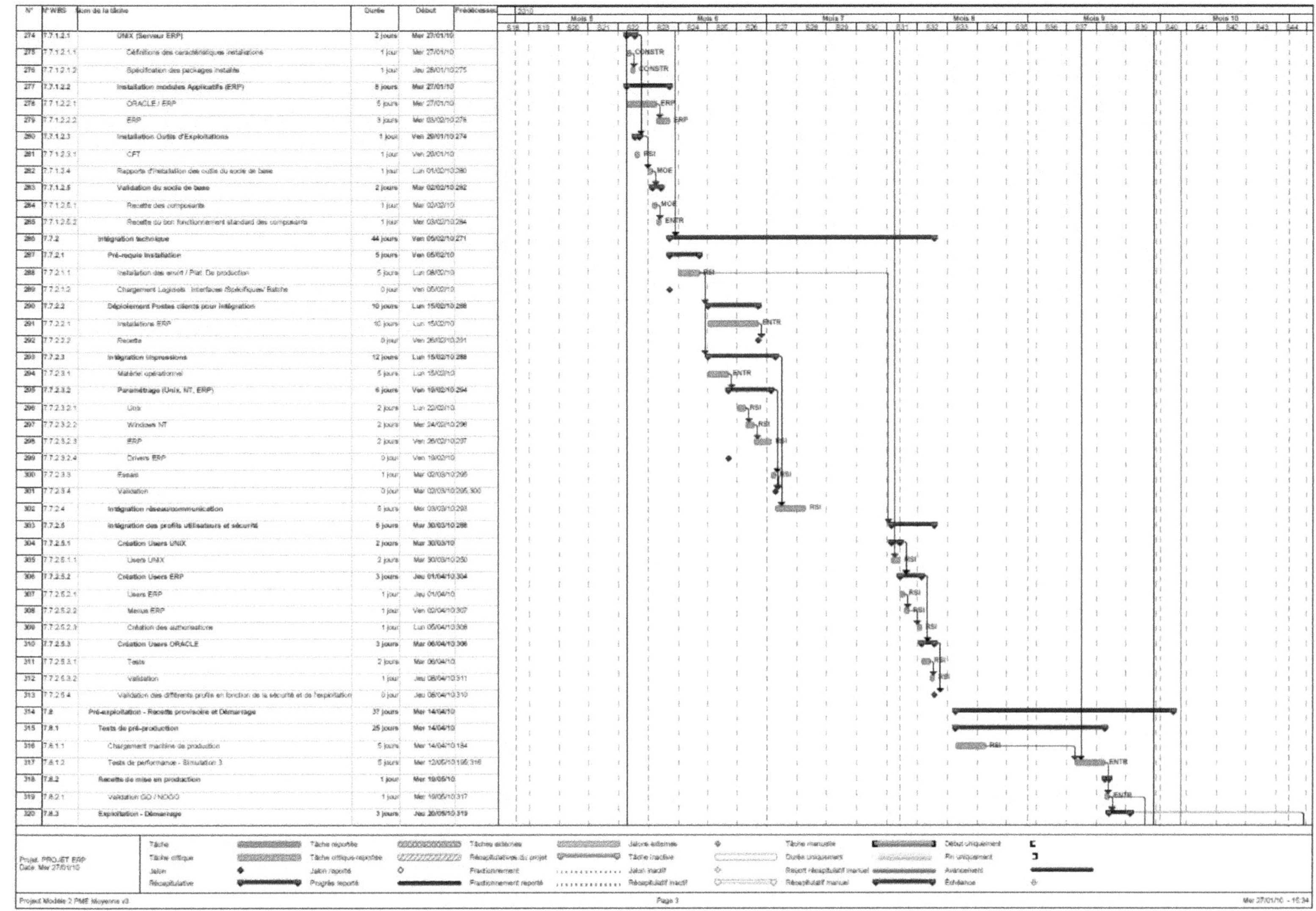

N°	N° WBS	Nom de la tâche	Durée	Début	Prédécesseurs
274	7.7.1.2.1	UNIX (Serveur ERP)	2 jours	Mar 27/01/10	
275	7.7.1.2.1.1	Définitions des caractéristiques installations	1 jour	Mar 27/01/10	
276	7.7.1.2.1.2	Spécification des packages installés	1 jour	Jeu 28/01/10	275
277	7.7.1.2.2	Installation modules Applicatifs (ERP)	8 jours	Mar 27/01/10	
278	7.7.1.2.2.1	ORACLE / ERP	5 jours	Mar 27/01/10	
279	7.7.1.2.2.2	ERP	3 jours	Mar 03/02/10	278
280	7.7.1.2.3	Installation Outils d'Exploitations	1 jour	Ven 29/01/10	274
281	7.7.1.2.3.1	CFT	1 jour	Ven 29/01/10	
282	7.7.1.2.4	Rapports d'installation des outils du socle de base	1 jour	Lun 01/02/10	280
283	7.7.1.2.5	Validation du socle de base	2 jours	Mar 02/02/10	282
284	7.7.1.2.5.1	Recette des composants	1 jour	Mar 02/02/10	
285	7.7.1.2.5.2	Recette du bon fonctionnement standard des composants	1 jour	Mar 03/02/10	284
286	7.7.2	Intégration technique	44 jours	Ven 05/02/10	271
287	7.7.2.1	Pré-requis Installation	5 jours	Ven 05/02/10	
288	7.7.2.1.1	Installation des envirt / Plat. De production	5 jours	Lun 08/02/10	
289	7.7.2.1.2	Chargement Logiciels Interfaces /Spécifiques/ Batchs	0 jour	Ven 05/02/10	
290	7.7.2.2	Déploiement Postes clients pour Intégration	10 jours	Lun 15/02/10	288
291	7.7.2.2.1	Installations ERP	10 jours	Lun 15/02/10	
292	7.7.2.2.2	Recette	0 jour	Ven 26/02/10	291
293	7.7.2.3	Intégration Impressions	12 jours	Lun 15/02/10	288
294	7.7.2.3.1	Matériel opérationnel	5 jours	Lun 15/02/10	
295	7.7.2.3.2	Paramétrage (Unix, NT, ERP)	6 jours	Ven 19/02/10	294
296	7.7.2.3.2.1	Unix	2 jours	Lun 22/02/10	
297	7.7.2.3.2.2	Windows NT	2 jours	Mer 24/02/10	296
298	7.7.2.3.2.3	ERP	2 jours	Ven 26/02/10	297
299	7.7.2.3.2.4	Drivers ERP	0 jour	Ven 19/02/10	
300	7.7.2.3.3	Essais	1 jour	Mar 02/03/10	295
301	7.7.2.3.4	Validation	0 jour	Mar 02/03/10	295, 300
302	7.7.2.4	Intégration réseaux/communication	5 jours	Mar 03/03/10	293
303	7.7.2.5	Intégration des profils utilisateurs et sécurité	5 jours	Mar 30/03/10	288
304	7.7.2.5.1	Création Users UNIX	2 jours	Mar 30/03/10	
305	7.7.2.5.1.1	Users UNIX	2 jours	Mar 30/03/10	250
306	7.7.2.5.2	Création Users ERP	3 jours	Jeu 01/04/10	304
307	7.7.2.5.2.1	Users ERP	1 jour	Jeu 01/04/10	
308	7.7.2.5.2.2	Menus ERP	1 jour	Ven 02/04/10	307
309	7.7.2.5.2.3	Création des authorisations	1 jour	Lun 05/04/10	308
310	7.7.2.5.3	Création Users ORACLE	3 jours	Mar 06/04/10	306
311	7.7.2.5.3.1	Tests	2 jours	Mar 06/04/10	
312	7.7.2.5.3.2	Validation	1 jour	Jeu 08/04/10	311
313	7.7.2.5.4	Validation des différents profils en fonction de la sécurité et de l'exploitation	0 jour	Jeu 08/04/10	310
314	7.8	Pré-exploitation - Recette provisoire et Démarrage	37 jours	Mer 14/04/10	
315	7.8.1	Tests de pré-production	25 jours	Mer 14/04/10	
316	7.8.1.1	Chargement machine de production	5 jours	Mer 14/04/10	184
317	7.8.1.2	Tests de performance - Simulation 3	5 jours	Mer 12/05/10	195; 316
318	7.8.2	Recette de mise en production	1 jour	Mer 19/05/10	
319	7.8.2.1	Validation GO / NOGO	1 jour	Mer 19/05/10	317
320	7.8.3	Exploitation - Démarrage	3 jours	Jeu 20/05/10	319

Figure 7-11 : Exemple de planning de déploiement (3)

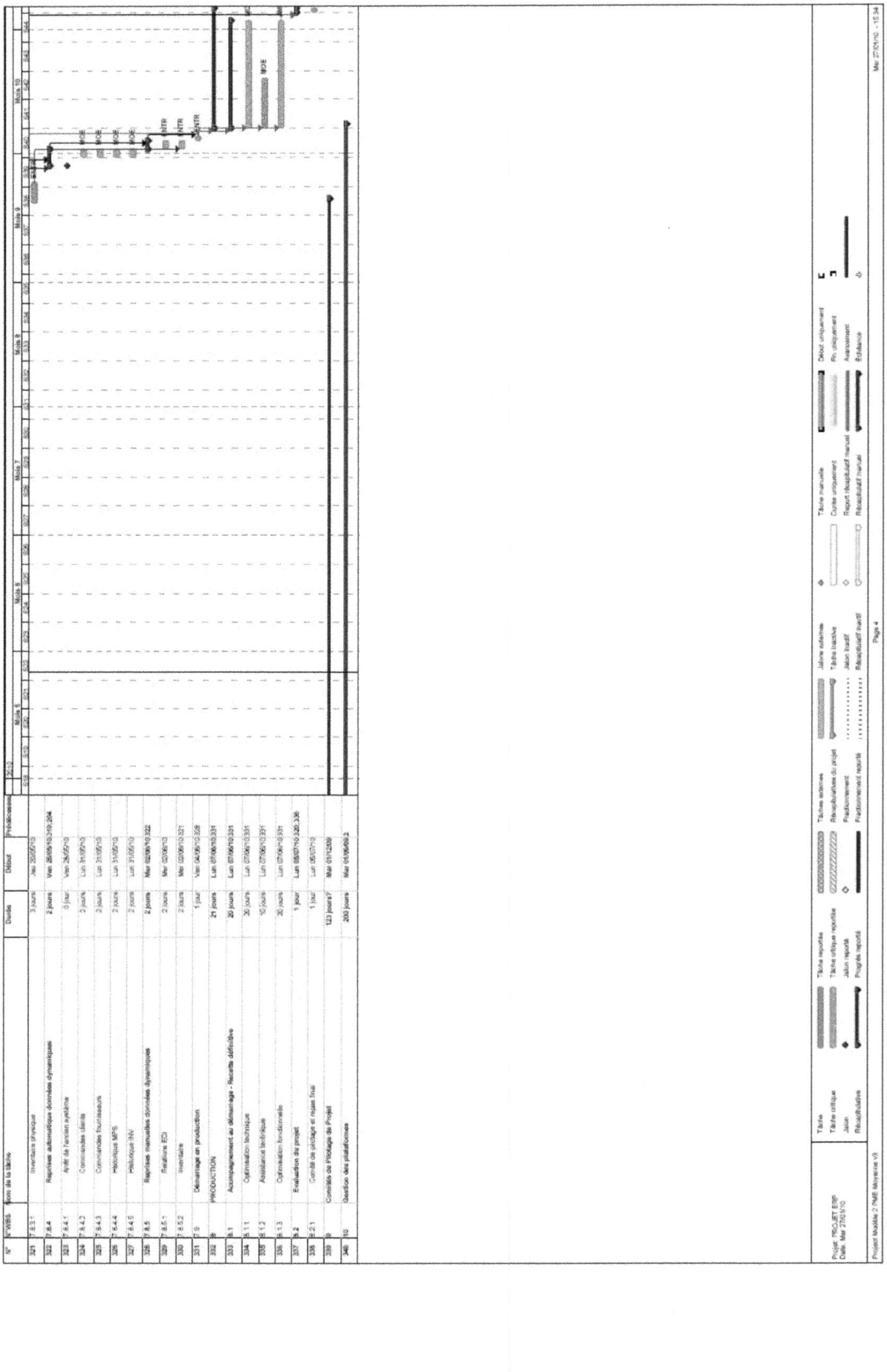

Figure 7-12 : Exemple de planning de déploiement (4)

Guide de définition du périmètre

Les chapitres de cette troisième partie fournissent des éléments de base pour définir un projet et rédiger un cahier des charges en intégrant les bonnes pratiques de gestion de production.

Le chapitre 8 présente une base de périmètre fonctionnel, défini sous la forme d'une architecture fonctionnelle cible, décomposée hiérarchiquement en sous-domaines et fonctions. Cette architecture est fondée sur trois modes classiques de gestion des flux que sont le MTS (*Make to Stock*), l'ATO (*Assemble To Order*) et le MTO (*Make To Order*).

Le chapitre 9 décrit une base de périmètre de responsabilité, dans le cadre d'un type d'organisation de projet, décomposé en lots de maîtrise d'ouvrage et lots de maîtrise d'œuvre. Cette base fournit les objectifs, les activités, les livrables et plus généralement les responsabilités de chaque lot, ainsi que leur situation dans la démarche méthodologique présentée en partie II. Elle est naturellement à adapter en fonction des conditions de chaque projet.

Chapitre 8

Périmètre fonctionnel d'un projet ERP

Vous trouverez dans ce chapitre un exemple d'architecture fonctionnelle, à intégrer dans un cahier des charges ou à utiliser pour définir le périmètre du projet ERP lors de la première phase.

Architecture fonctionnelle

Voici trois exemples de modèles de gestion classiques (voir chapitre 1 page 47) :

- MTS – Make To Stock, voir figure 8-1.
- ATO – Assemble To Order, voir figure 8-2.
- MTO – Make To Order, voir figure 8-3.

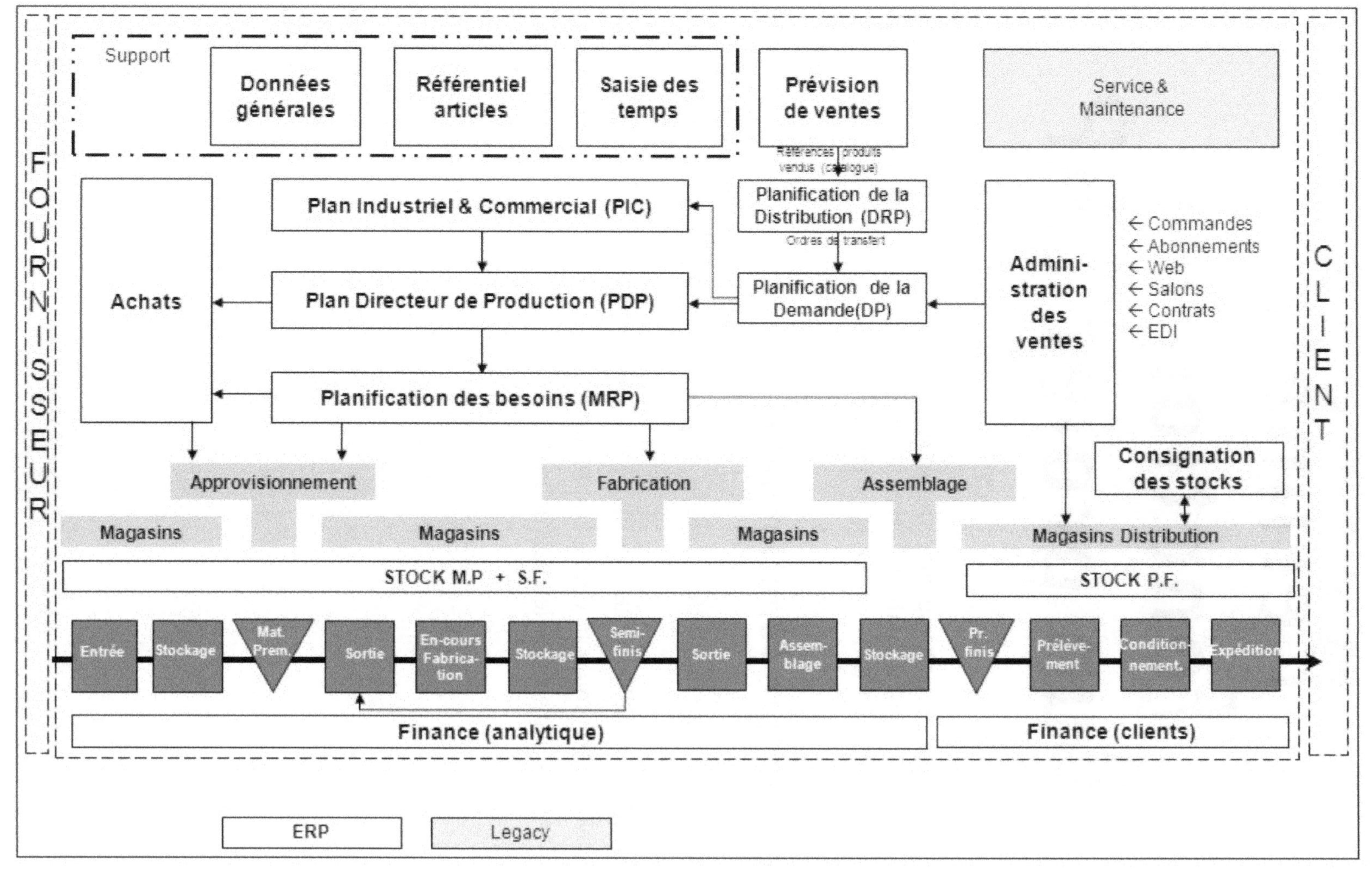

Figure 8-1 : Exemple de modèle de gestion MTS

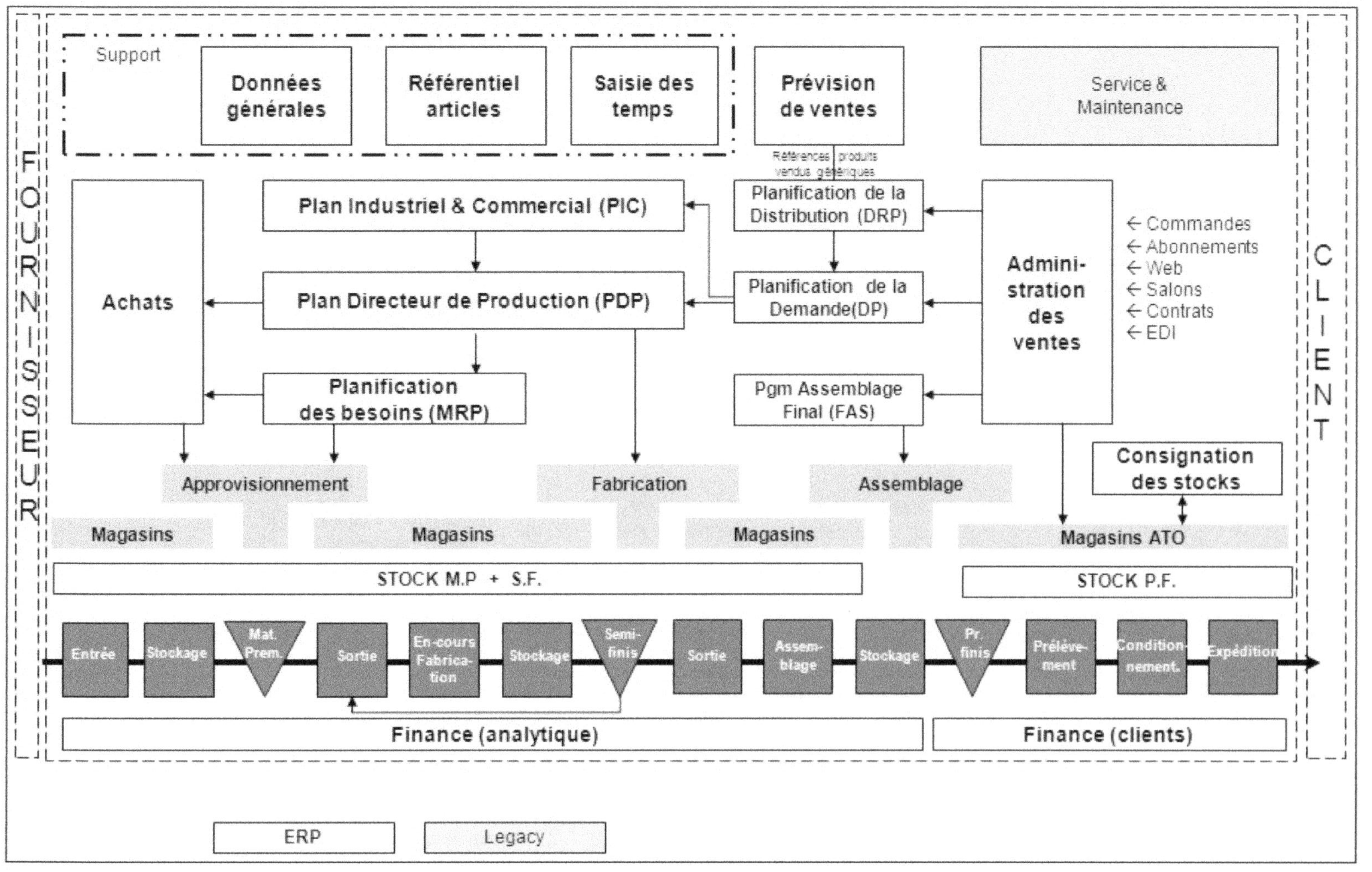

Figure 8-2 : Exemple de modèle de gestion ATO

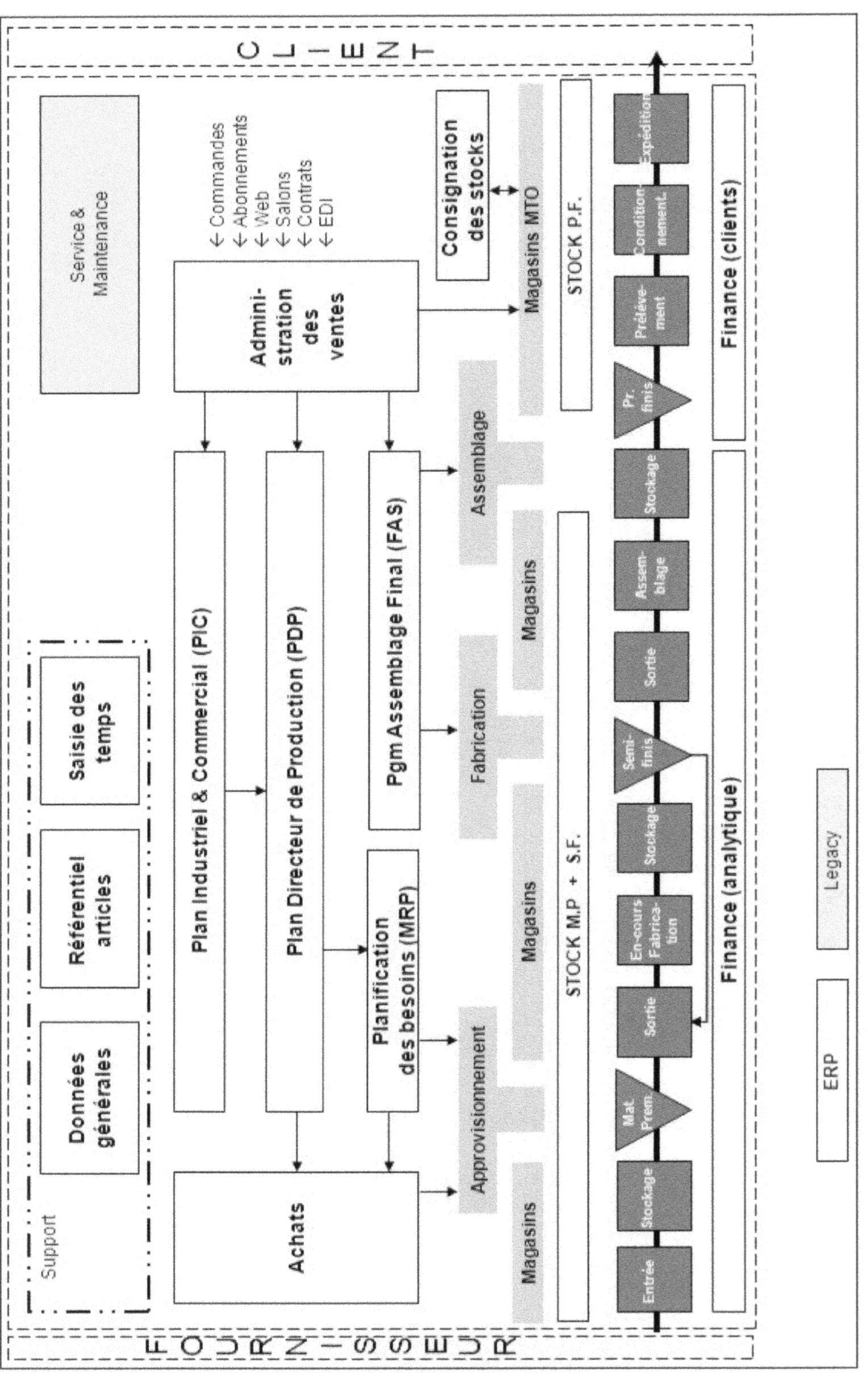

Figure 8-3 : Exemple de modèle de gestion MTO

Sous-domaines fonctionnels

Les sous-domaines suivants, définis à partir des modèles de gestion, sont décrits à titre d'exemple et décomposés eux-mêmes en fonctions, que l'on peut utiliser lors de la conception générale des projets ERP.

- Plan industriel et commercial (PIC).

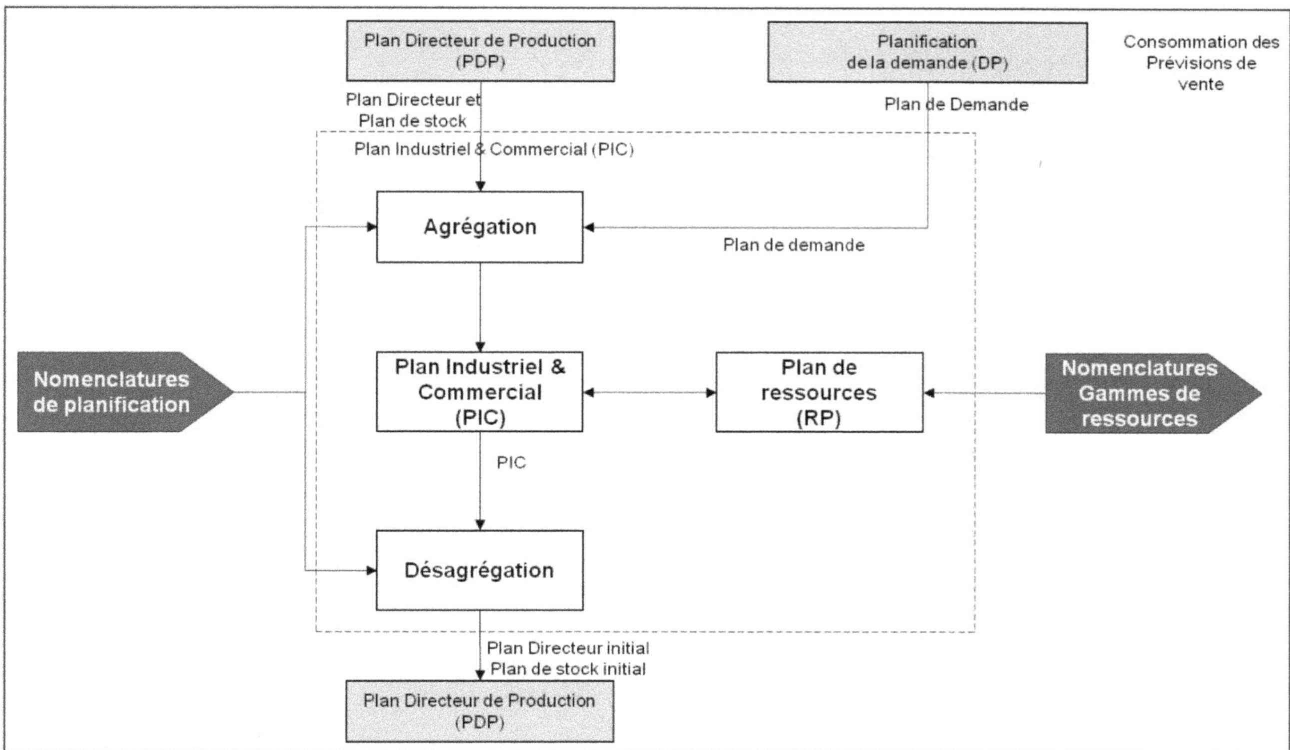

Figure 8-4 : Exemple de Plan industriel et commercial (PIC)

- Plan directeur de production (PDP).

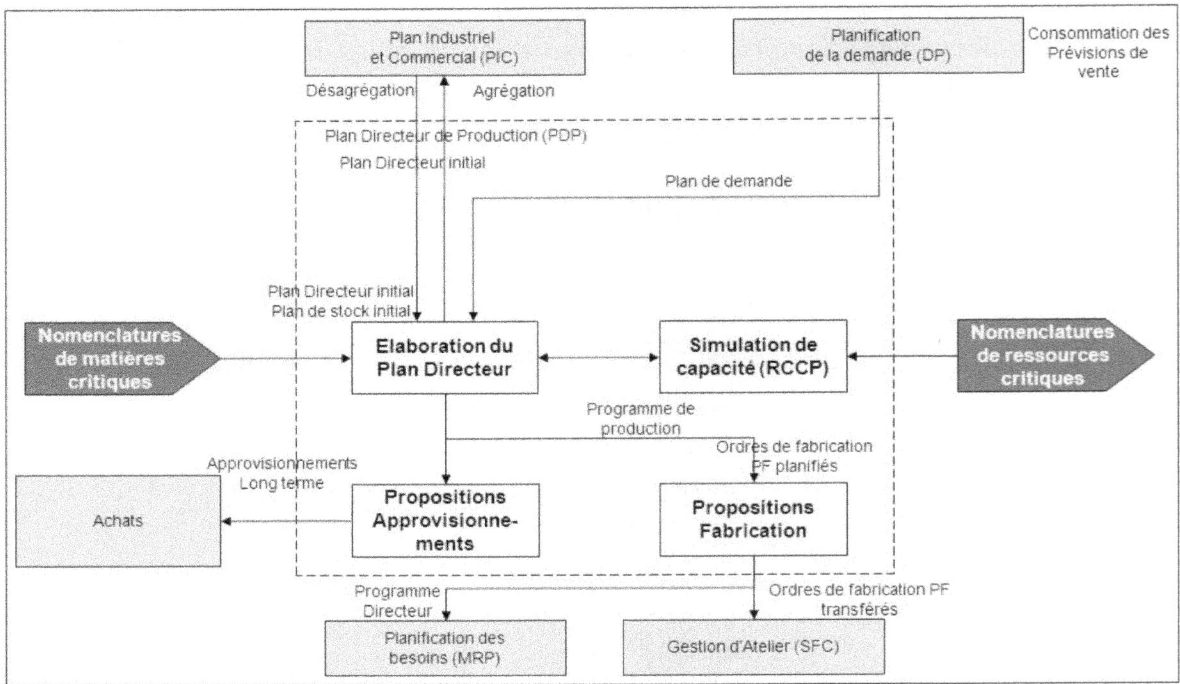

Figure 8-5 : Exemple de Plan directeur de production (PDP)

- Planification de la demande (DP ou Demand Planning).

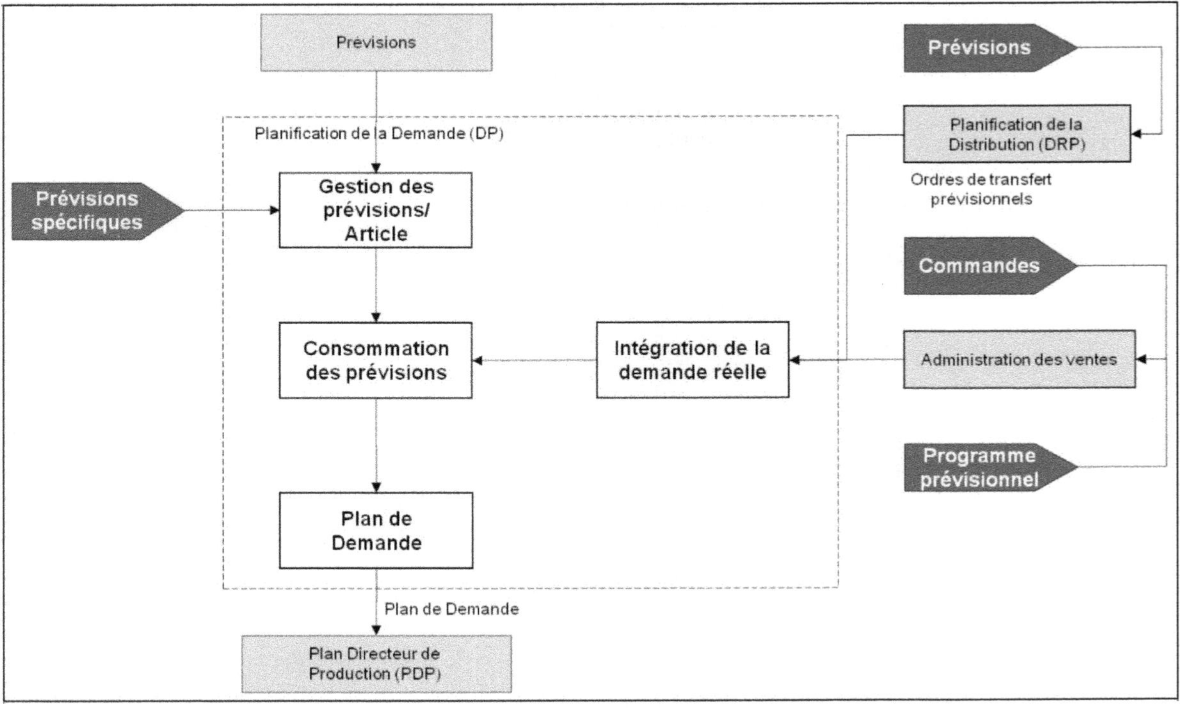

Figure 8-6 : Exemple de planification de la demande (DP)

- Planification de la distribution (DRP ou Distribution Requirement Planning).

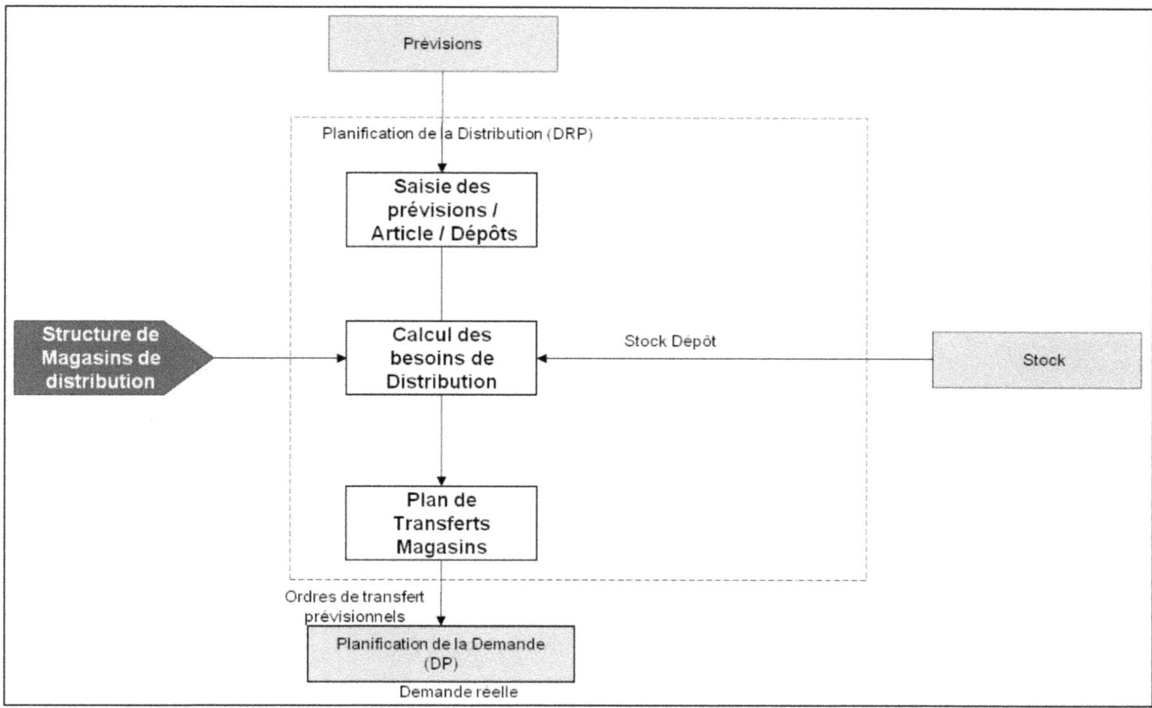

Figure 8-7 : Exemple de planification de la distribution (DRP)

- Prévisions.

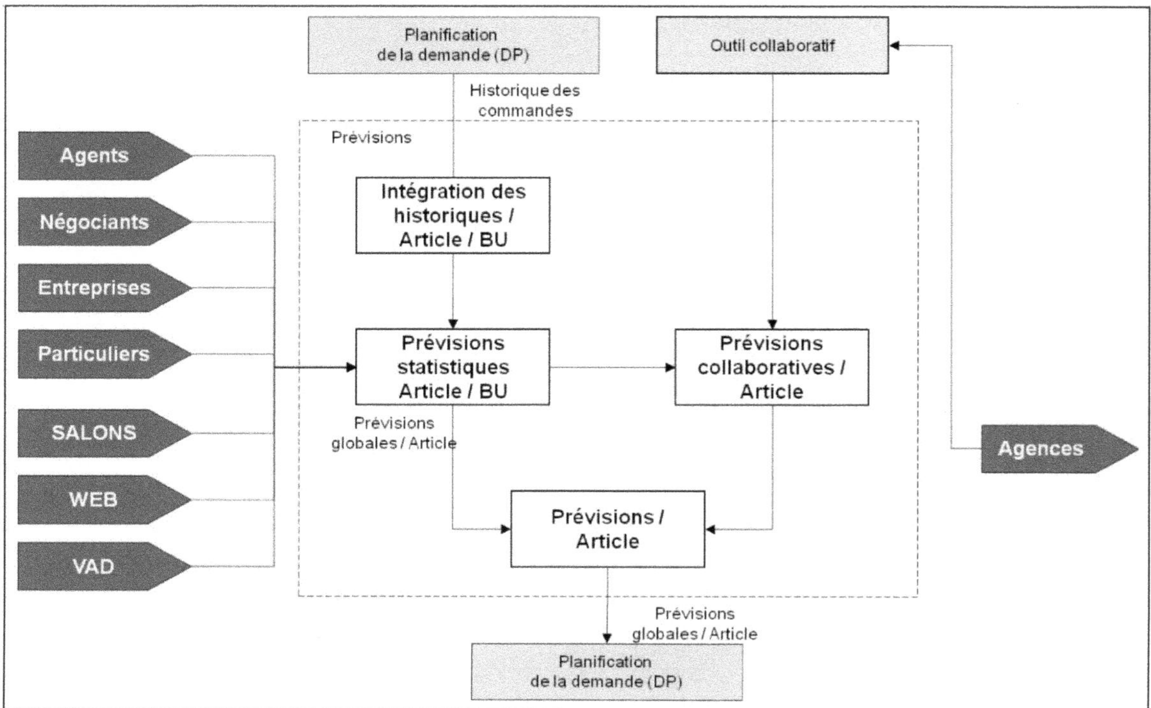

Figure 8-8 : Exemple de prévisions

- Planification des besoins (MRP ou Material Requirement Planning).

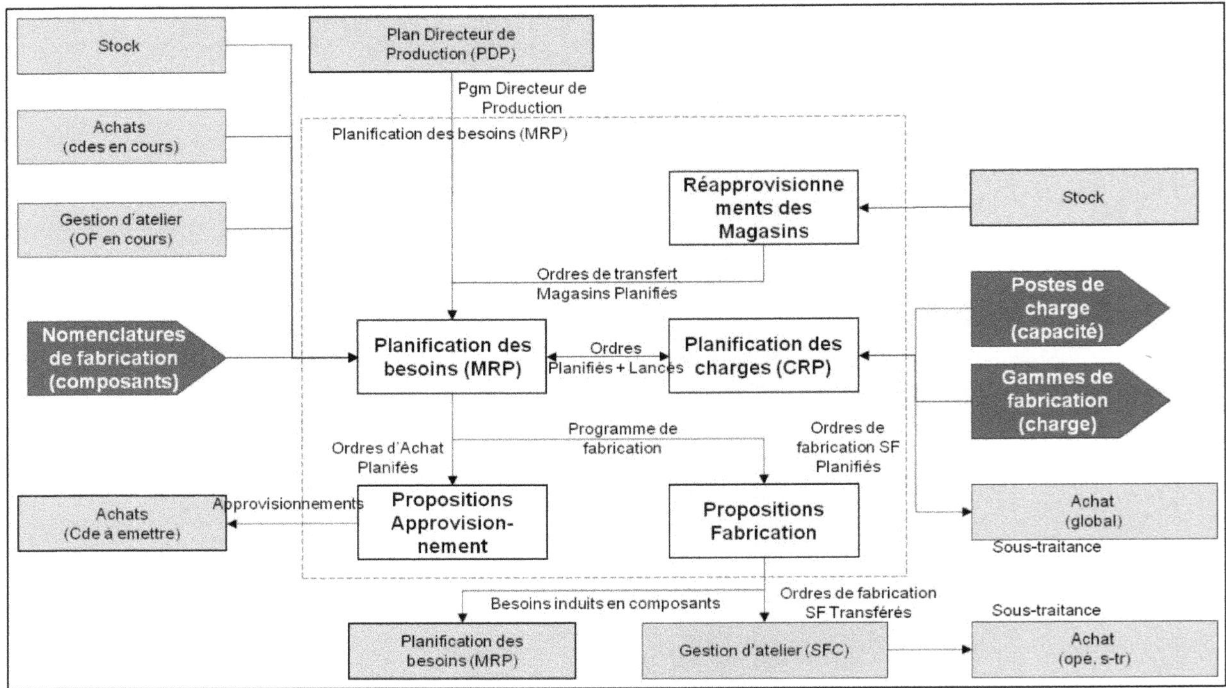

Figure 8-9 : Exemple de planification des besoins (MRP)

- Administration des ventes.

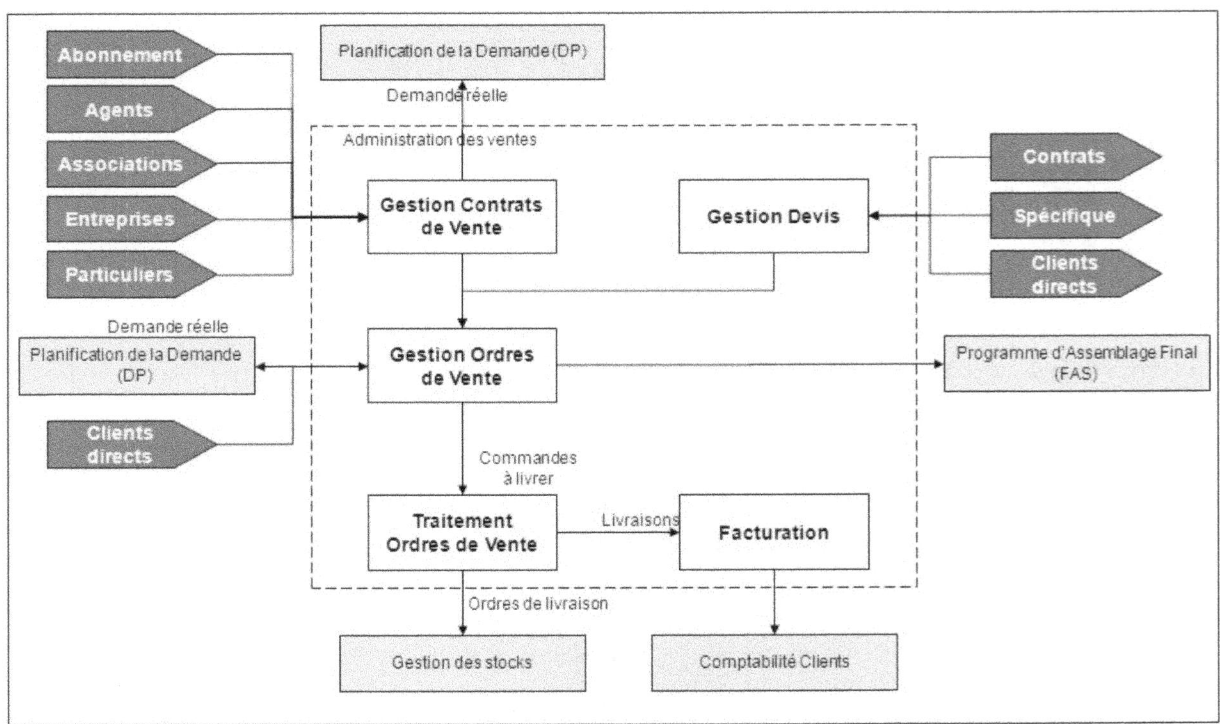

Figure 8-10 : Exemple d'administration des ventes

- Programme d'assemblage final (FAS ou Final Assembly Schedule).

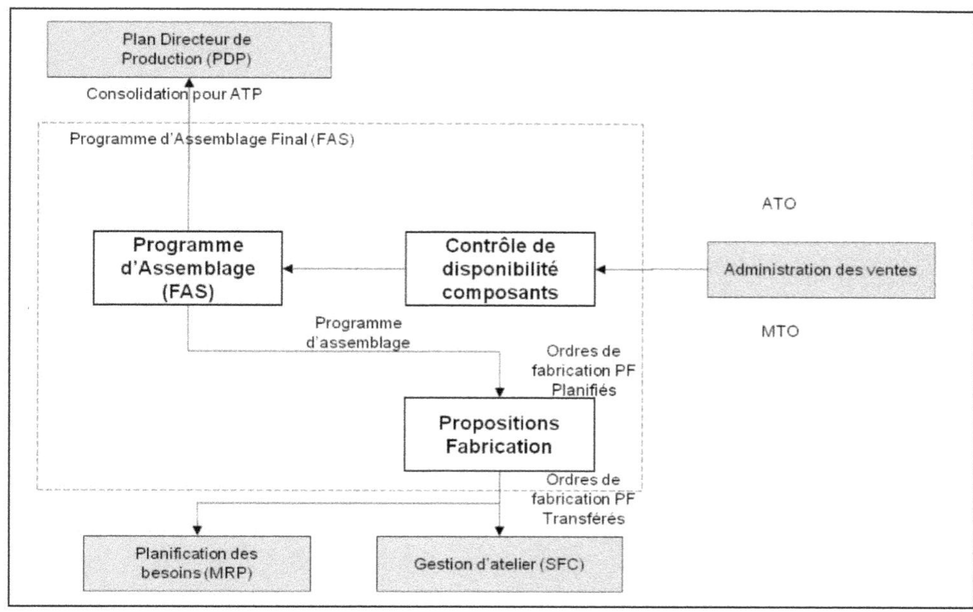

Figure 8-11 : Exemple de programme d'assemblage final (FAS)

- Gestion d'atelier (SFC ou Shop Floor Control).

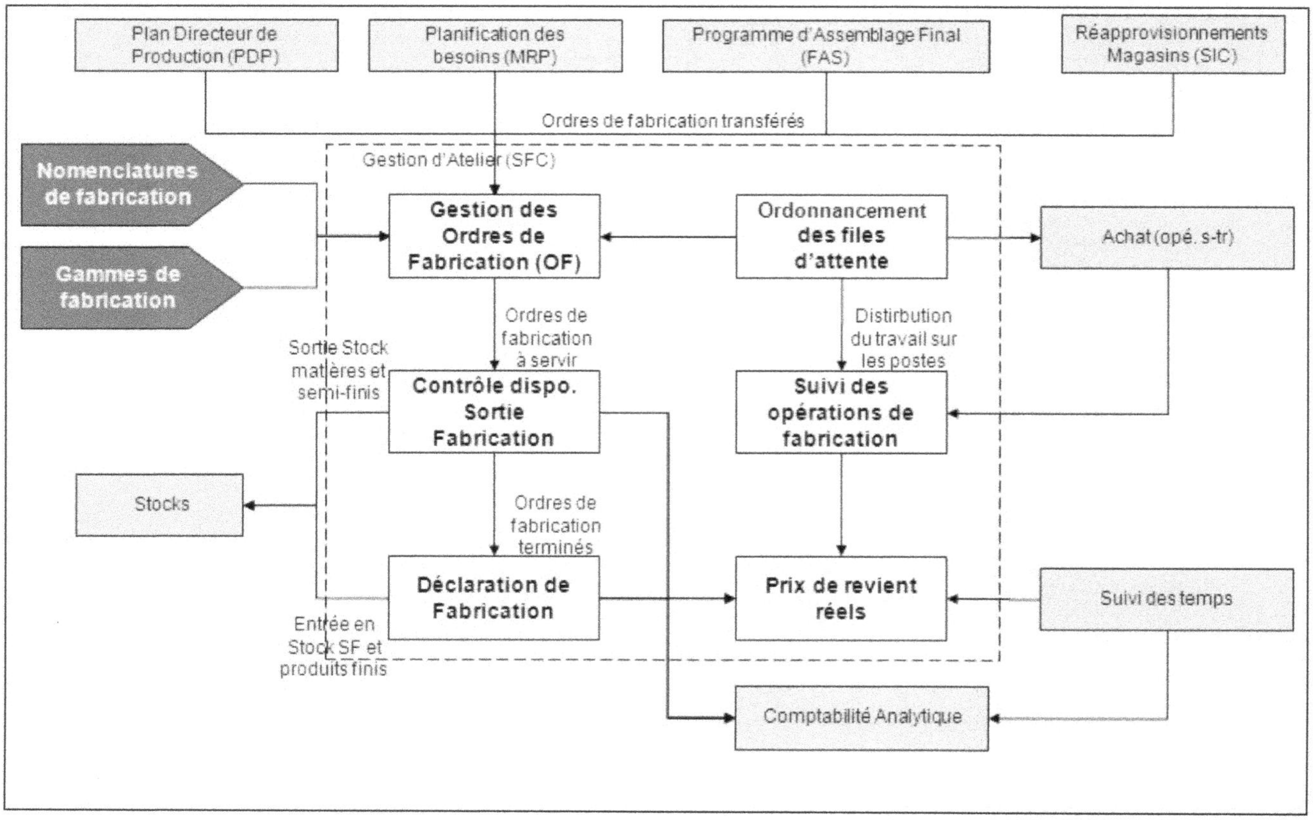

Figure 8-12 : Exemple de gestion d'atelier (SFC)

- Gestion des stocks.

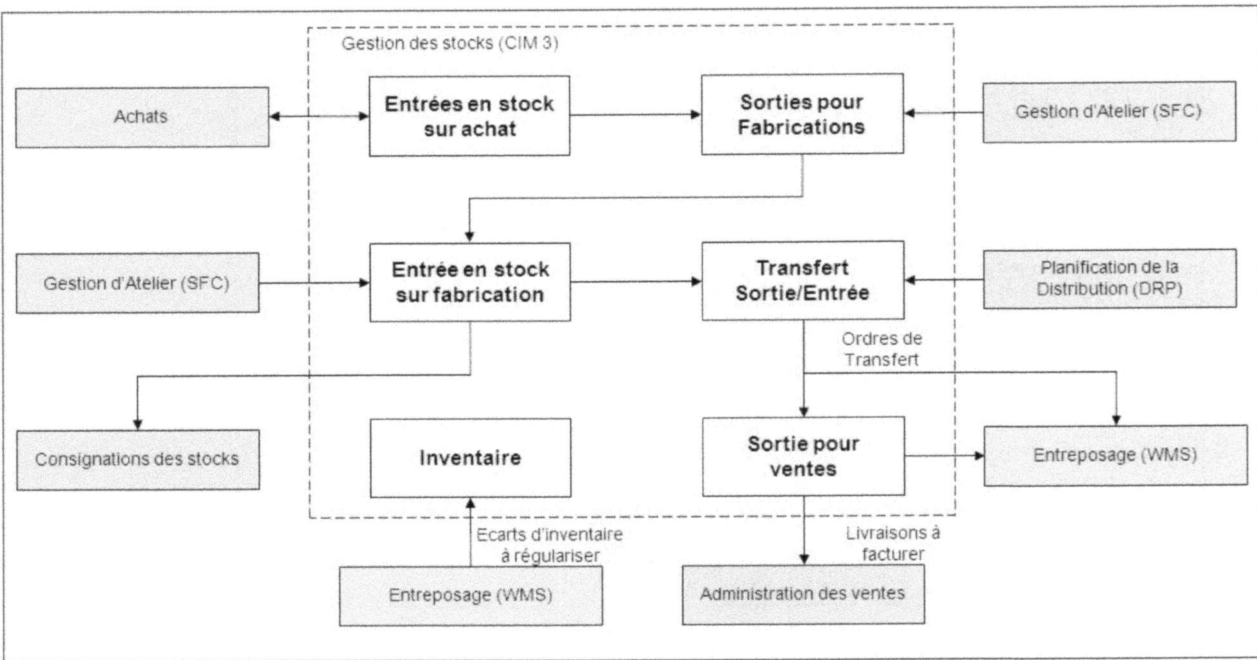

Figure 8-13 : Exemple de gestion des stocks

- Consignation des stocks.

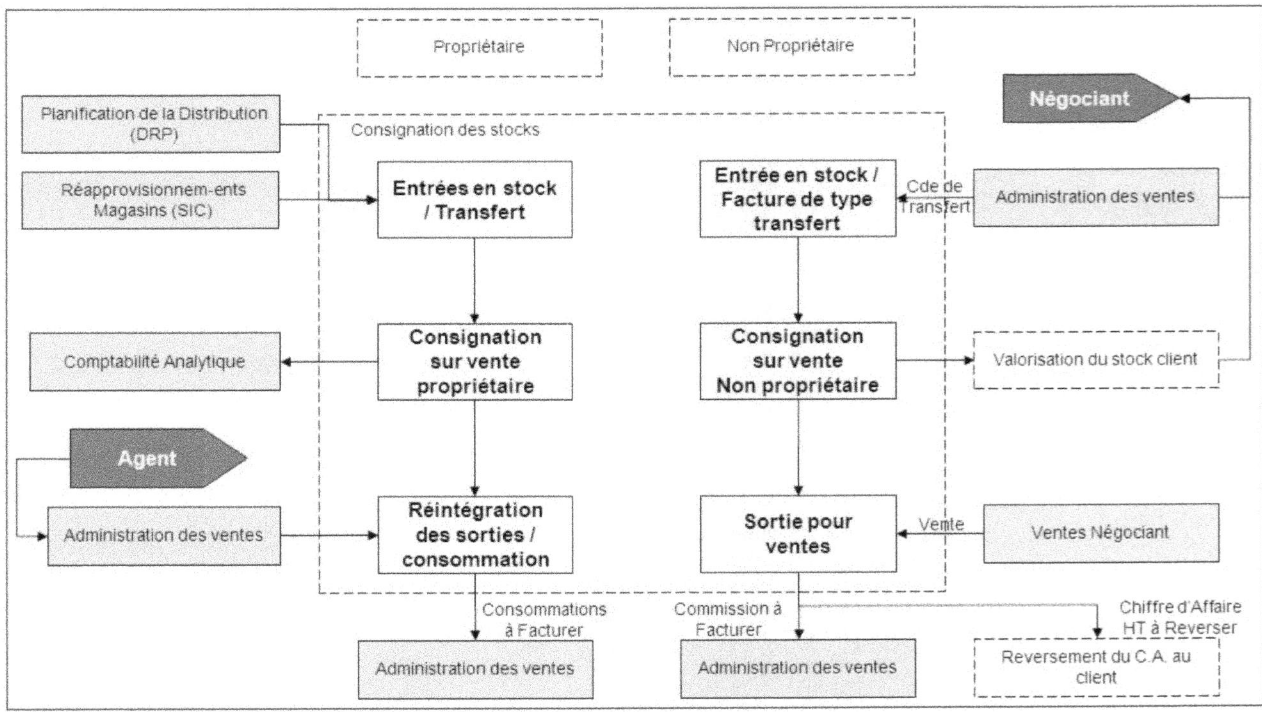

Figure 8-14 : Exemple de consignation des stocks

- Entreposage.

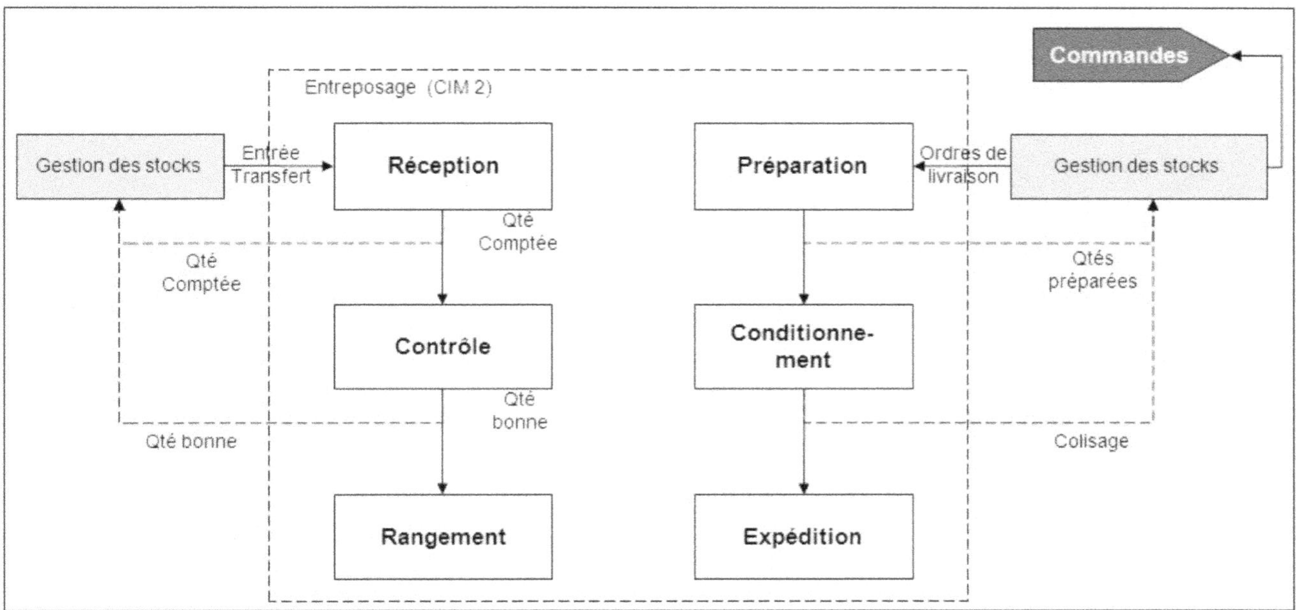

Figure 8-15 : Exemple d'entreposage

Chapitre 9

Périmètre de responsabilités (lots contractuels)

Les lots contractuels décrits dans cet ouvrage illustrent la répartition des rôles et responsabilités des partenaires pour les types d'organisation de projet : A, B et C (voir chapitre 6). Dans celles-ci les partenaires se répartissent les rôles de la manière suivante :

- le maître d'œuvre en charge de la conception des solutions ;
- le maître d'ouvrage responsable de l'expression des besoins ;
- l'assistant au maître d'ouvrage assumant partiellement les responsabilités du maître d'ouvrage.

Ces lots doivent naturellement être adaptés et en particulier pour les autres types d'organisation.

Rappelons qu'un lot représente l'ensemble des prestations à réaliser pour l'aboutissement du projet ERP dont la responsabilité peut être affectée intégralement à l'un des partenaires du projet.

Lots de maîtrise d'œuvre

Lot 1 – Pilotage du projet

Objectifs
– Mobiliser les acteurs du projet – Animer et coordonner les équipes projet – Alerter le comité de pilotage sur tout risque ayant un impact sur les délais, les budgets ou la qualité – Assurer le respect des engagements contractuels
Phases et étapes

Ce lot couvre l'ensemble du projet, et tout particulièrement les étapes suivantes.
Phase de conception générale de la méthode détaillée par étapes
    Étape 1. Lancement
Phase de déploiement de la méthode détaillée par étapes
    Étape 1. Validation et lancement du plan de mise en œuvre
Phase de production de la méthode détaillée par étapes
    Étape 2. Évaluation du projet

Activités
– Élaboration le plan d'assurance qualité – Planification du projet et suivi de la réalisation de ce planning – Pilotage des ressources du projet – Réunion de lancement – Réunion de validâtion du plan d'assurance qualité (voir l'exemple de plan d'assurance qualité standard disponible sur l'extension web de cet ouvrage) – Comités de suivi et comités de pilotage – Outil de suivi de projet prêt à l'emploi, constitué d'une base de données et de tableaux de bord – Modèle de planning de projet détaillé (MS Project)
Livrables et résultats
– Planning général de mise en œuvre – Plan d'assurance qualité – Plannings détaillés
Responsabilités
– Rédiger le plan d'assurance qualité – Codiriger la réunion de lancement – Préparer et animer les comités de pilotage – Gérer la validation de la documentation projet conformément au plan d'assurance qualité

Lot 2 – Installation du progiciel

Objectifs
– Assurer l'installation du progiciel ERP pour les besoins du projet dans la version ERP fonctionnant avec le système de gestion de base de données (SGBD) retenu – Assurer l'exploitation de la plate-forme de développement du projet

Phases et étapes
Phase de conception générale de la méthode détaillée par étapes   Étape 2. Installation du progiciel

Activités
Au niveau de l'installation initiale des plates-formes de développement : – Définition des modules ERP nécessaires au fonctionnement du futur système d'information pour les sous-domaines fonctionnels retenus – Spécification technique de l'installation – Connexion des écrans, imprimantes et lignes de télécommunication – Installation du progiciel sur le site (première installation) – Constitution des dossiers et procédures d'installation – Tests et recette de l'installation **Au niveau de l'administration des plates-formes de développement :** – Gestion des environnements logiciels (voir chapitre 4 phase 1) – Création des environnements de données sur recommandation de l'équipe projet (maquettage, formation, prototypage, intégration, recette, préproduction) – Intégration des correctifs – Chargement des composants logiciels spécifiques éventuels

Livrables et résultats
– Spécifications de l'installation et des environnements de projet – Installation du SGBD – Installation du progiciel ERP – Création initiale des environnements de projet – Diagnostic des problèmes, identification des correctifs – Administration des plates-formes de projet – Installation des correctifs – Chargement des composants logiciels spécifiques

Responsabilités
– Le MOE détermine la liste des modules requis au vu des besoins exprimés par la MOA et l'AMOA, et établit les spécifications techniques de l'installation du progiciel dans l'environnement de développement.

Lot 3 – Conception générale

Objectifs
– Définir et faire valider l'architecture fonctionnelle du futur système – Confirmer le périmètre fonctionnel, les charges et le planning de démarrage

Phases et étapes

Phase de conception générale de la méthode détaillée par étapes
    Étape 5. Spécifications de paramétrage générales
    Étape 6. 1re simulation

Activités
– Prendre connaissance du schéma général de fonctionnement – Animation des groupes de travail avec les experts fonctionnels et les utilisateurs clés de MOA – Réalisation d'une maquette des processus majeurs dans l'ERP – Définition du plan de déploiement, dans le cas d'une mise en exploitation en plusieurs étapes – Définition de la stratégie de basculement et de migration des données – Identification des développements informatiques : écarts, interfaces et reprises de données – Estimation global des charges des travaux informatiques – Définition des modules utilisés dans l'ERP – Définition des fonctions utilisées et des paramètres majeurs structurant l'ERP

Livrables et résultats
– Spécifications des paramètres structurants – Spécification fonctionnelle générale des écarts majeurs au progiciel – Spécification fonctionnelle générale des interfaces retenues – Stratégie de migration vers le système cible – Estimation des charges des développements informatiques – Maquette ERP documentée

Responsabilités
– Animer les réunions des groupes de travail – Réaliser la maquette avec le support des experts métier – Identifier les écarts avec le standard ERP et dresser la liste des développements informatiques à effectuer – Proposer des solutions au regard de son expertise du progiciel ERP – Planifier en détail la phase de conception détaillée

Lot 4 – Architecture technique

Objectifs
Assurer la définition des plates-formes techniques nécessaires au développement du projet et au bon fonctionnement du futur système en exploitation

Phases et étapes
Phase de conception générale de la méthode détaillée par étapes Étape 7. Définition de l'architecture technique et des principes d'exploitation

Activités
– Définition de l'architecture matériel (serveurs, terminaux, PC, imprimantes, etc.), logiciels de base et réseaux, compte tenu des besoins et critères de performance fixés par MOA – Dimensionnement des espaces disques et des capacités machine – Réalisation éventuelle d'un cahier des charges constructeur détaillé incluant une demande d'engagement ferme de ceux-ci sur les critères définis – Mise en place avec le constructeur retenu d'un protocole de recette technique permettant la vérification du respect des engagements – Implication du constructeur dans toutes les phases du projet et notamment dans les choix d'outils d'administration et d'exploitation – Implication permanente des équipes techniques de MOA tout au long du projet

Livrables et résultats
– Dossier d'architecture technique – Cahier des charges (éventuel) – Plate-forme matérielle de développement – Plate(s)-forme(s) matérielle(s) de production – Manuel(s) généraux d'exploitation – Dossier d'installation (clients/serveurs)

Responsabilités
– Fournir les éléments fonctionnels nécessaires au dimensionnement de l'architecture par les fournisseurs en ce qui concerne le progiciel ERP – Spécifier l'architecture technique souhaitée avec les fournisseurs des éléments de la plate-forme

Lot 5 – Formation de l'équipe projet

Objectifs
– Former l'équipe projet MOA aux modules applicatifs de l'ERP pour le périmètre du projet – Former l'équipe informatique aux outils techniques ERP – Fournir une assistance technique (engagement de moyens) pour le transfert de compétences techniques
Phases et étapes

Phase de conception générale de la méthode détaillée par étapes
    Étape 3. Formation de l'équipe informatique au progiciel
Phase de conception détaillée de la méthode détaillée par étapes
    Étape 1. Formation de l'équipe projet au progiciel

Activités
– Animation d'une session de formation générale (par grands domaines fonctionnels) pour l'équipe projet MOA au début de la phase de conception générale – Animation d'une session de formation détaillée (par modules ERP) pour l'équipe projet MOA au début de la phase de conception détaillée – Fournir une formation technique à l'équipe informatique MOA
Livrables et résultats
– Session de formation générale fonctionnelle à ERP – Sessions de formation fonctionnelles spécifiques par modules – Session de formation technique aux outils techniques de l'ERP – Support de cours standard – Assistance technique complémentaire après formation
Responsabilités
– Animer les sessions de formation – Fournir les supports de cours et d'exercices

Lot 6 – Conception détaillée – Prototypage

Objectifs
– Définir les procédures d'utilisation et le paramétrage détaillé de l'ERP selon les spécifications de paramétrage générales validées en phase de conception générale – Approfondir les cas de gestion identifiés lors de la conception détaillée – Définir le paramétrage et valider le prototype conformément aux processus cibles identifiés
Phases et étapes

Phase de conception détaillée de la méthode détaillée par étapes
    Étape 2. Spécifications de paramétrage détaillées
    Étape 7. Test d'intégration du prototype (2e simulation)

Activités
– Présenter la procédure à suivre pour chaque activité – Spécifier le paramétrage détaillé correspondant – Répondre aux questions des groupes de travail avec les experts métier – Justifier le paramétrage proposé dans le dossier de spécification de paramétrage détaillée – Assister les experts métier lors de la construction du prototype sur le progiciel ERP – Tester l'intégration, la cohérence et valider le prototype
Livrables et résultats
– Procédures ERP par activités – Spécifications de paramétrage détaillées – Prototype testé
Responsabilités
– Conduire la phase de conception détaillée en proposant des solutions de gestion sur les cas de gestion traités, et piloter le prototypage en assistant les experts métier dans les tests de l'ERP – Définir les procédures et le paramétrage détaillé de l'ERP

Lot 7 – Développement des interfaces

Objectifs
Spécification, réalisation et test unitaire des interfaces
Phases et étapes

Phase de conception détaillée de la méthode détaillée par étapes
  Étape 4. Conception des interfaces
Phase de réalisation de la méthode détaillée par étapes
  Étape 11. Développement des interfaces

Activités
– Spécifications fonctionnelles détaillées – Conception technique – Développement du logiciel – Tests unitaires – Tests d'application – Documentation fonctionnelle et technique – Garantie de trois mois
Livrables et résultats
– Planning de développement des lots techniques – Spécifications fonctionnelles détaillées – Spécifications techniques des développements – Logiciels réalisés (interfaces) – Dossier de li vraison des développements (plans de tests unitaires, comptes-rendus des tests unitaires, consignes de chargement des développements et de transport dans les autres environnements)
Responsabilités
– Rédiger les spécifications fonctionnelles à un niveau de détail suffisant pour être transmises directement à l'équipe technique (ou à un sous-traitant) pour la réalisation des logiciels – Réaliser l'ensemble des spécifications techniques – Réaliser les développements informatiques sous sa responsabilité (réalisation, documentation, tests unitaires)

Lot 8 – Développement des adaptations spécifiques

Objectifs
Spécification, réalisation et recette unitaire des adaptations spécifiques

Phases et étapes

Phase de conception détaillée de la méthode détaillée par étapes
  Étape 5. Conception des fonctions complémentaires
Phase de réalisation de la méthode détaillée par étapes
  Étape 6. Personnalisations prioritaires
  Étape 10. Complément de personnalisation
  Étape 12. Développement des fonctions complémentaires

Activités
– Spécifications fonctionnelles détaillées – Conception technique – Développement du logiciel – Tests unitaires – Tests d'application – Documentation fonctionnelle et technique – Garantie de trois mois

Livrables et résultats
– Planning de développement des lots techniques – Spécifications fonctionnelles détaillées – Spécifications techniques des développements – Logiciels réalisés (interfaces) – Dossier de livraison des développements (plans de tests unitaires, comptes-rendus des tests unitaires, consignes de chargement des développements et de transport dans les autres environnements)

Responsabilités
– Rédiger les spécifications fonctionnelles à un niveau de détail suffisant pour être transmises directement à l'équipe technique (ou à un sous-traitant) pour la réalisation des logiciels – Réaliser l'ensemble des spécifications techniques – Réaliser les développements informatiques sous sa responsabilité (réalisation, documentation, tests unitaires)

Lot 9 – Tests d'intégration

Objectifs

– Assurer l'intégration dans le progiciel des développements informatiques spécifiques
– Livrer l'ensemble testé à la MOA afin de procéder à la recette fonctionnelle

Phases et étapes

Phase de réalisation de la méthode détaillée par étapes
   Étape 5. Test d'intégration final

Activités

– Réaliser les tests de bon fonctionnement et de non-régression des développements spécifiques dans l'environnement d'intégration
– Les équipes de réalisation assurent l'intégration par séances de tests :
   - sur la plate-forme de développement ;
   - sur la base de jeux d'essais locaux à partir de formulaires privilégiant les tests systématiques.
– Rédiger, le cas échéant, des dossiers de tests pour les anomalies détectées
– Corriger les anomalies
– Livrer et transférer les logiciels spécifiques vers la plate-forme de recette MOA à l'issue du test
– Tests de non-régression : identification et nouveau test complet des programmes concernés

Livrables et résultats

– Tableau de suivi des anomalies
– Dossiers de tests des anomalies
– Levée des anomalies

Responsabilités

– Résoudre les anomalies signalées par la recette fonctionnelle et ayant occasionné les réserves
– Obligation de résultat sur l'obtention de la recette technique. À ce titre, il assure l'ensemble des travaux relatifs à ce lot avec l'assistance des experts métier de MOA pour les scénarios de test.

Lot 10 – Recette fonctionnelle

Objectifs
Valider la solution globale : progiciel + spécifiques pour permettre sa mise en production
Phases et étapes
Phase de réalisation de la méthode détaillée par étapes   Étape 6. Recette fonctionnelle
Activités
– Constituer les jeux de données de recettes – Élaborer les cahiers de recette – Dérouler les scénarios des cahiers de recettes (simulation 2b) – Renseigner les fiches de réserves – Assurer le suivi de la levée des réserves – Session de simulation des processus des cahiers de recettes animée par la MOA
Livrables et résultats
– Jeux de données de recettes – Cahier de recette – Tableau de suivi des réserves – PV de recette fonctionnelle – Fiches de réserves
Responsabilités
– Assister les experts métier de la MOA pour la recette des développements spécifiques – Conduire les experts métier de la MOA pour la recette fonctionnelle – Assister la MOA lors de la simulation pour la résolution de questions

Lot 11 – Spécifications techniques

Objectifs
– Mettre en place l'organisation pour acheminer à l'utilisateur final les procédures définies par le prototype – Mettre en place les jobs ou travaux batchs automatisés
Phases et étapes
Phase de déploiement de la méthode détaillée par étapes   Étape 6. Spécification techniques et définition des procédures d'exploitation
Activités
– Spécifications de paramétrage technique des périphériques de production (postes de travail, imprimantes) – Spécifications de paramétrage de l'organisation cible MOA dans l'ERP (utilisateurs) – Spécifications de paramétrage des rôles des utilisateurs dans l'ERP (liens : activités/ utilisateurs) – Spécifications de paramétrage de mise à disposition à l'utilisateur de l'aide en ligne sur son poste de travail
Prérequis
– Utilisation de l'outil ERP pour la gestion des rôles et des employés – Utilisation de l'outil ERP pour la génération des menus
Livrables et résultats
Dossier de spécifications techniques comprenant : – les spécifications fonctionnelles des jobs ; – les rôles des utilisateurs paramétrés ; – les activités des rôles paramétrés ; – les menus par rôles d'utilisateurs paramétrés ; – l'aide en ligne par activité paramétrée.
Responsabilités
– Assurer le pilotage et la coordination de l'ensemble des travaux – Contrôler et prendre en charge le paramétrage de l'outil – Former l'équipe MOA à la procédure de mise à jour dans l'outil

Lot 12 – Formation des utilisateurs

Objectifs
– Préparer les supports de formation – Former les utilisateurs finaux
Phases et étapes
Phase de déploiement de la méthode détaillée par étapes   Étape 3. Formation des utilisateurs
Activités
Élaborer le plan des formations utilisateurs
Livrables et résultats
Plan de formation des utilisateurs
Responsabilités
Élaborer le plan de formation

Lot 13 – Reprises automatiques des données

Objectifs
– Concevoir le plan de chargement des données – Réaliser les développements informatiques nécessaires pour le chargement automatique des données
Phases et étapes

Phase de déploiement de la méthode détaillée par étapes
    Étape 4. Conception du chargement des données
    Étape 5. Développement des programmes et chargement des données

Activités
Travaux de conception : – conception du plan de chargement des données ; – spécifications fonctionnelles détaillées des programmes de reprise de données ; – conception des tests d'intégration ; – recette. Travaux de réalisation informatique des programmes de reprise automatique : – spécifications fonctionnelles détaillées ; – conception technique ; – développement ; – tests unitaires ; – test d'intégration ; – documentation fonctionnelle et technique.

Livrables et résultats
– Plan de chargement des données – Spécifications fonctionnelles détaillées – Documentation technique – - Logiciel spécifique
Responsabilités MOA
Concernant les développements pris en charge par le MOE, la MOA assure l'ensemble des travaux relatifs au développement des programmes d'extraction de données depuis l'ancien système.
Responsabilités MOE
– Réaliser le plan de chargement des données en détaillant et séquençant le processus global de chargement manuel et de reprise automatique des données – Réaliser les spécifications fonctionnelles détaillées des programmes de reprise des données, en ce qui concerne le côté ERP des programmes, à un niveau de détail suffisant pour être transmises directement à l'équipe technique pour leur mise en œuvre – Réaliser l'ensemble des spécifications techniques – Réaliser les développements informatiques sous sa responsabilité (réalisation, documentation, tests unitaires)

Lot 14 – Mise en exploitation

Objectifs
– Rendre opérationnelles les plates-formes de production après recette technique et fonctionnelle afin que puisse être prononcée la recette dans un environnement technique définitif – Automatiser l'acheminement des procédures à l'utilisateur, en vue de toute création ou modification de rôle ou d'utilisateurs
Phases et étapes
Phase de déploiement de la méthode détaillée par étapes Étape 7. Installation de l'environnement d'exploitation

Activités
– Installation de l'environnement d'exploitation
– Installation des plates-formes de production (écrans, imprimantes et lignes de télécommunication)
– Installation et mise en œuvre des logiciels système
– Organisation et gestion de l'espace disque
– Organisation et mise en place des procédures de sauvegarde
– Paramétrage des pilotes d'imprimantes
– Paramétrage des profils d'utilisateurs (Unix, SGBD, ERP)
– Paramétrage (génération automatique) des menus utilisateurs
– Organisation et réglage (*tuning*) de la base de données
– Planification de l'exploitation
– Création des jobs ERP d'exploitation
Livrables et résultats
– Dossier d'exploitation
– Installation et mise en œuvre des logiciels système
– SGBD installé et paramétré
– Jobs ERP d'exploitation
– Automates d'exploitation
– Outils de communication externes (transferts de fichiers)
– Procédures de sauvegarde
– Paramétrage des pilotes d'imprimantes
– Paramétrage des utilisateurs (Unix, Oracle)
– Menus par utilisateurs
– PV de recette technique d'installation de la plate-forme
– PV de recette des postes clients
Responsabilités
– Réaliser les spécifications techniques et les travaux de paramétrage technique de l'environnement d'exploitation
– Mettre à disposition les ressources nécessaires et les plates-formes techniques retenues pour l'exploitation
– Obligation de conseil pour l'assistance aux exploitants pendant cette phase

Lot 15 – Assistance à la préexploitation

Objectifs
Rendre le système opérationnel selon les schémas définis dans les phases 1 et 2 de la méthode

Phases et étapes
Phase de déploiement de la méthode détaillée par étapes   Étape 8. Préexploitation – Recette provisoire et démarrage

Activités
Elles peuvent prendre différentes formes selon les besoins, par exemple : – assistance aux équipes de MOA pendant une phase d'exploitation en double sur l'ancien et le nouveau système ; – assistance aux équipes de MOA pendant les tests de qualification en grandeur réelle ; – validation de l'exploitabilité et des performances du système ; – test et validation des jobs d'exploitation ; – proposition de solutions d'optimisation des performances (éventuellement) ; – charger les données vers la base de production et valider ce chargement ; – simulation des processus (batch, interactif) les plus critiques sur le plan des performances.

Livrables et résultats
– Tests du système transactionnel en environnement de préproduction – Tests du système en volume de données – Tests d'exploitabilité des batchs en environnement de préproduction – Tests des procédures techniques d'exploitation et d'administration (sauvegarde, reprise à chaud et à froid, etc.) – Rapport des tests de performance et exploitabilité en préproduction – PV de recette technique de performance et exploitabilité – PV de recette provisoire

Responsabilités
– Obligation de moyens pour l'assistance fournie – Mesurer les performances transactionnelles et des traitements différés

Lot 16 – Assistance au démarrage

Objectifs
– Fournir, après démarrage, une assistance fonctionnelle aux utilisateurs et une assistance technique aux exploitants – Réaliser un diagnostic d'optimisation du paramétrage des différents composants logiciels des plates-formes afin d'obtenir les performances organisationnelles, fonctionnelles et techniques optimales
Phases et étapes

Phase de production de la méthode détaillée par étapes
    Étape 1. Accompagnement au démarrage et recette définitive
    Étape 2. Évaluation du projet

Activités
– Visite de l'ensemble des postes de travail en production – Analyse et diagnostic des anomalies d'utilisation (formation, bogues, données, évolution, etc.) – Recommander d'éventuelles améliorations des procédures ERP mises en œuvre – Identification des améliorations à apporter au système sur les performances en exploitation et préconiser les opérations nécessaires à mettre en œuvre
Livrables et résultats
– Audit technique après démarrage de l'exploitation – Recommandations d'optimisation fonctionnelle – Recommandations de mise à niveau du système
Responsabilités
Obligation de conseil sur les améliorations potentielles de l'utilisation des procédures ERP

Lots de maîtrise d'ouvrage

Lot 1a – Coordination des actions de maîtrise d'ouvrage

Objectifs
– Animer et coordonner les équipes internes de la MOA – Alerter la direction générale sur tout risque ayant un impact sur les délais, les budgets ou la qualité

Phases et étapes
Ce lot couvre l'ensemble des étapes du projet : – phase de conception générale ; – phase de conception détaillée ; – phase de réalisation ; – phase de déploiement ; – phase de production.

Activités
– Animer les réunions hebdomadaires de suivi (comité de suivi) – Produire le reporting hebdomadaire (rapports flash) – Animer les comités de pilotage et rédiger les comptes-rendus – Contrôler et suivre les travaux opérationnels de la maîtrise d'ouvrage – Identifier et suivre les points restés en suspens (règles de gestion, écarts, questions) – Analyser les risques, définir et mettre en œuvre les actions préventives – Gérer la validation des livrables – Comités de suivi et comités de pilotage – Outil de suivi de projet prêt à l'emploi constitué d'une base de données (fiches et tableaux) et de tableaux de bord

Livrables et résultats
– Rapports flash hebdomadaires – Présentations et comptes-rendus des comités de pilotage – Tableaux de bord de suivi et de reporting – Plannings détaillés des actions de maîtrise d'ouvrage

Responsabilités AMOA
– Codiriger la réunion de lancement – Animer les comités de projet et les comités de pilotage – Préparer les comités de pilotage en collaboration avec le chef de projet MOA ou AMOA – Mettre à jour les documents de suivi du projet (rapports flash, comptes-rendus des comités de pilotage, tableaux de bord de suivi et de reporting)

Lot 3a – Schéma général de fonctionnement

Objectifs
– Définir l'architecture organisationnelle du futur système – Définir les processus et les modes de gestion – Valider les enjeux du projet
Phases et étapes
Phase de conception générale de la méthode détaillée par étapes   Étape 4. Schéma général de fonctionnement
Activités
– Prendre connaissance de l'organisation interne de la MOA – S'informer des processus existants – Définir un jeu de données représentatives des métiers de la MOA – Participer aux groupes de travail avec les utilisateurs clés et les experts ERP – Définir l'organisation cible sous forme de processus métier et de règles de gestion majeures – Définir les éventuels aménagements d'organisation induits par le projet – Identifier les écarts majeurs – Identifier et valider les indicateurs de performance cible – Estimer les charges internes de chargement manuel des données
Livrables et résultats
– Processus métier, décomposés par activités – Règles de gestion majeures – Liste des écarts majeurs au progiciel – PV de recette de la phase 1
Responsabilités
– Formaliser les processus cibles et les règles de gestion avec le support de la MOA – Identifier les écarts avec le standard ERP

Lot 6a – Expression détaillée des besoins

Objectifs

– Prototyper dans l'ERP les besoins détaillés des métiers par application des procédures et des spécifications de paramétrage de l'ERP définies en phase de conception détaillée
– Approfondir les cas de gestion par activités suggérant des solutions différentes

Phases et étapes

Phase de conception détaillée de la méthode détaillée par étapes
   Étape 3. Spécifications complémentaires détaillées
   Étape 8. 2e simulation

Activités

– Paramétrer le prototype selon le dossier de spécification de paramétrage détaillée
– Animer les groupes de travail avec les experts métier de la MOA
– Construction d'un prototype sur le progiciel ERP
– Valider le prototype par une simulation complète des solutions sur l'ensemble des activités
– Choisir les outils ou sessions complémentaires aux procédures (affichage, reports)

Livrables et résultats

– Processus ERP complétés par les cas de gestion/activités
– Fiches d'écarts au progiciel avec justification technico-économique
– Prototype validé
– PV de recette de la phase 2
– Liste des outils complémentaires par activités

Responsabilités

– Exprimer en détail les besoins par simulation (prototypage) dans l'ERP
– Valider le prototype par une simulation complète de l'ensemble des activités
– Constituer le dossier de conception détaillée par regroupement des différents livrables de la phase

Lot 10a – Recette fonctionnelle

Objectifs
Conduire la recette fonctionnelle de l'ensemble, ERP + logiciels spécifiques (interfaces, adaptations), pour stabiliser la version de logiciel afin de procéder à sa mise en production
Phases et étapes
Phase de réalisation de la méthode détaillée par étapes   Étape 6. Recette fonctionnelle (simulation 2b)
Activités
– Définition du référentiel de données (issu du prototype) : données statiques et dynamiques – Mise en œuvre du référentiel dans l'environnement de recette fonctionnelle – Définition des scénarios de test et des cas de gestion – Formalisation des résultats attendus – Déroulement et mise en œuvre des scénarios par les experts métier
Livrables et résultats
– Référentiel de données – Scénarios de test
Responsabilités
– Assurer le pilotage et la coordination de l'ensemble des travaux – Participer à la définition ou réaliser le référentiel et les scénarios

Lot 11a – Mise en place de l'organisation

Objectifs
– Définir l'organisation pour acheminer à l'utilisateur final les procédures définies par le prototype – Définir les besoins concernant les jobs ou travaux batchs automatisés
Phases et étapes
Phase de déploiement de la méthode détaillée par étapes Étape 2. Mise en place de l'organisation
Activités
– Définition des besoins de périphériques de production : postes de travail et imprimantes – Définition de l'organisation cible MOA (utilisateurs) – Définition des rôles des utilisateurs (liens activités/utilisateurs)
Livrables et résultats
– Rôles des utilisateurs – Activités des rôles – Définition des besoins de périphériques de production – Spécifications fonctionnelles des jobs – Menu par profils d'utilisateurs – Aide en ligne par activités
Responsabilités
– Assurer le pilotage et la coordination de l'ensemble des travaux – Définir l'organisation et les rôles des utilisateurs – Définir les besoins en périphériques – Définir les besoins en jobs automatisés

Lot 12a – Formation des utilisateurs

Objectifs
– Préparer les supports de formation – Former les utilisateurs finaux
Phases et étapes
Phase de déploiement de la méthode détaillée par étapes   Étape 3. Formation des utilisateurs
Activités
– Élaborer les supports (kits) de formation par éclatement de la documentation par activités et regroupement par rôles – Préparer l'environnement de formation (paramétrage et jeu de données) – Organiser les formations – Réaliser éventuellement quelques sessions de formation – Sessions de formation (qui s'appuient sur des jeux de données définis par le prototype) par groupes d'utilisateurs finaux homogènes
Livrables et résultats
– Kits de formation utilisateurs – Jeux de données pour la formation des utilisateurs – Fiches d'évaluation de la formation
Responsabilités
– Organiser la mise à disposition des locaux et des moyens techniques requis ainsi que la disponibilité des personnes à former – Assurer la formation par l'intermédiaire des experts métier

Lot 13a – Fiabilisation et chargement manuel des données

Objectifs
Charger manuellement les données non reprises automatiquement
Phases et étapes
Phase de déploiement de la méthode détaillée par étapes   Étape 5. Développement des programmes et chargement des données
Activités
Pilotage des travaux internes de chargement et de fiabilisation des données Travaux manuels : – chargement des paramètres, et des tables logistiques et financières ; – fiabilisation des données de l'ancien système ; – chargement manuel des données non reprises automatiquement.
Livrables et résultats
Paramètres et tables ERP chargées manuellement
Responsabilités
– Charger les tables logistiques en fonction des règles de gestion détaillées du prototype – Charger les données en fonction des règles de gestion détaillées du prototype

Lot 14a – Fourniture du matériel

Objectifs
Fournir les plates-formes et périphériques de production selon les préconisations de l'architecture technique et les spécifications techniques de l'environnement définitif
Phases et étapes
Phase de déploiement de la méthode détaillée par étapes Étape 7. Installation de l'environnement d'exploitation
Activités
– Achat de la plate-forme d'exploitation – Achat des terminaux – Achat des composants des réseaux locaux et WAN – Acquisition des licences des logiciels système et d'exploitation
Livrables et résultats
– Plate-forme hardware d'exploitation – Réseaux – SGBD – Automates d'exploitation – Outils de communication externes (transferts de fichiers) – Plans de câblage – Câblage
Responsabilités
Mettre à disposition les ressources nécessaires et les plates-formes techniques retenues pour l'exploitation

Lot 15a – Préexploitation

Objectifs
– Tester le système opérationnel en grandeur nature selon les schémas définis dans les phases 1 et 2 de la méthode – Prononcer la recette du système afin de permettre le basculement en exploitation des applications

Phases et étapes
Phase de déploiement de la méthode détaillée par étapes Étape 8. Préexploitation – Recette provisoire et démarrage

Activités
Elles peuvent prendre différentes formes selon les besoins, par exemple : – assistance aux équipes de la MOA pendant une phase d'exploitation en double sur l'ancien et le nouveau système ; – conduite de tests de qualification en grandeur réelle (3e simulation) ; – validation de l'exploitabilité et des performances du système ; – test et validation des jobs d'exploitation ; – simulation des processus (batch, interactif) les plus critiques sur le plan des performances.

Livrables et résultats
– Tests du système transactionnel en environnement de préproduction – Tests du système en volume de données – Tests d'exploitabilité des batchs en environnement de préproduction – Tests des procédures techniques d'exploitation et d'administration (sauvegarde, reprise à chaud et à froid, etc.) – Rapport des tests de performance et exploitabilité en préproduction – PV de recette technique de performance et exploitabilité – PV de recette provisoire

Responsabilités
– Piloter les ressources nécessaires à l'exploitation des activités en temps réel et batch retenues pour la préexploitation – Rédiger un rapport de test

Lot 16a – Assistance de premier niveau

Objectifs
– Fournir une assistance fonctionnelle de premier niveau aux utilisateurs après démarrage – En profiter pour réaliser un diagnostic fonctionnel d'utilisation du nouveau système
Phases et étapes

Phase de la production de la méthode détaillée par étapes
    Étape 1. Accompagnement au démarrage et recette définitive
    Étape 2. Évaluation du projet

Activités
– Visiter l'ensemble des postes de travail en production – Recenser les anomalies d'utilisation constatées – Identifier les besoins d'amélioration potentielle de l'utilisation des procédures ERP mises en œuvre – Identifier les actions métier à engager
Livrables et résultats
– Audit d'utilisation après démarrage de l'exploitation – Recommandations d'actions métier
Responsabilités
Conduire l'audit fonctionnel et la rédaction du rapport

Lot 17 – Conduite du changement

Objectifs
Faciliter la mise en œuvre des changements organisationnels induits par le projet ainsi que la définition des besoins en formation métier et en communication

Phases et étapes
La conduite du changement se déroule tout au long du projet, en parallèle avec l'ensemble des phases et des étapes de la démarche.

Activités
Au cours de la phase de conception générale : – détermination d'un argumentaire pour le changement en accord avec l'équipe projet ; – cartographie générale des risques et des résistances ; – cartographie des personnes clés et de leur rôle dans l'initialisation du changement. øAu cours de la phase de conception détaillée : – mesure de l'engagement des personnes clés et actualisation de la mesure des risques ; – stratégie de communication et mise en œuvre de la communication ; – organisation et suivi des formations aux nouveaux métiers ; – - organisation et suivi des formations aux utilisateurs. Au cours de la phase de déploiement : – soutien aux utilisateurs.

Livrables et résultats
– Cartographie des risques et résistances – Analyse des changements organisationnels majeurs – Argumentaire pour le changement – Plan de communication – Plan de formation métier – Mise en œuvre de la communication interne – Organisation et définition des profils d'utilisateurs – Évaluation de la formation.

Responsabilités
– Mobiliser les interlocuteurs clés – Apporter l'engagement de la direction – Mettre à disposition du projet les moyens nécessaires à la communication

Études de cas

Cette quatrième partie se compose de trois études de cas réels, correspondant à trois types de PME, sensiblement différentes par leur taille et leur métier :

- chapitre 10 : une PME de production de circuits imprimés à la commande (moins de 100 collaborateurs) ;
- chapitre 11 : une filiale d'un grand groupe de production de systèmes de contrôle de procédés électromécaniques (250 personnes) ;
- chapitre 12 : une PME sous-traitante dans le secteur aéronautique de production d'équipements mécaniques (420 salariés).

Étude de cas 1 : une PME de moins de 100 salariés

Le contexte

Une PME industrielle décide d'acquérir et de mettre en place un ERP. Elle s'adresse donc à un conseil en informatique dépendant de son expert comptable qui élimine d'entrée de jeu l'ERP Baan, sous prétexte qu'il est, dit-il, « réservé aux grosses entreprises ».

L'entreprise en question est spécialisée dans la conception et la fabrication de circuits imprimés destinés à l'industrie électronique. Elle est implantée sur deux sites opérationnels : l'usine est en province et l'agence commerciale en région parisienne. Elle réalise un chiffre d'affaires annuel d'environ 10 millions d'euros pour un effectif de 80 salariés.

Le hasard a voulu que son directeur de production ait un frère, consultant spécialiste de l'ERP Baan, qui a dépêché un de ses collègues pour savoir, tout d'abord, si l'ERP était bien adapté au processus de l'entreprise, puis si celle-ci était capable d'assumer un tel projet.

Bien qu'un cahier des charges ait été réalisé auparavant par son ancien conseil, il n'a pas été utilisé ici : ce sont en fait les fonctionnalités particulières de l'ERP Baan qui ont permis de constituer le périmètre fonctionnel du projet.

Le progiciel Baan a finalement été sélectionné après présentation d'une maquette réalisée par l'éditeur à partir d'un jeu d'essai, qui a illustré la couverture fonctionnelle de cette solution sur des besoins particulièrement sensibles de cette PME.

Organisation de la production

Les durées de cycles de production d'une commande varient selon les deux options suivantes à partir du moment où les matières premières sont en stock :

- le délai classique – entre 4 et 6 semaines entre la prise de commande du client et sa livraison ;
- le délai court – généralement de 2 à 10 jours pour les commandes de réassort.

Pour répondre aux délais de livraison, l'entreprise est obligée d'approvisionner sur stock les matières premières et consommables par une méthode de gestion à point de commande défini en fonction de la consommation annuelle prévisionnelle.

Cependant, environ 10 % des matières premières spécifiques sont approvisionnées en fonction de la demande du client, donc à chaque commande.

Les produits finis, quant à eux, se divisent en quatre catégories :

- les circuits imprimés simple face (SF) ;
- les circuits imprimés de type trous métallisés (TM) ;
- les circuits imprimés multicouches (MC) ;
- les couches internes ou double face (DF) assemblées dans les multicouches.

En premier lieu, on relève des similitudes dans les process de fabrication : entre ceux des circuits imprimés SF et des couches internes d'une part, entre ceux des circuits TM et du process terminal des multicouches d'autre part.

Les produits finis sont spécifiques aux clients et entièrement fabriqués à la commande, soit comme nouveau produit soit en réassort. On observe donc deux types de commandes induisant deux modes de gestion qui diffèrent par la gestion des données techniques et la mise en fabrication :

- les commandes de nouveaux produits (environ 50 % des commandes). Le process de fabrication débute alors par la production de la première série. Pour ce faire, il est nécessaire de fixer les données techniques de fabrication, en particulier la gamme de fabrication, relevant d'un processus automatisé de configuration à partir de caractéristiques techniques et commerciales.
- les commandes de réassort d'articles préalablement codifiés (environ 50 % des commandes). Un processus classique de fabrication à la commande est alors établi.

Le procédé de fabrication utilise des outils qui ont un degré d'usure tel qu'ils doivent être gérés en tant que consommables pour apprécier leur durée de vie moyenne et restante. Les gammes de fabrication étaient constituées, dans le système de gestion existant, par une liste d'opérations pour lesquelles les temps alloués pour la préparation et l'exécution n'étaient pas définis.

Résumé des besoins

Système d'information

Le système d'information de l'entreprise est constitué d'applicatifs développés autour d'une base d'anciens modules logiciels M.A.I., qui couvrent les domaines suivants.

- Les applicatifs gestion largement personnalisés à partir des modules M.A.I. :
    - la gestion des commandes clients ;
    - la gestion des commandes fournisseurs ;
    - la gestion des gammes ;
    - le lancement en fabrication ;
    - la gestion des stocks matières ;
    - la gestion de la qualité (traçabilité des lots, rebuts). vv de la qualité (traçabilité des lots, rebuts)
- Les applicatifs industriels construits autour de terminaux d'acquisition de données en atelier qui n'ont jamais fonctionné en exploitation.
- Le progiciel de comptabilité Saari en cours d'implémentation sur PC

Périmètre cible

L'informatisation est particulièrement attendue dans les domaines suivants :
- configuration des produits (notamment lors de la première série) ;
- planification ;
- ordonnancement des ateliers et du magasin.

Le projet couvre ainsi essentiellement (voir figure 10-1) :
- le développement et la configuration des produits ;
- les données techniques de gestion ;
- la planification et l'ordonnancement de la production ;
- la gestion commerciale ;
- la gestion de la qualité.

Le projet ERP doit donc mettre en place l'ensemble de ces sous-domaines sur le site de production. Ce n'est seulement qu'après cette mise en place que l'extension du sous-domaine de gestion commerciale au site parisien sera envisagée.

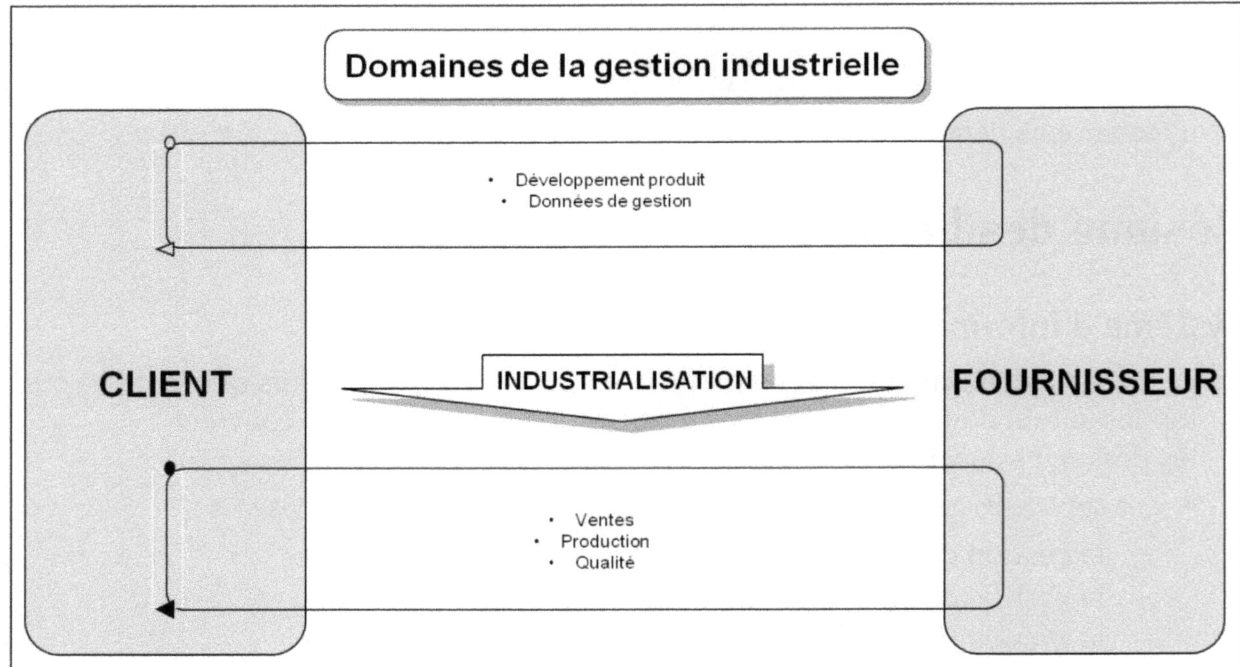

Figure 10-1 : Périmètre exprimé par l'entreprise

Le projet

Objectifs de l'assistance externe

Dans ce contexte, la mission d'assistance de l'intégrateur assure la maîtrise d'œuvre de l'intégration du progiciel dans l'entreprise. Le consultant spécialisé intervient en parallèle de l'équipe interne et des sous-traitants directs, pour la réalisation du futur système d'information.

L'ensemble de la prestation exécutée ou contrôlée par l'intégrateur est découpé en sept lots.

- Lot 1 – Maîtrise d'œuvre et intégration de services.
- Lot 2 – Plan d'assurance qualité.
- Lot 3 – Fourniture et installation de la plate-forme.
- Lot 4 – Fourniture et installation du progiciel.
- Lot 5 – Formation au progiciel.
- Lot 6 – Mise en œuvre de la solution.
- Lot 7 – Développements spécifiques et interfaces.

Structure de projet

Voir figure page suivante.

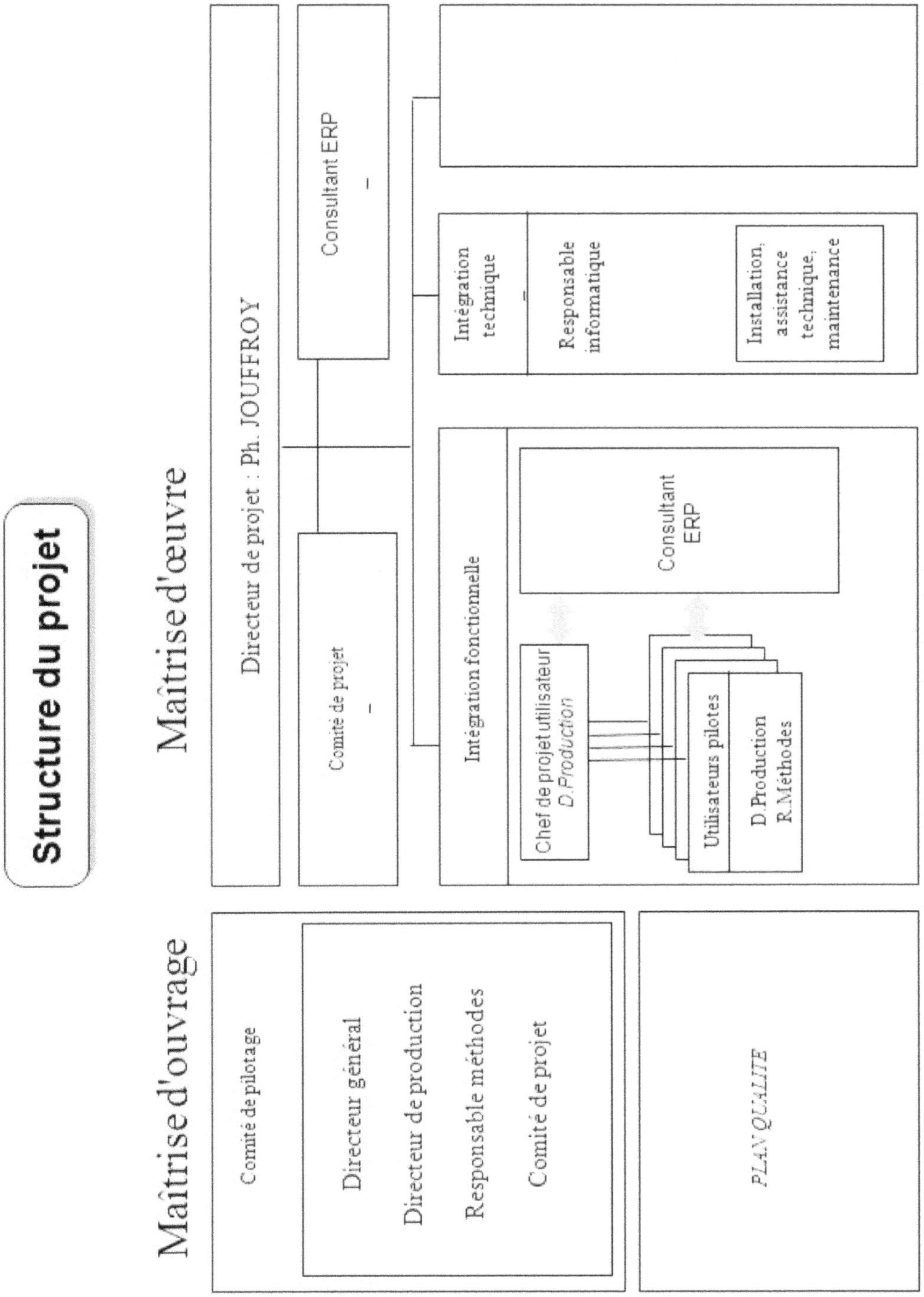

Structure du projet

Maîtrise d'ouvrage

Comité de pilotage

Directeur général

Directeur de production

Responsable méthodes

Comité de projet

PLAN QUALITE

Maîtrise d'œuvre

Directeur de projet : Ph. JOUFFROY

Comité de projet
–

Consultant ERP
–

Intégration fonctionnelle

Chef de projet utilisateur
D.Production

Utilisateurs pilotes

D.Production
R.Méthodes

Consultant
ERP

Intégration technique
–

Responsable informatique

Installation, assistance technique, maintenance

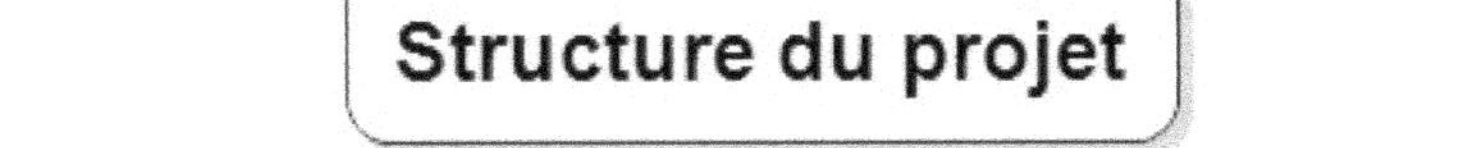

Figure 10-2 : Structure de projet

Une équipe de projet interne est donc constituée pour participer activement à la mise en œuvre du projet. Elle se compose des deux piliers de l'entreprise – le directeur de production et le responsable des méthodes –, ainsi que :

- d'un chef de projet utilisateurs, disponible à 80 % en comptant son rôle d'expert métier ;
- de cinq experts métier par sous-domaine, impliqués à 60 % durant les différentes phases du projet :
    - production : directeur de la production ;
    - méthodes : responsable méthodes ;
    - qualité ;
    - approvisionnements, achats ;
    - commercial.
- d'un administrateur de la plate-forme et responsable du système d'information, disponible à 50 % pendant la phase de déploiement ;
- des utilisateurs finaux pour le chargement des données de base et d'encours, dont la charge a été estimée pendant le projet.

Au total, la charge interne est estimée à environ 450 jours-homme pour la durée totale du projet. Elle ne comprenait pas les travaux de codification et de saisie des données de base nécessaires au démarrage en exploitation.

Schéma général de fonctionnement

Une étude des différentes solutions de processus globaux a été menée : sept propositions se sont dégagées pour une seule retenue, en fonction de laquelle le schéma général de fonctionnement a été construit.

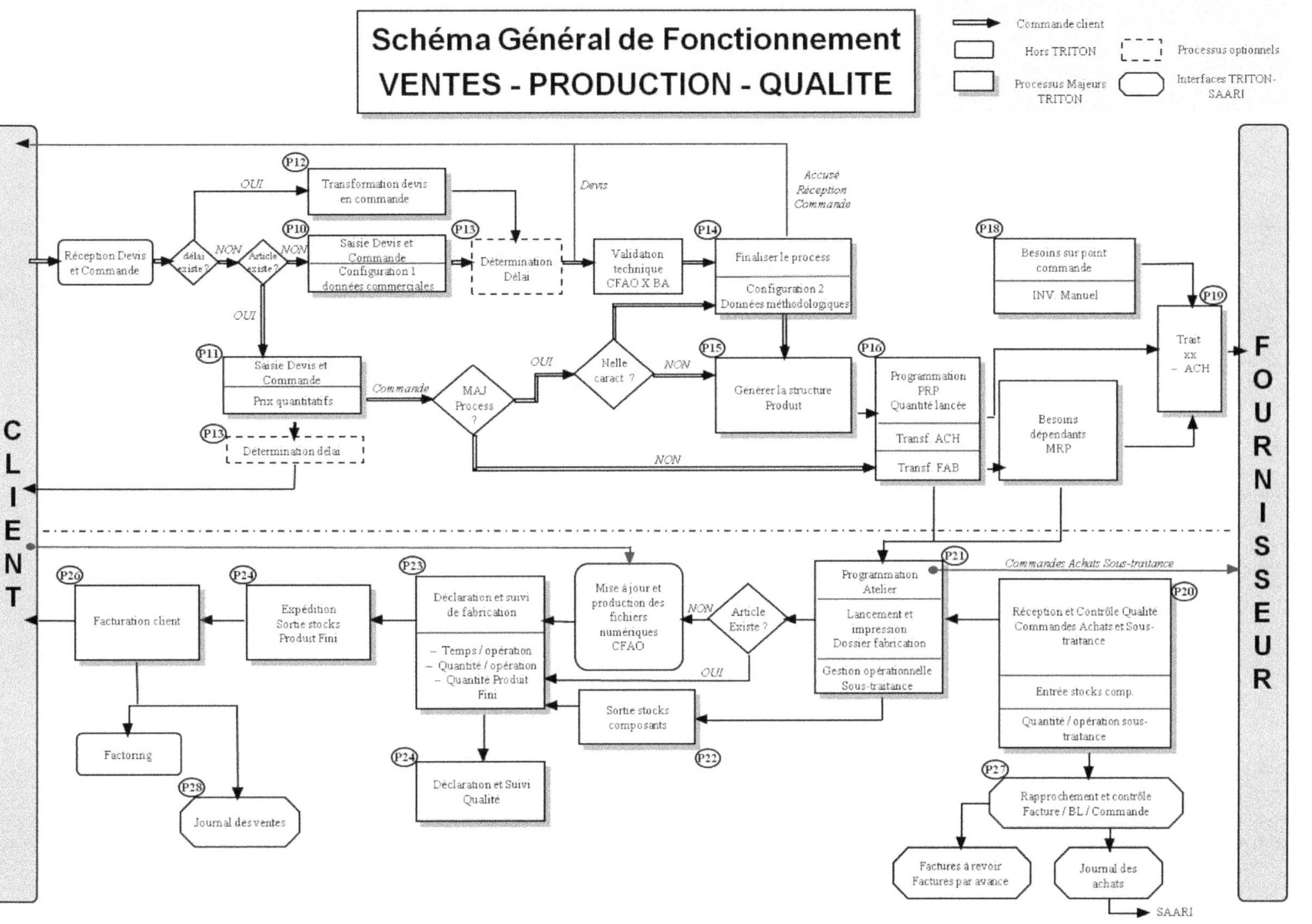

Figure 10-3 : Schéma général de fonctionnement

Charges d'intégration fonctionnelle

Ce projet a été mené dans un cadre forfaitaire par le maitre d'œuvre et a généré les charges suivantes d'intégration fonctionnelle, les charges de développement informatique des interfaces n'étant pas comprises dans ce tableau.

Tableau 10-1 : Cas n°1 – Charges d'intégration fonctionnel

Phase	Charge externe	Charge interne
Conception générale	15 jours	40 jours
Formation fonctionnelle	20 jours	60 jours
Formation technique	6 jours	20 jours
Conception détaillée	27 jours	150 jours
Réalisation et déploiement	22 jours	150 jours
Pilotage	10 jours	30 jours
Total	100 jours	450 jours

Planning

Ce projet a été mené en neuf mois, compte tenu d'une phase de réalisation relativement longue pour le développement d'interfaces.

Tableau 10-2 : Cas n°1 – Planning du projet

Phase	Durée
Conception générale	2 mois
Conception détaillée	3 mois
Réalisation et déploiement	4 mois
Total	9 mois

Chapitre 11

Étude de cas 2 : une PME de 250 salariés

Le contexte

Filiale d'un grand groupe industriel français, cette PME industrielle de 250 personnes, spécialisée dans la production de systèmes de contrôle et de supervision, souhaite mettre en place un ERP pour ses deux unités de production sur son site de Massy avec comme principaux objectifs :

- fournir à cette unité un système permettant de faciliter les échanges d'informations et le reporting ;
- remplacer au minimum les systèmes existants de GPAO et interfacer l'ERP avec l'application de CAO (Conception assistée par ordinateur) ;
- faire face à des besoins fonctionnels non supportés par les systèmes existants.

Organisation de la production

Le process de production de l'unité 1

L'unité 1 produit des systèmes de supervision standards et spécifiques conçus à partir de composants matériels électroniques et informatiques auxquels sont ajoutés des composants logiciels industriels. Cette unité est organisée en quatre sections.

- La section Systèmes (15 personnes) conçoit des systèmes intégrés à partir de composants matériels standards approvisionnés et de logiciels standards ou spécifiques.
- La section Produits (10 personnes) réalise les logiciels spécifiques.

- La section Matériels est chargée des approvisionnements de composants (6 personnes) et du support technique des affaires (10 personnes).
- La section Services (10 personnes) est chargée de la formation, du SAV et à ce titre de la gestion des pièces de rechange.

Le process de production de l'unité 2

L'unité 2 produit des armoires de contrôle de procédé à partir d'une base de sous-ensembles standards et spécifiques assemblés pour chaque affaire. La production des commandes est réalisée à la commande et inclut la fourniture des pièces détachées sans prestation de service.

Elle s'organise autour des services suivants :

- la conception des composants par le département Recherche et développement à partir de composants électroniques et non approvisionnés directement ;
- la production d'équipements spécifiques aux affaires clients à partir de sous-ensembles standards ou spécifiques et de composants standards ou spécifiques ;
- le contrôle des composants et des équipements et à ce titre le remplacement éventuel de composants électroniques ;
- l'installation et la mise en service ;
- le SAV qui gère les réparations (1 500/an) avec remplacement de composants électroniques.

La commande client est exprimée sous forme d'items et de composants par le jeu d'une nomenclature fantôme standard.

Relations entre les unités

Les deux unités produisent des équipements par affaires pour le compte de clients communs : leur métier est similaire et leur mode de gestion est de type Engineer To Order.

L'unité 1 produit des systèmes de supervision standards pour le compte de l'unité 2 et pour d'autres unités du groupe selon deux modes de gestion :

- Make To Order pour la production pour l'unité 2 (4 %) ;
- Engineer To Order pour sa production propre (96 %).

Les échanges entre les deux unités, négligeables en volume, portent principalement sur :

- un petit nombre de configurations types, décomposées en items et composants ;
- des articles achetés (25 références) avec contrats d'achat négociés globalement, des fournisseurs communs.

Résumé des besoins

Système d'information

La première phase du projet, conduite en interne, a permis de définir les orientations suivantes :

- choix d'une architecture technique unique centrée sur un serveur unique doté du système Baan ;
- choix d'une architecture applicative identique pour la production et la distribution ;
- conservation des applications financières existantes sur AS400 et mise en œuvre d'un reporting commun ;
- mise en place d'un support fonctionnel autonome sur le site pour assurer le contrôle et la maîtrise de l'ERP ;
- assistance souhaitée pour les aspects méthode, pilotage, fonctionnel et formation liés au déploiement de Baan ;
- sous-traitance des travaux techniques d'administration des plates-formes, de développements spécifiques, d'interfaces et mise en production à une SSII du groupe.

Périmètre cible

Comme l'indique le schéma de la figure 11-1, le périmètre à couvrir comprend essentiellement la GPAO de l'ERP et les interfaces avec les applications conservées :

- gestion des fournisseurs groupe ;
- comptabilité ;
- gestion de projets Artemis ;
- XAO AxiomCAD.

Le périmètre du projet est réparti en sept sous-domaines correspondant aux domaines de compétence de sept experts métier :

- DT – Données techniques de production ;
- PL – Planification (PIC, projets, produits, composants) ;
- AR – Planification des projets Artemis ;
- HA – Achats, approvisionnements et stocks (traçabilité) ;
- OL – Ordonnancement, lancement, expéditions ;
- CG – Contrôle de gestion (prix de revient, comptabilité analytique) ;
- SA – Service après vente : parc, composant, intervention.

Un projet parallèle concerne l'impact sur les applications AS400 : CP – Comptabilité Sysco (générale, trésorerie, reporting).

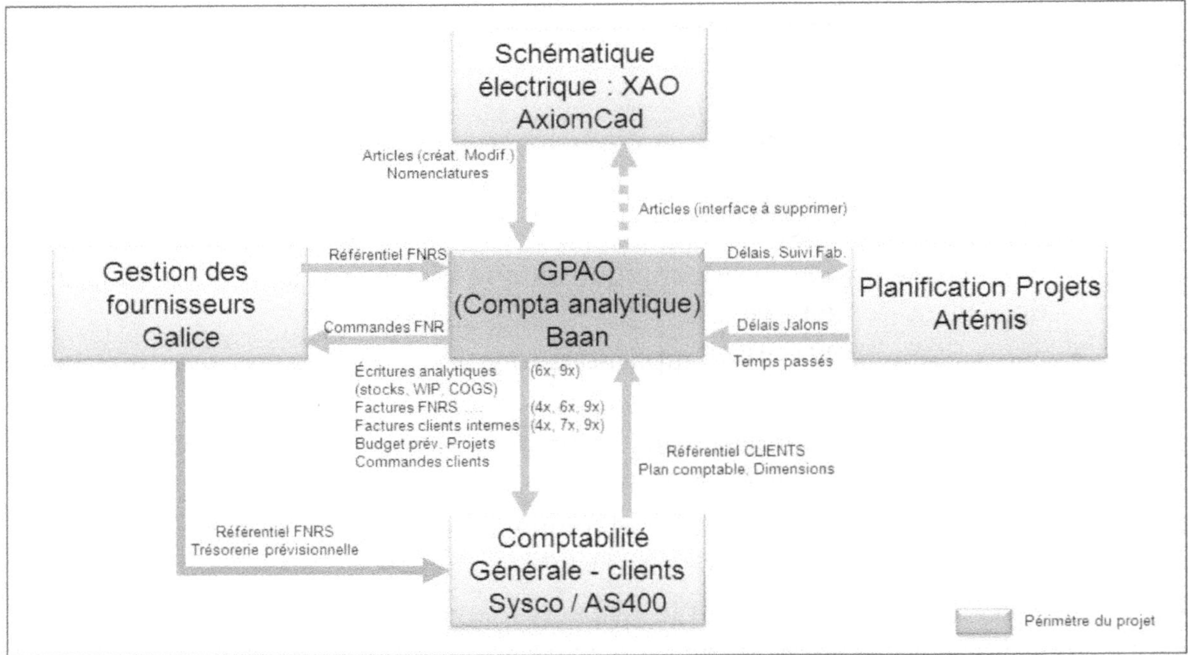

Figure 11-1 : Périmètre fonctionnel

Fonctions complémentaires demandées à l'ERP

La gestion du SAV regroupe les fonctions suivantes :

- Traçabilité par lots/n° de série, existant en standard dans l'ERP : relativement simple à mettre en œuvre du fait de la disponibilité des processus de gestion des lots.

- Gestion des contrôles de cartes en réception sur achat :
    - création du parc des cartes passées au contrôle ;
    - enregistrement et historique des contrôles ;
    - remplacement de composants électroniques gérés en stock (hors nomenclatures).

- Gestion des interventions de réparation de cartes :
    - enregistrement et historique des interventions sur cartes gérées en parc ;
    - remplacement de composants électroniques gérés en stock (hors nomenclatures) ;
    - intégration des coûts additionnels (MO, frais).

La mise en œuvre de ces fonctions peut être envisagée avec le module SAV de l'ERP et nécessite un prototypage détaillé de la solution.

Besoins d'harmonisation des données

La recherche de productivité et les perspectives de standardisation ont amené un besoin de fusion des bases de données techniques :

- au niveau de la XAO : composants électroniques et articles achetés ;
- au niveau de la GPAO : articles achetés et sous-ensembles (*racks*).

L'harmonisation des systèmes comptables passe par une harmonisation des plans comptables :

- le plan de comptes analytiques ainsi que les trois dimensions analytiques (produits – affaires –, sections et natures) sont induits par les règles de gestion de l'intégration financière des flux dans la comptabilité ;
- le projet de déploiement doit s'appuyer sur ces règles et converger vers des plans de comptes et dimensions cohérents.

Le reporting groupe commun dans AS400 suggère un plan de comptes généraux cohérent entre les sites : le projet de déploiement a été l'occasion d'uniformiser les plans comptables.

Le projet

Structure de projet

Les équipes projet en présence sont :

- l'entreprise : maîtrise d'ouvrage du projet ;
- la SSII : travaux de développement informatique ;
- le maître d'œuvre : pilotage et expertise fonctionnelle.

Dans ce contexte, l'entreprise a souhaité être assistée d'un intégrateur afin que ce dernier apporte son expertise sur les domaines suivants :

- expertise fonctionnelle de l'ERP : présentation de la solution, recette et formation des utilisateurs ;
- pilotage de la mise en œuvre des outils techniques et des travaux de mise en production et développement ;
- apport méthodologique pour définir et planifier la réalisation des tâches détaillées du projet.

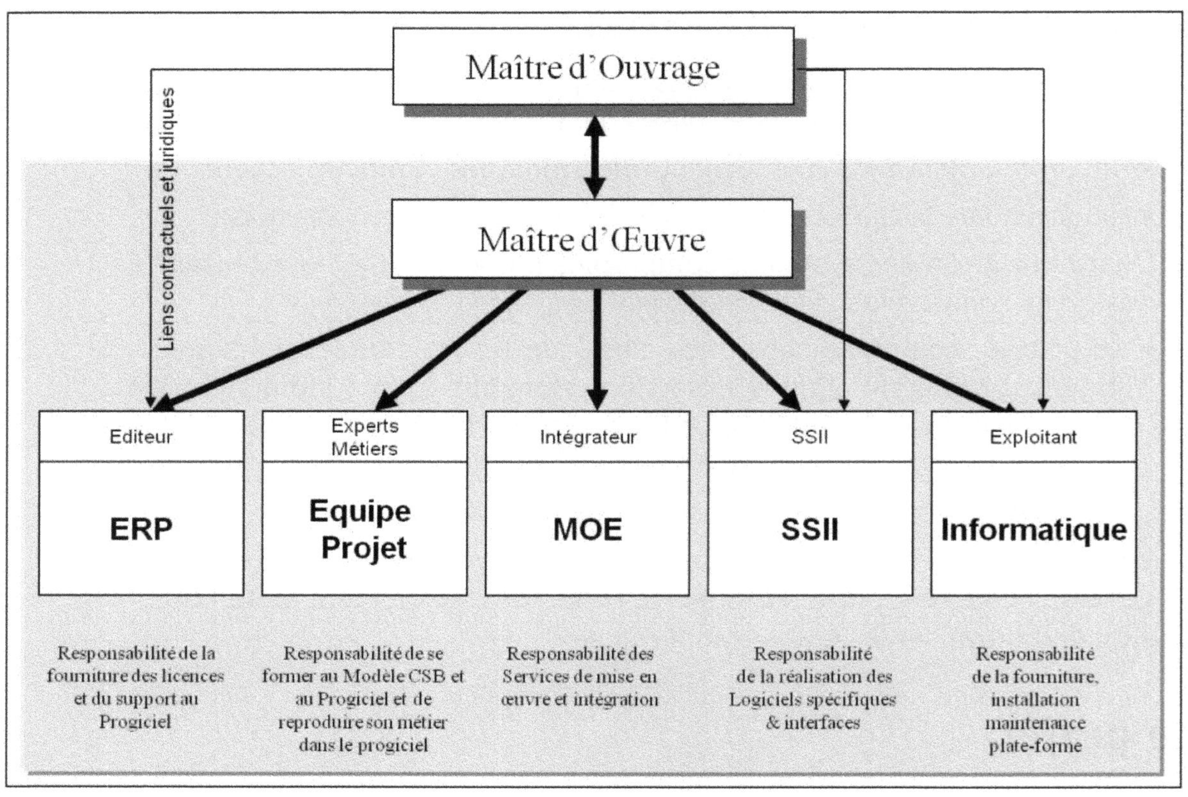

Figure 11-2 : Rôles et responsabilités

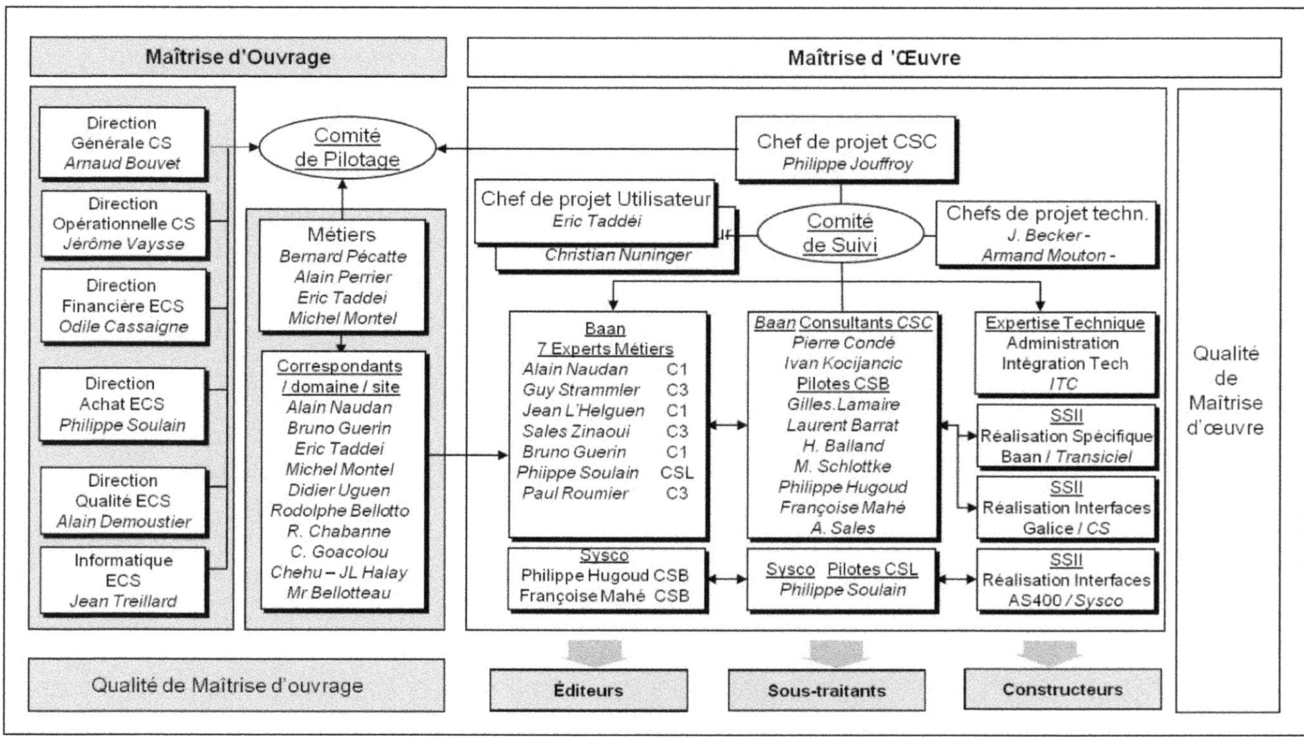

Figure 11-3 : Structure de projet

Schéma général de fonctionnement

Le schéma général de fonctionnement réalisé présente les processus constitutifs du périmètre fonctionnel et leurs relations avec les applications externes à l'ERP.

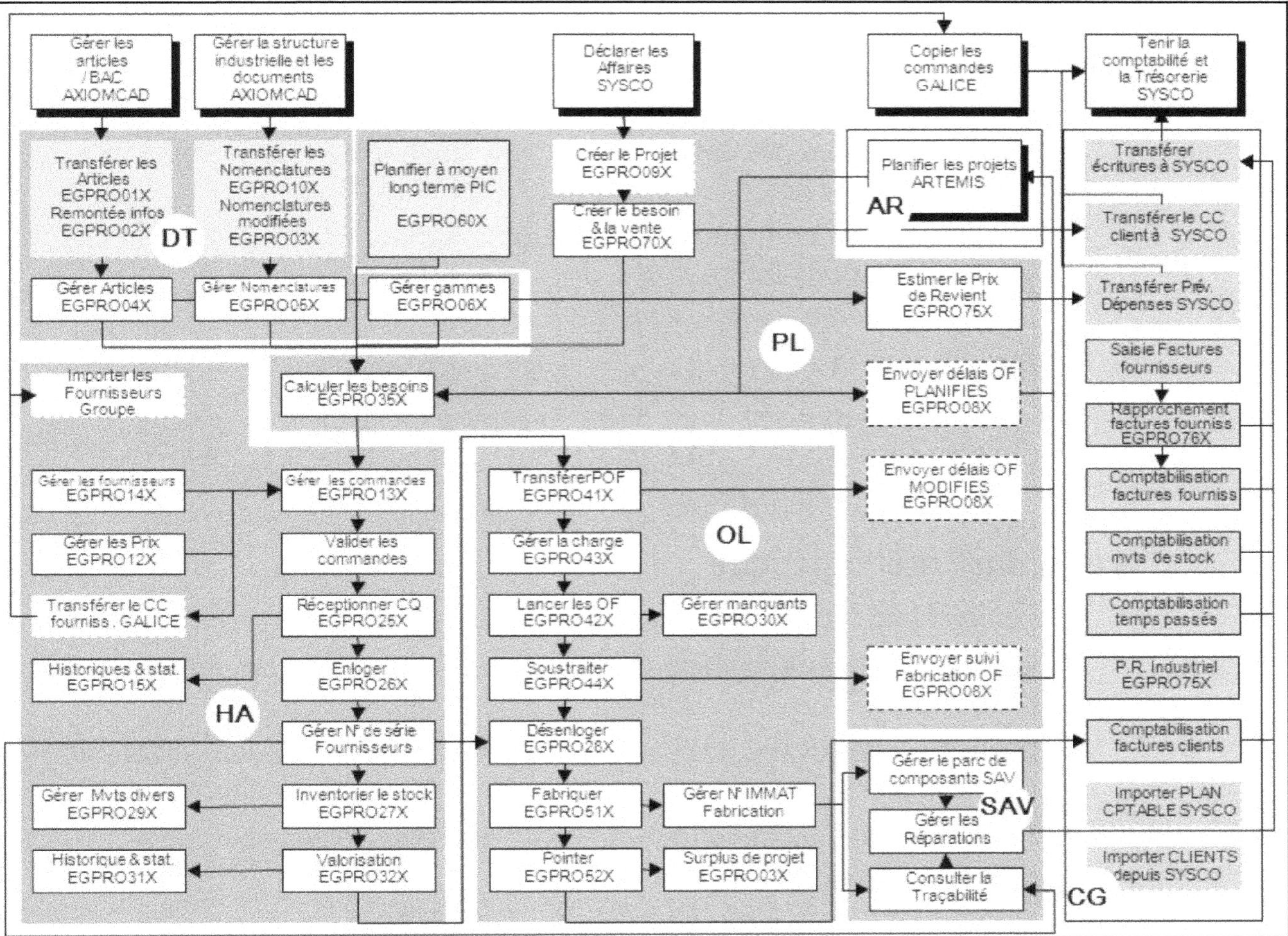

Figure 11-4 : Schéma général de fonctionnement

Architecture fonctionnelle multisite

Au-delà des aspects GPAO, le choix d'architecture fonctionnelle prend en compte des considérations générales d'indépendance ou au contraire de regroupement des données et de processus :

- fusion des données (articles, nomenclatures, clients, fournisseurs) ;
- transversalité des processus entre entités ;
- niveau de maîtrise suffisant du SI par les utilisateurs d'une base indépendante.

Deux axes de recherche ont été analysés :

- centralisation/décentralisation de la logistique (GPAO) ;

- centralisation/décentralisation de la finance.

Organisation cible

La mise en œuvre d'une solution commune entre les unités a permis de faire évoluer l'organisation et notamment l'articulation entre les unités.

- Les fonctions à responsabilités sont réparties sur les sites selon les articles, ce qui a nécessité notamment un transfert de compétences dans chaque service :
  - les articles communs aux différents services sont gérés par une seule responsabilité ;
  - les autres sont dupliquées par service.
- Les fonctions décentralisées sur les sites sont organisées par affaires :
  - chaque service est autonome sur ces processus et la maîtrise des processus passe par un transfert de compétences complet ;
  - fonctions support telles que la tenue des stocks, etc.

Les gains côté logistique

Les enjeux fixés pour le projet ont été évalués à partir des gains suivants.

- Respect des délais : anticipation des problèmes, accès en temps réel à l'information.
- Capacité à traiter une charge induite par un accroissement du volume d'activités.
- Optimisation du chemin physique parcouru dans le magasin.
- Fiabilisation des stocks.
- Réduction des stocks de 50 % en 3 ans.
- Réduction du nombre des manquants.

Les gains côté finance et contrôle de gestion

La mise en place d'une comptabilité analytique industrielle intégrée, caractéristique de l'ERP, a permis à l'entreprise de rationaliser la production de ses résultats financiers, notamment :

- le compte de résultat analytique en temps réel pour les responsables de services (écarts sur les achats, écarts industriels, marges) ;
- le bilan en temps réel pour la direction (stocks, en-cours) ;
- les coûts de maintenance réduits de la base articles/composants ;
- l'amélioration de la productivité par connaissance des prix de revient ;
- la capacité à évoluer vers une standardisation des process.

Charges d'intégration fonctionnelle

Ce projet a été mené dans un cadre forfaitaire par le maître d'œuvre et a généré des charges d'intégration fonctionnelle, de paramétrage et de pilotage, évaluées à environ 240 jours de travail pour l'intégrateur, les charges des développements informatiques et des interfaces n'étant pas comprises dans ce tableau.

Tableau 11-1 : Cas n°2 – charges d'intégration fonctionnelle

Phase	Charge externe	Charge interne
Conception générale	40 jours	48 jours
Formation fonctionnelle	15 jours	40 jours
Formation technique	-	-
Conception détaillée	65 jours	64 jours
Réalisation et déploiement	88 jours	371 jours
Pilotage	32 jours	48 jours
Total	240 jours	571 jours

Planning

Ce projet a été mené en dix mois, incluant une phase de réalisation de développement informatique des adaptations spécifiques et des interfaces.

Tableau 11-2 : Cas n°2 – planning du projet

Phase	Durée
Conception générale	2 mois
Conception détaillée	3 mois
Réalisation et déploiement	5 mois
Total	10 mois

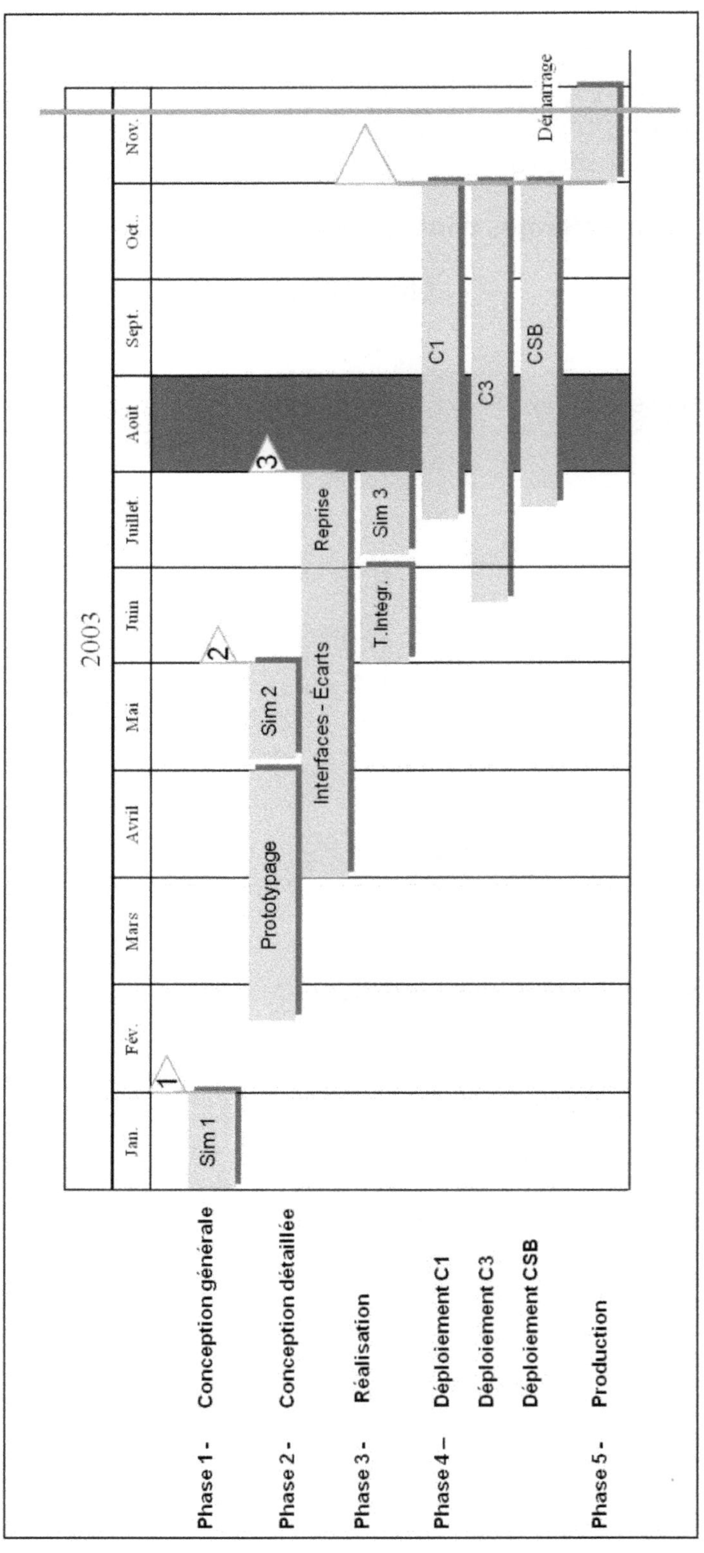

Figure 11-5 : Planning des phases du projet

Chapitre 12

Étude de cas 3 : une PME de 420 salariés

Le contexte

Filiale d'un groupe allemand, cette PME emploie 420 collaborateurs. Elle conçoit, fabrique, vend et distribue des équipements (systèmes d'air) pour les avionneurs, et assure le service après-vente auprès des compagnies aériennes. Le groupe utilise déjà le progiciel Baan en Allemagne et sur le site de Colmar en France.

L'objectif de l'entreprise est d'améliorer sa performance industrielle pour mieux satisfaire ses clients :

- qualité produit ;
- respect des délais de livraison ;
- gestion des modifications ;
- communication.

Elle veut également rendre homogène son système d'information en intégrant dans le même outil l'ensemble des processus de gestion. Pour le moment, plusieurs applicatifs supportent les flux d'information avec des données redondantes, ressaisies ou difficilement accessibles par les utilisateurs.

Résumé des besoins

Périmètre cible

Après étude sur site menée par l'intégrateur, au titre de l'élaboration de la proposition commerciale, le périmètre fonctionnel a été défini par une liste des fonctions de l'ERP devant être mises en œuvre.

- Distribution :
  - ventes ;
  - achats ;
  - échange de données informatisé ;
  - gestion des stocks, des emplacements et des lots.

- Production :La
  - gestion des ordres de modification technique ;
  - plan directeur de production ;
  - planification des besoins ;
  - gestion d'atelier ;
  - fabrication répétitive ;
  - gestion des commandes ouvertes clients;
  - gestion des contrats fournisseurs et des demandes d'achat ;
  - autofacturation (*self-billing*) ;
  - échange de données informatisé[1] automobile ;
  - intégration de la demande clients ;
  - intégration de MRP/programmes et appels.

1. Fonctions
d'échanges de
données normées
(Edifact, Odette, Ansi,
etc.).

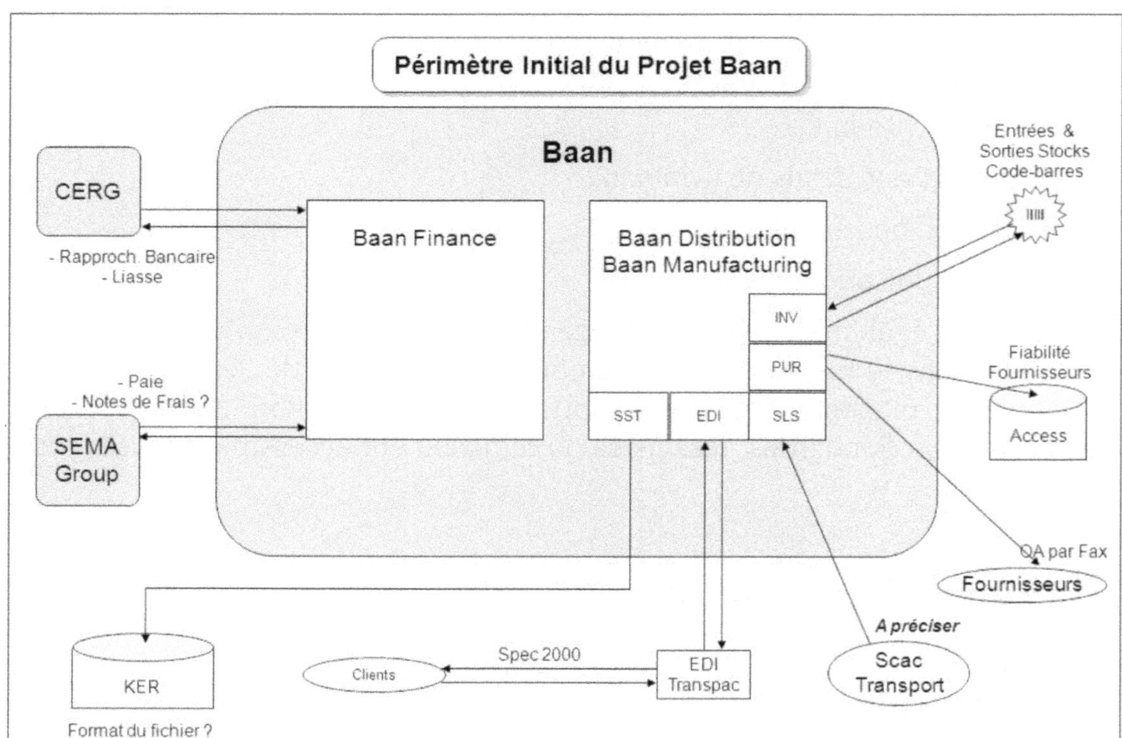

Figure 12-1 : Périmètre vu de l'entreprise

- Finance :
    - comptabilité clients ;
    - comptabilité fournisseurs ;
    - comptabilité générale et analytique ;
    - états financiers ;
    - comptabilité budgétaire ;
    - répartition des coûts.

Le périmètre, tel qu'énoncé par l'entreprise, est présenté à la figure 12-1.

Les enjeux

Bien que ne faisant pas partie des engagements du maître d'œuvre, des enjeux ont été définis pour le projet.

- Maîtriser les approvisionnements et respecter notamment les délais.
- Piloter les projets d'études de nouveaux équipements :
    - communiquer avec le client et en interne ;
    - coordonner les travaux internes (qualité et délai) ;
    - suivre les coûts et les modifications techniques.
- Mesurer plus efficacement :
    - les coûts de non-qualité ;
    - la marge commerciale ;
    - la performance industrielle (écarts coûts réels et objectifs).
- Consulter facilement les documents techniques d'études et de production, supprimer les dossiers papier en production.

Le projet

Structure de projet

Pour mener à bien ce projet, l'entreprise a mis à disposition l'équipe projet suivante, comme précisé dans la structure de projet :

- un chef de projet utilisateurs supervisant le projet sous ses aspects fonctionnels ;
- un chef de projet technique supervisant le projet sous ses aspects techniques ;
- huit experts métier répartis par sous-domaines (et impliqués entre 20 et 40 % de leur temps pendant la conception générale, à 60 % ou plus durant la conception détaillée et à 40 % ou plus pendant la phase de déploiement) :

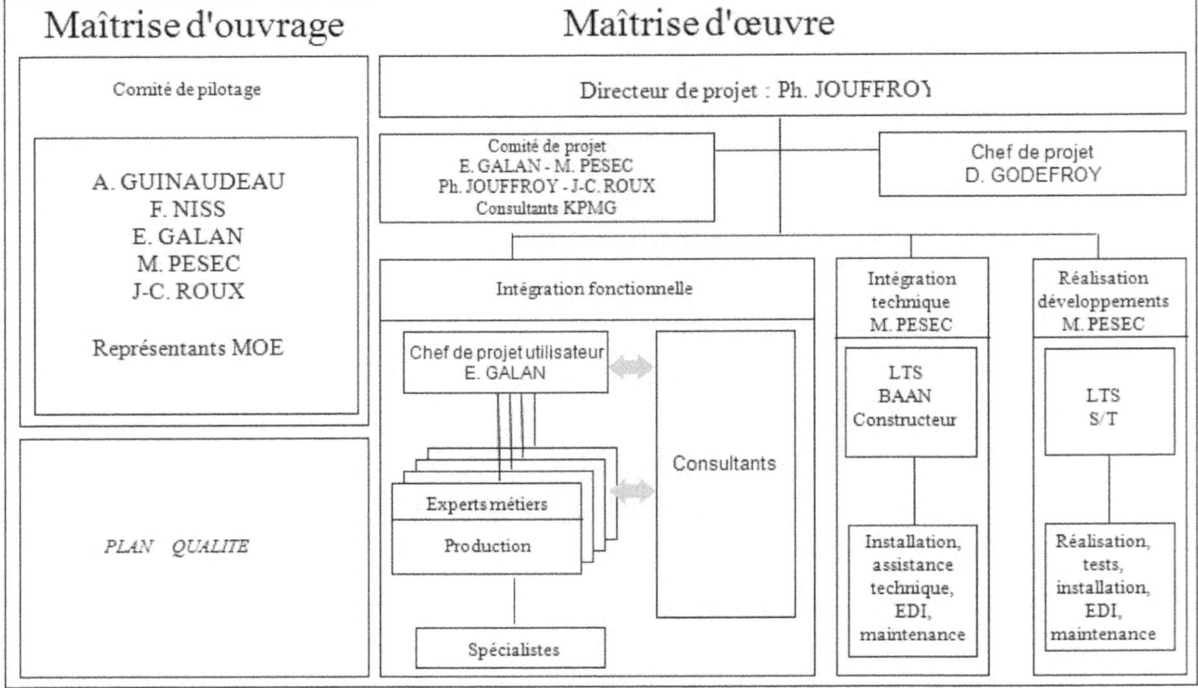

Figure 12-2 : Structure de projet

- données techniques ;
- planification/programmation ;
- fabrication ;
- achats, approvisionnements ;
- gestion des stocks pièces et produits finis ;
- gestion commerciale ;
- comptabilité ;
- EDI.

- des utilisateurs finaux formés en phase de déploiement (en moyenne 3 jours par personne) ;
- un administrateur de la plate-forme, responsable du système d'information, soit une personne à 50 % de son temps sur le projet ;
- des utilisateurs finaux pour le chargement des données, dont la charge a été estimée séparément pendant le projet ;
- des informaticiens pour la réalisation des travaux de personnalisation et de développements informatiques.

Schéma général de fonctionnement

Voir figures pages suivantes.

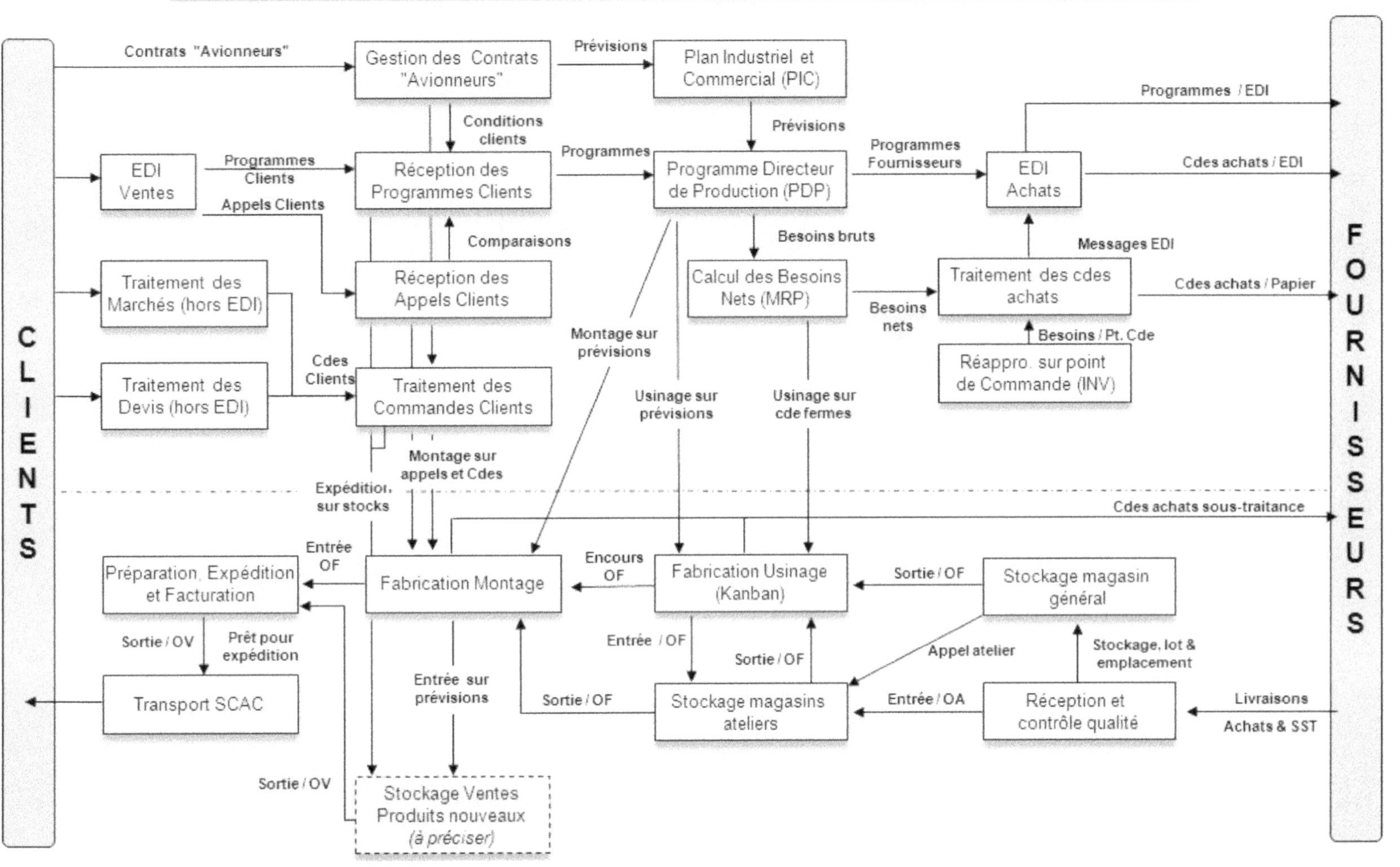

Figure 12-3 : Schéma général de fonctionnement : première monte

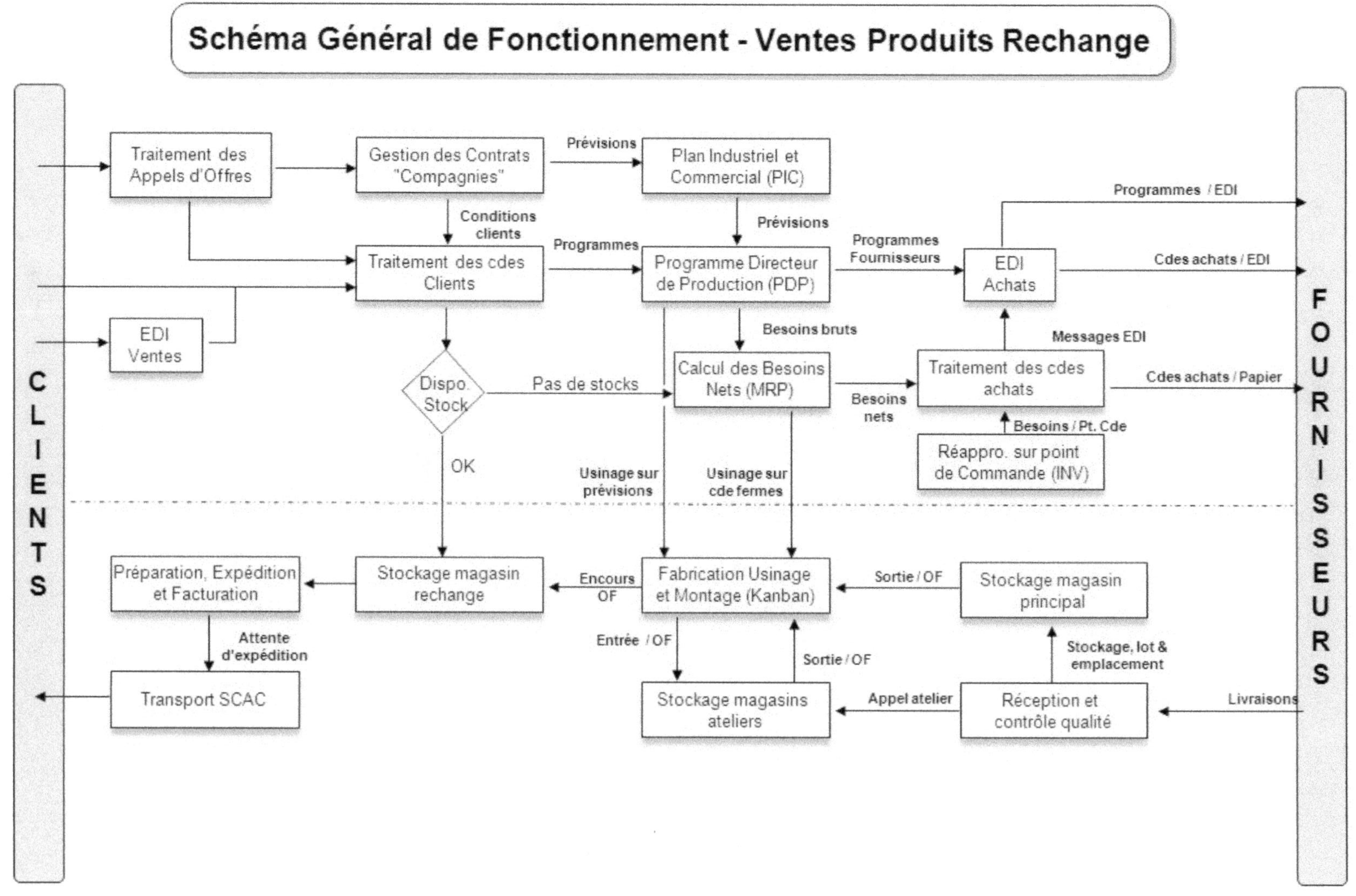

Figure 12-4 : Schéma général de fonctionnement : rechanges

Charges d'intégration fonctionnelle

Ce projet a été mené dans un cadre forfaitaire par le maître d'œuvre et a généré des charges suivantes d'intégration fonctionnelle, de paramétrage et de pilotage, évaluées à moins de 500 jours de travail pour l'intégrateur, les charges des développements informatiques et des interfaces n'étant pas comprises dans ce tableau.

Tableau 12-1 : Cas n°3 – charges d'intégration fonctionnelle

Phase	Charge externe	Charge interne
Conception générale	91 jours	30 jours
Formation fonctionnelle	46 jours	150 jours
Formation technique	-	-
Conception détaillée	185 jours	490 jours
Déploiement	72 jours	450 jours
Pilotage	102 jours	418 jours
Total	496 jours	1 538 jours

Planning

Ce projet a été mené en 11 mois, incluant une phase de réalisation de développement informatique des adaptations spécifiques et des interfaces.

Tableau 12-2 : Cas n°3 – planning du projet

Phase	Durée
Conception générale	3 mois
Conception détaillée	4 mois
Réalisation et déploiement	4 mois
Total	11 mois

PARTIE 5

Annexes

Fichiers disponibles en ligne

Plan d'assurance qualité type

Ce plan d'assurance qualité détaille notamment les tâches à réaliser en fonction des différentes étapes avec les acteurs concernés, ainsi que les principes d'utilisation au quotidien des documents de support. Il se décompose comme suit :

- préambule ;
- domaine d'application ;
- organisation du projet ;
- processus opérationnels de développement ;
- processus support.

Spécimens de livrables vierges

Ces spécimens de documents vierges peuvent être utilisés pour la production des principaux livrables :

- maquette de 1re simulation ;
- règles majeures de paramétrage ;
- règles de gestion majeures ;
- écarts majeurs ;
- liste des interfaces ;
- règles de gestion détaillées ;
- manuel utilisateurs.

Spécimens de documents de support

Ces spécimens de documents vierges peuvent être utilisés pour la conduite du projet au quotidien, ainsi que pour sanctionner les principales recettes fonctionnelles.

- Fiche d'écart fonctionnel
- Fiche d'incident
- Fiche de question
- PV de recette fonctionnelle 1
- PV de recette fonctionnelle 2
- PV de recette fonctionnelle 3
- Rapport flash
- Fiche de risque
- Fiche d'anomalie
- Demande de modification

Plannings MS Project

Ces plannings types proposés au format MS Project 2010 (version bêta) sont répartis selon trois niveaux de complexité : depuis un planning pour petite PME sans aucun développement informatique, jusqu'à un planning pour grosse PME mettant en œuvre deux progiciels, un ERP et un WMS (*Warehouse Management System*).

- Planning de projet ERP pour petite PME
- Planning de projet ERP pour PME moyenne
- Planning de projet ERP pour grosse PME

Plannings MS Excel

Ces mêmes plannings sont proposés au format MS Excel, pour les utilisateurs ne disposant pas de MS Project, afin de leur permettre de charger les tâches dans un autre outil de planification de projet.

- Planning de projet ERP pour petite PME
- Planning de projet ERP pour PME moyenne
- Planning de projet ERP pour grosse PM

Bibliographie

KPMG Peat Marwick – Méthodologie SIIPS de projets d'intégration d'ERP

CSC – Méthodologie CATALYST de projets informatiques

IBM – Projet Dassault Électronique (Thalès) en collaboration avec KPMG Peat Marwick

Projets pilotés par l'auteur : Avi & Peschard, Liebherr Aerospace, Dassault Électronique (Thalès), Former (LISI Automotive), La Poste.

Index